書狀

바르고 쉽게 가는 참선

서장

書狀

바르고 쉽게 가는 참선

서장

역해 · 강설   一眞

　성현이 가신 지 오래고 정법이 점차 쇠퇴衰退해 가는 시대에 삿된 말은 즐겨 듣고 바른말을 수용하기 힘든 세상입니다. 이러한 현실임에도 선禪에 관심을 가진 사람은 날이 갈수록 많아지고 있습니다. 그러나 막상 뜻을 세워 선禪을 하고자 하나 올바른 길을 찾지 못하고 힘만 들이고 소득이 적은 것은 누구의 허물이라 하겠습니까? 더구나 대혜선사께서 서장書狀에서 일러주신 통렬한 가르침이 현존함에도 많은 학인學人이 이를 간과看過하는 것은 안타까운 일이 아닐 수 없습니다. 이에 소납小衲이 근년에 서장을 강설講說하는 인연을 얻어 그 내용을 책으로 엮어내게 되었습니다. 여러 선지식과 강백講伯이 선사의 가르침을 해설하여 펴낸 것이 적지 않음에도 굳이 군더더기를 더하게 된 것은, 보잘것없는 견해라도 수행하는 도반에게 어둠을 밝히는 작은 빛이 되기를 바라는 염원이기 때문입니다.

이 강설은 학인 시절 강원講院에서 배웠던 탄허스님의 서장書狀 역해본譯解本을 바탕으로 하였습니다. 서장은 대혜선사께서 당신의 제자와 재가 사대부들의 참선參禪 공부를 지도하신 편지글입니다. 제자 혜연이 기록하고 황창문이 중편中篇하여 대혜보각선사서大慧普覺禪師書로 유통되었으며, 서장書狀 대혜서문大慧書問 대혜서大慧書 등으로 불립니다. 선사께서 학인의 근기에 맞추어 수행법을 생생하게 설파하신 것을 보면 마치 선사를 마주하듯 선연함을 느낍니다.

　선사께서는 '억지로 힘들여 묵묵默默히 정좌靜坐하고 생각을 움직이지 못하도록 하는 것은 흑암굴黑暗窟에서 귀신 놀음하는 것이다'라고 꾸짖었습니다. 부처님으로부터 이어온 수많은 선지식과 조사 스님의 최상승最上乘법은 활발발活潑潑하게 살아 깨어 있는 법이지 죽어 잠든 것이 아니기 때문입니다. 일상생활 속에서 성성하게 깨어 삼라만상森羅萬象이 눈앞에 펼쳐져도 경계에 물들지 않고 휘둘리지 않는 처렴상정處染常淨이 되어야 함을 강조하신 것입니다. 염기즉각念起卽覺 즉심즉불卽心卽佛의 활구活句 참법參法을 터득해야 조계曹溪 가풍의 정통수행이라 할 것입니다.

　조주선사의 '무자無字' 화두에 종지宗旨와 종풍宗風이 고스란히 담겨 있는데도, 無자의 부림만 받을 뿐 화두를 던진 조주 스님의 본래면목을 보지 못하면 안 됩니다. 때로는 '뜰 앞의 잣나무

[庭前柏樹子]'라 하고 '차 한잔하고 가라[喫茶去]'는 등의 화두
는 진리 그 자체를 열어 보이신 것이지, 학인에게 문제를 주어 답
을 구하신 것이 아닙니다. 조계 육조六祖의 가풍을 이은 대혜선사
께서 '화두를 방편으로 하여 활구活句 참선을 어떻게 해야 하는가'
를 서장에 명료하게 제시하였습니다. 예를 들어, 잡초를 제거할
때 돌로 눌러 놓거나 싹을 자르는 것이 아니라 그 뿌리를 송두리
째 뽑듯이, 일어나는 번뇌망상煩惱妄想을 찰나刹那에 돌이켜[回光
反照] 본심에 계합契合하는, '몰록 닦아 몰록 들어가는 최상승最
上乘 돈수법頓修法'을 보인 것입니다.

　서장의 가르침이 요긴함은 팔백년이 넘도록 조계종도의 필수
과목으로 강원의 교재가 되어 전해진 것으로도 짐작이 될 것입니
다. 서장을 한 장 한 장 읽어 가면 수행자 스스로 눈을 떠서 '자기
공부의 경계境界가 어떠한지'를 훤히 비추어 볼 수 있을 것입니다.
참선 수행자가 이 책을 읽고 취모리吹毛利를 얻어, 살불살조殺佛殺
祖하는 선기禪機로써 조계 가문의 선풍을 드날려 부처님과 역대歷
代 조사祖師님 들의 지혜 등불이 면면히 이어지기를 바라며, 이 책
과 인연을 맺은 모든 분이 견성오도見性悟道하시어 구경究竟에 성
불하시기를 염원합니다.

불기 2565년 4월

남해 관음선원 일진

대혜종고大慧宗杲선사 행장

선사는 북송의 철종 원우 4년(1089)에 선주 영국현에서 태어났다. 성은 해奚씨다. 어머니 꿈에 신인神人이 얼굴이 검고 코가 큰 스님을 데리고 들어오거늘, 어디서 왔는가를 물으니 북악에서 왔다고 했다. 이로부터 태기가 있어 선사 태어날 때 백광이 산실 밖으로 비치니 읍내 사람들이 경이하게 여겼다. 대혜大慧와 휘 종고宗杲는 선사 말년에 남송 효종이 내리신 것이다.

13세에 향교에 입학하였는데, 하루는 학우들과 놀다가 잘못 던진 벼루가 스승의 모자에 떨어져서 삼백금을 보상하고 탄식하되, '속서俗書를 읽느니 출세간出世間 법을 연구함이 낫다' 하고 16세에 동산 혜운원의 혜제惠齊대사에게 출가하였다. 17세에 삭발하고 구족계를 받고 19세에 제방을 다니다가 태평주 은적암에 도달하였다. 암주가 "어젯밤 꿈에 가람신이 '내일 운봉열선사가 올 것이다'라고 했는데, 바로 그대가 아닌가?" 하고 환대하며, 운봉선사 어록을 보이니 선사가 한번 보고 다 외우거늘 사람들이 운봉선사의 후신이라고 했다.

선사는 처음 조동종 스님의 가르침을 받아 그 뜻을 얻기 위해 전력을 다했으나 만족하지 못하였다. 선사 21세에 담당무준湛堂無準(1061~1115) 화상을 만나 7년간을 모시고 큰 견해를 얻었다. 담당화상이 임종에 이르러 원오극근圓悟克勤(1053~1135)선사를 찾아 대사를 성취하라고 이르시니, 선사 34세에 원오선사를 뵈러 갔으나 마침 멀리 장산에 있어서 태평사 평보륭 회상에서 잠시 머물렀다.

선사 37세에 변경 천령사에서 원오선사를 친견하고 40일이 지난날 원오선사가 개당법문을 여시고, "어떤 스님이 운문雲門선사에게 '어떤 곳이 모든 부처님이 몸을 나투시는 곳입니까?' 하고 여쭈니, 운문이 '동산이 물 위를 간다[東山水上行]'라고 대답하셨다. 그러나 나 천녕天寧(원오스님 자칭)은 그렇게 말하지 않고, '훈훈한 바람이 남쪽으로부터 불어오니 전각에 시원함이 일도다'라 할 것이다."라는 법문을 하셨다. 선사가 이 법문을 듣고 홀연히 전후제前後際가 끊어지는 경지를 얻으니, 원오선사께서 선사를 택목당擇木堂에 거처케 하시고 보임保任에 전념하도록 배려하셨다. 훗날 어떤 스님이 원오선사에게 '유구무구有句無句가 등나무가 나무를 의지하는 것과 같다고 한 이 뜻이 무엇입니까?' 라고 묻는 것을 듣고서, 선사가 곧바로 원오선사에게 여쭈되, "오조법연五祖法演(?~1104)선사가 계실 당시에 일찍이 선사께서 이 화두를 여쭈었다고 하던데 그때 오조께서는 무엇이라고 말씀하셨습니까?"하고 물으니 원오선사가 웃으면서 대답하지 않으셨다. 그러자 선사가 "이미 대중의 물음에 답하셨거늘 지금 말씀하신다고 해서 무엇이 방해되겠습니까?" 하고 다그치니, 원오선사가 부득이 대답하시길, 그때 오조께서 "묘사하려 해도 묘사할 수 없고 그리려 해도 그릴 수 없느니라." 라고 하셨다. 또 "나무가 넘어지고 넝쿨이 말라버리면 어떠합니까?" 라고 여쭈니, 오조께서 "서로 따르게 된다" 라고 말씀하셨다. 이 말이 떨어지자마자 선사가 활연대오하고 "이제 잘 알았습니다" 라고 했다. 원오선사가 여러 가지로 두루 점검하였으나 막힘이 없자, 기뻐하시며 "내가 너를 속일 수 없구나" 하시며 인가하시고 곧 임제정종기臨濟正宗記를 내리며 선사에게 조실을 맡기니 선사가 원오선사의 수법 제자가 되었다.

후에 원오선사가 촉나라로 돌아가시고 이후 선사는 은거하여 토굴에서 살았다. 선사 40세(1128년)에 호구사虎丘寺에서 여름을 날 때『화엄경』을 읽다가 '보살이 제칠지第七地에 들어 무생법인無生法忍을 얻는다' 는 구절에서 이전에 담당화상께서 들려주신 '앙굴마라가 발우를 가지고 산모産母를 구한 인연'의 소식을 깨닫고 확철대오를 하였다.

소흥 7년 임금의 부름을 받고 쌍경사에 머물 때, 원오선사의 부음을 듣고 손수 제문을 지어 제사를 지냈다. 저녁에 소참 법문을 하면서 "어떤 스님이 장사선사에게 '남전화상이 천화하여 어디로 돌아가셨습니까?' 하고 물으니 장사선사가 대답하시길, '동촌에서 나귀가 되고 서촌에서 말이 되느니라.' 라 하셨다. 또 그 스님이 '무슨 뜻입니까? 하고 물으니 장사선사께서 '타게 되면 문득 타고 내리게 되면 문득 내리니라' 라고 하셨다. 그러나 만약 나에게 '원오선사가 천화해서 어디로 갔는가?' 라고 물으면 '대아비지옥에 갔다'라고 할 것이다. 이 무슨 뜻인가를 물으면 '주리면 구릿물을 먹고 목마르면 철물을 마실 것이니라' 라고 하리라. 또 '구원할 수 있겠는가?' 하고 물으면 '구원할 수 없다' 고 하며, '무슨 이유인가?' 물으면 '이것이 이 늙은이의 다반사니라' 할 것이다." 라고 하셨다.

소흥 11년(1141) 5월에 간신 진회가 장구성張九成과 모여 작당했다고 모함하여, 선사는 승복과 도첩을 박탈당하고 형주衡州에서 귀양 생활을 하고, 15년이 지나 소흥 26년에 10월 매양으로 옮겼다가 곧 사면되어 선사의 승적이 회복되었다. 그해 11월에 왕의 칙서에 의해 명주明州 아육왕사阿育王寺에 머물게 되었다. 1158년에는 다시 경산사徑山寺에 머물면서 원오 종지를 선양하니, 도법이 융성함에 대중이 이천여 명에 이르렀다.

고종 32년에 대혜선사大慧禪師라는 호를 하사하였다. 효종 융
흥 원년 계미년에 명월당에 주석했다. 어느 날 저녁에 대중이 별
하나가 절 서쪽에 떨어지는 것을 보았는데, 스님이 작은 병을 얻
었다가 8월 9일 대중에게 이르되, '내가 내일 가야겠다' 하고 손수
유서를 쓰고 뒷일을 부탁했다. 료현스님이 게송을 청하니 큰 글
씨로 이르되, "나는 것도 이러하고 죽는 것도 이러하거늘 게가 있
고 게가 없음이여 이 무슨 열병인고" 하시고 열반에 드시다.

세수世壽 75세 법랍法臘은 58세로 입적하시니 황제가 애도하
시고 시호諡號를 내려 보각普覺이라 하고 탑塔호를 보광普光이라
하셨다. 살아있을 때 호와 돌아가신 뒤의 휘를 동시에 붙여서 대
혜보각이라 부름은 남악회향화상을 대혜라 부르므로 서로 구분
하기 위해서다. 선사의 어록語錄 80권이 있는데 대장경大藏經과 나
란히 유통되고 법을 이은 제자가 83인이다.

*이 행장은 안진효 스님의 서장(동아 출판사)에서
  원문을 발췌하여 번역된 것입니다.

일러두기

1. 이 책은 2012년 가을에 경상대학교 교수불자회와 교직원 명상회에서 일진스님이 '서장'의 일부분을 강설하신 내용과 다시 2017년 봄부터 2018년 가을까지 진주 죽향문화원에서 전체를 강설하신 내용을 녹화하여 제작된 것입니다.

2. 이 책의 강설은 김탄허 스님 저 교림사(2009) 판 '서장·선요'를 교제로 진행되었습니다. 따라서 원저의 한문 매듭과 틀이 대부분 그대로 유지되었으나 현토는 가능한 한 현대어로 바꾸었습니다.

3. 서장 원본에서, 증시랑과 이참정의 경우는 묻는 글과 답글이 대표적으로 실려 있으나, 그 외 다른 사람의 경우는 답글에서 묻는 의도를 짐작할 수 있으므로 묻는 글은 생략되고 대혜선사의 답글만 수록되었습니다.

4. 책의 구성은 현토가 달린 서장 원문을 먼저 보이고 해당하는 부분의 역해와 강설을 차례로 이었습니다.

5. 편지 당사자에 대한 행적과 이력은 대한불교조계종 교육원에서 편찬한 조계종출판사(2010)판 '서장'을 참조하였습니다.

6. 서장에 대한 좋은 책이 서점가에 많이 나와 있습니다만 전문 수행자가 아닌 보통 사람이라도 쉽게 접근할 수 있도록 노력했습니다.

목차

증시랑 천유의 청법

曾侍郎 天遊

증시랑은 성이 증(曾)이고 이름이 개(開)이며
자는 천유(天遊)이다. 송나라 숭령(1102~1106) 때
진사, 건염 때(1127~1130)에 예부시랑을 지냈다.

開가 頃在長沙하여 得圓悟老師書하니 稱公하되 晚歲相從이나 所得이 甚是奇偉라하거늘 念之再三이 今八年矣이되 常恨未獲親聞緖餘하여 惟切景仰하나이다. 某自幼年으로 發心해서 參禮知識하여 扣聞此事하나 弱冠之後에 即爲婚官所役으로 用工夫不純하여 因循至今老矣로되 未有所聞하야 常自愧嘆하나이다. 然而立志發願은 實不在淺淺知見之間이라 以爲不悟則已거니 悟則須直到古人親證處하여서 方爲大休歇之地일가하나이다. 此心은 雖未嘗一念退屈이나 自覺工夫終未純一하니 可謂志願大而力量小也니이다. 向者에 痛懇圓悟老師하니 老師示以法語六段하시되 其初는 直示此事하시고 後擧雲門趙州放下着 須彌山 兩則因緣하여서 令下鈍工하시되 常自擧覺하라 久久하면 必有入處라하신 老婆心切이 如此건만은 其奈鈍滯太甚이겠는가.

제가 이전에 장사현에 있을 때 원오노사로부터 편지를 받은 적이 있습니다. 그때 노스님께서 공(대혜스님)에 대한 말씀을 하시기를, '늘그막(원오스님 62세, 대혜스님 37세)에 대혜를 만났지만 그의 얻은 바가 심히 기특하고 위대하다.' 라고 하셨습니다. 그 후로 제가 스님을 찾아뵈어야겠다는 생각을 수시로 내었으나 미루고 지내다가 이제 그만 8년이 지나가 버렸습니다. 친히 법문을 베풀어 주시는 은혜를 입지 못하고 사는 것을 항상 한

탄만 하고 있을 따름입니다. 찾아가 뵙지를 못하지만 오로지 공경하고 우러러보는 마음은 지극하옵니다.

제가 어릴 때부터 발심해서 선지식을 참례하여 이 일을 묻고 참구하였으나, 나이가 좀 들어서는 혼인하고 관직에 나아가 세상일에 힘을 쏟다 보니 공부가 순탄하게 되지 않고 있습니다. 이와 같이 큰일을 마치지 못하고 세월이 흘러 늙은 몸이 되었으나 깨달은 바가 있지 못해서 스스로를 항상 부끄러워하며 탄식하고 있을 뿐입니다. 그러나 제가 세운 뜻과 원은 결코 얕고 얕은 지견에 있지 않습니다. 제가 '깨달음을 얻지 못하면 어쩔 수 없는 일이지만, 깨달음을 얻을 바에는 바로 옛 조사 스님들이 친히 증득한 그곳에 나아가서 바야흐로 크게 쉬는 자리를 얻어야 되지 않겠는가?' 이런 각오입니다.

이렇게 공부 하고 싶은 마음이 끊이지 않아 항상 한 생각도 물러남이 없이 지냈으나, 결국 공부가 순일하지 못한 것은 소위 뜻과 원은 크지만 제 역량이 부족한 탓이라 생각합니다.

저번에 원오선사께 간절히 청하였더니 노사께서 여섯 가지 법어를 내리시어 처음에는 바로 이 일을 보이시고 다음에는 운문과 조주의 방하착과 수미산에 대한 두 인연을 보였습니다. '항상 화두를 들고 스스로 잘 거각擧覺하여 오랫동안 닦고 또 닦으면 반드시 들어가는 곳이 있을 것이다.' 라고 노스님이 간곡히 일러주셨습니다. 그러나 제가 이렇게 둔하고 막혀서 뚫리지 않으니 정말 한심한 지경입니다.

원오스님께서 증시랑에게 법문을 내려 주시어 처음에는 이 일을 바로 보이셨답니다. 바로 '이 일을 보이셨다' 는 것은 본분자리를 바로 보여주신 겁니다. 그래도 둔해서 못 알아들으니까, 그 다음에는 운문스님과 조주스님의 '방하착'과 '수미산' 두 화두에 관한 인연을 들려주시면서 증시랑에게 다른 공부 방법을 내리셨다는 말입니다.

영하둔공聆下鈍工에서 영하라는 뜻은 '아랫사람에게 명령을 내린다.' 라는 뜻입니다. 그리고 둔공鈍工이란 공부할 줄 모른다는 뜻이기 때문에 바로 공부가 둔하다함은 증시랑 자신을 낮추어 말한 것입니다.

원오스님께서 증시랑에게 내린 공부법이란 무엇이냐 하면, '항상 화두를 들고 스스로 잘 거각擧覺하여 오랫동안 닦고 또 닦으면 반드시 들어가는 곳이 있을 것이다.' 이렇게 일러주신 것입니다. 여기서 거각擧覺이란 들어서 각성한다. 즉 화두를 들어서 놓친 자기 마음자리를 살펴서 성성하게 깨어있는 상태를 유지한다, 이런 뜻입니다.

今幸私家에 塵緣을 都畢하고 閑居無他事하니 政在痛自鞭策하여 以償初志건만 第恨未得親炙敎誨耳이로소이다. 一生敗闕을 己一一呈似하니 必能洞照此心하시리니 望委曲提警하소서. 日用에 當如何做工夫하여서 庶幾不涉佗塗하고 徑與本地로 相契也리잇가 如此說話도 敗闕이 亦不少이건만 但方投誠이라. 自難隱逃니 良可愍也라 至扣하나이다.

다행히 이제 속된 인연을 다 마치고 집에서 한가로이 살면서 조용하고 다른 일이 없으니, 마음을 가다듬고 스스로에게 채찍질을 해 가며 처음 발심했던 대로 공부하리라 다잡아 봅니다. 그러나 마주하여 친히 가르쳐주심을 얻지 못함이 제일 한탄스럽습니다. 저의 일생 동안의 모든 것을 이렇게 낱낱이 보여 드렸으니, 반드시 제 마음을 능히 훤히 보셨을 것입니다. 바라건대, 이 둔공을 깨침으로 이끌어 주시길 간곡히 부탁드립니다. 하루 중에 마땅히 어떻게 공부를 하여야 다른 길을 밟지 않고 지름길로 들어가서 근본 바탕에 계합할 수 있겠습니까?

이와 같은 말도 허물이 적지 않을 것이지마는 단지 제가 정성을 들여서 스님에게 질문한 것이니 스승께서는 외면하시기 어려울 것입니다. 저를 불쌍히 여겨서 한 말씀 해 주시기를 간곡히 부탁드립니다.

　이 부분은 이제 자기의 모든 것을 내려놓고 지금부터 공부를 어떻게 해야 되는가를 묻는 것입니다. '하루 중에 마땅히 번뇌망상에 휘둘리지 아니하고 곧바로 질러가는 길, 즉 지름길을 통하여 본래자리로 바로 들어가서 그것에 계합할 수 있는 방법이 무엇입니까?' 하고 묻는 것입니다. 번뇌망상에 끌리지 아니하고 곧바로 질러가는 길을 '경여본지徑與本地'라 합니다. 그러니까 바로 이 분의 편지 내용이 요즘 우리들이 공부 안된다고 걱정하는 모습입니다.

答

증시랑 천유에게 1

曾侍郎 天遊 1

承敍及하니 自幼年으로 至仕宦히 參禮諸大宗匠이다가 中間에 爲科擧婚宦의 所役하며 又爲惡覺惡習에 所勝하여 未能純一做工夫로 以此爲大罪라 하며 又能痛念無常世間이 種種虛幻이라 無一可樂이라하며 專心欲究此一段大事因緣이라 하니 甚愜病僧意이로다. 然이나 旣爲士人이라 仰祿爲生이요 科擧婚宦도 世間에 所不能免者라. 亦非公之罪也거늘 以小罪로 而生大怖懼하니 非無始曠大劫來에 承事眞善知識하여 熏習般若種智之深이면 焉能如此리요.

편지를 받아보니, 그대가 '어릴 때부터 관리에 이르기까지 많은 선지식을 참례하다가 도중에 과거에 급제하고 혼인하여 벼슬의 소임을 하면서, 바른 깨침에 이르지 못하고 잘못된 습관을 극복하지 못하여 공부를 순조롭게 이어가지 못함을 큰 죄라 하였습니다. 또 능히 무상함을 통념痛念하여 세간의 모든 일들이 허망하고 환상이어서 하나도 즐거움이 없다.'고 말하면서 오로지 일대사 인연에 전념하여 참구하고자 한다고 하니 나(대혜선사)의 뜻에 잘 맞습니다.

그러나 이미 벼슬하는 사람이라 녹을 받아먹고 살아가는 것이요, 과거하여 벼슬하고 혼인하는 것은 세상을 살면서 피할 수 없는 일이니, 이 또한 그대의 죄가 아니거늘 이 조그만 죄를 가지고 뭐 그런 큰 공포심을 냅니까? 시작이 언제인지 알 수 없는 아주 오래전부터 내려오면서 참다운 선지식을 만나 뵙고 반야종지를 훈습한 그 깊이가 깊지 않았더라면, 어찌 그대와 같은 생각을 하였겠습니까?

강설

비롯함이 없는 까마득히 먼 세월 동안 육도윤회를 하면서 우리가 어느 때 어떤 인연으로 해서 이 몸을 받아 왔는지 알 수 없지만, 그때부터 계속 업을 쌓고 습관이 몸에 붙어있거든요. 그나마 이 중에서도 좋은 선지식을 만나서 반야종지를 익히고 열심히 정진했기 때문에 참선 공부 하고자 하는 그런 기특한 생각을 해냈다 이 말입니다. 그러니 조그마한 그런 것을 가지고 뭐 공부가 안된다고 걱정하고 그러지 말라. 이런 뜻입니다.

而公의 所謂大罪者는 聖賢도 亦不能免이니 但知虛幻이라 非究竟法이니 能回心此箇門中하여 以般若智水로 滌除垢染之穢하고 淸淨自居하여 從脚下去하여 一刀兩段하고 更不起相續心이 足矣라. 不必思前念後也니라.

그대가 말하는 소위 큰 죄라는 것은 성현도 또한 면하기 어려운 것입니다. 그것은 오직 환상이요 구경법이 아닌 줄 알고, 능히 마음을 이 수행 문중에 바로 돌이켜서 반야 지혜의 물을 사용하여 오염된 때를 씻어버리고 스스로 청정한 곳에 머물며, 바로 지금 여기를 살펴 일어나는 모든 생각을 한칼로 단박에 잘라서, 다시는 그런 마음이 이어지지 않도록 하는 것이 좋은 것입니다. 절대로 지나간 과거에 집착하지 말고 뒷일도 미리 걱정하지 마십시오.

강설

반야지수般若智水라는 것은 이 망상을 망상인 줄 알아서 망상에서 벗어나 본분자리로 바로 돌아가는 반야행般若行을 말합니다. 물이 흘러가듯 망상에 노니는 마음을 본류로 돌려놓는다는 것입니다.

사전염후思前念後란 앞일을 생각하고 다가올 일을 걱정하는 것, 즉 일체의 망상을 의미합니다. 이런 망상에 이끌리지 말고, 지금 여기에 내 마음이 어디에 있는가? 그것을 살펴라. 이 말입니다.

旣日 虛幻則 作時도 亦幻이며 受時도 亦幻이며 知覺時도 亦幻이며 迷倒時도 亦幻이며 過去現在未來가 皆悉是幻이라. 今日知非則以幻藥으로 復治幻病이니 病瘥藥除하면 依前只是舊時人이라. 若別有人有法則是는 邪魔外道의 見解也니라.

이미 말한 바와 같이, 허환이라 함은 그런 생각을 내는 때도 환幻이고 또 받아들이는 것도 또한 환이며 알아서 깨닫는 것도 또한 환이고 미혹해서 거꾸러질 때도 또한 환이며 과거 현재 미래가 모두 환이라. 지금 허환인 줄 알았다면, 환약으로써 환병을 치료하여 병이 치료된 후 약도 필요 없게 되면 병이 나기 전의 사람으로 돌아갑니다. 그러나 이때가 되어도 특별히 다른 사람이 되는 것은 아닙니다. '깨달으면 사람이 달라지고 또 깨닫고 나면 특별한 법이 있다.' 그렇게 아는 것은 삿된 외도의 견해입니다.

강설

어떤 때 생각이 나서 그 생각으로 인해서 또 다른 생각이 들어오게 되는 것이 모두 헛것입니다. 즉 내가 능동적으로 생각을 내는 것[작시作時]과 다른 바깥의 어떤 인연에 의해서 또 어떤 생각이 나게 되는 것[수시受時] 그것들이 모두 환상입니다. 지각시知覺時라는 것은 '아, 내가 망상을 부리고 있구나!' 이것을 딱 깨닫고는 바로 자기 자리로 돌아온 것을 말합니다.

'즉시에 지나간 과거 생각과 돌아오지 않는 미래의 걱정 이것을 없애버리고 각하(脚下, 바로 이 순간)에 지금 즉시 해야 할 것만 해라.' 했습니다. 지금 여기서는 목전 경계를 초월한 그것마저도 헛것이라 했습니다.

환병幻病을 치유하는 약이 바로 화두입니다. 정신 바짝 차리고 자기 본성자리에 돌아올 수 있는 사람은 화두를 들지 않아도 됩니다. 그러나 그렇게 잘 안 되는 사람들에게는 화두를 들게 하지 않았습니까?

그러니까 환병幻病이 들어있는 사람한테 그 자체가 환幻인 약을 가지고 병을 낫게 해준다. 이 말입니다. 화두 그것도 환이거든요. 순간순간 생각을 냈다 하면 전부가 환입니다.

병이 나아지면 약도 필요 없습니다. 우리가 화두를 들고 공부를 하는 것은 도를 깨닫고 견성하기 위한 수단이지 화두를 들고 있는 것이 목적이 아니거든요. 그렇게 해서 깨닫고 나면 어떻게 됩니까? 견성을 했다고 해도 사람이 특별히 달라지는 것은 아닙니다. 더욱 가행정진을 해야 합니다

公은 深思之하여 但如此崖將去하되 時時於靜勝中에 切不得 忘了 須彌山과 放下着兩則語하고 但從脚下하여 着實做將去언 정 已過者는 不須怖畏하고 亦不必思量이니 思量怖畏하면 卽 障道矣리라.

공은 깊이 생각해서 단지 이와 같이 천 길 벼랑 위를 한 걸음 한 걸음 걸어가는 심정으로 혼란을 물리치고 때때로 조용히 앉아서 공부할 때 간절히 저 '수미산'과 '방하착' 두 화두를 잊어버

리지 말고 바로 발밑을 쫓아서 착실히 화두를 들고 가십시오. 이미 지나간 것을 두려워하지 말고 또한 반드시 사량하지도 말지니, 생각으로 헤아리는 것과 두려움을 갖는 것 모두가 도의 방해물입니다.

강설

상속심相續心을 내서 자꾸 이래서 이렇고 저래서 저렇고 이런 생각 저런 생각을 지어서 '내가 왜 공부가 안 될까?' 하는 이것이 바로 환幻입니다. 이 자체가 망상이고 이런 생각하는 자체가 공부를 방해하는 장애 요인입니다. 그런 생각을 하는 그 순간에 '아! 내가 지금 또 망상 속에서 망상을 하고 있다' 는 것을 알아차리고 제자리로 바로 돌아와야 됩니다. 생각이 일어날 때 얼른 제자리로 돌아와서 순간순간 자기를 붙들어서 수행을 열심히 해라. 그 쓸데없는 생각을 하는 순간에 수미산須彌山 방하착放下著 화두나 들어라 그 말입니다.

但於諸佛前에 發大誓願하되 願此心이 堅固하여 永不退失하고 仗諸佛加被하여 遇善知識하여 一言之下에 頓亡生死하고 悟證無上正等菩提하여 續佛慧命하니 以報諸佛莫大之恩이어다 하라 若如此則久久하면 無有不悟之理하리라.

오직 모든 부처님 앞에 나아가 큰 서원을 세우세요. '원컨대 이 마음이 견고해서 공부하려는 마음을 한번 내었으면 다시는 물러서지 말고, 부처님의 가피를 받아서 선지식을 만나 일언지하一言之下에 생사를 몰록 잊어버리고 위없는 보리를 성취케 하며, 부처님의 혜명을 상속하여 도를 깨달아서 부처님 은혜를 갚게 할지어다.' 라고 하십시오. 이와 같이 오래하면 깨닫지 못할 이유가 없습니다.

不見가 善財童子가 從文殊發心하여 漸次南行하되 過一百一十城하여 參五十三善知識하고 末後於彌勒一彈指頃에 頓亡前來諸善知識의 所得法門하고 復依彌勒教하여 思欲奉覲文殊한데 於是에 文殊遙伸右手하고 過一百一十由旬하여 按善財頂曰 善哉善哉라. 善男子야 若離信根이었다면 心劣憂悔하여 功行이 不具하고 退失精勤하여 於一善根에 心生住着하며 於少功德에 便以爲足하여 不能善巧로 發起行願하며 不爲善知識之所攝護하며 乃至不能了知如是法性과 如是理趣와 如是法門과 如是所行과 如是境界할것이며 若周遍知와 若種種知와 若盡源底와 若解了와 若趣入과 若解說과 若分別과 若證知와 若獲得을 皆悉不能이리라.

보지 않았습니까? 선재동자가 문수보살의 가르침을 받고 발심을 한 후에 53선지식을 찾아서 점차 남쪽으로 나아가 일백 일십 성을 지나면서 오십삼 선지식을 모두 참례한 후에 마지막으로 미륵보살을 만납니다. 이때 미륵보살이 손가락 한번 튕기는 순간에 선재동자가 이전에 선지식으로부터 배운 모든 법문들을 일시에 놓아 버리고 다시 미륵보살의 인도에 따라 문수보살을 받들어 뵙고자 하는 생각을 내니, 문수가 이미 선재동자의 뜻을 알고, 일백 일십 성 밖에서 오른쪽 손을 쭉 뻗어서 선재동자의 이마를 어루만지시며 이르시기를, '착하고 착하여라 선남자여, 만약 그대가 깊이 믿는 뿌리가 없었더라면(지극한 신심이 없었더라면), 마음이 옹졸하고 우둔하여 공들이고 실행하는 것을 제대로 갖추지 못했을 것이며, 부지런히 닦아가는 마음에서 물러나 저 조그마한 좋은 일 하나에 집착하여 그 작은 공덕에 만족한 나머지 선지식의 마땅한 가르침을 원만하게 얻지 못했을 것이니라. 또한 이와 같은 법성과 이와 같은 이치와 이와 같은 법문과 이러한 행과 이러한 경계를 명료하게 얻지 못했을 것이요, 주변지, 종종지, 진원지, 해료, 취입, 해탈, 분별지, 증지, 획득 등을 다 어찌 얻었으리요.'

강설

선재동자가 일백 일십 성을 지나면서 53선지식을 만나 온갖 법문을 다 듣고는 법을 전부 다 알고 터득했어요. 공부를 해서 오십삼 선지식의 경계를 다 꿰뚫어 알아버렸습니다. 그랬는데 마지막에 미륵보살이 손가락을 한번 튕기니까, 여태까지 배워서 얻은 그 깨달음과 그 많은 선지식들의 법문이 일시에 사라지고 머릿속이 텅 빕니다. 왜 그럴까요? 미륵보살이 손가락 튕기는 그 순간에 모든 것을 다 잊어버립니다.

알았다는 것, 깨달았다는 것, 이것이 걸림이요 또 다른 장애임을 안 것입니다. 이 때 다시 문수의 지혜가 필요하기 때문입니다. 간추려 말하면 문수의 지혜가 나와야 합니다. 문수의 지혜는 곧 반야지般若智입니다. 반야지는 염기즉각念起卽覺이며 염기즉각하면 곧 반야지입니다. 반야지를 행할 때 업장이 소멸되기 때문입니다. 아는 지식知識으로 업장 소멸은 불가능합니다.

주변지周邊智는 불성이 두루 함을 아는 것, 종종지種種智는 낱낱이 다 아는 것, 진원지盡源智는 남김없이 근본까지 아는 것, 취입趣入은 도의 문에 들어가는 것, 해탈解脫은 모든 걸림에서 벗어나는 것, 분별지分別智는 낱낱이 가려서 아는 것, 증지證智는 증득한 지혜, 획득은 얻은 바의 과果를 나타냅니다.

文殊가 如是宣示善財하신데 善財가 於言下에 成就阿僧祇法門하여 具足無量大智光明하며 入普賢門하여 於一念中에 悉見三千大千世界微塵數諸善知識하고 悉皆親近하며 恭敬承事

하고 受行其敎하여 得不忘念智莊嚴藏解脫하며 以至入普賢毛
孔刹하여 於一毛孔에 行一步하되 過不可說不可說佛刹微塵數
世界하여 與普賢等하고 諸佛等하며 刹等行等하며 及解脫自在
悉皆同等하고 無二無別하니

　　문수보살께서 이와 같이 잘 베풀어서 일러주시는 말씀을 듣
고 선재가 그 말 한마디에 그냥 그대로 아승지 법문을 다 성취해
버립니다. 그래서 무량대지광명을 모두 구족하여 보현문에 들었
단 말입니다. 한 생각에 삼천대천세계 미진수의 모든 선지식을
다 봅니다. 이 많은 선지식을 모두 친견하며 공경히 받들어 섬겨
서 그 가르침을 받아 그냥 장엄장 해탈을 얻어서 찰나에 털구멍
하나하나를 다 관찰할 수 있는 보현의 경지에 이릅니다. 모공에
한 걸음씩 나아가되 설명으로 다할 수 없는(부처님만 관찰할 수
있는) 미진수 세계를 다 통과하여, 보현과 같으며, 부처와 동등
하며, 관찰력이 같고, 행력行力이 같으며, 해탈과 자재自在가 모
두 동등하여 명실상부 동등한 해탈을 이루어 둘도 아니고 차별
도 없는 경지에 이릅니다.

강설

　　아승지阿僧祇는 셀 수 없이 많은 수(항하 모래알 수의 수억 수
천만 배에 해당하는 수)를 나타냅니다. 보현보살이 누구입니까?

두루 제도함을 행동으로 나타내 보이는 분입니다. 널리 보인다
는 게 그냥 보이는 게 아니고 삼천대천세계(수미산을 중심으로
이루어진 한 세계의 천 배를 소천세계, 소천세계의 천 배를 중천
세계, 중천세계의 천 배를 대천세계라 하는데 이 셋을 다 합한 세
계를 말함)를 가루로 내어서 만든 가루의 수만큼 많은 미진수의
선지식을 다 본다 이 말입니다. 이것은 바로 우리 마음속에 있는
모든 번뇌망상을 비유하는 것입니다. 번뇌망상이 이렇게 많습니
다. 그러나 번뇌망상이 번뇌망상인 줄 알았을 때, 그 번뇌망상이
바로 선지식이 되어버립니다.

선재동자가 오십삼 선지식을 참배했다고 했죠? 이것이 뭘 의
미하느냐 하면, 바로 우리 몸의 다섯 가지 감각[즉 안이비설신,
眼耳鼻舌身], 눈으로 보고, 귀로 듣고, 코로 냄새 맡고, 혀로 맛
보고, 몸의 촉감 이 다섯 감각 기능에서 나오는 모든 생각을 낱
낱이 다 살펴서 그것이 망상인 줄 알았을 때 그게 전부 다 오십
삼 선지식이 됩니다.

이렇게 복잡하게 따지지 말고 좀 쉽게 이해해 봅시다. 바로,
안이비설신 다섯 문에서 각각 열 가지가 나오는 것(다섯 가지 대
상에 대한 다섯 가지 감각)을 합하면 오십이 됩니다. 그 선지식
에다가 반대, 즉 대귀를 넣으면 백 가지가 되어요. 예를 들면 산
이 높다는 생각을 내면 반대로 산이 낮다는 생각이 있습니다. 그
래서 일백 일십 유순이라 하는데 망상과 본래 자기가 지닌 자심

自心을 대비 해 놓은 것을 말하여 풀어놓은 것입니다.

일어나는 망상을 전부 다 내가 놓치지 않고 바르게 잘 살피면 삼천대천세계 미진수 선지식뿐만 아니고 그보다 더 많은 선지식이 나옵니다. 그것을 아셔야 합니다. 이와 같이 보현보살의 경지는 우리 마음에서 일어나는 모든 번뇌망상을 낱낱이 관찰하여 제도할 수 있는 그런 자리입니다. 우리 털구멍과 같이 셀 수 없는 번뇌망상을 다 꿰뚫어 본다는 것을 모공찰毛孔刹에 비유했습니다. 보현의 경지는 털구멍 하나하나와 같이 극히 미세한 것에서부터 삼천대천세계의 무량한 수까지 각각 다 헤아려서 전부 다 제도濟度한다 그 말입니다.

우리 중생은 나름대로 습관이 배어 있기 때문에, 이상하게도 먹고 싶은 습관이 강한 사람은 다른 것은 다 괜찮은데 먹는 것에 대한 욕망을 제압하지 못합니다. 또 남에게 잘 보이고 싶은 권력욕이 있는 사람은 이것을 잘 제어하지 못합니다. 이러한 습관이 나타나는 것을 알아차렸을 때 그것을 즉시 본래자리에 갖다 놓아버리면 어떻게 되겠어요? 욕망의 허깨비가 힘을 잃게 됩니다. 그게 바로 반야지인데 그렇게 습관들을 하나하나 다 제도해 나가는 것입니다. 이것을 보현보살과 동등하게 된다고 합니다.

따라서 이 선재동자의 경지는 보현보살과 동등하며 모든 부처와 같아지며, 찰등행등刹等行等이라, 어느 순간 어느 세계에 가도 대등하고 또 어떤 행위도 모두 똑같이 대등해진다는 말입니다. 도를 성취한 후에는 망상이 있어서 망상을 따라 가는 놈하고 망상을 알아차려서 망상을 잡으러 가는 놈하고 둘로 나눠지는 것이 아니고, 망상과 내가 하나가 되어버리기 때문에 망상이 망상 아니고 부처가 부처 아닙니다. 즉심즉불이 되기 때문입니다.

當恁麼時하면 始能回三毒하여 爲三聚淨戒하며 回六識하여 爲六神通하며 回煩惱하여 爲菩提하며 回無明하여 爲大智하리니 如上遮一絡索은 只在當人의 末後一念眞實而已이라.

이런 경지에 이르게 되면 드디어 삼독을 돌이켜서 삼취정계로 바꿔버리고, 육식을 돌려서 여섯 가지 신통을 삼으며, 번뇌를 돌이켜서 보리를 삼으며, 무명을 큰 지혜로 바꾸는 것입니다. 이상에서 살펴본 일련의 예는 참고일 뿐 결국에는 바로 본인이 한 생각 진실하게 고쳐먹는 데 있을 뿐입니다.

강설

자기 자신이 진아眞我를 찾아야 할 뿐입니다. 온갖 말 다 해봐야 그 말이 그 말입니다.

善財가 於彌勒彈指之間에 尙能頓亡諸善知識의 所證三昧
거든 況無始虛僞惡業習氣耶아 若以前所作底罪로 爲實則 現今
目前境界가 皆爲實有며 乃至官職富貴恩愛도 悉皆是實이니 旣
是實則 地獄天堂도 亦實이며 煩惱無明도 亦實이며 作業者도
亦實이며 受報者도 亦實이며 所證底法門도 亦實이라. 若作遮
般見解면 則盡未來際토록 更無有人이 趣佛乘矣며 三世諸佛과
諸代祖師의 種種方便이 翻爲妄語矣리라.

선재가 오십삼 선지식을 참례하고 그 갖은 고생을 하면서 공
부를 모두 마쳐서 높은 지혜를 얻었는데도 불구하고 미륵보살이
손가락 한번 탁 튕기니까 자기가 공부했다는 생각도 다 내려놓
아 버리고 완전히 텅 빈 공호으로 돌아왔거늘, 선재가 선지식을
찾아서 그렇게 많은 얻은바 삼매三昧를 다 잊어버렸는데, 하물며
그대가 공부가 안된다 하고 과거 생의 습기나 한탄하며 그런 것
에 붙잡혀 있다니! 그래 가지고서 무슨 공부가 되겠습니까?

그대가 만약 앞에 지나간 것을 들어서 죄를 지음이 있다고 생
각하여 그것이 실제로 있는 것으로 생각을 한다면, 지금 눈앞에
일어나는 모든 현상계가 실재로 존재하는 것이 될 것입니다. 따
라서 관직과 부귀와 은애恩愛도 실재이며, 이미 이런 것이 모두 사
실인 즉, 지옥천당도 역시 실재이며, 번뇌와 무명도 사실이며, 업
을 짓는 자도 또한 사실이 되고, 과보를 받는 자도 사실이 되고,

증득한 저 법문도 또한 사실이 되는 것입니다.

만약 이러한 견해를 가진다면 미래 세계가 다하여도 부처님 경지에 들어갈 사람이(부처님 도를 깨칠 자가) 그 누가 있을 것인가? 과거 현재 미래의 모든 부처와 역대 조사의 여러 가지 방편이 모두 헛소리가 되리라.

강설

모든 것은 그냥 허환인 줄을 모르고 증시랑 당신과 같이 생각하면 실제 현상계에 일어나는 것이 전부 현실이 될 수 밖에 더 있겠느냐? 이래서는 공부가 안된다 이 말입니다. 모든 것은 헛된 망상, 즉 저 허공에 그린 그림에 불과합니다. 그대가 그렇게 생각하는 그것이 사실이 된다면 부처님으로부터 도를 깨우친 모든 조사스님들이 모두 거짓말한 것 밖에 안 됩니다. 환幻이라 하는데 실實이라고 생각하고 있으니 그러면 대혜스님이 거짓말을 했나? 도인들이 거짓말 안 했거든요. 있는 그대로 실다운 말을 했단 말입니다. 실제 있는 것을 가지고 어째서 환이라고 합니까? 이런 식으로 반문하면서 그렇게 공부를 해서는 도를 깨우칠 날이 없으니, 함부로 그런 식으로 공부할 생각하지 마라. 이런 뜻입니다. 환을 인식하지 못함을 꾸짖은 것입니다. 지옥 천당을 자신이 만든 것임을 모르는 경계에 머물러 있기 때문입니다.

대혜스님의 화두참구법이 무엇인지 한번 정리해 봅시다.

조금 전에 두 가지 화두를 소개하지 않았습니까? 수미산과 방하착 중에서 수미산을 가지고 화두를 드는 경우를 봅시다.

'한 생각도 일으키지 않았는데, 허물이 있습니까 없습니까?' 라고 물으니까,

'수미산이니라.' 라고 답을 했단 말입니다.

그때 그 스님이 바로 깨달았다면 그냥 그 자리에서 끝났을 것 아닙니까? 그런데 수미산이라 하니까 '내가 한 생각도 일어나지 않는 경지까지 왔는데 왜 허물이 수미산과 같이 많다고 하시는가?' 라고 생각하면서 그 스님이 척 걸려들었단 말입니다. 걸려들었으니까, 그 스님은 이 의심에 꽉 묶여서 다른 생각 못 일으키고 꼼짝 못합니다. 이것이 그 스님에게는 좋은 화두가 됩니다.

'한 물건도 가져오지 않았는데 어찌합니까?'

'내려놔라.'

'하나도 안 가져 왔는데 뭘 내려놓으란 말입니까?' 하니 이것은 이미 그르쳤지 않습니까? 그렇죠? 뭘 내려놓으란 말입니까? 그러니까 '내려놓기 싫으면 짊어지고 가거라.' 라고 했습니다.

이렇게 두 가지 화두가 나왔는데 그 중에서 뭐든 한 개를 들어봅시다. 수미산을 들겠습니다. 한 생각도 일으키지 않았는데, 허물이 있습니까 없습니까? 수미산이니라. 이러한 화두를 가지고 공부할 때, 왜 그랬을까? 왜 수미산이라 했을까? 이러면서 화두를 의심하며 그 속에서 답을 찾으려는 공부를 하는 것으로 알

고 있죠? 그렇지 않습니까? 여러분들은 그렇게 하지마세요. 이것은 공부가 안 되는 사람을 위해서 부득이 이렇게 묶어놓는 것입니다. 왜냐하면, '허물이 있습니까? 허물이 없습니까?'라고 물을 때, 수미산이라 대답할 당시에 즉각적으로 딱 깨달아 버려야 합니다.

이때 깨닫지 못한 이 스님의 경우는 의심이 독로[오롯이 드러나게] 됩니다. 의심을 하는 스님은 그날 그렇게 당한 스님이 의심이 된 것입니다. 내가 그 스님과 같이 의심이 될 수는 없잖아요. 그렇게 되면 정말 좋겠지만요. 그 스님은 운문스님 한번 친견하려고 얼마나 멀리서 애를 쓰고 왔겠습니까? 와서 이렇게 당하니 그 심정이 어떻겠습니까? 자기가 일생 동안 공부한 것을 다 바쳐서, 지금까지 공부한 결과가 어떻습니까? 하니 허물이 수미산 같다고 합니다. 그러니 공부 다시 해라 이 말 아닙니까?

이치적으로 따져 보더라도, 그런 경우에 그 스님은 그 즉시 몰입되어 앞도 뒤도 안보이겠죠? 이렇게 선지식은 그 근기에 따라서 쑥 빠져 들어가게끔 만드는 이러한 힘이 있어요. 그러나 우리가 그 화두를 들면 그 스님만큼 되느냐 말입니다. 잘 안됩니다. 화두에 매달려서 내가 평소에 살아가는 생각에 화두라는 번뇌가 추가되어 머리만 더 아픕니다. 대혜스님이 그렇게 공부하라고 한 것이 아닙니다. 대혜스님이 '정신을 바짝 차리고 항상 제 정신으로 있으면 된다. 성성하게 깨어 있는 그것이 바로 부처다.'라고 합니다. 그러나 대혜스님이 일러 주시고 부처님도 일러 주셨는데도 모두 그것을 못 믿습니다. 그러고는 '부처는 위대하고 굉장한 존재인데 설마 그것을 보고 부처라고 해?' 이렇게 생각하고 맙니다.

그렇지 않습니다. 망상을 피우고 이 생각 저 생각 질질 끌려 다니다가 정신을 번뜩 차린 그 순간이 바로 부처입니다. 그 자리가 바로 부처자리입니다. 정신 번쩍 차리고 성성하게 깨어있으면 그게 부처인데, 그것을 하라 해도 안 믿고 못하니까 부득이 물건 한 개를 집어 준 것이 화두입니다. 물건을 집어 주면서, 그럼 여기다가 마음을 가져다 잡아매어라. 쓸데없는 생각 말고 여기다가 묶어 봐라. 이것이 화두입니다.

그러면 화두를 어떻게 들어야 되는가? 이것이 문제 아닙니까? 왜 수미산이라고 했는가? 하면서 화두에 빠져들어서 몰입을 해서 의심을 하라는 것이 아닙니다. 어떤 망상이 생겼을 때에 번뜩 '수미산'에다가 묶어라. 이 말입니다. 쓸데없는 생각이라는 것을 알고 그것을 화두에 갖다 놓아라 이 말입니다. 견성한 도인은 화두를 안 드느냐 하면, 그렇지 않습니다. 견성 도인도 화두나 또는 다른 방편을 들어야 되요. 항상 빼앗겼던 정신을 찾아오는 것이 늦고 빠른 것에 차이가 있을 뿐이지 우리들과 마찬가지입니다.

생각에 이끌려서 휘말리는 것을 물리치는 것이 불교수행입니다. 그래서 정신을 차리고 스스로 마음을 본래자리에다 갖다 놓는 것이 수행입니다. 그것이 잘 안되니까 부득이 화두를 세워서 생각이 일어날 때 화두에다가 그 생각을 갖다 놓습니다. 이렇게 가볍게 거기다가 생각을 갖다 놓기만 하는 말뚝 역할을 해야 합니다.

그런데 다른 생각하지 말고 화두를 들라 하니까, 화두에 몰입해서 다른 생각이 안 나야 되지! 라고 이런 엄청난 착각을 합니다. 이렇게 하다보면 공부는 고사하고 머리가 아파서 터져나갈 지경입니다. 그래서 선방에 다니는 스님도 상기가 되고 재가在家 수행 불자님들도 그 병에 많이 걸리게 됩니다.

그래서 이 병 고쳐주려고 대혜스님이 이렇게 잔소리도 엄청 많이 하고, 했던 말 또 하고 그리고 또 어조가 엄청 강합니다. 묵조선 하는 사람들을 보고 묵조배라 하면서 아주 통렬히 비판하고 그랬거든요. 『서장』은 단계별로 공부하는 방법이 나옵니다. 그러면서 다음에 견성이 되었을 때는 어떻게 공부해야 하는가가 세밀하게 설명되어 있습니다. 견성을 한 후에도 공부하는데 단계가 있으니 어느 단계에서 어떤 공부를 해라. 이런 것까지 나옵니다. 우리는 첫째로 공부에 대한 잘못된 견해부터 바로 잡아야 합니다.

承하니 公이 發書時에 焚香對諸聖하고 及遙禮菴中而後에 遣이라 하니 公의 誠心至切이 如此라. 相去雖不甚遠이나 未得面言일세 信意信手하여 不覺에 忉怛如許하나니 雖若繁絮나 亦出誠至之心이라. 不敢以一言一字로 相欺니 苟欺公則是는 自欺耳니라.

편지를 받아보니 공이 모든 성인에게 향을 피우고, 또 멀리 떨어진 암자(대혜스님 계신 곳)를 향해 예를 올린 후에 편지를 보낸다 하니, 공의 성심이 지극하고 간절함을 알겠소이다. 비록 서로 왕래하기가 심히 멀지 않음에도 불구하고, 서로 만나 얼굴을 대하고 말하지 못하는 관계로 마음과 손이 가는대로 쓰다 보니 모르는 중에 문장이 어지럽게 되었습니다. 이 또한 정성이 지극한 마음에서 나온지라, 감히 한 말 한 글자라도 서로 속이지 못함이니, 진실로 공을 속인다면 이는 제 스스로를 속이는 것입니다.

'감히 말 한 마디 글자 한 자도 서로 속이지 않음이니'하는 말은 증시랑이 깨닫지를 못하고 있으니 바른 말로 해도 잘 안 먹혀 들어가거든요. 그래서 확신을 주기 위해서 이 말을 하는 것입니다. 내가 만약 그대한테 잘못된 얘기를 하면, 이것은 바로 내가 내 스스로를 속이는 것이니 절대로 헛말하지 않는다 이 뜻입니다.

又 記得하니 善財가 見最寂靜婆羅門하고 得誠語解脫하여 過去現在未來諸佛菩薩이 於阿耨菩提에 無己退하며 無現退하며 無當退하여 凡有所求를 莫不成滿은 皆由誠至所及也라.

또 기록에 의하면 선재가 최적정 바라문을 보고 성어해탈을 얻어서 과거 현재 미래 모든 부처님과 보살의 아뇩보리(위없는 도)를 이루어 이미 퇴보함이 없었으며, 현재에 물러남이 없으며, 앞으로 물러갈 것이 없어서 무릇 구하고자 하는 바를 원만히 성취하지 못함이 없음은 이 모두 다 정성의 극진함이 이루어낸 것입니다.

강설

'최적정 바라문'은 우리말로는 정행淨行이란 뜻인데, 인도의 사민四民 가운데 사족[士族, 선비족]을 말합니다. 그러나 그냥 최적정 바라문이라는 수행자가 있었다고 생각하면 됩니다. '최적정 바라문에게 가서 수행을 해서 성어해탈을 얻었다.' 여기서 성어해탈誠語解脫이란 막혀 있던 한 단계를 뛰어넘었다는 뜻입니다. 성어해탈을 이루어 과거 현재 미래 모든 부처님과 보살의 아뇩보리[위없는 깨달음]를 성취하여 이미 퇴보함이 없었단 말입니다.

여기서 아뇩은 무상無上 즉 위가 없다는 뜻이고 보리는 깨달음입니다. 그러니 아뇩보리는 위없는 깨달음입니다. 거기에서 물러감이 없었으며, 현재에 물러감이 없으며, 앞으로 물러갈 것이 없다. 이것이 무슨 말이냐 하면, 과거 현재 미래가 존재되는 것을 전제로 하면, 과거가 어쩌고 현재가 어쩌고 미래가 어쩐다는 말이 성립되지만, 이 불법 문중에는 과거 현재 미래를 용납하지 않습니다. 그냥 즉심즉불卽心卽佛입니다. 선재동자가 물러남이 없는 이렇게 큰 도를 이룬 것은 믿음이 지극한 덕분이란 말입니다.

公이 旣與竹倚蒲團으로 爲侶라하니 不異善財가 見最靜寂婆羅門이며 又發雲門書할세 對諸聖하여 遙禮而後에 遣은 只要雲門으로 信許니 此는 誠至之劇也라. 但相聽하라. 只如此히 做工夫將來하면 於阿耨菩提에 成滿無疑矣리라.

공이 이미 죽의포단으로 더불어 벗을 삼으니 선재가 최적정 바라문을 본 것과 다르지 않고, 또 운문에게 편지를 보낼 때 모든 성인을 대하여 멀리 예한 뒤에 보냄은 운문을 믿고 받아들임이 극진함을 보인 것이니, 이는 정성이 지극함을 말하는 것입니다. 다만 경청하십시오. 오직 이 같이 공부를 지으면 장래 위없는 보리를 성취함을 의심할 바 없으리라.

'죽의竹倚'라는 것은 대나무 평상이고 포단은 방석을 말합니다. 즉 평상에 앉아서 좌선坐禪하는 것을 말합니다. 이와 같이 공부를 하는 것은 선재동자가 53 선지식을 만나러 가는 것과 다를 바가 있느냐, 그런 말입니다.

증시랑이 대혜스님에게 물어보는 편지를 보낼 때는 성인[부처님]을 대하듯이 예를 올리고 보낸다고 하니, 이는 단지 이 운문(대혜스님)을 믿고 받아들이는 마음이 부처님을 대하듯이 하는 것이리라. 즉 부처님 말씀을 듣고, '잘못 되었다' 그런 의심을 하지 않듯이, 그와 같은 신의를 갖고 대혜스님을 믿었다는 말입니다.

答

증시랑 천유에게 2

曾侍郎 天遊 2

公이 處身富貴하되 而不爲富貴에 所折困하니 非夙植般若種
智면 焉能如是리요 但恐中忘此意하고 爲利根聰明에 所障하여
以有所得心이 在前頓放故로 不能於古人直截徑要處에 一刀兩
段하여 直下休歇하나니

공이 풍족한 생활 속에서도 그 부귀에 휘둘리지 않는다고 하
니, 일찍이 닦아온 반야의 지혜가 아니라면 어찌 이같이 되겠습
니까? 단지, 중간에 이 뜻을 잊고 이근총명利根聰明의 장애를 받
아 '얻을 바가 있다'는 그 마음이 문득 눈앞을 가리는 장애로 인
하여 '옛사람이 바로 꺾어서 들어가게 한 중요한 그 자리'에 한
칼로 잘라서 바로 쉬어가지 못할까 그것이 두렵습니다.

강설

영리한 사람들이 거의 이 '이근총명' 병에 걸립니다. 예리하게
듣고 보고 아주 감각도 뛰어나고 머리가 총명하고 명석한 사람
들이 찰나에 어떤 대상을 보고 언뜻 판단하고 스스로 해석을 해
버립니다. 그러니 이것이 장애가 될 수 있다는 것입니다. 이런저
런 생각을 내고, 어떤 대상을 보고 이럴 것이다, 저럴 것이다, 그
런 것을 다 내려놓고 성인들이 바로 꺾어서 요긴하게 들어간 그
지름길로 바로 들어가는 것이 중요하다는 것입니다.
'순간에 일도양단하여 순간 근본자리에 돌아가 쉰다.' 이것

이 바로 대혜스님의 본분자리만을 보여주시는 모습입니다. 일도양단이란 이런저런 생각을 내지 않는다는 말입니다. 사량분별思量分別하지 않고 바로 본분자리에 지름길로 들어간다. 이 말이지요.

그 소식에 접한 사람은 그 자리에서 아! 하고 깨달으면 끝나는 것 아니겠습니까? 개한테 불성이 있습니까? 질문하니, 무! 할 때 활짝 열리면 끝나는 것입니다. 그런데 말끝에 열리지 않으니까, 질문했던 사람이 갈 길을 잃어버렸습니다. 질문한 사람이 자기가 의도한대로 대답이 나오면 그 말길이 또 열릴 것인데 열릴 자리를 없애버립니다.

본분자리를 바로 일러주니까 말길이 끊어져 버리고 마음 길도 없어져 버려요. 선지식은 이렇게 보여주어야 합니다. 바로 그 자리에서 끊어서 여기가 바로 그 자리다. 이렇게 해야 합니다. 그 자리를 보면 끝나는 것이지 뭐 더 이상 말이 필요 없는 것입니다. 이 사람이 바로 알아채지 못하니까, 이 사람에게는 조주스님의 말 한마디가 화두가 돼 버리고, 그게 의문 덩어리가 되어버립니다. 간절한 마음이 강할수록 의심도 커지고, 확실하게 몰입이 되어버리면 금방 화두에 몰입이 되어 꽉 막혀 버립니다. 그때는 터져 나올 구멍이 생기고, 스스로 나올 힘이 생겨서 열려 나옵니다. 이렇게 해 주신 것을 알아차리고 공부를 이런 식으로 해야 된다는 것입니다. 그런데 이 공부법을 누구에게나 똑같이 시킨다면 공부가 잘 되겠습니까?

此病은 非獨賢士大夫라 久參衲子도 亦然하나니 多不肯退步하여 就省力處 做工夫하고 只以聰明意識計較思量으로 向外馳求하며 乍聞知識의 向聰明意識思量計較外하여 示以本分草料해서는 多是當面蹉過하고 將謂從上서 古德이 有實法與人이라하나니 如趙州放下着과 雲門須彌山之類가 是也라하나니라.

이 병은 비단 현명한 사대부뿐만 아니라 오랫동안 수행한 납자도 또한 그러합니다. 많은 사람이 기꺼이 한 발짝 물러나서 힘 덜리는 곳에 나아가 공부를 하지 않고 오직 총명과 의식과 계교와 사량을 의지하여 밖을 향해 달려가서 구하고 있습니다. 그러니 선지식이 잠깐 총명 의식 사량 계교 밖의 본분초료(본분에 이르는 양식)를 보이는 인연을 만나도 많은 사람이 그 본래 뜻을 이해하지 못하고(삐뚜로 지나가서) 장차 이르되, '예부터 고덕이 사람들에게 실법實法을 세움이 있다.' 라고 합니다. 예를 들어서 저 조주의 '방하착'과 운문 '수미산'에 특별한 법이 있다고 여기는 것입니다.

공부를 많이 하여 학식이 높은 사대부뿐만 아니라 전문적으로 수행하는 스님들도 다 이 병에 걸려 있단 말입니다. 그래서 즐거이 힘 덜리는 곳에 나아가 쉬운 공부를 하지 못한다는 말입니다.

힘을 더는 공부가 무엇입니까? 그 무거운 것을 무엇 하러 들고 다닙니까? 즉시즉시 내려놓아 버리면 되는데, 즉각 내려놓아 버리는 이 공부를 즐겁게 하지 아니하고, 오직 총명과 의식과 계교와 사량으로써 밖을 향해 달려가 궁리를 하니 머리가 아플 것이 아니냐 이 말입니다.

이게 이런 것 아닌가? 저게 저런 것 아닌가? 하면 이미 십만 팔천 리 벗어났습니다. 조주스님은 사량하고 분별하는 그런 자리에 있지 않습니다. 그래서 선지식이 총명하게 생각하고 머리로 따지는 그런 자리를 뛰어넘어서 격식 밖의 본분초료[본래면목]를 보이는 것을 보고도 그 본분자리에 계합하지 못한다는 말입니다.

사람들이 '위로 쫓아서(부처님으로부터) 고덕[선지식]이 사람들에게 실법實法을 세움이 있다.' 라는 것은 화두가 방편임을 모르고 화두에 특별한 의미가 있다고 여기는 것을 말합니다. 즉 화두의 뜻에 매달리는 것입니다. 생각이 일어날 때 조주스님이 '無'라고 한 그 자리로 돌아가기만 하면 된다고 하였는데 '그게 무슨 도道야? 진짜 도는 따로 있어.' 이렇게 생각한다는 말입니다.

巖頭가 日卻物이 爲上이요 逐物이 爲下라하며, 又日大統綱
宗은 要須識句니 甚麼是句오 百不思時를 喚作正句라하며 亦
云居頂이라하며 亦云得住라하며 亦云歷歷이라하며 亦云惺惺
이라하며 亦云恁麼時라하니 將恁麼時하여 等破一切是非니 纔
恁麼면 便不恁麼라 是句도 亦剗이며 非句도 亦剗이니 如一團
火相似하야 觸着便燒라. 有甚麼向傍處리요.

암두巖頭스님이 이르시길, '물物을 물리침은 상上이고 물物을
좇음은 하下가 된다.' 라고 하시며 또 말씀하시길, '핵심을 말하
자면 모름지기 구句를 아는 것이 중요할지니, 어떤 것이 이 활구
인가? 아무 것도 사량하지 않을 때를 정구正句라 부르며, 또한
이르되 이마에 머묾이다, 또한 이르되 머무름을 얻음이며, 또한
이르되 역력함이다, 또한 이르되 성성함이다, 또한 이르되 이러한
때' 라 했습니다.

장차 이러한 때가 되어야 비로소 일체 시비를 부수어 평등에
이르니, '겨우 이렇다.' 라고 하면 문득 이렇지 못한지라, 옳은 글
도 베어 버리고 그른 글도 또한 베어서 한 덩어리의 불과 같이 되
면, 그때는 닿기만 하면 타거늘 어디로 향할 곳이 있으리오. 어
떤 것이 이 불덩이에 달라붙을 수 있겠습니까?

암두스님이 '축물(대상에 끌려감)은 하급下級이고 각물(대상을 물리침)은 상급上級이라.' 라고 하신 것은 어떤 대상이 올 때 그 대상에 끌려 다니면 하품이다 이 말입니다. 즉 누가 물음을 던져 온다든가 그럴 때 그 물음에 질질 끌려 다니면서 대답하는 것은 하급이고, 질문을 받았을 때 바로 탁 물리치고 본분자리를 지키는 것이 상급입니다. 이것이 바로 활구 참선입니다.

'대통강종'에서 대통은 대체적이란 뜻입니다. 강종이라는 것은 바다에서 고기 잡는 그물을 치는 데서 나온 말입니다. 바다에 그물을 칠 때, 그물이 바닥에 다 가라앉지 못하게 밑에는 추를 달아 그물이 처지게 하고 위에 그물이 물속에 가라앉지 않게끔 윗줄을 물에 뜨게 해 놓습니다. 그물을 걷어 올릴 때는 그물을 낱낱이 다 잡아올리는 것이 아니고 윗줄만 잡아당기면 올라오게 됩니다. 따라서 '대통강종'은 윗줄을 끌어올리는 것처럼, '핵심만 말하면' 이란 뜻입니다.

'핵심은 오직 구(활구, 活句)를 알아야 한다.' 라고 했습니다. 본분자리를 즉각 알아차려야 한다는 것입니다.

'어떤 것이 이 구句인고? 아무것도 사량하지 않을 때를 정구正句라 불러 지으며, 또한 이르되 이마에 거함이다.' 라고 했는데 불교에서는 이마 정頂자 이 글자를 매우 신성하게 봅니다. 이마에 제삼第三의 눈이 있다고 합니다. 천수천안관세음보살을 보면 이마에 눈이 그려져 있지요? 부처님은 이마에서 광명을 내어 삼천대천세계를 다 비춘답니다. 따라서 이마에 거居한다는 것은 생각을 다른 곳에 뺏기지 않고 제자리에 둔다는 뜻입니다.

'또한 이르되 머무름을 얻음이며' 여기서 머문다는 것은 아까 한 생각도 일어나기 전의 자리, 조주스님이 내려 놔라하는 그 자리, 큰스님들이 바로 꺾어서 내려 주는 그 자리에 머무는 것을 말합니다.

본분자리 즉 자기 본성자리에 머물러야 바르게 머무는 것입니다. 십신십주十信十住라 하여, 그 주하는 것도 단수가 있어요. 이제 입단해서 초단을 넘어서 십 단은 넘어가야 큰 단수가 되는데, 이렇게 되어야 십주이고 또 주住한다는 말을 할 수 있습니다.

'또한 이르되 역력' 이라 했습니다. 이 사람 말귀 저 사람 말귀에 끌려 따라다니다 보면 자기 본분이 어디 있는지도 모르고 휘말려서 정신없이 다니게 되는데, 정신을 차리고 있으면 갖가지 일을 하더라도 성성하게 될 수 있습니다. 어떤 경우라도 본분자리를 지키니 역력할 수 있습니다.

'또한 이르되 성성이며' 는 성성하게 깨어있다는 말입니다. '또한 이르되 이러한 때라' 에서 이러한 때란 '자기 본분자리에서 마음을 뺏기지 않는 때'라 이 말입니다.

'이러한 때를 가져서 평등하여 일체 시비를 파하나니' 는 어떤 시비에 말려들지 않으려면 자기 자리를 지키고 있어야 합니다. 옳고 그름을 내가 판단했다면 이미 본분자리를 떠난 식심이 작용한 마음이지 본심 작용이 아니거든요. 본심 작용은 바로 조주스님이 내려놓으라는 바로 그 자리이고, 시공을 초월한 자리, 한 생각이 일어나기 전의 자리, 찰나 이전의 자리, 그 자리가 본심자리이기 때문에 거기에 머물렀을 때는 어떤 시비是非가 오든 옳고 그름이 발붙일 곳이 없으니까 내가 끌려가지 않습니다. 그러니 일체 시비를 깨버린다고 합니다.

'겨우 이렇다 하면 이렇지 못한지라' 는 겨우 내가 본분자리를 지켜서 누가 시비를 걸어왔지만 내가 걸려들지 않았다 하는 생각이 났다하면, 그 생각은 무엇입니까? 그것도 한 생각이잖아요. 이것을 알아야 됩니다. 우리 마음이 한 찰나에 구백 생멸을 하기 때문에, 내가 뭔가 되었다 하는 순간에 벌써 말려들었다는 것까지도 느낄 수 있어야 항상 자기 자리를 놓치지 않을 수 있어요. 자기 자리를 잡고 있는 방편으로써 화두를 드는 것입니다. 그래서 '옳은 글귀도 깎아버리고' 에서 깎는다는 것은 칼로 베어버린다 쳐버린다는 뜻입니다.

이 '구句를 안다는 것'이 무엇입니까? 조주스님이 누가 와서 한 물건도 가져오지 않았을 때는 어떻게 합니까? '내려놔라' 즉, 사정없이 쳐버렸지 않습니까? 그렇게 치듯이 그대도 그렇게 치고 살아라는 말입니다. 그러니까 옳은 글귀도 쳐내버리고 그른 글귀도 또한 쳐서 한 덩이의 불과 같이 되어라. 이글이글 타오르는 용광로 불덩어리 말입니다. 불덩어리에 무엇이 붙어 나겠습니까? 무엇이든 닿기만 하면 활활 타버리지 않습니까? '닿으면 문득 타거니 어디로 향할 곳이 있으리오.' 생각이 일어날 틈이 없이 바로 사라지니 붙을 마음도 향할 마음도 없는 것입니다.

今時士大夫가 多以思量計較로 爲窟宅하여 聞恁麼說話하면 便道하되 莫落空否아하나니 喩似舟未翻에 先自跳下水去라 此는 深可憐愍이로다.

요사이 많은 사대부가 사량계교思量計較에 빠져 있다가 이러한 설명과 대화를 듣고 문득 이르되, '그럼 공空에 떨어진 것이 아니냐?' 하나니, 이는 비유컨대 배가 엎어지지도 않았는데 미리 스스로 물에 뛰어드는 것과 같은지라, 이 불쌍함을 가히 짐작할 수도 없습니다.

강설

스님 말대로라면 공에 떨어질 수밖에 없지 않습니까? 이렇게 하니, 이것을 보고 대혜스님이 비유하여 배가 엎어지지 않았는데 미리 스스로 물에 뛰어드는 것과 같다고 했습니다.

예를 하나 들어봅시다. 배가 고픈 생각이 일어나는 것을 알게되면 밥 먹을 때가 된 것 아닙니까? 이때 밥을 먹지 않아야 불법佛法입니까 아니면 먹는 것이 불법입니까? 밥은 먹어야죠? 밥 먹고 싶은 생각을 하면 안되는 것으로 착각하면 안됩니다. 무엇을할 때 당연히 일어나는 생각은 생생히 살아서 움직이지만 마음은본분자리에 머물러 있어야 합니다. 밥 먹을 시간이 돼서 밥을 먹되, 밥에 휘둘려서 밥이 맛이 있느니 없느니 하고, 또 밥 때가 이르니 늦으니 할 필요가 없이 밥 때가 되었으니 무심히 밥을 먹고,또 일할 때는 무심하게 일만 할 뿐입니다.

이것이 무심無心행입니다. 무심이라는 것은 그 어떤 대상에 휘말리지 않고 마음이 본성자리에 있으면서 당면한 일에 충실하는것입니다. 이것이 '하는 것 없이 하는 것'입니다. 우리가 일체 시비에 꺼들리지 않고, 어느 때 어느 곳이든 대 자유인으로 살아갈 수있는 그런 자유자재한 해탈의 힘을 길러 가라고 부처님은 가르쳐주고 있습니다. 이것도 쳐버리고 저것도 깎아버리면 '스님, 아무것도 할 게 없이 공에 떨어지는 게 아닙니까?' 이렇게 말하니 그 얼마나 한심한 소리냐? 이 말입니다. 이것은 몰라도 정말 한참 모른다는 것입니다. 이것이 설명하기 어려운 부분인데. '미세한 망념도일어나지 않는다.' 는 것은 감각작용이 일어나지 않게 눌러 막는것이 아니라, 망념이 작용하는 것을 다스려 막는 것을 말합니다.미세 망념이 일어나지 않을 정도가 되면 내가 마음을 뺏기지 않는 힘이 생겼다는 뜻이지, 보고도 보지 않고 듣고도 듣지 않는다는 것이 아닙니다. 보고 듣는 속에서 마음을 뺏기지 않고 성성하게 깨어있는 힘이 있어야 합니다. 누가 뭐라 해도 전혀 미동도 하지 않을 수 있는 철석鐵石 같은 마음을 가지게 된다는 말입니다. 그런데 마음을 내지 말라는 것으로 착각을 해 버리면 이게 얼마나 불쌍한 일이냐, 그 말입니다. 그래서 옳은 것도 쳐버리고 그른 것도 쳐버리면 공空에 떨어질까 잘못 알고 걱정하는 것이 배가 뒤집힐까봐 두려워 미리 배에서 뛰어내리는 격이 되는 것입니다.

近至江西하여 見呂居仁하니 居仁이 留心此段因緣이 甚久하되 亦深有此病이라. 渠豈不是聰明이리오마는 某嘗問之曰하되 公이 怕落空하니 能知怕者는 是空耶아 不空耶아 試道看하라. 渠佇思하야 欲計較祗對거늘 當時에 便與一喝하니 至今茫然하여 討巴鼻不着이로다. 此皆以求悟證之心이 在前頓放하여 自作障難이요 非干別事니라.

최근 강서에 갔을 때 '여거인'이란 사람을 만나 보니, 거인이 심히 오랫동안 이 일단인연[화두 참구하여 깨침을 얻겠다는 일]에 마음을 두었으나 또한 이 병에 걸려 있음이 깊은 것을 알게 되었습니다. 그가 어찌 총명하지 않겠습니까마는, 제가 일찍이 묻기를 '그대가 공空에 떨어질까 두려워하니, 능히 두려워할 줄 아는 자는 공한 것이냐 공하지 않은 것이냐 시험해 일러 보아라.' 하였더니, 그 사람이 생각을 멈추고 계교計較로 대답하고자 하거늘, 그때 불현듯 할喝을 하였더니 지금까지도 망연해서 코끝(실마리)을 찾지 못하고 있더이다. 이렇게 망연해서 깨닫지 못하는 이유는 깨달아 증득하기를 구하는 마음이 앞서 있어서 어려운 장애를 스스로 지음이지 특별히 다른 일이 장애를 주어서 그런 것은 아닙니다.

강설

대혜스님이 강서에서 '여거인'이란 사람을 만났는데 그 사람이 이 일단인연一段因緣에 마음을 두고 오랫동안 수행을 해 왔으나 공부를 잘못하는 병에 걸려있었다 이 말입니다. 무슨 병에 걸려 있었냐 하면 '수시로 생각이 일어날 때마다 놓아 버려라' 이렇게 일러주었더니 그러면 공에 떨어지는 것이 아닌가? 이런 의심을 하고 있었단 말입니다. 그러니 대혜스님이 여거인에게 한번 물어봅니다.

'그대가 공空에 떨어질까 두려워하니, 능히 두려워 할 줄 아는 자는 이 공한 것이냐? 공하지 않은 것이냐? 한번 일러보아라.' 즉, 그대가 공에 떨어지지 않을까 하는 생각은 공에 떨어지면 안 된다고 두려워하는 생각이 아니냐? 공에 떨어지면 안 된다고 해

났기 때문에 공에 떨어질까 두려워하는데, 그러면 두려워하는 이 마음이 공한 것이냐? 공한 것이 아니냐? 그러자 여거인이 이런저런 생각으로 헤아려 대답을 하려 할 때 바로 대혜스님이 '할!'을 했답니다.

그때 이분이 대혜스님의 활구를 바로 깨닫지 못하고 지금까지도 망연해서 시종始終을 찾지 못하고 있단 말입니다. 대혜스님이 왜 그랬을까요? 헤아리고 따져서 알 수 없는 곳을 헤아려 답을 찾으려 하니 알음알이의 길을 끊어버린 것입니다. 할喝을 해서 망연하게 만들든지 화두를 줘서 망연하게 만들든지 이렇게 큰스님들은 그 자리에서 바로 차단해버립니다.

도가 도대체 어떤 것인가? 도를 깨우치기만 하면 신통력이 생겨 벽 뒤에 뭐가 숨어 있는지도 알고 다른 사람이 무슨 생각을 하는지도 안다는 등 이런 생각이 앞을 가리고 있으니, 이것이 바로 자기 스스로 작난(作亂, 번뇌를 자초함)을 지은 것입니다.

'불법은 뭐 어쩌고 어쩔 것이다' 이런 것은 아무 소용이 없습니다. 즉시 즉각 내려놓는 것밖에 따로 없습니다. 아! 내가 지금 이 때문에 이런 생각에 휘말려서 가는구나! 휘말려 가면 물에 빠진 거나 마찬가지고 진흙에 빠진 거나 마찬가지입니다. 진흙에 빠지면 진흙이 묻을 수밖에 없고, 물에 빠지면 옷이 젖을 수밖에 없지 않습니까? 물에 안 빠지고 진흙에 안 빠지려면 즉각 내려놓아버리는 것이 상책입니다.

그래서 인연 따라서 경계를 대할 때는 무심히 대처하면 되는 것입니다. 무심히 한다는 것은 마음이 전혀 없이 한다는 것이 아닙니다. 마음 없이 무슨 일을 합니까? 마음이 생겨야 일을 할 것 아닙니까? 일하는 대상에 빠지지 말라는 것입니다. 대상에 마음을 빼앗겨 본성을 잃어버리는 이것을 막아야하는 것입니다. 이것이 부처님이 사십오 년 동안 설법하신 것입니다. 이것을 못 알아들으니까 갖가지로 여러 번 반복해서 설법을 하시는 것입니다.

公은 試如此做工夫하야 日久月深하면 自然築着磕着이어니와 若欲將心待悟하며 將心待休歇인댄 從脚下參하야 到彌勒下生이라도 亦不能得悟하며 亦不能得休歇하고 轉加迷悶耳이니라.

공이 시험 삼아 이와 같이 공부를 하여 오랫동안 날이 지나고 달이 깊어지면 자연히 성돌 맞 듯 맷돌 맞 듯하겠지만, 만일 마음을 내어 장차 깨닫고자 하는 욕심을 내거나, 마음을 가져 쉼을 기다리고자 한다면, 각하로 좇아(지금 이 자리에서부터) 미륵(일억 팔천만 년 뒤에 오실 부처님)이 나타남에 이르더라도 능히 깨달음을 얻지 못하며, 또한 능히 쉼을 얻지 못하고, 나날이 미혹함과 번민만 쌓으리라.

공이 시험 삼아 이같이 오랫동안 공부해서 공부가 깊어지면 성돌이나 맷돌이 딱 들어맞듯이 공부가 제대로 이루어진다는 말입니다.

그럼 어떻게 공부하라는 것입니까? 즉시 즉각 내려놓아라. 어디다가 내려놓겠습니까? 이분은 도를 깨치지 않았으니 일단 화두를 들든지 무엇을 하든지 대상이 있어야 될 것 아닙니까? 조주 스님이 왜 '무無'라 했는가? 무無하는 그 자리에다 그냥 내려놓아버려라. 이 말입니다.

도를 깨친 사람들은 괜한 화두를 들고 자기 자리가 아닌 그 곳에 마음을 매어 둘 필요가 없습니다. 그러나 도인들도 화두를 방편으로 쓰는 경우는 있습니다. 그 방편을 쓰는 게 잘못이 아닙니다. 도를 깨우쳤다 해도, 보살도를 심화시켜서 불지에 올라가려면 방편을 사용하여 수행해야합니다.

재주가 좋아서 사다리 없이 맨손으로 올라갈 능력이 있으면 좋겠지만 그렇지 못한 사람이 사다리를 타고 올라가면 수월한데 무엇 때문에 고생을 합니까? 올라가는 것이 목적이지 재주 부리는 것이 목적이 아니거든요. 그렇게 하여 즉시 즉각 내려놓고 꾸준히 하여 세월이 가면 공부가 저절로 이루어진다, 이 말입니다.

옛 도인들과 부처님께서 설법하신 것이 이 진리와 딱딱 맞아 갑니다. 아 맞구나! 그래 이것이 그렇게 해서 이렇게 되는구나! 성돌 쌓을 때 이가 맞아 가듯이 말입니다. 그리고 맷돌을 설치해 놓으면 아래위로 홈이 딱 잘 맞지 않습니까?

'각하脚下로 좇아' 라는 말은 각하는 다리 '각' 아래 '하' 즉 지금 발밑을 뜻합니다. 바로 이 자리라는 뜻입니다.

바로 이 자리에서 도를 깨달아야 합니다. '도가 무엇인고?' 하는 그 마음을 내면 안됩니다. 그 마음을 내려놔버리는 그 사람이 바로 도인입니다. '도가 무엇인고?' 하고 알려고 하는 마음에 붙들린 사람은 자꾸 번뇌를 쌓아 자기 마음이 맑아져서 가벼워지는 게 아니고 더 무거워지는 겁니다.

모든 일을 분별하고 모든 것을 다 성성하게 다 알지마는, 거기에 휘둘리지 않고 무심히 일하고 무심히 생활하면서 생각을 따라 끌려 다니지 말아야 된다는 뜻입니다.

'어떤 것이 도이던고? 하고 도를 빨리 깨우쳐야 하는데' 하는 이런 마음을 갖고 있다면, 미륵하생이라도 도를 못 깨우친다고 하지 않았습니까?

조주스님에게 개한테 불성이 있습니까? 없습니까? 이렇게 물으면, 평범한 우리가 볼 때 불성이 있지 왜 없어? 왜 물어보는가? 이렇게 대답하지 않겠습니까? 그럼 조주스님이 그 묻는 자에게 휘둘리는 것입니다.

또 누가 와서 마당을 거니는 조주스님에게 묻습니다.

'달마대사가 서쪽에서 뭐 하러 왔습니까?'

달마 이전에 불교가 이미 중국 땅에 퍼져 있었지만, 부처님께서 일러주신 그 본분자리를 지금 아무도 이해를 못하는 것입니다. 그래서 달마대사께서 이 도리를 일러줄 때가 됐다 하고 양무제에게 일러주려다 실패하지 않습니까? 달마대사가 오신 뜻이 부처님께서 가섭에게 마음으로 인가認可해준 자리를 밝혀서 전해주기 위해 오신 것은 삼척동자도 다 압니다.

그래서 수행자가 묻기를 달마대사께서 서쪽에서 오신 뜻은 무엇입니까? 어떤 것이 불법의 핵심입니까? 불법이라는 것은 도대체 무엇입니까? 이렇게 묻는데,

'저 잣나무니라.' 라 하지 않았습니까?

마당가에 잣나무가 있으니까, '저 잣나무니라' 이렇게 해버린 겁니다. 조주스님이 만약 그때 저기 탁자를 보고 있었다면, '탁자가 모가 났네.' 이렇게 했을 겁니다. 그 당시에 조주스님 마음 길 가는 그것을 그대로 일러준 것입니다. 사량적인 대답을 해주는 것은 선지식이 아닙니다. 그런데 이 사람은 이것저것 따져서 어떤 해답을 찾으려고 합니다. 이런 것은 불법이 아닙니다. 그 자리에서 잘라 주어야 합니다. 달마대사께서 뭐 하러 왔습니까? 불법이 어떤 것입니까? 하니 '저 잣나무다.'

또 '저 개에 불성이 있습니까? 없습니까?' 물으니, '무無!' 하고

끝냅니다. 있다 없다 그런 무가 아닙니다.

그러니까 즉시 즉각 그 자리에서 내려놓는 훈련, 이것을 하면 궁극에 가서는 누가 창칼을 들고 와서 나에게 목을 내놓아라. 해도 눈 하나 꿈쩍하지 않는 경지에 도달합니다. 그때가 되면 가고 옴에 마음이 태연자약하여 걸림이 없습니다. 그러니 마음을 뺏겼다는 것을 아는 순간에 빨리 제자리에 돌아와야 합니다. 이것이 올바른 수행입니다.

도가 이런 것이 아니겠나? 저런 것이 아니겠나? 이런 식으로 찾으면 번뇌만 더 붙이는 것입니다. 내가 일상생활하는 데도 이 생각 저 생각나서 머리가 복잡한데 도를 깨우치려는 생각이 하나 더 붙어버리니 불법이 나를 살려주는 게 아니라 오히려 나에게 짐만 됩니다.

平田和尙이 曰神光이 不昧하여 萬古徽猷니 入此門來인데는 莫存知解라하며, 又古德이 曰此事는 不可以有心求며 不可以無心得이며 不可以語言造며 不可以寂黙通이라하니 此是第一等이 入泥入水한 老婆說話거늘 往往에 參禪人이 只恁麽念過하고 殊不仔細看이 是甚道理오 하였다. 若是箇有筋骨底인덴 聊聞擧着하고 直下에 將金剛王寶劍하여 一截에 截斷此四路葛藤 則生死路頭도 亦斷이며 凡聖路頭도 亦斷이며 計較思量도

亦斷이며 得失是非도 亦斷하여 當人의 脚跟下가 赤裸裸하고 淨灑灑하여 沒可把할 것이니 豈不快哉며 豈不暢哉리요.

  평전화상이 이르시길, '신기로운 광명이 매昧하지 아니하여 만고의 아름다운 법이니 이 문에 들어옴에 지해(知解, 알음알이)를 두지 말라.' 하시고, 또 옛 스님이 이르시길, '이 일은 가히 유심으로 구하지 못하며, 가히 무심으로써 얻지 못하며, 가히 언어로써 지어내지 못하며, 가히 적묵寂默으로 통하지 못한다.' 하시니 이것이 진흙에 들고 물에 드는 노파심으로 일러주신 너무나 적절한 말씀이거늘, 종종 참선하는 사람이 예사로이 여기고 이 도리를 자세히 보지 않나이다.

  만일 근골筋骨이 있는 사람이라면 잠깐 거량하는 것을 듣는 순간에 당장 금강왕 보검을 빼어들고 단번에 사로갈등(사방으로 흩어지는 생각)을 꺾어 잘라 버리면, 곧 생사의 길도 끊어지며, 범부와 성인의 길도 끊어지며, 계교사량도 또한 끊어지며, 득실시비도 끊어져서 이 사람의 근본자리[脚跟下, 각근하]가 적나라하게 드러나고 물을 뿌린 듯이 깨끗하고 시원한데 가히 그 무엇이 잡을 수 있겠습니까? 이 어찌 유쾌하지 않으며 어찌 화목하고 편안하지 않겠습니까?

신기로운 광명이란 바로 우리 한 생각이 일어나기 전의 자리, 즉 본분자리를 말합니다. 본분자리에 때가 묻습니까 물이 듭니까 과거가 있습니까 현재가 있습니까 미래가 있습니까? 그곳은 부처도 없고 중생도 없고 미운 것도 좋은 것도 없고 아무 것도 없습니다. 한 생각이 일어나면 밉고 고운 분별이 있지만 한 생각 나기 전에는 그 자리가 본래자리 청정 법신불 자리입니다. 그 자리는 어느 때도 매昧하는 바가 없이 항상 맑고 청정합니다. 이 얼마나 아름다운 것입니까? 그러니 만고의 아름다운 법이다. 이렇게 말했습니다.

'이 문에 들어올 때는 지해(알음알이)를 두지 마라.'는 이렇게 저렇게 따지지 마라, 즉각 내려놓을 줄 알아라 이 말입니다. 내가 어디 걸렸는가? 내 마음이 지금 어디를 향하고 있는가? 그걸 스스로 살펴서 즉각 내려놓고 홀가분하게 아무 걸림 없이 살아라 이 말입니다.

'이 일은 가히 유심으로 구하지 못하며, 가히 무심으로써 얻지 못하며, 가히 언어로써 나아가지 못하며, 가히 적묵寂默으로써 통하지 못한다.' 하는 것은 고요히 하여 선정에만 들면 도를 깨우칠 것이다. 이런 생각을 하지 말라는 것입니다. '모든 것을 고요히 하여 쉬고 쉬어가서 아무것도 없을 그 때 진리에 통한다.'

고 가르치는 것이 묵조선입니다. 대혜스님은 이 묵조선을 맹렬히 비판했습니다. 마음작용이 활발발活潑潑하여 생생하게 살아 작용하는 그 가운데서 무심해야 하고 그 속에서 고요해야 된다는 것을 알지 못하고 마음작용을 멈추고 적묵寂默으로서 정려靜慮공부만 가르치니 이것을 나무라는 것입니다

'이것이 진흙에 들고 물에 드는 노파심으로 일러주신 너무나 적절한 말씀이거늘, 참선하는 사람이 자못 예사로이 여기고 이 도리를 자세히 보지 않나이다.' 라는 것은 진흙에 빠진 사람은 진흙에 들어가서 구하고 물에 빠진 사람은 물에 들어가서 구하듯이, 옛 도인들이 너무나 적절히 일러주신 말씀이거늘, 참선하는 사람들이 이렇게 적절히 일러준 말을 잘 이해하여 따라갈 생각을 내지 못하고 그 바른 도리를 보지 못한다는 말입니다. 이 바른 도리가 무슨 도리입니까? 그 자리에서 내려놓는다는 말입니다.

'진흙에 들고 물에 드는 노파설화' 란 선지식은 모든 것에 능수능란하여 자유자재로 중생을 구제할 수 있다는 말씀입니다. 그래서 진흙에 빠진 사람을 진흙에 들어 구하여도 진흙에 빠짐이 없고, 물에 빠진 사람을 물속에 들어가서 구하여도 물에 젖지 않고 구한다는 것입니다.

'만일 근골이 있는 사람이라면 잠깐 들어 보임을 보는 순간에 당장 금강왕 보검을 가지고 사로갈등四路葛藤을 꺾어 끊으면' 에서 '금강왕 보검' 이 무엇입니까? 갈등을 잘라버리는 바로 그 마

음입니다. 그것으로 일격에 사로갈등을 끊어버린다. 이 말입니다. 여기서 사로갈등이란, 동서남북 사방으로 어지러이 마음이 일어나는 것을 말합니다, 그러니 생각이 이리저리 일어나는 것들을 순간 그 자리에서 잘라버려야 하는 것입니다.

'당인의 각근[현금즉시現今卽時] 아래가 벌거벗은 듯하고 깨끗하기가 물 뿌린 듯해서 가히 잡을 수 없으리니 어찌 쾌하지 않으며, 어찌 화양하지 않으랴!' 는 그냥 온갖 바깥 대상이 나에게 다가와서 아무리 나를 어찌해 보려고 해도 꿈적하지 않고 본분자리에 머물러 있으니 쾌적하고 편안하다. 이 말입니다.

금강왕 보검이란, 조주스님이 '무無' 했듯이 탁 내려놓을 수 있는 힘을 말합니다. 금강왕이 가지고 있는 금강보검은 잘리지 않는 것이 없어요. 이 보검을 잡고 일체의 시비를 끊어버리고, '무' 하는 그 자리에 머물러 있으면 쾌적하고 편안함 그 자체입니다. 각근하(脚根下, 당장 내가 있는 이 자리)에서 일체 시비를 끊어버렸기 때문에 무엇에 꺼들릴 바가 없으니까 대자유大自由입니다. 적나라하다. 물 뿌린듯이 깨끗하다 걸린 바가 없다 이런 뜻입니다.

不見가 昔日에 灌谿和尙이 初參臨濟할세 濟見來코 便下繩床하여 驀胸擒住하는데 灌谿가 便云領領커이다 濟가 知其已徹하고 卽便推出하여 更無言句로 與之商量하니 當恁麼時하여 灌谿가 如何思量計較로 祇待得이겠는가 古來에 幸有如此牓樣이거늘 如今人은 總不將爲事하고 只爲麤心이로다. 灌谿가 當初에 若有一點이나 待悟待證待休歇底心이 在前이런들 時에 莫道被擒住便悟하라. 便是縛卻手脚하고 遶四天下하여 抆一遭라도 也不能得悟하며 也不能得休歇하리라.

보지 못했는가? 옛날 관계화상이 처음 임제선사를 참례했을 때, 임제선사께서 관계화상이 오는 것을 보고 문득 법상에서 내려와서는 갑자기 관계화상의 가슴을 잡아 움켜쥐자, 관계화상이 바로 이르시되, '알았습니다, 알았습니다.' 라고 대답했습니다. 이에 임제선사는 관계화상이 이미 깨우쳤음을 알아차려 곧 밀어내시고는 다시는 한 말씀도 없으셨습니다. 이러한 상황에서 관계화상이 어떻게 사량계교思量計較로 대했겠습니까!

예로부터 이와 같은 법식(法式, 법을 거량하는 본보기)이 있어 참으로 다행한 일입니다. 요즘 사람들이 그런 모습을 보고 그것을 본받지 않고, 다만 거친 마음으로만 여깁니다. 당시에 관계화상이 만일 조금이라도 깨닫기를 기다리고 증득證得하기를 기다리고, 쉬기를 기다리는 마음이 있었더라면 멱살을 잡혔을 때

문득 깨달음에 이를 수 있었겠습니까? 문득 이 손발이 묶인 채로
사천하四天下를 한 바퀴 도는 재주가 있더라도 깨달음을 얻지 못
하며 또한 쉼을 얻지 못했을 것이리라.

강설

　임제스님이나 관계스님이 앞뒤가 딱 들어맞아서 그와 같이 법
거량한 것을 모르고 그것을 다투는 모습으로 보았다면 잘못 본
것입니다. 즉 본분소식을 확인하는 행위를 모르는 것입니다. 도
를 깨쳐야겠다는 마음이 있다든가 아주 좋은 경계의 맛을 봐야
겠다는 마음이 그 본래 마음자리를 차지하고 있었더라면, 임제
스님이 멱살을 잡고 흔들었을 때 관계스님이 바로 그 자리를 밝
히지 못했을 것입니다. 앞선 마음이 없이 텅 빈 마음으로 마음을
비워서 항상 성성하게 깨어있었기 때문에 임제스님이 법상에서
내려와 가슴팍을 잡고 확 흔들었을 때 바로 깨달은 인연을 가진
것입니다.

　'문득 이 손과 다리를 묶어서 사천하四天下를 한 바퀴 돌더라도'
이 말은 무슨 말입니까? 두 손발을 다 묶인 사람이 사천하를 어찌
돌겠습니까? 사천하는 전체 우주를 네 개로 나눈 것으로서 광대
무변의 헤아릴 수 없는 공간을 말합니다. 손발을 모두 풀어놓고
돌더라도 사천하를 도는 것은 불가능한 일입니다. 그런데 이와
같이, 두 손발이 묶인 채로 사천하를 한 바퀴 돌아올 수 있는 기

상천외의 재주가 있다 해도 알음알이를 갖고 한다든가 깨달아야 겠다는 마음이 있었다든가 하는 등등의 용심(用心, 마음을 씀)이 있더라면 절대 깨달음을 얻을 수 없었을 것이라는 뜻입니다. 다시 말해서 본분소식을 알아차리지 못했을 것이란 말입니다.

尋常에 計較安排底도 是識情이며 隨生死하여 遷流底도 亦是識情이며 怕怖憧惶底도 亦是識情이거늘 而今參學之人은 不知是病하고 只管在裡許하여 頭出頭沒하나니 敎中에 所謂隨識而行不隨智라 以故로 昧卻本地風光本來面目하나니 若或一時라도 放得下하여 百不思量計較하면 忽然失脚하야 蹋着鼻孔할 것이니 卽此識情이 便是眞空妙智라. 更無別智可得이거니와 若別有所得하며 別有所證이면 則又卻不是也리라. 如人이 迷時에 喚東作西라가 及至悟時하여서는 卽西便是東이라. 無別有東이니라.

평소에 계교함을 다스려도 식정이고, 생사를 따라 천류함도 또한 식정이며, 두려워하고 방황함도 또한 식정입니다. 그런데 요즈음 참선하고 교학[參學]하는 사람이 이 병을 알지 못하고 다만 대롱 속에 몸을 의지하여 출몰합니다.

교敎 중에 이르기를, 이른바 식정[識]을 따라 행하고 지혜[智]

를 따르지 않으면 본지풍광과 본래면목을 매각한다고 했습니다.

만일 혹 잠깐이라도 식정을 내려놓고 아무런 사량계교를 하지 아니 한다면 홀연히 다리를 잃어서 비공을 밟게 될 것입니다. 문득 그렇게 되면 곧 이 식정識情이 바로 진공묘지眞空妙智입니다. 다시 별다른 지혜를 가히 얻을 것이 없습니다. 만일 특별히 얻을 바가 있고 증득할 바가 있다면 그 또한 도리어 옳지 못하리니, 사람이 미(迷, 미혹)한 때에는 동쪽을 불러 서쪽이라 하지만 깨달은 후에는 서쪽이 곧 동쪽이라, 따로 동이 있음이 없는 것과 같습니다.

강설

평소에 이런저런 생각을 하는 것과 조용히 마음을 가다듬고 있는 것도 식정識情이라 했습니다. 식정이란 범부의 사량분별하는 감정입니다. 불교에서는 이를 망상이라 부릅니다. 또, 한 생각이 났다가 사라지면 사死라하고 또 다른 생각이 나면 생生이라 합니다. 이러한 생멸심이 우리 마음속에서 끊임없이 폭포처럼 쏟아져 나오는데 이런 것을 천류遷流라 합니다. 그 천류함도 식정이고 파포장황跟怖憧惶도 또한 식정이라. 파포란 두려워하는 자리이고 장황이란 당황해서 어쩔 줄 모르는 모습을 뜻합니다.

참학參學하는 사람이 이 병을 알지 못하고 다만 그 속에 갇혀 버린단 말입니다. 마치 좁은 대롱 속에 들어가서 대롱만한 하늘을 보고 그것이 다인 줄 압니다. 두려운 생각이 나면 무서움을 느끼고, 다급한 일을 당하면 어찌할 바를 모르고, 그러다 조용히 마음이 가라앉아 차분할 때도 있고, 이 생각 저 생각이 나서 어지러울 때도 있지요. 이런 것이 다 제7식第七識인 말나식末那識에서 비롯한 잡념이고 식정일 뿐입니다. 그런데 그 식정을 실제인 줄 알고 자꾸 따라 다닌다는 말입니다. 이 말나식은 객관의 사물을 실제로 여겨 모든 미망의 근원이 되는 잘못된 인식 작용입니다. 식정을 움직이게 하는 근본이 팔식八識인데, 이 팔식도 식정이고 칠식도 식정이고 전부 식정인데 이 식정을 잘못 인식하여, 실제로 두려워하고 당황하고 화내고, 웃으면서 살아가고 있는 것이 지금 우리의 모습입니다. 이것이 마치 헤엄칠 줄 모르는 사람이 물에 빠져서 허우적거리다가 어떻게 요행으로 얼굴 한번 올라오면 숨을 한번 들이 쉬고 다시 물속에 가라앉고 이렇게 물속에서 머리가 나왔다 들어갔다 하는 그러한 모습으로 인생살이를 하고 있다는 뜻입니다.

그래서 부처님 경전에 이르시길 '이른바 지혜智慧를 따르지 아니하고 의식[識]을 따라 행하기 때문에, 본지풍광本地風光과 본래 면목이 매각된다.' 즉 지혜가 아닌 식정을 따를 때는 본성자리를 놓쳐버리고 현상계에 마음을 뺏기어 현상계에서 일어나는 생각대로 따라가 버린다는 뜻입니다. 현상계에서는 생멸법生滅法이 작동하기 때문에 영원한 것이 없지요. 아무리 화를 냈다 할지라도 때가 되면 그 마음은 사라지게 되고 마음에서 지나가는 과정에 불과합니다. '이 성내는 마음은 온갖 마음이 나오는 것 중에 하나일 뿐이다.' 그렇게 생각하고 놓아버릴 줄 알아야 됩니다. 본래면목을 붙잡고 성성하게 깨어있어 두려움에 떨거나 당황하는 일이 없어야 하는 것입니다.

'만일 미혹한 때에 놓아 내려서 여러 가지 사량계교를 하지 않으면 홀연히 다리를 잃어서 비공을 밟으리니' 라는 말씀은 이 생각 저 생각에 꺼들리지 아니한다면 심식작용이 발붙일 곳이 없어져서 어디에도 갈 곳이 없다는 뜻입니다. 이 말은 마음이 가는대로 따라가지 않고 항상 자성(自性, 자기본성)자리에 머물러 있게 되면, 마음이 굳어져서 '이 생각이 옳으냐 저 생각이 옳으냐'에 흔들리지 않고 요지부동이 된다는 뜻입니다. 이때가 비로소 정(定, 선정禪定)을 이루며, 마음을 움직이려 해도 움직이지 아니하는 자리가 비공을 밟는 자리입니다.

'곧 이 식정識情이 문득 진공묘지(眞空妙智, 우리의 본성자리)라. 다시 별다른 지혜를 가히 얻을 게 없으려니와' 이 말은 우리가 생각을 일으키는 그 자리가 바로 진공묘유의 자리입니다. 식정이 일어나는 것을 못 일어나게 하면 큰일 납니다. 다만 식정에 끌려가지 않고 성성하게 깨어있는 공부를 계속하다 보면, 아무것도 없었던 텅 빈 자리에서 식정이 나오는데 식정이 나온 그 자리가 바로 본성자리라는 것을 보게 됩니다. 즉 중생이 곧 부처라는 말입니다. 식정이 곧 진공묘지라는 점을 깨달으면 더 이상 알아야 할 것도 없습니다. 대혜스님의 법문은 다 끝난 겁니다.

'그래서 다시 별다른 지혜를 가히 얻을 게 없으려니와, 만일 특별히 얻은 바가 있고 증득한 바가 있다면 그 또한 도리어 옳지 못하리라.' 이것 말고는 얻을 것이 없다는 말입니다. 뭐 또 다른 것이 있어 분명히 증득할 무엇이 있다고 한다면, 이 마음에 무엇을 하나 다시 세우는 결과가 됩니다. 이러한 것은 유위有爲라 합니다. 그래서 옳지 못하다고 하는 것입니다.

'사람이 미(迷, 미혹)한 때에는 동쪽을 불러 서쪽이라 하지만 깨달았을 때에는 서쪽이 곧 동쪽이라, 따로 동이 있음이 없는 것과 같으니라.' 이 말을 잘 알아들어야 됩니다. 우리가 어디에 서 있든 서쪽을 향하여 바라보면 자기가 동쪽에 있는 것이 되고, 방향을 바꿔서 반대 방향을 보게 되면 자기가 서쪽에서 동쪽을 보게 됩니다. 선 자리가 동쪽이냐 서쪽이냐 뭘 가지고 구분합니까? 서쪽을 보면 내가 동쪽이고 동쪽을 보면 내가 서쪽에 있잖아요. 그런데 어리석은 사람은 서쪽을 보고 있으면서 자신이 동쪽에 있는 사람이라고만 알고 있다는 거지요. 본래 동東과 서西가 없단 말입니다. 안 그렇습니까? 이제 깨닫고 보니까 서쪽이 곧 동쪽이더라, 즉 중생이 곧 부처요 부처가 곧 중생이라 동서를 구분할 이유가 없다는 말입니다.

此眞空妙智가 與太虛空으로 齊壽하니 只遮太虛空中에 還
有一物이 礙得佗否아. 雖不受一物礙나 而不妨諸物이 於空中
往來하나니 此眞空妙智도 亦然하여 生死凡聖垢染이 着一點不
得이니 雖着不得이나 而不礙生死凡聖이 於中往來라 如此信得
及見得徹하며 方是箇出生入死에 得大自在底漢이라. 始與趙州
放下着과 雲門須彌山으로 有少分相應이거니와 若信不及放不
下인데는 卻請擔取一座須彌山하여 到處行脚하여 遇明眼人하
여 分明擧似하라. 一笑하노라.

이 진공묘지眞空妙智는 큰 허공과 더불어 수명을 나란히 하나
니, 다만 저 큰 허공 가운데에 있는 한 물건이 저 허공을 장애함이
있느냐 없느냐? 비록 한 물건의 장애도 받지 않으며 또한 모든
물건이 허공 가운데 왕래함을 방해하지도 않음이라. 이 진공묘지
도 또한 그러하여 태어남과 죽음, 범부와 성인, 그리고 더러움과
물들임 등의 한 점도 붙으려야 붙지 못하는지라. 비록 붙으려야
붙지 못하니 생사와 범부성인이 이 가운데 왕래함도 또한 걸리지
않음이라. 이와 같이 믿어서 성찰함에 깊이 사무친다면 바야흐로
생에 나고 죽음에 듦에 큰 자재로움을 얻은 사람이라 할 것입니
다. 이 정도는 되어야 비로소 조주 방하착과 운문 수미산 화두에
약간 상응함이 있다 할 것이려니와, 만약 믿음이 부족하여 내려
놓지 못한다면, 도리어 청컨대 한번 앉을 때마다 수미산을 취하

여 젊어지고 여러 곳에 공부하러 다니다가 눈 밝은 사람을 만나거든 분명히 들어 바쳐보십시오. 그러면 한번 웃게 되리라.

진공묘지라는 것은 찰나 이전 자리, 한 생각이 일어나기 전의 자리, 텅빈 공空의 자리입니다. 그 허공의 자리는 우리가 매일 쳐다보는 하늘의 허공이나 똑같습니다. 수壽가 가지런하다는 것은 명이 똑같다는 말입니다. 허공은 수명도 없고 이름도 없고 성냄도 없고 계급도 없고 저 허공에는 '나' 라는 상도 없고 저 허공에 아무 것도 없듯이, 이와 똑같은 모습으로 존재하고 있는 게 바로 진공묘지입니다. 진공묘지라는 것은 자성자리(自性자리, 인간의 본마음자리)입니다. 그 자리는 부처자리이기도 하고, 진리이기도 하고, 온갖 모습으로 표현되는 바로 그 자리입니다. 그러한 저 허공을 장애할 물건이 있습니까? 저 허공은 어떤 물건에도 아무런 장애를 받지 않습니다. 허공에 지구도 있고 별도 있고 달도 있고, 구름도 생기고 비도 오고 온갖 현상이 다 일어나지만, 그 허공은 아무런 장애를 받지 않습니다. 힘을 하나도 안 들이는데도 그렇게 광대무변하고 원만구족합니다.

허공과 같은 본성자리에서는 도인도 없고 부처도 없고 중생도 없습니다. 텅 빈 그 자리는 물들일 수도 없고 무엇 한 점 붙이려 해도 붙이지 못합니다. 이렇게 우리가 허공과 같이 마음을 쓸 줄 알아야 그 마음으로부터 자유자재할 수 있다는 것입니다.

'생生에 나고 사死에 든다.' 이러한 말을 잘 알아야 합니다. 지금 어떤 한 생각을 냈을 때 그것을 생이라고 하잖아요. 어떤 생각이 났다가 또 다른 생각이 나면 그 생각은 소멸되고[死] 또 다른 생각이 나요. 생각이 일어날 때 일어나는 것을 알고 사라질 때 사라지는 것을 내가 하나도 놓치지 않았을 때, 이때를 스스로 생에 나고 사에 든다고 합니다. 이런 경지가 되었을 때 비로소 대자재를 얻음이라 합니다. 이것은 삼매三昧를 얻은 경계를 말하는 것입니다. 삼매를 얻어서 한 생각이 일어나고 한 생각이 사라지는데 자재를 얻은 단계에서 하는 소리입니다.

이 정도의 자재를 얻게 되었을 때에야 비로소 조주스님이 '내려놔라' 하는 그런 경계에 조금 다가간다는 뜻입니다. 또 운문스님께 '한 생각도 없는데 허물이 있습니까, 없습니까?' 하고 물었을 때, '허물이 수미산만큼 크다'고 하신 운문스님의 말씀에 조금 접근했다는 뜻입니다.

'만약 믿음이 부족하여 내려놓지 못한다면'은 대혜스님의 법문을 믿고 수행할 뿐이지 이런저런 사량을 해서는 안 된다는 말입니다.

'청컨대, 한번 앉으면 수미산을 메고 도처에 행각해서'란 뜻은 수미산 화두를 들고 두루 행각(돌아다니는 것)을 한다는 뜻입니다. '이 소식을 바로 들어 바쳐 봐라.' 내가 일러 준 말이 맞는지 안 맞는지는 모든 선지식이 알 것이다. 그런 뜻입니다.

증시랑 천유에게 3

曾侍郞 天遊 3

老龐이 云但願空諸所有언정 切勿實諸所無라하니 只了得遮
兩句하면 一生參學事畢이거늘 今時에 一種剃頭外道가 自眼不
明하고 只管敎人으로 死 地休去歇去라하나니 若如此休歇이면
到千佛出世라도 也休歇不得하여 轉使心頭로 迷悶耳니라.

방거사[노방]가 이르시되 '다만 모든 있는 것을 비우려 할지
언정 모름지기 없는 바를 있다고 하지 마라' 하시니, 다만 이 두
글귀를 요달하면 평생 동안 할 공부를 다 마칠 것입니다. 그런데
요즘에 일종의 머리 깎고 외도外道를 행하는 사람이 있어서 자기
눈도 밝지 못하면서 다른 사람들로 하여금 오직 죽은 고슴도치
처럼 쉬어가고 쉬어가라 합니다. 만일 이같이 쉰다면 천불(千佛,
수많은 부처님)이 세상에 출현하시더라도 또한 쉼을 얻지 못하
고 마음에 점점 미혹함과 번민만 쌓이리라.

강설

방거사께서 '이런 생각 저런 생각을 전부 다 내려놓고 자꾸 비
우려고 하는 생각을 할지언정 모름지기 없는 바를 있다고 하지
말라' 고 합니다. 도道에 들어가는 데 있어서 모든 걸 내려놓고 무
심히 어떤 경계에 부딪혀도 성성하게 깨어서 흔들리지 않으면 됩
니다. 그런데 있지도 않은 것을 억지로 만들어서 '이게 무엇 아니
겠나? 대혜스님이 일러주신 말씀이 진짜 맞을까? 틀릴까?' 이런

저런 생각을 낸다든가 하면 도에 들어가기 어렵다는 뜻입니다.

깨치지 못한 외도인이 무엇이라 하면서 남을 가르치고 있습니까? 고슴도치가 가시를 세우고 동그랗게 웅크리고 있으면 죽었는지 살았는지 잘 몰라요. 산 놈도 가만히 있으면 죽은 놈 같기도 하고, 죽은 놈도 산 것 같기도 해요. 고슴도치가 그렇게 하듯이 모든 생각을 일어나지 못하게 하고 흡사 산 사람이 죽은 것 같이 그렇게 공부하라고 가르친다 이 말이지요. 당시에 이런 묵조선黙照禪이 매우 유행을 했거든요. 묵조선이 일체의 생각을 일어나지 못하게 하는 것을 일러 최상이라 한 말을 지적하는 것입니다.

이런 공부를 해서는 안 된다는 말입니다. 이렇게 해가면 공부가 진전되기는커녕 수많은 부처님이 세상에 나오셔서 그들을 제도하고자 해도 깨달음을 얻지 못해요. 쉴 수가 없으며 마음이 편할 날이 없습니다. 그래서 공부를 하는 만큼 더 머리가 터질 것 같은 괴로움이 생깁니다. 생각이 일어나는 걸 억지로 못 일어나게 하는 것이 아니고 일어나는 생각에 끌려가지 않는 공부를 해야 합니다.

又敎人으로 隨緣管帶하여 忘情黙照라하나니 照來照去하며
帶來帶去에 轉加迷悶이라 無有了期할 것이니 殊失祖師方便하
고 錯指示人하여 敎人으로 一向에 虛生浪死로다.

또 가르치기를 '인연因緣을 좇아 마음을 붙들고 잘 지켜서[管
帶] 식정[情]을 차단시키고 묵묵히 비추어라'고 합니다. 그러나
비춰오고 비춰가며 지속해 오고 지속해 감에 미혹함과 번민을 더
하여 요달할 기약이 없으리니, 자못 조사祖師의 수승한 방편을
잃어서 사람을 그릇 지시하여 배우는 사람이 일생을 헛되이 살다
가 죽게 하도다.

강설

이게 바로 묵조黙照선의 병폐입니다. 인연을 따라서 마음이 생
기지요. 이 마음을 한 곳에 고정시킨다는 것은 한 생각에 마음을
붙들어 매어두는 것입니다. 마음이 나오는 것을 못 나오게 꼭꼭
틀어막는다는 말이지요. 그러고는 묵묵히 앉아서 뜻 없이 비추
기만 하니, 그렇게 하면 집중하는 그 순간은 좋지만 근본 문제
는 하나도 해결된 것이 없으므로 세월이 갈수록 걱정은 더한다
는 뜻입니다. 스승 한번 잘못 만나서 올바른 방법을 터득하지 못
하고 일생 동안을 헛되이 이러다 가는 것입니다. 한순간 마음 길
을 막는다고 근본 문제가 해결되지는·못한다는 뜻입니다.

更敎人으로 是事를 莫管하고 但只恁麼歇去하라 歇得來에 情念不生하리니 到恁麼時하야 不是冥然無知라 直是惺惺歷歷이라하나 遮般底는 更是毒害로 瞎卻人眼이라 不是小事로다. 雲門은 尋常에 見此輩하고 不把做人看待함이라. 彼既自眼이 不明이라. 只管將冊子上語하여 依樣敎人하나니 遮箇作麼生敎得이리요 若信着遮般底인데는 永劫에 參不得하리라. 雲門도 尋常에 不是不敎人으로 坐禪하되 向靜處做工夫건만은 此是應病與藥이라 實無恁麼指示人處하니라.

또 타인을 가르치되, '이 일(깨달음)을 간섭하지 말고 다만 이렇듯이 쉬어 갈지니, 쉬어 와서 정념이 일어나지 않는 때에 이르면 명연冥然한 가운데 앎이 없지 않으니 바로 이것을 성성역력惺惺歷歷이라한다.' 라고 합니다. 이런 사람은 다시 이 독毒으로 사람의 눈을 멀게 함이니, 이것이 실로 작은 일이 아닙니다. 나 운문雲門(대혜스님의 別號)은 평소에 이 무리를 보면 공부하는 사람으로 대접하지 않습니다. 그들은 이미 자기 눈이 밝지 못한지라, 다만 책자에 쓰인 말을 빌려서 모양만 갖추고 사람을 가르치나니, 그런 작자의 가르침에서 무엇을 얻을 수 있으리오? 만일 이런 자를 믿는다면 영겁을 참구하여도 (본성자리에) 참여하지 못하리라. 운문(대혜스님)도 평소에 사람들을 지도할 때, 좌선을 하되 고요한 곳을 향하여 공부를 하게 하지 않았음은 아니

나, 이것은 병에 걸린 사람을 고치기 위하여 잠깐 약을 주었던 것
일 뿐, 실제로 이렇게 가르쳐 지시한 때는 한번도 없습니다.

대혜스님이 '나는 그런 무리들을 공부하는 사람으로 인정을
안 한다. 수행자로 여기지 않는다' 라고 합니다. 묵조선 하는 사
람이 어떻게 가르치지요? 생각을 막아 버리고 작용을 멈추게 하
여 바깥 대상을 배제하는 공부를 말합니다. 만일 이런 자를 믿
고 시키는 대로 공부를 했다가는 영겁을 참구해도 얻지 못하리
라. 영겁이 지나도 진정한 불법의 맛을 볼 수가 없다는 말입니다.
나도 공부하는 사람들에게 조용히 묵상하고 참선하라고 권하기
도 한다. 그러나 앉기를 좋아하는 사람은 앉아서 공부하라고 일
러 줬을 뿐이지, 꼭 앉아서 공부해야만 된다고 가르친 것은 아니
라는 뜻입니다. '제가 평소에 조용한 곳에서 하는 좌선坐禪 공부
를 시키기도 하지만' 이것은 병에 응해서 약을 줌이라. 앉지 않아
도 되는 사람한테 앉지 않으면 안 된다고 할 필요가 없다는 것입
니다.

不見가 黃檗和尙이 云하되 我此禪宗은 從上相承以來로 不
曾教人으로 求知求解하고 只云學道라하나니 早是接人之詞나

然이나 道亦不可學이라. 情存學道하면 卻成迷道라. 道無方所가 名大乘心이니 此心은 不在內外中間하야 實無方所니 第一에 不得作知解이다. 只是說汝 而今情量處로 爲道하노니 情量이 若盡하면 心無方所니라. 此道는 天眞하여 本無名字거늘 只爲世人이 不識하여 迷在情中일세 所以로 諸佛이 出來하여 說破此事하시데 恐你不了하여 權立道名하시니 不可守名而生解也니라.

보지 못했습니까? 황벽화상黃檗和尙이 이르시되, '우리의 이 선종禪宗은 위로부터 계승해 오면서, 일찍이 사람에게 가르치길, 지知와 해解를 구하지 말고 다만 도道를 배워라.' 하시니 이것이 일찍부터 사람을 바르게 인도[接人]하시는 말씀입니다. 그러나 도는 또한 가히 배움으로써 얻지 못하는 것이니. 도道 배우는 데 정情을 두면 도리어 어리석은 도[迷道]를 이루리니, 도에 방소(方所, 방위나 위치)가 없음을 불러서 대승심大乘心이라 합니다.

이 마음이 안과 밖 그리고 중간 그 어느 곳에도 있지 않아서 실로 방향과 장소가 없으니, 제일 중요한 것은 지해(知解, 알음알이)를 짓지 말지어다. 다만 제가 이제 정량처情量處를 도로 삼는 것을 그대에게 설설說하노니, 정량[망념]이 다하면 마음이 어디 갈 곳이 없어집니다. 이 도는 천진해서 본래 이름[名字]이 없건마는, 세상 사람들이 미혹하여 이것을 알지 못하고 식정識情 가운데 자기 마음을 두는 까닭으로 모든 부처님이 세상에 나오시어 이 일을 설파하시되, '중생이 깨닫지 못할까 염려하여 방편[權]으로 도道의 이름을 세웠다.' 라고 할 뿐이니 가히 이름을 지켜서 알음알이[解]를 내어서는 안 됩니다.

강설

지해知解를 구해서는 안 됩니다. 도는 아는 것으로 또는 궁리하고 따져서 얻을 수 있는 것이 아니라고 했습니다. 보충 설명을 좀 하지요. 첫째, '지해[知解, 알음알이]'를 내지 말라고 하고, 그 다음은 '정량情量으로 도를 삼아라' 라고 설하고 있습니다. 정량[情量, 識情 혹은 妄情으로 헤아림]이란 이 생각 저 생각하는 것 즉 번뇌하는 것이 바로 정량입니다. 정량으로 도道를 삼는다. 망정을 쉬어야 한다고 했는데 망정으로 도를 삼으라니 이해할 수 있겠습니까? 도가 어디에 있습니까? 색깔도 없고, 맛도 없고, 허공 같은 것이 도입니다. 허공을 아무리 허공이라 해도 허공을 본 사람은 알지만 허공을 못 본 사람은 허공이 설명이 안 돼요. 도道 역시 그와 같습니다. 도가 무엇인지 가르쳐 주려면 도의 본래자리에서 나온 중생심을 가지고 설명을 해줘야 됩니다. 우리가 진심嗔心을 내면 그 화나는 마음이 본래자리에서 나왔거든요. 본성자리 부처자리 그 자리에서 화내는 마음도 나왔단 말입니다. 그러니까 중생을 잘 보면 부처를 볼 수 있어요. 진심이 탁 나왔는데 진심이 왜 나왔는지 찾아보니 진심嗔心이 나올 근거지가 특별히 있어서 나온 것이 아니고, 어떤 대상이 있어서 그 대상과 잠깐의 인연에 의하여 화가 난 것입니다. 누군가 나에게 '스님 법문 잘 하신다'고 하면 기분이 좋을 텐데, '중이 뭐 저렇게 법문도 할 줄 몰라'라고 하면 기분이 나쁘잖아요. '법문 잘 한다 못 한다.' 라고 하는 바깥 인연에 의해서 이 마음 났다 저 마음이 났다 한 것이지, 성내는 마음이 본래 존재했던 것은 아니라는 말입니다. 부처가 무엇인지 알려고 한다면, 성내는 그 마음이 어디에서 나왔는지 알아봐라. 본래 부처자리에서 나온 것 아니냐? 좋은 마음도 나올 수 있고 나쁜 마음도 나올 수 있는 그 자리에서 성내는 마음도 나왔기 때문에 성내는 그 중생심을 살펴보면 그곳에서 바로 부처를 보게 될 것이라 이 말입니다.

'정량情量이 다 해버리면 마음이 어디 갈 곳이 없어진다.' 란 이 생각 저 생각 일어나는 그 자리를 자기가 알아버리면 중생심이 무엇인지를 볼 수 있습니다. 화를 내거나 기뻐하거나 마음이 작용했을 때 마음이 움직이는 게 보이지 않습니까? 마음 움직이는 것이 보일 때마다 자꾸만 '아! 이것이 인연 따라서 생긴 것이구나.' 하면서 즉각 본성자리에 돌려놓아 버리고, 그렇게 하여 마음을 텅텅 비워 버리는데 나중에 어떤 마음이 작용을 하겠습니까? 이것이 마음이 갈 곳을 잃은 상태입니다. 마음이 갈 곳이 없으니까 텅텅 빈 허공처럼 되고 방소가 없어져 버립니다. 성성하게 깨어 있어서 아주 명명백백하게 분별은 하지만 일어나는 마음에 끌려가질 않으니까 부동심이 되어 버립니다.

부처님이 이걸 설명해 주려고 세상에 오셨습니다. 그런데 이것을 어떻게 설명하기가 어려우니까 방편으로써 이 도道라는 것이 있다는 것을 일러주신 것이니 그 이름에는 집착하지 말라는 뜻입니다.

前來所說에 瞎眼漢의 錯指示人이 皆是認魚目로 作明珠하여 守名而生解者라, 敎人管帶는 此是守目前鑑覺而生解者요, 敎人으로 硬休去歇去는 此是守忘懷空寂而生解者요, 歇到無覺無知해서는 如土木瓦石相似하리니 當恁麽時하면 不是冥然無知라 함은 又是錯認爲便解縛語而生解者요.

예로부터 설한 바에 의하면, 눈 먼 사람이 사람을 잘못 가르치기를 '고기 눈을 일러서 명주明珠' 라 하니, 이것은 이름을 고수固守하여 설명하려고 하는 잘못된 알음알이[解]를 내는 자요, 사람에게 '놓치지 말고 잘 지니고 다녀라[관대]'고 가르치는 것은 '바로 눈앞에 보이는 것[目前感覺]을 잘 지켜서 깨쳐야한다'라고 아는 알음알이를 내는 자요, 사람으로 하여금 '흔들리지 말고 (굳게) 쉬어가고 쉬어가라' 고 가르치니 이것은 '생각을 잊어버리고 공적함을 지켜라' 라고 오해하는 알음알이를 내는 자요, 또 쉬어서 깨달음[覺]이 없고 앎[知]도 없는 상태에 이르면 토목와 석土木瓦石과 같이 비슷하게 되며 이러한 명연冥然한 상태에 이르면 모르는 것 같으면서도 모르지 않는 경지가 된다고 가르치니, 이는 결박을 풀어주기 위하여 억지로 방편을 사용하는 것을 모르고 방편을 진실로 오인하는 알음알이를 내는 착오를 일으키는 것입니다.

강설

고기 눈을 보고 밝은 구슬, 즉 보배라고 잘못 생각하는 알음알이를 내게 하여 도道라는 것이 따로 있다는 식으로 잘못되게 가르치는 무리들이 있단 말입니다. 그리고 쉬어가고 쉬어가라 하니까 우리 마음이 일어나고 사라지는 작용을 못하게 하라는 뜻으로 잘못 알아들었다는 것입니다. 이 맘 저 맘이 나오는 모든 생각을 틀어막아서 일어나지 못하게 하고 오로지 공적한 상태를 지켜야 되는 줄로 아는 잘못된 알음알이를 낸다는 말이지요.

묵조선을 하는 사람들은 '생각을 그쳐 지각하는 앎이 없는 지경에 이르면 토목와석과 같이 되어 명연해서 아무 앎도 없는 것 같지만 실은 앎이 없는 게 아니니 걱정하지 말고 묵조선 잘해라' 라고 가르칩니다. 그러한 가르침에 속아서는 안 된다는 것입니다. 바깥 경계에 따라서 이 생각에 묶여 가고 저 생각에 묶여 가는 것을 풀어 버리는 것이 화두인데 그 방편을 목적으로 알고 참다운 가르침으로 오해한다는 뜻입니다.

敎人으로 隨緣照顧하여 莫敎惡覺現前이라 하나니 遮箇는 又是認著髑髏情識而生解者요, 敎人으로 但放曠任其自在하여 莫管生心動念이니 念起念滅이 本無實體라 若執爲實則生死心이 生矣라하나니 遮箇는 又是守自然體하여 爲究竟法而生解者니 如上諸病은 非干學道人事라 皆由瞎眼宗師의 錯指示耳니라.

사람들에게 연緣을 따라 일어나는 것을 비춰 돌이켜 보아서 나쁜 생각[惡覺]이 일어나지 못하게 하라고 가르치는 것은 정식情識을 제8식(第八識, 髑髏)으로 잘못 착각하는 알음알이를 내는 자입니다. 다만 놓고 텅 비워서 그 자재함에 맡기되 마음이 일어나고 생각이 움직이는 것을 간섭하지 말지니, 생각이 일어나고 생각 멸함이 본래 실체가 없는 것이거늘, '만일 집착해서 사실로 삼은 즉, 생사의 마음이 일어난다.' 라고 가르치는 것 또한 자연 그대로[自然體]를 구경법究竟法으로 삼는 알음알이를 내는 것입니다. 이와 같은 모든 병은 도道 배우는 사람의 허물이 아니라 모두 눈 먼 종사宗師가 그릇되게 지시하기 때문에 발생하는 것입니다.

강설

좋은 생각만 내고 성 안 내고 나쁜 생각 안 하는 이런 것은 도덕책에 나오는 것만 잘 행해도 되는 것입니다. 하지 말라는 것 안 하고 선행만 하는 것 말입니다. 그런데 불교 공부는 그런 것이 아니거든요. '자비심을 내고 뭐를 내고 그런 것들도 전부 망상이고 식정識情인 줄 알아서, 무엇을 하되 마음 냄이 없이 분별심 없이 하는 그런 공부를 해야 된다.' 라고 지금 대혜스님이 가르치고 있는 것입니다. '막관생심동념莫管生心動念' 이 말이 아주 중요한 말입니다. 마음이 일어나고 생각이 움직이는 것을 상관하지 말라고 합니다. 왜 그럴까요? 우리 마음은 자신의 의지와는 무관하게 인연 따라 자연적으로 일어나게 되어 있어 막을 수가 없습니다. 일어남을 막음이 아니라 일어남을 따르지 말라는 것입니다. 그렇다고 노자 장자와 같은 무위자연無爲自然 사상, 그런 생각을 해서도 안 된다는 얘기입니다. 이 모든 병은 배우는 사람의 허물이 아니라 사람을 잘못 가르쳐서 생기는 병이라는 뜻입니다.

公이 旣淸淨自居하여 存一片眞實堅固道向之心하니 莫管工夫가 純一不純一 但莫於古人言句上에 只管如疊塔子相似하여 一層了코 又一層이니 枉用工夫하여서는 無有了期하리라. 但只存心於一處하면 無有不得底하리니 時節因緣이 到來하면 自然築著磕著하여 噴地省去耳리라.

공이 이미 스스로 청정한 상태에 이르러 일편단심으로 진실로 도를 구하는데 전념을 하고 있으니, 공부가 잘 되고[純一] 잘 안 되는 것[不純一]에 마음 두지 마십시오. 또한 '오직 고인의 언구(古人의 言句, 옛 선지식의 말씀)에 의지하여 탑 쌓듯이 한 층을 쌓아 마치고 또 한 층을 쌓는 것처럼 이렇게 공부하면 되지 않겠나' 하는 생각도 하지 마십시오. 그렇게 공부를 해서는 요달了達할 기약이 없으리라. 다만 마음을 한 곳[본성]에 두면 얻지 못함이 없으리니, 시절 인연이 이르러 오면 자연히 성돌이 맞 듯 맷돌이 맞 듯하여, 분지(噴地, 문득)에 살펴 갈 것입니다.

강설

'편지를 받아보니 그대가 마음을 굳혀서 공부하려는 마음이 단단하게 되었으니' 즉 청정하게 스스로 앉아서 한 조각 마음을 진실하고 굳건히 하여 도道에 향하는 마음을 두었으니 이제 공부할 자세가 되었다 이 말입니다. 그런데 공부가 '잘 된다 안 된다'

하는 것은 모두 내 안에 있는 마음이 지은 것이지 누가 시켜서 내는 마음이 아니라는 말입니다. '한 층 한 층 올라가다 보면 탑 꼭대기에서 뭔가 이루어지지 않겠는가?' 라는 생각을 하지 말라고 합니다. 그렇게 공부해서는 절대 공부가 끝이 나지 않는다, 완성될 날이 없다, 이런 뜻입니다. 그냥 무심히 어떤 생각이 나건 말건 그 자리에서 툭 털어버리고 다시 본성자리를 지킬 뿐이지, 무엇을 한 단계 이루면 다음 단계로 올라가고, 단계로 올라가고 하는 것이 아니라는 말입니다. 도에는 단계가 있는 게 아니고, 그냥 그 자리에서 툴툴 털어버리고 항상 성성하게 깨어있어서 본성자리를 지키면 된다, 그런 뜻입니다.

다만 마음을 한 곳[본성]에 두라고 하지 않습니까? 이런저런 분별에 꺼들려 가지 않는, 텅 빈 허공 같은 그 자리에 항상 내 마음이 머물게 되면 얻지 못할 게 없다는 말이지요. 본성자리에서 성성하게 깨어 있어 이 생각 저 생각에 꺼들리지 않고, 마음이 나를 휘어잡고 가려 할 때 홀홀 털어버리고 깨어서 초연할 수 있는 이 공부만 오래오래 해 가다 보면, 탑을 구태여 쌓아올리지 않아도 그냥 착착 들어맞아서 탑이 완성되어 갑니다. 성城돌 맞 듯이라는 것은, 돌을 이가 딱 딱 맞게끔 쌓아 올려야 성이 안 무너질 것 아닙니까? 또 맷돌 역시 위와 아래 돌이 딱 맞아야 곡식을 잘 갈 수 있지 않습니까? '분지噴地'란 간절한 마음이 익어서 인연을 만나게 되면 문득 도를 깨달을 수 있는 경지입니다. 탁자를 탁 칠 때, 그 소리를 듣고 알아차리는 것이 분지입니다. 아시겠습니까? 그래서 스님들이 법당에서 주장자를 탁 치면 치는 순간 자기 자리로 되돌아가야 됩니다. 어떤 모습의 경계가 와도 문득 자기를 돌아보고 깨어있을 수 있게 하는 것이 분지(문득)에 깨달아 가는 모습입니다.

不起一念이 還有過也無인가 云須彌山이라 하시고 一物도 不將來時에 如何인가 云放下著하라 하시니 遮裡에 疑不破거든 只在遮裡參이언정 更不必自生枝葉也니 若信得雲門及인덴 但恁麼參이언정 別無佛法指似人이니라 若信不及인덴 一任江北江南에 問王老하여 一狐疑了一狐疑하노라.

'한 생각도 일으키지 않음이 또한 허물이 있나이까 없나이까?' 하는 물음에 '수미산이니라.' 라 하시고, 또 '한 물건도 가져오지 않을 때에 어떠하나이까?' 하는 물음에, '놓아 내려라' 하시는, 이 말구[遮裡]에서 의심을 타파[破]하지 못하거든, 다만 이 말구만 참參할지언정 반드시 다시는 스스로 지엽을 내지 말 것이며, 만일 운문을 믿는다면 다만 참參할 뿐, 사람에게 특별히 일러줄 별다른 불법이 없습니다. 만일 나 운문의 말을 믿지 못할진대 강북과 강남에 있는 왕로[선지식]께 물어서 의심을 깨어 마치고 나서 또 다시 한번 더 의심하기를 권합니다.

'한 물건도 가져오지 않았을 때 어떻게 해야 되겠습니까?' 하고 물으니, '내려놓아라' 하셨지요. 한 물건도 가져오지 않았는데 왜 내려놓아라 하는가? 이 말을 듣는 순간에 깨닫지 못했다면, 그것을 다시 참參할 뿐이지 다른 생각은 하지 마라, 이 말입니다. 이 사람은 깨닫지 못했으니까 이렇게 하라 했지만, 깨달은 사람에게는 이렇게 말 안하죠. 깨닫지 못했으니까 그렇게 참하라는 뜻입니다. 나 운문을 믿을 수 있다면, 이렇게 내가 가르친 대로 해야 된다. 불법이라는 것이 그것 외에 가르칠 게 없다는 말입니다. 만일 나의 말을 믿지 못할진대, '강북과 강남에 있는 왕로(남천화상을 비롯한 선지식)에게 한번 고해 마치고 또 한번 더 고함을 권합니다.' 이 말은 계속 의문을 풀기 위해 선지식을 참방하고 내가 일러준 말을 들어 물어 보라는 것입니다.

간화선이란 것은 화두를 그냥 간看하라고 했지, 화두에서 무슨 답을 찾으려 해서는 안 됩니다. 일어나는 생각에 화두를 참여시켜라. 즉 '생각을 화두로 바꾸어라' 이 말입니다. 말을 못 알아들으니까 화두하고 바꿔라 하지만 잘 아는 사람은 본성에 그냥 들어가기만 하면 됩니다.

答

증시랑 천유에게 4

曾侍郎 天遊 4

細讀來書하고 乃知 四威儀中에 無時間斷하여 不爲公冗의 所奪하고 於急流中에 常自猛省하여 殊不放逸하여 道心이 愈久愈堅固하니 甚愜鄙懷로다. 然이나 世間塵勞는 如火熾然이거니 何時是了리오 正在鬧中하여 不得忘卻竹倚蒲團上事어다. 平昔에 留心靜勝處는 正要鬧中用이니 若鬧中에 不得力이면 卻似不曾在靜中做工夫 一般이리라.

보내준 글을 자세히 읽고, 그대가 행주좌와[사위의:四威儀] 가운데 수행을 끊임없이 하고, 바쁜 공무에도 마음에 분주함이 없고, 급류 가운데서도 항상 스스로를 맹렬히 살펴서 자못 방일하지 아니하여, 도道의 마음이 갈수록 깊어지고 더욱 견고해짐을 알았으니 마음이 매우 흡족합니다.

그러나 세간의 진노[塵勞, 번뇌]는 불과 같아서 끊임없이 거칠게 이어지거늘 어느 때에 이(공부)를 마치리오. 시끄러운 가운데 있을 때도 마땅히 죽의포단竹倚蒲團 위의 일을 잊지 말아야 올바른 일일지어다. 평소에 마음을 정승한 곳[靜勝處; 고요한 곳]에 머무르게 하는 이유는 바로 시끄러운 가운데 사용하기 위함이니, 만일 시끄러운 가운데서 힘을 얻지 못한다면 오히려 일찍이 고요한 가운데서 공부하지 않음과 매 마찬가지입니다.

사위의四威儀라 하는 것은 행주좌와(行·住·坐·臥, 모든 일상적
인 행위)를 말합니다. 일상생활에서 공부가 끊어짐이 없이 쭉쭉
잘 이어진다는 것입니다. '급류 가운데' 라는 말이 나옵니다. 무
엇이 급히 흘러갑니까? 여기서는 우리 마음에 작용이 일어나는
것을 말합니다. 식정이 얼마나 빨리 흘러갈까요? 한 찰나에 구
백 번 생멸生滅한다 합니다. 그래서 이를 급류라 했습니다. 이와
같이 많은 생각이 쏟아져 나오는 그 가운데서도 공부가 좀 된 사
람은 여유를 가지지만 덜 된 사람은 정신을 바짝 차리고 공부를
해야 합니다. 생각이 맹렬하게 끊임없이 흘러가는 그 가운데서
어떻게 공부를 해야 할까요? 그 급류를 타고 그 위에서 따로 놀
줄 알아야 합니다. 흐름을 따라가는 것이 아니라 흐름을 관조할
수 있어야 합니다. 그런데 묵조선 공부는 이 흐름을 막아 움직이
지 못하게 하는 것입니다.

시끄러울 때 대나무로 엮은 평상 위에 앉아서 참선하던
것[竹倚蒲團上事]을 잊지 말라고 했습니다. 즉 죽위포단상竹倚
蒲團上에서 마음을 가라앉혀 깨끗한 기운이 수승할 때를 생각하
라는 말입니다. 우리가 마음을 조용히 가라앉히고 공부하는 것
은 번잡하고 번거롭고 괴롭고 슬플 때 쓰려고 공부하는 것입니
다. 그러니 시끄러울 때 조용히 앉아 공부한 것을 써 먹지 못한

다면 공부하지 않는 것과 마찬가지입니다.

承하니 有前緣이 駁雜하여 今受此報之歎하니 獨不敢聞命이
라. 若動此念하면 則障道矣리라. 古德이 云隨流認得性하면 無
喜亦無憂라하시며, 淨名이 云譬如高原陸地에 不生蓮花하고
卑濕淤泥에 乃生此花라하시며, 老胡가 云하시되 眞如는 不守
自性하여 隨緣成就一切事法이라하시며, 又 云하시되 隨緣赴
感靡不周호대 而常處此菩提座라하시니 豈欺人哉시리오.

편지 내용에 보니 전생의 복잡한 인연으로 지금 이 과보[報]
를 받았다고 탄식하고 있으니 감히 나 홀로 듣기가 민망스럽기
짝이 없소이다. 만일 이런 생각을 일으킨다면 즉시 도道 닦음을
장애하리라. 고덕古德이 이르시되 '생각의 흐름[번뇌망상]을 따라
'성性'[성품자리]을 알아 얻으면 기쁨도 없고 또한 근심도 없다.'
하시며, 정명[淨名, 유마거사]이 이르시되 '비유컨대 고원육지에
는 연꽃이 피지 않고 습한 진흙 가운데 이 꽃이 피는 것과 같다.'
라고 하시며, 노호[부처님]께서 이르시되 '진여眞如가 자성自性을
지키지 아니하여 연緣을 따라 일체사법一切事法을 성취한다.' 라
고 하시며, 또 이르시되 '연緣을 따라 감응感應하여 나아가 두루
하지 않음이 없으되 항상 보리좌菩提座에 머문다.' 하시니, 이 어

찌 사람을 기만欺瞞한 말씀이겠습니까?

전생에 인연이 복잡해서 즉 인과응보를 받아서 공부가 안 된다고 탄식하고 있다 하니, 내가 그대 이 말을 듣고 있으려니 참 어이가 없다는 말입니다. 그런 부질없는 생각을 왜 합니까? 그런 생각이 나는 순간에 그 생각을 돌이켜서 자기 할일 하면 그만입니다. 마음을 본성자리에 두고 성성하게 깨어 있으면 그만인데, 전생에 복이 없어 아무리 공부해도 안 된다고 고민을 하고 있으면 도 닦는 데 장애만 된다는 것이지요.

고덕이 말씀하신 '흐름을 따라 성性을 알아 얻는다.' 라는 것은 어떤 인연을 만나 경계가 일어날 때 바로 그 자리에서 본성을 찾아야 된다 그 말입니다. 내가 지금 뭘 하는가를 내가 알아야 될 것 아닙니까? 기뻐하는 마음을 내가 알아차렸을 때 '내가 마음을 뺏겨서 기뻐하는 마음을 냈구나!' 또 근심하는 마음이 생겼을 때 '내가 마음을 뺏겨서 근심을 하는구나!' 하고 알아차리면 기쁨이건 근심이건 모두 사라져 버린다는 말이지요.

여기서 고덕은 제22조사 마라나존자摩羅那尊者를 말합니다. 그의 제자 학륵나鶴勒那존자에게 5백 마리의 학이 따라다녔답니다. 학이 따라다닌 그 인연을 물어서 학의 업보에서 벗어나는 법문을 듣게 되었는데 그 법문의 내용이 이렇습니다. '마음은 온갖 경계에 따라다니지만 따르는 곳마다 모두 깊고 깊어라[心隨萬境轉 轉處悉能幽]. 흐름을 따라가더라도 본성을 자각하면 기쁨도 없고 슬픔도 없다[隨流認得性 無喜亦無憂].'

유마거사의 말씀은 '메마른 땅 저 산꼭대기에 연꽃이 나지 않고 진흙탕에서 연꽃이 잘 자란다.' 이 말입니다. 이것 역시 속세의 시끄럽고 번잡한 망상 속에서 그 망상이 일어난 자리를 찾으면 바로 깨침의 열매를 얻는다는 것입니다.

부처님께서 '진여眞如가 자성自性을 지키지 아니하여 연을 따라 일체사법一切事法을 성취한다.'고 하신 말씀은 법성게法性偈에서 나온 말과 동일합니다. 법성게 가운데에 '진성심심극미묘眞性甚深極微妙 불수자성수연성不守自性隨緣成' 이라는 말이 있습니다. 이는 '진성은 심히 깊고 지극히 미묘해서 스스로를 지키지 못하고 인연을 따라 작용이 일어나버린다' 즉, 진여眞如가 자성을 지키지 아니하고 인연을 따라 일체 만법을 이룬다고 했습니다. 진여는 자성이고 자성이 곧 진여입니다. 또 말씀하시되, 그냥 인연 따라 감응하지 않는 곳이 없지만 생각이 가는 곳, 감각하는 그 자리에서 그냥 척 알아차리면 끝난다는 말이지요.

"잠시 이것을 봐 주세요" (일진스님이 생수 병을 잡으시며)

"이게 뭡니까? 물병이지요." 이것을 보았을 때 물병과의 인연이 생긴 것입니다. 이 물병을 보는 순간, 물병이라는 인因이 생겨서 물병이라고 말하는 연緣이 생겼어요. 그렇게 인이 생겨서 연을 따라 바로 느낀다는 말입니다. 우리가 어느 곳을 본다, 또는 안 본다 하는데, 어느 것이 눈에 들어오는데 그것을 안 보려한다고 해서 안 봐집니까? 보지 않으려 하든 또는 보려 하든 내 시야에 들어오는 것은 무조건 보게 되고, 귀 먹지 않았으면 모든 소리를 다 듣게 되어 있습니다. 다 듣게 되고 다 보게 되니까, 두루 하지 않음이 없다고 하는 겁니다. 그런데 그곳에서 그 인연을 따라 가버리면 중생이고, 거기에서 자기 본성을 자각하면 부처님의 보리좌菩提座에 앉는다는 것이지요.

우리가 '이것은 무엇이다.' 이러면서 분별을 하는데, 이 분별이 바로 식정識情아닙니까? 식정으로 분별을 하는 그 위에서 탁 깨달아버리니까, 그 식정의 자리가 바로 불성佛性의 자리로 바뀌어 버려요. 식정에서 불성으로 바뀌어 버리는 그 자리가 보리좌입니다. 깨달음의 자리입니다. 연을 따라 감응[작용]하지 않은 데가 없지만, 느끼는 곳마다 가서 내가 즉시 본성으로 돌이키는 회광반조廻光返照의 힘이 있으면 중생심이 불심으로 바뀌어버린다는 말입니다. 이것이 바로『서장』을 배우는 목적입니다.

若以靜處로 爲是하고 鬧處는 爲非則是는 壞世間相而求實相
이며, 離生滅而求寂滅이니 好靜惡鬧時에 正好著力이다. 驀然
鬧裡에 撞翻靜時消息하면 其力이 能勝竹倚蒲團上千萬億倍하
리니 但相聽하라 決不相誤니라.

만일 고요한 곳은 옳은 것으로 삼고 시끄러운 곳은 그름으로
삼는다면 이는 세간상世間相을 파함[壞]으로써 실상實相을 구하
는 일이며, 생멸을 없앰으로써 적멸을 구하는 것이니, 고요함을
좋아하고 시끄러움을 싫어함이 있을 때가 바로 힘을 얻을 수 있
는 좋은 기회입니다. 문득[驀然] 시끄러울 때 고요한 때의 소식
을 가지고 쳐서 뒤집으면, 그 힘이 능히 좌선을 하면서 얻는 그것
보다 천만억 배보다 우수하리니, 오로지 새겨서 잘 들으십시오.
결코 그르치지 않을 것입니다.

강설

만일 고요하고 조용한 곳에서는 마음이 차분해지고 공부가 잘
되는 것이니 옳고, 시끄러운 곳에서는 잡다한 마음 번뇌심이 일어
나니 잘못된 것이라는 분별심을 내면, 이것은 세간상(일상생활에
서 마주하는 모든 현실)을 허물어버리고 이와는 관계없는 어떤
진리의 세계가 따로 있다고 생각하는 도道의 실상實相을 구하는
것이 된다는 말입니다. 또한 생멸심이 일어나는 것을 없앰으로써

적멸을 구하고자 하나 이것이 근본적으로 잘못되었다는 것입니다. 마음에 생멸이 일어나지 않으면 이미 죽은 송장입니다. 생멸심이 일어날 때가 살아 숨쉬는 때이고 공부할 수 있는 때인 것입니다. 이때 어떻게 힘을 붙이라는 말입니까? 탁 치면 자기 자성자리로 돌아가듯이, 툭 털어버리고 바로 본성자리에 들어가서 성성하게 깨어 있으라는 말입니다. 시끄럽고 어지러울 때 홀쩍 한번 떨쳐버릴 수 있다면, 가만히 방석에 앉아서 좌선하는 것보다 천만억 배 더 낫다는 말입니다. 선방에서 30년 앉아 졸고 있는 것보다, 아! 내가 이 생각을 왜 했지 하면서 털어버리고 자성자리로 즉각 돌아오는 것이 30년 참선하는 것보다 낫다는 말입니다.

又承하니 以老龐兩句로 爲行住坐臥之銘箴이라하니 善不可加로다. 若正鬧時에 生厭惡則乃是自擾其心耳니 若動念時에 只以老龐兩句로 提撕하면 便是熱時에 一服淸涼散也리라. 公이 具決定信하니 是大智慧人이라 久住靜中工夫일세 方敢說遮般話거니와 於佗人分上에는 則不可하니 若向業識이 茫茫한 增上慢人前하여 如此說이면 乃是添佗惡業擔子니라 禪門에 種種病痛은 已具前書하니 不識하노라 曾仔細理會否아.

또 편지를 받아보니 노방[방거사]의 두 글귀로써, 행주좌와의 명경과 잠언을 삼는다 하니, 착함을 가히 더 할 수 없도다. 만일 정히 시끄러울 때에 염오를 낸다면 이는 스스로 그 마음을 흔듦이니, 만일 생각이 동할 때에 다만 노방의 두 글귀로써 마음을 다잡으면 더울 때에 문득 시원한 음료수[청량산]를 마심과 같습니다.

그대가 결정적으로 바른 믿음[信]을 갖췄으니 이는 지혜가 높은 사람만이 가능합니다. 그대가 오랫동안 정중공부靜中工夫를 지었기 때문에 비로소 감히 이런 말을 해주거니와 다른 사람 같으면 엄두도 못 낼 일입니다. 만일 업식이 망망한 증상만인增上慢人에게 이같이 말하면 그에게 악업을 더할 뿐입니다. 선문의 갖가지 병통은 이미 이전 편지에 갖추어 드렸는데 자세히 이해하였는지 잘 모르겠습니다.

강설

두 글귀란, '있는 것을 없게 하되, 없는 것을 있게 하지 말라.' 는 말입니다[但願空諸所有 切勿實諸所無]. 방거사의 이 두 글귀를 일상생활[행주좌와]에서 가슴에 새겨두는 잠언으로 삼는다 하니, 정말 참 잘하고 있다는 말이지요.

시끄럽고 마음이 산란할 때 '어지러운 이 마음이 일어나면 안 되는데' 하는 마음을 내면 그 시끄러운 가운데 또 한 마음이 더 생겨버리잖아요. 그러면 마음이 더 흔들린다는 말입니다. 대혜스님이 생각이 일어날 때 오직 내가 일러준 이 두 글귀로써 마음을 다잡으면, 열이 많이 날 때 청량산 한번 마시는 것같이 그 혼란스러움이 싹 사라질 것입니다.' 라고 했습니다. 더울 때에 청량산清凉散(열을 내리는 약) 한번 먹으면 시원하고 기분이 좋죠. 청량산을 먹는다는 것은 더울 때 열나는 것을 알고 열 식히는 약재로 삼는다는 것입니다. 즉 번뇌망상이 일어날 때 일어남을 알고 그 마음을 없앤다는 것입니다.

그대가 굳은 믿음을 가졌으니 정말로 큰 지혜인(훌륭한 사람)이라, 고요히 앉아서 참선을 많이 해서 내 말을 알아들을만하니까 이런 말을 하거니와, 다른 사람에게는 절대 이런 식으로 말을 안 하지만 그대는 공부를 좀 했으니 이런 말을 한다는 것입니다. 만일 업식이 두꺼운 증상만인增上慢人(얻지 못했으나 얻었다 하고, 깨닫지 못했으나 깨달았다 하는 무리들)을 향하여 이같이 설하면 그에게 악업을 더함이니 그 사람에게 잘못된 것을 더 해준다는 말입니다.

答

증시랑 천유에게 5

曾侍郎 天遊 5

承諭호니 外息諸緣하고 內心無喘이라사 可以入道는 是 方便門이라 借方便門하여 以入道則可거니와 守方便而不捨則爲病이라하니 誠如來語로다. 山野가 讀之에 檟勝歡喜踊躍之至함이라 今 諸方漆桶輩가 只爲守方便而不捨하여 以實法으로 指示人하나니 以故로 瞎人眠이 不少로다.

그대가 보내온 편지에 의하면 '밖으로는 모든 연緣을 쉬고 안으로는 마음에 헐떡임이 없어야 비로소 도에 들어간다.' 라는 것은 '방편의 문으로써 방편을 빌려서 도에 드는 것은 옳지만 방편을 버리지 못하는 것은 병이 되지 않겠습니까?' 라고 하였으니, 이 말씀이 지극히 맞도다. 산야[대혜스님]가 이 편지를 읽음에 기뻐서 펄쩍 뛰고 싶은 마음을 이기지 못했습니다. 요사이 여러 곳에서 눈먼 자들이 방편을 버리지 못하고 오직 방편을 실법實法으로 내세우니, 이 때문에 사람의 눈을 멀게 하는 경우가 적지 않습니다.

강설

'밖으로는 모든 연緣을 쉬고 안으로는 마음에 헐떡임이 없어야 비로소 도에 들어가는 것이다.' 이는 달마대사께서 하신 말씀입니다. 증시랑이 달마대사께서 하신 그 말씀이 방편이기 때문에 '방편을 빌려서 수행하는 것은 맞지만 방편에 집착해서 버리지 아니하면 병이 된다.' 하고 말하는 것입니다. 그러니 대혜스님이 '어찌 내가 가르친 바 그대로 그렇게 딱 들어맞는 생각을 했는지' 하면서 칭찬을 합니다. 화두는 방편이고 화두를 빌려서 본성을 찾는 방편으로 응용하는 것입니다.

요사이 여러 곳에서 칠통배[묵조선 하는 사람]들이 방편을 꽉 붙들고 버리지 못하고는 그 방편을 실법으로 여기고 사람들을 가르치고 있으니, 이 가르침에 눈이 머는 자가 적지 않다고 합니다. 우리가 착각하기 쉬운 일이지만, 화두를 들고 공부를 할 때 그 화두 속에 뭐가 있는 줄 알고 있습니다. 조사스님이 이런 말씀을 할 때는 분명히 그 속에 뭔가 있지 않겠느냐, 왜 '무無'라 했을까? 하고 말입니다. 그리고는 그 속에서 답을 찾고자 합니다. 그래서 이것을 끊어 주기 위해서 대혜스님께서 하신 말씀입니다.

화두 자체에 답이 있는 것이 아닙니다. 화두로 도道를 구할 수는 있겠지만, 화두는 격格에서 벗어난 것[격외도리]이기 때문에 그 속에서 답을 찾는 것은 잘못된 것입니다. 사량분별을 벗어나 시공을 초월한 격 밖의 소식을 알려 주기 위해서 던진 것이 화두이지 궁구하면 답이 나온다는 식으로 해결할 수 있는 것이 아닙니다.

所以로 山野가 作辨邪正說하여 以救之하니 近世에 魔强法
弱하여 以湛入合湛으로 爲究竟者가 不可勝數며 守方便不捨로
爲宗師者가 如麻如粟이로다. 山野가 近嘗與衲子輩로 擧此兩
段에 正如來書說하여 不差一字호니 非左右留心般若中念念不
間斷하면 則不能洞曉從上諸聖의 諸異方便也리라.

그런 까닭에 산야가 정사正邪(옳고 그름)를 바르게 구분하는
판단법을 만들어서 사람들을 구하노니, 요즈음에 마魔는 강하
고 법法은 약해서 '맑음에 들어 맑은 데 합하는 것'을 구경으로
삼는 자가 헤아릴 수 없이 많으며, 방편을 지켜서 버리지 못하고
종사가 된 자가 삼대 같고 조대(서숙 대) 같습니다. 산야[대혜]
가 최근에 납자衲子(스님)들에게 이 두 단의 글귀를 들게 하는데
이는 바로 그대가 보내온 편지에서 설명한 바와 같아서 한 글자
도 틀림이 없습니다. 그대가 만약 '반야' 가운데 마음을 두고 생
각 생각이 끊어지지 않게 하지 않았더라면 위로 쫓아 모든 성인
들의 여러 가지 방편을 어찌 모두 훤칠히 깨달았으리오.

강설

참선을 하고 정에 들면 마음이 아주 고요하게 맑아집니다. 그
래서 맑아지는 데서 또 맑음에 들어가 맑은 것이 지극하면 그 곳
에서 참다운 깨침이 나온다는 식으로 공부를 가르치는 사람들이

셀 수 없이 많다는 뜻입니다. 이건 잘못 되었단 말이지요. 삼밭에 가면 삼대가 촘촘해서 그 수를 헤아리지 못해요. 이와 같이 많다는 것을 삼대에 비유합니다. 그리고 조밭에 조대도 그 수가 얼마나 많습니까? 선지식이라고 하면서 방편을 분별하여 후학을 이끌지 못하고 큰스님 노릇을 하는 엉터리 선지식들이 셀 수 없이 많다는 뜻입니다.

요사이 산야[대혜스님]가 마침 대중스님들에게 이 두 가지(맑음에 드는 것을 구경법으로 삼는 것과 방편을 버리지 못하는 것)의 병폐를 설해 왔는데, 그대가 보낸 편지의 내용이 내가 설명하고자 하는 것과 조금도 다르지 않다고 하였습니다.

'반야 가운데 마음을 두고 생각 생각이 끊어지지 않게 하지 않았더라면' 이라는 뜻은 반야심으로 늘 간단間斷 없이 살아 왔다는 것입니다. 간단이 없다는 것은 반야심이 끊어지지 않게 해왔다는 것이지 화두만 들고 다른 생각을 하지 않았다는 뜻이 아닙니다. 여기서 주의할 것은 화두에 얽매어 다른 생각을 도무지 하지 않는 것을 일념삼매에 들어가는 것으로 착각하면 안 된다는 것입니다. 다시 말하면 일어나는 생각 가운데서 성성하게 깨어있는 삼매가 되어야 한다는 뜻입니다. 즉 삼매를 이루되 반야삼매를 이루어야 하는 것입니다.

모든 불보살님과 선지식이 여러 가지 방편을 내지 않았습니까? 하도 많이 내서 공안만 해도 천 칠백 공안이고, 부처님 설법도 팔만 사천 법문이라고 하잖아요. 그런 것이 통틀어서 하나로 다 돌아가야 합니다. 한 맛이 나와야 한다는 것입니다. 『금강경』 다르고 『능엄경』이 다르고 『법화경』 다르고 『화엄경』이 달라서는 안돼요. 『화엄경』이 『법화경』이고 『법화경』이 곧 『화엄경』입니다. 또 그게 바로 『아함경』, 『방등경』도 되고 그렇습니다. 똑같은 말씀을 그렇게 수준에 맞춰서 수기설법(隨機說法, 배우는 사람의 수준과 능력에 맞추어 가르침)을 하신 것입니다. 근기根機가 달라서 다르게 설명해 준 것이지 그 근본 취지가 다른 것은 하나도 없습니다. 똑같은 말씀입니다. 중시랑에게 그 수많은 방편을 열어놨는데도 그대는 그 뜻을 알아서 공부를 잘한다, 이렇게 칭찬을 하는 것입니다. 반야행을 잘하고 있다는 것입니다.

公이 已捉著壩柄矣라 旣得壩柄在手이니 何慮不捨方便門而
入道耶야 但只如此做工夫하여 看經敎와 並古人語錄과 種種差
別言句도 亦只如此做工夫하며 如須彌山과 放下著과 狗子無佛
性話와 竹篦子話와 一口吸盡西江水話와 庭前柏樹子話와 亦只
如此做工夫하고 更不得別生異解하며 別求道理하여 別作伎倆
也라. 公이 能向急流中하여 時時自如此提코 道業을 若不成就
하면 則佛法無靈驗矣리니 記取記取어다.

공이 이미 칼자루[파병]를 잡은지라 어찌 방편문을 버리지 못하여 도에 들지 못할까 염려하랴. 이와 같이 공부를 지어서 경교(經敎, 부처님의 가르치심)와 아울러 고인古人의 어록과 갖가지의 말씀이나 글을 볼 때도 또한 다만 이같이 공부를 지으며, 저 수미산, 방하착, 구자무불성, 죽비자화, 일구흡진서강수, 정전백수자 화두들을 들 때도 또한 다만 이와 같이 공부를 지을 뿐, 달리 다른 견해[異解]를 내고 다른 도리道理를 구하며 다른 기량技倆을 부리지 말지어다. 그대가 만일 급류 속에서 때때로 스스로 이같이 능히 붙들어 잡아 도업을 성취하지 못한다면 불법도 영험이 없으리니 기억해 받아들이고 또 기억해서 받아들일지어다.

'그대가 이렇게 편지를 써 온 걸 보니 공부하는 방법을 이미 어느 만큼은 터득했구나' 하는 뜻입니다. 파병이란 칼자루를 잡았다는 뜻인데, 이미 칼자루를 잡았으니 어찌 방편문을 버리고 도에 들지 못할까 염려하랴 했습니다. 이미 칼자루는 그대 손에 있으니 방편은 알아서 쓰도록 하되 다만 반야에다 마음을 두고 무無자를 들던 백수자화를 들든 상관할 것 없다는 것입니다.

그럼 어떻게 공부해야 합니까? 일구흡진서강수화도 화두고 정전백수자화도 화두고 구자무불성화도 화두고 전부 화두인데 모두 달라요. 내용도 다르고 화두를 설하신 스님들도 모두 다른 스님들입니다. 그러니 방편에 얽매어 구자무불성화를 하는 사람은 조주스님이 '없다' 라고 했으니 '왜 없다고 했는가?' 하면서 그것만 참구하겠다고 고집한다면, 정전백수자화 화두를 하는 사람들은 공부가 안 되는 것입니까? 모두 다르지만 똑같은 원리를 찾아야 합니다. 자기 마음이 지금 어떤 연유에서 일어나서 어떤 마음에 끌려가고 있는가? 그걸 알고 회광반조하여 본성[반야] 자리에 갖다 놓는 그 공부를 하면 죽비자화를 하든 구자무불성화를 하든 염불을 하든 주력을 하든 경을 읽든 똑같은 것이 됩니다. 다만 이와 같이 공부를 지을 뿐, 따로 다른 견해[異解]를 내고 따로 도리道理를 구하며 따로 기량技倆을 짓지 말라는 것입니다.

'만약 그대 스스로가 때때로 능히 급류 속에서 이같이 잡아들어서 도업을 성취하지 못한다면 곧 불법이 영험이 없으리니 기억해 취하고 기억해 취하라.' 이것이 무슨 말입니까? 우리 생각이 얼마나 많이 흘러나오는가? 그 많은 생각이 흘러나오는 것이 마치 폭포수가 흘러내리듯 한다 하여 급류라고 표현한 것입니다. 이러한 급류 속을 향해서 공부해야 됩니다. 내 생각이 쏟아져서 수없이 흘러가는 그것을 봐야 된다 그 말입니다.

급류에 내가 휩쓸려 가느냐 아니면 급류를 타고 놀 것이냐? 는 얘기입니다. 이 말은 현재 눈앞의 상황에 맞닥뜨릴 때 마음을 빼앗기면 본성을 잃게 되는데 대상에 빠져있는 자기를 보고 '무

無!' 또는 '잣나무!' 하고 화두를 떠올려 방편을 삼아 성성한 각성의 상태로 돌아가는 것입니다. 지금 이 말이 굉장히 중요합니다. 우리들은 생각이 흘러가는 것을 전혀 모르고 다 놓쳐버리지 않습니까? 생각이 가는 대로 그냥 끌려 다니잖아요. 우리 부처님 공부는 생각이 가는대로 끌려가지 않기 위해서 하는 공부입니다.

생각이 흘러가는 이것을 내가 보고 깨달아 초월하느냐 아니면 생각에 끌려가 진흙탕으로 빠져드느냐 이것이 문제의 핵심입니다. 이때 번뇌의 고통 바다에서 반야의 본성자리로 마음을 돌이켜 돌아오는 나룻배가 바로 방편이 되는 것입니다. 그 방편 중에는 화두나 염불, 주력, 간경, 예불, 보시, 지계 등 팔만사천 방편의 문이 되는 것입니다. 이와 같이 바른 공부를 해야만 영험이 있는 불법을 얻을 수 있다는 것입니다.

承하니 夜夢에 焚香하고 入山僧之室하여 甚從容이라 하니 切不得作夢會어다. 須知是眞入室이니다. 不見가 舍利佛이 問須菩提하사대 夢中에 說六波羅密호니 與覺時로 同가別가? 須菩提가 云此義는 幽深하여 吾不能說이니 此會에 有彌勒大士하시니 汝往彼問하라하시니 咄! 漏逗不少로다. 雪竇가 云當時에 若不放過일런들 隨後與一箚이거늘 誰名彌勒이며 誰是彌勒

者여 便見冰銷瓦解라하시니 咄! 雪竇도 亦漏逗不少로다. 或
有人이 問只如曾待制가 夜夢에 入雲門之室이라 하니 且道하
라 與覺時와 同가 別가하면 雲門은 卽向佗道하되 誰是入室者
며 誰是爲入室者며 誰是作夢者며 誰是說夢者며 誰是不作夢會
者며 誰是眞入室者오 하리니 咄! 亦漏逗不少로다.

편지를 보니, '밤에 꿈속에서 향을 사르고 산승의 방에 들어
가 마음이 지극히 차분해졌다'고 하니, 간절히 바라건대 꿈 알
음알이를 절대로 짓지 말지어다. 모름지기 이것은 참으로 방에
들어옴인 줄 알아야 할지니 보지 못했습니까? 사리불이 수보리
에게 물으시되, '꿈속에서 육바라밀을 설했으니, 꿈을 깬 때와 더
불어서 같은가, 다른가?'

수보리가 '이 뜻이 깊고 깊어서 나는 능히 설하지 못하겠으니
이 회상에 미륵대사가 계시니 그에게 가서 물어보라' 하시니, '돌
(咄)!' '허물이 적지 않도다' 설두스님이 이르시되, '당시에 만일
내가 있었다면 뒤를 따라가 한 봉 먹였을 것이거늘! 누가 미륵이
라 이름 했으며, 누가 이 미륵인 자인고? 하시며, 문득 얼음이 녹
고 기와가 풀어짐을 보겠구나!' 하시니, '돌(咄)!' '설두 또한 허
물이 적지 않도다.' 혹 어떤 사람이 있어 나에게 묻되, '다만 저 증
시랑이 꿈에 운문의 방에 들었다 하니, 깨어 있을 때와 더불어 같
은가 다른가?' 라고 한번 일러보라. 그러면 이 운문은 그 사람을

향해서 이르되, '누가 이 방에 든 자며, 누가 이 방에 들어왔다고 하는 자며, 누가 이 꿈을 꾼 자며, 누가 이 꿈을 말하는 자며, 누가 이 꿈을 꿈인가 아닌가 하는 자며, 진실로 누가 내 방에 들어온 자인고?' 하리니, '돌(咄)!' '나 또한 허물이 적지 않도다.'

강설

대혜스님이 편지를 받아보니 증시랑 그대가 '꿈에 향을 사르고 내 방에 들어와서 스님을 알현했는데 이 꿈이 현실과 같습니까, 틀립니까?' 이렇게 질문한 것입니다. 그러자 대혜스님이, '참으로 현실과 같음을 알아라.' 이렇게 말합니다.

이제 재미있는 말이 나옵니다.

사리불이 누구입니까? 지혜 제일 사리불입니다. 그리고 수보리는 해공 제일입니다. 지혜[반야]를 잘 행하여 공空의 도리를 확연히 터득한 분이 사리불입니다. 이 사리불이 수보리에게 묻되, '꿈속에서 육바라밀을 설했으니, 내가 꿈을 깼을 때와 같은가, 다른가?' 즉 꿈에서 육바라밀을 설했는데 깨어나서 설한 것과 꿈에서 설한 것이 같은가, 다른가? 하고 물었습니다. 그러니까 수보리가 '이 뜻이 깊고 깊어서 나는 능히 설하지 못하겠으니 이 회상에 미륵대사가 계시니 그에게 가서 물어라' 하시니, 돌咄(혀를 차며 언짢아 하거나 꾸짖음) 그랬어요.

대혜스님이 이 말에 '돌!' 했습니다. 대혜스님이 부처님 제자

중에 혜공이 제일 뛰어난 수보리에게 '돌!' 했다는 말입니다. '돌' 했다는 말은 틀렸다는 얘기도 됩니다. 경상도말로 '택(턱)'도 아닌 소리 그 말입니다. 또 설두스님은 그때 만약 내가 있었다면, '뒤를 쫓아가서 그냥 막대기[잡, 箭대나무로 만든 봉]로 한 방 후려쳐 주었을 걸' 했습니다. 그리고는 설두스님이 또 뭐라고 말씀을 했느냐 하면 '누가 미륵이라 이름 했으며, 누가 미륵인 자인고?' 하시며 '문득 빙소와해氷消瓦解' 라고 하시니 '돌!' '설두 또한 허물이 적지 않도다.' 라고 대혜스님이 설두스님에게도 '돌!' 합니다. '빙소와해' 라 얼음이 녹아버리면 물이 되죠? 진흙을 짓이겨서 기와를 구어 놓았는데 녹아버리면 기와의 모습이 없어지겠죠? 뭔가 하나를 만들어 놨는데 그것을 흔적도 없이 없애버렸단 얘기입니다. 무엇 때문에 없어졌단 말입니까? 불법은 '무엇이다' 하면 어긋나 버립니다. 부처님이 일러주신 진리가 지금 이 속에 있습니다.

여기서 설명을 좀 더 보태겠습니다. 이것이 부처님 경전『대품반야경』몽행품에 나오는 말씀입니다. 거기에서 사리불이 부처님께 묻습니다. '꿈에서 육바라밀을 행한 것과 현실에서 행한 것이 같은가 다른가?' 하는 질문을 합니다. 여기서 성철스님께서 항상 말씀하시는 '몽중일여' 가 나옵니다. 무슨 말인가 하면 깨어서 좋은 일을 했는데 꿈속에서도 그 행위를 실제로 하고 있는 겁니다. 이것을 두고 꿈속과 현실이 같습니까, 다릅니까? 하고 부처님께 물어봤다고 합시다, 그때 부처님께서 이렇게 대답하십니다. '보살들아, 꿈속에서도 그런 좋은 일을 하면서 누가 와서 방해를 한다거나 누가 와서 협박을 한다거나 누가 와서 잘못되게끔 아무리 해도 흔들림이 없고 꿋꿋하게 철석같은 마음으로 그것을 행했을 때, 바로 보살이 물러남이 없는 불퇴전不退轉(믿음이 두터워 흔들리지 아니함)의 자리에 들어서 보살도를 행하는 것이니 그것은 깨어서 하는 것이나 꿈에서 하는 것이나 같기 때문이다.' 이렇게 설법하셨습니다. 이것이 『몽행경』 설법입니다.

우리가 공부를 하는데 꿈속에서도 생시와 똑같이 될 정도가 되면 아주 공부의 차원이 올라간 것입니다. 화두를 들든 염불을 하든 뭘 하든 우리가 꿈속에서도 연결이 될 수 있다면 공부가 제대로 되고 있는 것입니다. 다만 어떤 경우에도 흔들림이 없어야 한다는 것입니다. 불교식으로만 얘기하는 것이 아닙니다. 주판을 잘 놓는 사람이 꿈속에서도 주판을 놓듯이 주판 공부를 열심히 하면 잠재의식까지 연결이 되어 꿈속에서도 그대로 되는데, 부처님이 일러주신 말씀은 '흔들림이 없어야한다' 라고 했습니다. 꿈 가운데 누가 방해해도 흔들리지 않을 정도가 되어야 비로소 진정한 공부가 되었다는 것입니다. 이런 상태를 몽중일여라 합니다. 이 말을 여기서 인용한 것입니다. 그런데 수보리가 자신이 능히 그 자리에서 진리를 보여줘도 될 것인데, 이 대중 가운데 있는 미륵대사에게 슬쩍 밀어버리고 자기는 빠져나왔어요. 그러니까 수보리의 행동은 부처님이 일러주신 본분자리를 바로 보인 것이 아닙니다. 그래서 대혜스님이 '돌!' 하신 것입니다.

예를 들어서 '어떤 것이 부처입니까?' 하면 그 자리에서 딱 일러줘야 할 것 아닙니까? 조주스님은 '잣나무니라' 했고, 또 어떤 스님은 '똥막대기다' 이렇게 했거든요. 이런 소식을 전해줘야 될 것인데, 수보리가 '이 뜻이 너무 깊으니 미륵대사에게 물어 보라' 라고 했지요. 원래 근본 소식은 설명해서 아는 것이 아니기 때문입니다. 수보리는 불가사의한 그곳을 비켜나 버렸습니다. 수보리가 슬그머니 벗어남을 보고 대혜스님이 '돌'을 한 것입니다. 그것은 본분 상의 도리가 아니고 조사가풍祖師家風이 아닙니다. 바로 직접 그 자리에서 간파를 해주지 않은 것을 두고 설두스님이 '한 방 쳐 줄 걸 그랬다' 라고 했습니다. 그런데 그 다음에 설두스님의 말씀에 허물이 있다면서 대혜스님이 또 '돌' 했거든요. 설두스님이 한 방 쳐 줄 것인데 하고는 말을 마쳤어야 했는데 뒤에 또 딴소리를 했거든요. '얼음이 녹고 기와가 풀리는구나' 그 말씀에 대하여 대혜스님이 또 '돌!' 했습니다. 그렇게 하시고는 이제 대혜스님 자신이 답을 말합니다. 혹 사람이 있어 묻되, 다만 저 증시랑이 꿈에 내 방에 들어왔다고 하니, 나에게 물어보라. '깼을 때와 더불어 같은가, 다른가? 하면, 나는 그 사람을 향해서 말하되, '누가 이 방에 든 자며, 누가 이 방에 들어왔다고 하는 자며, 누가 이 꿈을 꾼 자며, 누가 이 꿈을 설하는 자며, 누가 이 꿈 알음알이를 짓지 않는 자며, 누가 참으로 대혜스님 방에 든 자인고?' 할 것이다. '돌!' '나 또한 허물이 적지 않도다.' 이렇게 말했습니다.

　여기서 다시 한번 봅시다. 누구를 이름하여 미륵이라 하며 누가 미륵인 자인가를 물었죠. 또 누가 꿈을 꾼 자며, 누가 꿈꾸는 것을 아는 자며, 누가 이 꿈을 말하는 자며, 뭐 이런 식으로 나열을 합니다. 말하자면 통틀어서 자기 자신은 늘 하나인데 스스로 꿈과 현실을 분별하여 망상을 하고 있다는 말입니다. 식심분별識心分別에서 일어난 것이니 제 자리를 다 벗어나 본자리를 놓쳤다는 것입니다. 대혜스님과 수보리가 말한 것이 틀린 것 없고, 또 설두스님도 틀린 것 없는데 그러나 본분자리에서는 어긋났다는 말입니다. 이미 한 생각을 일으키고 한마디 말을 했다는 것은 본분자리에서 벗어난 군더더기인 것입니다. 그렇기 때문에 이 자리는 설명이 어렵고 본성자리에서 벗어났다는 것을 아는 사람만 아는 것입니다. 여러분들이 한 생각이 일어나기 이전의 자리 즉 일념미생전一念未生前 자리에 마음을 두고 이것을 이해하면 되겠지만, 알음알이를 가지고 왜 그랬을까? 하는 식으로 했다가는 천리만리 멀어져 버립니다. 통틀어서 식심이니까요. 이 모든 것은 이 분들이 말을 틀리게 해서가 아니라 근본자리에서 이미 벗어난 것을 지적하는 것이지 말과 뜻이 잘못된 것은 아닙니다. 착각하면 안 됩니다.

구자무불성화는 어떤 승이 조주께 묻되 '개에게도 또한 불성이 있나이까, 없나이까?' 하니, 조주스님 이르시되 '없다' 라고 한 화두입니다. 부처님은 일체중생이 불성을 갖추고 있다 했는데, 이 스님은 개에게 불성의 유무를 물었습니다. 그러나 여기에서 조주스님의 '없다' 는 유무有無에 대한 대답이 아닙니다.

죽비자화는 수산성념선사가 죽비를 들어 이르시되, '만일 죽비라 하면 촉휘(아버지 이름 부르는 것, 죽비라는 이름에 떨어졌다는 것)가 되고, 죽비라 하지 않으면 위배가 되는지라, 말이 있을 수도 없고 없을 수도 없음이니 너희 등 모든 사람은 속히 일러라' 하시니 소위 배촉관背觸關입니다. 자, 죽비를 들고 이것을 무엇이라 하느냐고 물을 때, 누가 죽비라 하면 그것은 죽비라 하는 이름에 떨어져 버렸다는 것입니다. 이것을 촉휘라고 하는데, '촉' 은 떨어지다는 뜻이고 '휘' 는 이름을 말합니다. 만약 죽비라고 하지 않으면 죽비를 보고도 죽비라고 안 하니까 현실을 부정하는 것이 되는 것입니다. 죽비를 들 때 무엇 때문에 그렇게 했겠습니까? '이것이 뭐냐?' 물을 때 '죽비입니다.' 하면 이미 축물逐物입니다. 죽비가 아니라 하면 죽비를 두고 죽비가 아니라 하니 그것은 현실을 등진 것이 됩니다. 그러면 어떻게 해야 됩니까? 이것이 탁 보이는 순간에 자기 마음 움직이는 것을 봐야 합니다. '죽비라 하면 안 된다.' 는 거기에서 또 되는 길을 찾아야 됩니다. 아시겠습니까? 죽비라 하면 이미 떨어져버리고 죽비가 아니라 하면 더욱 멀어지게 됩니다.

양단에 떨어지지 않은 한 말씀 해보세요!! 자기 마음이 움직이는걸 보면 돼요. 일념미생전 자리에 들어가 버리면 끝입니다. 이것이 죽비면 뭐하고 아니면 뭐할 것입니까? 괜히 그 스님이 친 그물에 걸려들면 안 됩니다.

'일구흡진서강수' 화두는 방龐거사와 관련된 화두입니다. 중국의 방거사는 아주 학식도 뛰어나고 재벌이었답니다. 그런데 말년에 자기 재산을 다 강물에 빠뜨려 버리고 딸 하나 아들 하나 데리고 마누라와 무일푼으로 산에 가서 수행만 하신 분입니다. 방거사가 제일 먼저 열반에 들려고 딸을 불러서 '오늘 정오되면 나한테 좀 알려주라.' 이러니까, 딸 영조가 딱 알아차리고 '아버지 정오는 한참 멀었고, 저 밖에 해를 쳐다보니까 일식을 하고 있습니다. 하늘 까마귀가 해를 먹고 있습니다.' 이러니까, 방거사가 '아, 그래?' 하면서, 그 도인이 문을 열고 바깥에 나가 해를 쳐다보는 사이에, 영조가 그 문을 살짝 열고 들어가서 아버지가 앉았던 자리에서 자기가 먼저 열반을 해버렸어요. 들어와서 보니까 딸이 먼저 죽어 있거든요. 그러니까 방거사가 하는 말이 '딸의 머리를 쓰다듬고 허허, 이놈 참 기특하다 내가 속았네.' 그러면서 딸 장례를 치르고 난 후 일 주일 뒤에 열반에 들었어요. 아버지와 딸은 이쪽 산에 살았고 아들과 어머니는 저쪽 산 밑에 살았는데, 어머니하고 아들하고 밭에 나가 일을 하다가 방거사하고 딸이 죽었다는 소문을 듣고는 아들이 하는 말이, '누나와 아버지가 그렇게 빨리 가셨다고?' 그러자 어머니가 '가시려면 간다고 말씀이나 하고 가지' 그러자 아들이 괭이에 기대어 '저도 가렵니다.' 하고 가버렸어요. 그러니까 그 어머니가 '이놈의 인간들이… 가려면 자기 몸뚱이 하나는 처리하고 가지, 전부 다 요 모양 해놓고 가면 어쩌나?' 했대요. 어머니가 수습을 다 하고 사십구재를 지내는데 너무나 태연하여, 스님이 이르되 '보살님은 재를 지내는데 슬프지도 않으시오?' 하고 물으니 보살이 이르기를 '스님은 염불에는 뜻이 없고 남의 얼굴 표정에 관심이 많군요.' 하고는 이제 내 할 일 다 했으니 저도 가렵니다.' 그리고는 일어나서 머리를 빗어 가다듬고는 문밖을 나갔는데 흔적도 없이 사라져버렸어요. 조금 있으니 허공에 불이 벌겋게 붙어 있는 것입니다. 부처님 다비를 하려고 온갖 노력을 했으나 불이 붙지 않다가 가섭존자가 도착하니 저절로 불이 붙어 화장된 것 아시죠? 이것이 바로 화광삼매火光三昧에 들어서 자기 몸을 불태우는 것입니다. 그러니까 누가 제일 도가 높았겠어요? 괭이를 옆구리에 놓고 간 아들도 도가 높고, 아버지보다 먼저 간 딸도 도가 높고, 먼저 죽은 딸보고 '참 착하다. 기특하구나! 내가 너보다 한 발 늦었다.' 이렇게 말한 아버지도 도가 높지요? 이 분들은 모두 죽고 사는 생사에 전혀 마음이 안 뺏기는 분들입니다. 생사를 자재할 정도로 공부가 된 분들입니다. 이것이 다 무슨 말이냐 하면, 자기 마음을 항상 본성자리에 놓고 꾸준히 공부하여, 어떤 대상이 오건 어떤 환경에 처하건 어떤 무엇이 내 눈앞에 와도 눈 한번 꿈쩍도 안 할 수 있는 그런 삼매를 이루었을 때, 이러한 것들은 식은 죽 먹듯이 되는 것입니다. 노력하지 않아도 저절로 되는 것입니다.

방거사가 처음 마조스님을 참례해서 묻되 '만법으로 더불어 짝이 되지 않는 것이 어떤 것입니까?' 이렇게 물었답니다. 만법의 짝이 된다는 것은 무슨 뜻입니까? 식심분별로써 일어나는 모든 생각들은 만법의 짝이 되어버립니다. 그러나 식심을 떠나서 일념미생전의 자리, 어떤 생각도 끌려가지 않는 본성자리, 소소영영昭昭靈靈(밝디 밝고 신령스럽다는 뜻)하여 텅텅 빈 진공묘유의 자리, 그 진리의 자리는 어떤 것과도 짝하지 않습니다. 허공이 어느 법과 짝을 하던가요? 허공이 태양하고 단짝이 되어서 서로 합의를 하여 컴컴하게 하자고 해서 구름이 끼고 그런 것 아니잖아요. 허공은 그냥 존재해 있을 뿐이지 인연 따라서 구름이 끼고 그랬을 뿐이지 허공은 만법과 짝을 하는 법이 없습니다. 항상 텅텅 비어 있을 뿐입니다. 우리 본마음 본성도 그렇거든요. 방거사가 도를 모르고 물었겠습니까? 그러니까 조사 스님(마조스님)이 이르시되 '네가 한 입으로 저 서강의 물을 마시고 오면 곧 너에게 일러주리라.' 하셨답니다. 이것은 바로 어느 스님이 도가 뭔지 물으니까 '돌장승이 애를 낳으면 그 때 대답해 줄게' 하는 말과 똑같습니다. 서강의 물을 한 입에 다 마실 수 있겠어요? 도를 깨치면 마십니다. '그때 내가 일러줄게.' 이렇게 하는 소리에 방거사가 깨달았답니다. 자기가 예전에 깨달은 것보다 더 확실하고 철두철미하게 깨달았다는 것입니다.

백수자화는 승僧이 조주께 묻되, '어떤 것이 조사의 뜻입니까?' '달마대사가 서쪽에서 오신 뜻이 무엇입니까?' 하고 물으니까, 조주 이르시되 '뜰 앞에 잣나무니라' 하셨답니다. 그러자 승이 이르시되, '화상은 경계를 가지고 사람에게 보이지 마소서.' 하니, 조주가 이르시되, '나는 경계를 가져 사람에게 보이지 않노라.' 승이 이르시되, '어떤 것이 이 조사서래祖師西來의 뜻입니까?' 조주가 이르시되, 또 '뜰 앞의 잣나무니라' 하셨습니다.

答

증시랑 천유에게 6

曾侍郎 天遊 6

來書를 細讀數過노니 足見辨鐵石心하며 立決定志하여 不肯草草로다 但只如此崖到臘月三十日이면 亦能與閻家老子와 廝抵하리니 更休說豁開頂門眼하고 握金剛王寶劍하여 坐毗盧頂上也어다

보내온 편지를 여러 번 자세히 읽어 보니, 그대가 철석심으로 결정적인 의지를 세워서 성글고 바쁜 마음 없이 잘 지냄을 알겠노라. 다만 이와 같이 하여 납월 삼십 일에 이르면 역시 염가노자와 더불어 능히 겨룰 수 있을 것이니, 다시는 '정수리 눈을 활짝 열고 금강왕 보검을 잡아서 비로정상에 앉아야지' 하는 말은 하지 말지어다.

강설

편지를 자세히 읽어보니 증시랑이 크게 깨닫지는 못했더라도 공부하는 방법을 확실히 알아서 완전한 부동심이 된 것을 알겠다고 했어요. 그래서 이렇게 공부를 해 가면, 죽음[납월팔일]에 이르러서 능히 염라대왕이 어떻게 해 볼 방법이 없게 되어 버린다 이 말입니다. 공부를 잘하여 마음이 가자는대로 따라가지 않고 마음 길을 끊어버리고 마음이 갈 곳이 없는 곳에 마음을 가져다 두어 버리기 때문에, 죄를 지었다든가 해서 죄의식이 있다든가 공덕을 지어서 공덕심이 있다든가 하는 등의 주착되는 마음이 없습

니다. 그러니 염라대왕도 이 사람을 데리고 갈 수가 없어요. 이런 공부를 한 사람은 귀신도 알 수가 없어요. 이런 수행자는 도대체 마음을 어디다 두었는지 알 바가 없는 것입니다. 왜 그런가 하면, 마음이 일어난 그 근원자리에 되돌려 놔 버리기 때문입니다. 마음이 한번 움직이려하면 척 하고 다시 돌아와 버립니다. 이렇게 본래자리에 돌려 놔 버리면 끌려갈 곳이 없어요. 수행을 많이 한 사람은 안 끌려가니까 마음이 어디로 향하는지를 몰라요. 마음이 어디로 향하는지 알 수 없는 그 마음을 무엇을 근거로 해서 알 수 있겠느냐? 그런 뜻입니다. 염가노자가 어찌 할 바를 모른답니다. 도를 못 깨쳐도 공부를 이렇게 하면 염라대왕도 어찌할 수 없는 공부가 된다는 말입니다.

'다시는 정문에 눈을 활연히 열고 금강왕 보검을 잡아서 비로정상에 앉아야 한다고 설하지 말지어다.' 이거 중요한 말입니다. 정문이란 이마를 일컫는데 제삼의 눈이 이마에 있다고 합니다. '정문이 열려야 지혜가 열린다' 이런 말이 있습니다. 천수천안관세음보살님을 보면 여기 이마에 눈을 그려놓았어요. 제 삼의 눈이 열린다는 말이 있습니다. 그래서 이런 말을 듣고 하는 말입니다. 정문에 눈을 활연히 열고 금강왕 보검을 잡으면 어찌 됩니까? 사천왕이 금강역사 아닙니까? 금강역사의 보검을 잡고 있으면 누가 뭐라고 할 것입니까? 끄덕도 없습니다. 두려움이 없지 않습니까? 보검을 잡아서 비로정상에 앉아야 한다, 비로자나 부처님 머리 위에 앉아야 진짜 도를 통한 맛이 날 것이다 이렇게 말한 것입니다. 그러나 그러면 안 된다는 것이지요. 바라는 마음이 있어서는 안 된다는 것을 지적하는 것입니다. 이것을 속효심速效心이라 하는데 얼른 깨닫고 싶은 마음이 앞에 놓여 공부에 장애가 됩니다.

某가 嘗謂方外道友曰 今時學道之士가 只求速效나 不知錯了也니 却謂 無事省緣고 靜坐體究하여 爲空過時光으로 不如看幾卷經하고 念幾聲佛하며 佛前에 多禮幾拜고 懺悔平生所作底罪過하여 要免閻家老子의 手中鐵棒이라하니 此是愚人의 所爲니라.

제가 일찍이 수행자들[方外道友]에게 일러 말하되, '요사이 도 배우는 선비가 오직 빠른 효과를 구하면서도 이것이 잘못된 것임을 알지 못한다.' 고 하니 오히려 그 사람들이 말하기를, '일도 없애고 인연도 덜어내고 고요히 앉아서 체달해 연구하는 것으로써 헛되이 세월[時光]을 보낼 바에야, 차라리 경전 몇 권 읽고, 소리 몇 마디 내어 부처님을 생각[念]하며, 부처님께 몇 배의 예를 올려서, 평생에 지은 바 죄과를 참회해서 염라대왕이 들고 있는 철봉을 면하는 것만 같지 못하다' 라고 하니, 이것은 어리석은 자들의 소치입니다.

초세간이라는 것은 세간을 벗어난 사람, 바로 스님들과 같이 전문적인 수행인을 말합니다. 일찍이 대혜스님이 '요사이 도道 배우는 사람들이 오직 빨리 깨치기를 구하는 것이 그릇됨인 줄 알지 못한다.' 하고, 많이 꾸짖었어요. 대혜스님은 이렇게 하라고 가르쳤지요. 어떤 마음이 나든 말든 내가 놓치면 놓친 것이고 한번을 잡더라도 어떤 생각이 났을 때 '아이고! 내가 망상에 붙잡혀서 여기까지 왔구나' 하는 걸 알아차려서 제자리에 탁 가져다 놓는 이런 훈련을 자주자주 하다 보면, '성돌 맞 듯 맷돌 맞 듯' 된다고 일러 놓았습니다. 그런데 이와같이 해야 할 공부는 안하고 자꾸 '도를 얼른 깨쳐야 될 건데, 도를 깨쳐서 신통력이 확 나야 하는데' 하면서 하루아침에 부처를 이루어야겠다고 하는 마음으로 전전긍긍하는 것입니다.

화두를 들고 씨름을 하고 힘을 쓰고 바깥 세상하고는 인연을 끊어버리고 오로지 도를 이루겠다고 난리를 치는 것입니다. 그런 사람들을 꾸짖은 것입니다. 그런데 이 말씀을 듣고 오히려 모르는 자들이 말하기를 '잡다한 것들은 물리쳐 일없는 가운데 일을 덜고 조용히 앉아서 깊이 체험하여 연구를 함은, 헛되이 세월을 지내는 것밖에 안 되니, 몇 권의 경을 보고 부처님께 예배하고 참회를 하고 이렇게 해 가면 그 공덕으로 인해서 염라대왕의 철봉을 면하는 것이 차라리 옳다.' 라고 말하니 이것은 '어리석은 사람이 하는 소리다.' 라고 대혜스님이 그들에게 일침을 놓은 것입니다. 이것이 무슨 말이냐 하면, 속효를 구하는 그것이 잘못된 것인 줄 모르고, 요즘 삼천배 또는 만 배한다 하죠? 절을 하고 또 참회를 하고 또 몇 권의 경을 보고 이렇게 하는 것이 옳지 않겠는가? 부처님께 예배하고 참회를 하고 이렇게 해가면 그 공덕으로 인해서 염라대왕이 철봉으로 내려칠 것을 부처님 경전 한번 읽은 그 공덕으로 면해지는 것이 차라리 맞다. 대혜스님이 가르치는 그것이 과연 공부라고 할 것이냐? 이 말입니다. 생각을 따라서 이리 저리 휩쓸리는 것을 문득 알아차려 '또 내가 생각을 따라 여기로 왔구나!' 하면서 확 잡아 돌이켜 본성으로 돌아오는 이것이 공부라 하니까, '그게 무슨 공부냐? 차라리 부처님에게 천 배 만 배하고 경이라도 한번 읽는 것이 더 나은 것이다.' 이렇게 말하는 것입니다.

　而今에 道家者流가 全以妄想心으로 想日精月華하며 呑霞服氣하여도 尙能留形住世도 不被寒暑고 所逼커든 況回此心此念으로 全在般若中耶젰는가 先聖이 明明有言하사되 喻如太末蟲이 處處能泊하되 唯不能泊於火燄之上이어서 衆生도 亦爾라

處處能緣이로되 唯不能緣於般若之上이라하시니 苟念念不退
初心하고 把自家心識이 緣世間塵勞底에서 回來抵하여 在般若
上이면 雖今生에 打未徹이라도 臨命終時에 定不爲惡業所牽하
여 流落惡道하고 來生出頭에 隨我今生願力하여 定在般若中하
여 現成受用하리니 此是決定底事라 無可疑者니라.

　　요사이 도교를 공부하는 사람들같이 온전히 망상심을 갖고
해와 달의 정기를 상상하며 노을을 삼키고 기를 마시는 것으로
도 족히 세상에 살면서 춥고 더움의 피해를 받지 않거늘, 하물며
이 마음 이 생각을 돌이켜서 전부 반야 가운데 머물러 있음이랴!
옛 성인이 분명히 말씀하시되, '비유컨대 파리[태말충]가 가히 붙
지 못하는 곳이 없으되 오직 불꽃 위에는 가히 붙지 못하는 것과
같아서, 중생의 마음도 또한 그러하여 가히 곳곳에 반연[인연을
지에]하여 머물지 못하는 곳이 없으되 오직 반야 위에는 반연하
지 못한다' 고 하셨습니다. 그러니 진실로 생각 생각이 일어날 때
첫 마음을 놓치지 않고 자기의 심식이 세간의 진로에 이끌려가는
것을 잡아 돌이켜서 반야 위에 갖다 두면, 비록 살아서 사무치게
마치지 못하더라도 목숨이 떨어질 때에 필히 악업의 끌림을 당하
여 악도에 흘러 떨어지지 아니합니다. 또한 다음 생에 태어날 때
금생의 원력을 따라서 필히 반야 가운데 들어가는 데 사용할 수
있을 것입니다. 이것은 정해진 이치라, 자연히 이루어질 것이 확

실하니 조금도 의심할 게 없는 것입니다.

　도교를 배우는 사람들이 아침저녁에 해가 뜨고 질 적에 벌겋게 노을이 되면 그때 좋은 기운이 있다고 믿고 그것을 상상하면서 심호흡을 해서 아침에 그 맑은 기운을 마시고, 저녁에 해가 질 때도 마시며 기를 단련한답니다. 이렇게 하는 것을 달밝은 밤에도 한답니다. 이것은 신선되려는 수행법이죠! 이렇게 오래하면 몸이 아주 정화되어서 더운 것도 모르고 차가운 것도 모르고 신선이 되어간답니다. 신선도는 오래 잘 닦으면 천년만년 살 수 있답니다. 『초발심자경문』에 나오는 목우자가 과거에 신선이었거든요. 천 년까지 자기 나이를 세었는데 그 뒤는 의미가 없어서 나이를 세지 않았답니다. 선교나 도교를 수행해도 수명을 그렇게 늘릴 수 있는데, 하물며 이 마음 이 생각을 돌이켜서 반야 가운데 두는 수행의 공덕을 말로 어떻게 표현하겠는가? 이런 말이죠! 이 반야수행을 해서 망상이 일어나는 것을 반야 본성자리에 되돌려 선정 삼매를 이룬 사람이 그깟 도교의 호흡 수련 정도하고 비교가 되겠느냐? 이 말입니다. 가섭 존자는 부처님 바루와 가사를 미륵불에게 전해 주려고 수미산 바위굴을 뚫고 들어가 선정에 들어서 오십육억 칠천만 년 뒤에 나올 미륵불을 기다리고 있답니다. 그런데 천 년을 세고 어쩌고 하는 그것이 뭐 대수냐? 그 말입니다.

태말충은 파리입니다. 파리가 못 붙는 데가 있습니까? 온갖 곳에 다 붙을 수 있습니다. 그러나 불꽃 위에 들어가면 타 죽죠? 그러니까 우리 망상이 붙지 않는 곳이 없이 다 붙을 수 있어도 그 반야 본성자리에 딱 되돌려 놓으면 망상이 붙을 수가 없어요. 본래 마음이 일어난 그 자리에 되돌려 놓아 버릴 수만 있다면, 즉 한 생각이 일어나기 전의 자리, 그 자리에 회광반조를 해 버린다면 이는 파리가 불에 붙을 수가 없는 것과 같다. 그런 얘기입니다. 중생의 마음도 역시 이와 같아서 생각은 대상이 나타나는 모든 곳에서 일어나 작용하지만 오직 반야 자리에는 반연하지 못한다는 것입니다. 반야 자리에는 망상이 머물지 못한단 말입니다.

마음이 작동되었다면 그건 이미 중생입니다. 그런데 중생을 보지 않으면 부처를 볼 수가 없어요. 무슨 말이냐 하면 마음작용이 일어나는 것을 봐야 그 마음이 나온 곳을 알 수 있고, 그 마음이 중생심이라는 것을 알 때에 그 중생심이 불심으로 바뀝니다. 중생심이 발동하지 않으면 부처를 볼 수 없습니다. 그러니 중생이 없는데 부처가 어찌 있을 수 있습니까? 그래서 세간의 진로[번뇌]에 생각이 작용하는 것을 보라는 말입니다. 그때 보고 잡아 돌이켜서 반야 위에 가져다 놓으면(회광반조를 해 버리면) 되는 것이지, 그 이상도 없고 그 이하도 없습니다. 이걸 공부라

하니까, 그것이 뭐 공부라 할 수 있나? 이 말입니다. 차라리 『금강경』 한번 읽는 것이 낫고, 부처님한테 천 배나 만 배 기도하는 것이 낫지, 그것이 말이 됩니까? 이러거든요. 말이 안 되는 그놈이 말이 된다. 이것입니다. 여러분들은 반야 종지를 가졌기 때문에 마음이 움직이는 걸 살펴서, 이 마음에 따라가서 휘둘리지 말고 그것을 본성자리에 즉각 되돌려 텅 비워버리고 내려놓아 버리면 모든 것이 해결이 됩니다. 대혜스님이 일러주신 공부가 이것입니다. 조사관이 바로 이것이고, 조사선이 이것이고, 부처님 정법이 이것입니다. 자기가 무엇을 하는 것도 모르는 사람이 불교 수행을 한다는 것은 말도 안됩니다. 자기 마음이 어디에 가 있는지를 알아서, 내가 지금 이 마음에 끌려가고 있는 것을 즉시 자각하는 순간에 되돌아가지 말라고 해도 바로 본성자리에 가 버립니다.

이렇게 공부하면 비록 이번 생에서 이루어 마치지 못하더라도 죽음에 임하여 나쁜 곳에 떨어지지 않고, 또 다음 생에 태어날 때도 지금 내가 세운 원력에 따라 반드시 반야 가운데 우뚝 서 있으면서 이 반야 지혜를 활용하게 되는 것입니다. 이렇게 공부를 하면 이 일은 저절로 이루어지는 것이니 이것은 절대로 의심할 여지가 없다는 것입니다.

衆生界中事는 不著學이라도 無始時來로 習得熟하며 路頭도 亦熟하여 自然取之에 左右逢其原하나니 須著撥置어다 出世間學般若心은 無始時來로 背違하니 乍聞知識說著 하면 自然理會不得하리니 須着立決定志하여 與之作頭抵하면 決不兩立하리라.

중생계에서 일어나는 일은 비롯함이 없는 때로부터 익혀왔기 때문에 힘들게 배우지 아니하여도 잘 익혀지며 가는 길도 또한 잘 익어서 자연스럽게 취해 가고 또 하는 일마다[좌우] 모두 근원[본능]을 따르니 모름지기 힘을 들여서라도 따라가지 말지어다. 세간을 벗어난 반야를 배우는 마음은 비롯함이 없는 때로부터 등지고 어겨 왔기 때문에 선지식이 잠깐 설명해 주는 것으로는 쉽게 그 이치를 이해할 수 없나니, 오직 결정적인 의지를 세워서 꽉 붙듦과 동시에 머리 굴리는 것[알음알이]을 막으면 결국에는 둘이 서지 못하리라.

강설

이것이 무슨 말이냐 하면, 중생에게는 재財색色식食명命수壽 라는 근본 오욕이 있죠? 이것은 누가 가르쳐주지 않아도 너무나 몸에 잘 배여서 힘을 쓰지 않아도 잘 된다는 말입니다. 이것은 수없는 과거생으로부터 세세생생 익혀 왔기 때문입니다. 그래서 이 근본 오욕이 본성을 가로막고 마음대로 활개를 치니 그것을 좀 알고 잘 다스려야 된다는 것입니다. 중생들이 반야를 배우는 마음은 오래된 과거로부터 등지고 있었기 때문에 선지식이 잠깐 동안 설법하는 것으로는 쉽게 이해를 얻기가 어렵다 이 말입니다. 선지식이 설법을 하면 척척 들어맞아 가야 하는데 악습이 강하고 방법이 부족하여 이해가 잘 안 된다는 말입니다. 또 머리 굴림을 막아버리면 양변이 서지 못한다고 했는데, 우리 마음은 바깥 경계를 만날 때 자연적으로 반응하고 찰나지간에 취사 간택을 하게 됩니다. 이러한 분별심이 모두 망상임을 자각하고 머리를 써서 알음알이 짓는 것을 막아버리면 된다는 것입니다. 좌로 가도 우로 가도 인연을 만나 반응하는 알음알이가 모두 근본 본능에서 시작됨을 만나게 된다는 것입니다. 그러니 이것은 잘 대처해야 되는 것입니다. 그리고 어떤 대상에 마음이 끌려갈 때에 끌려간 내가 있고 또 끌려간 나를 발견하고 그 놈을 제자리에 데려오는 내가 있습니다. 이때 단호한 마음으로 그 본성자리에 돌려놓고 또 돌려놓는 공부를 계속하면 결국에는 둘[양변]이 서지 않는 그곳에 계합하는 날이 오게 된다는 말입니다.

此處에 若入得深하면 彼處를 不著排遣하여도 諸魔外道가 自然竄伏矣리니 生處放敎熟하고 熟處放敎生이 政爲此也니라 日用做工夫處에 捉著壩柄하여 漸覺省力時가 便是得力處也니라.

만일 이곳에 들어감이 깊어지면 저곳을 물리쳐 보내려고 노력하지 않아도 모든 마魔와 외도가 자연히 숨고 항복하리니, 설은 곳은 길을 들여서 익히고 익은 곳은 길을 들여서 익지 못하게 하는 것이 바로 이를 위함이라. 일상생활에서 공부를 할 때 칼자루를 바짝 다잡아서 나아가면 힘이 덜림을 깨달을 때가 올 것이니 이때가 바로 문득 힘을 얻는 곳입니다.

강설

이곳에 든다는 것은 무엇입니까? 근본 불성에 들어간다는 것입니다. 이곳에 들어가면 저곳을 물리치지 아니해도 즉 망상을 물리치려고 힘을 쓰지 않아도 그 마군과 외도들은 저절로 사라진다는 말입니다. 즉 반야에 돌아와 버리면 그냥 반야이지 그곳에 뭐 다른 것이 붙을 수 없는 것입니다.

익은 것은 본능적인 습관이고 선 것은 반야 지혜를 익히는 것입니다. 그러니 선 것은 익히고 익은 것은 설게 하는 것이 바로 수행입니다. 반야로 돌아가는 수행이 깊어질수록 망상심은 점점 엳

어지는 것이지요. 이렇게 정신 바짝 차리고 수행하는 것이 칼자루를 쥐고 적을 대하듯 하여 한눈도 팔지 말고 계속 정진하다보면 어느새 익었던 것이 선 것으로 바뀌어 칼자루에 힘이 덜어질 때가 오는 것입니다. 이때를 반야지에 나아가는 힘을 얻는 때라고 합니다.

이참정 한로의 청법

李參政 漢老

이참정은 임성(任城) 사람이다.
이름은 이 병(李邴), 자는 한로, 호는 탈공(脫空)거사다.
휘종조 숭녕(1102~1106) 때 진사에 급제,
수차례 한림학사로 임명되었다가
고종이 즉위하자 병부시랑에 임명되었다.
참정이란 당나라 재상의 직책 가운데 참지정사가 있었는데
송나라에서는 집정관이라 일컬었다.

邢이 近 扣籌室하사 伏蒙激發蒙滯하여 忽有省入하여이다 顧惟하니 根識이 暗鈍하여 平生學解 盡落情見이라 一取一捨함이 如衣壞絮하고 行草棘中하여 適自纏繞러니 今一笑에 頓釋함이 欣幸을 可量이릿가 非大宗匠의 委曲垂慈시면 何以致此리닛고 自到城中으로 著衣喫飯하며 抱子弄孫하여 色色仍舊하되 既亡拘滯之情하고 亦不作奇特之想하며 其餘宿習舊障도 亦稍輕微하고 臨別叮嚀之語는 不敢忘也니이다 重念하니 始得入門이나 而大法을 未明하여 應機接物觸事에 未能無礙하니 更望有以提誨하사 使卒有所至시면 庶無玷於法席矣일까하나이다.

제가 최근에 주실(대혜선사)을 뵙고 몽체(꽉 막혀서 혼미함)를 격발해 주신 덕택에 홀연히 깨달아 들어감이 있었나이다. 돌이켜 보건대, 근식根識이 어둡고 둔하여 평생을 배우고 이해한 것들이 모두 다 정견情見에 떨어져서, 하나를 취하고 하나를 버림이 마치 떨어진 솜옷을 입고 풀가시밭에서 움직이는 것과 같아서 스스로 얽매임[纏繞]을 면하지 못하였는데, 최근에 잠깐 풀어내서 한 웃음 웃게 되었으니 이 기쁘고 다행함을 가히 어떻게 헤아리겠나이까?

대종장(대혜스님)의 간곡한 자비를 입은 바 없었다면 무엇으로 여기까지 도달할 수 있었겠습니까? 스스로 성城 안에 들어와서 옷 입고 밥 먹으며 아들 안고 손자 재롱을 받는 등, 하는 일마다[色色] 옛날과 다름이 없으되 속박되는 마음은 이미 사라졌으며, 또한 이렇다 하여 기특하다는 생각도 짓지 않나이다. 그렇게 끌고 다니던 오랜 습관과 장애도 점차로 소멸되어 가볍게 되어가고 있습니다. (스님과) 이별할 때 신신당부하셨던 말씀을 감히 잊을 수 없나이다. 거듭 생각하건대 비로소 문에 들어갈 정도의 공부는 얻었으나 아직 큰 법을 밝히지 못한지라, 응기접물촉사應機接物觸事에 즉시 걸림을 벗어나는 능력이 부족하니, 다시 한번 간청하건대 큰 가르침을 내리시어 도달하는 바가 있도록 졸업을 시켜주셔야 스님의 법좌에 티[玷於]가 없을까 하나이다.

강설

주실의 주籌는 산대[山竹, 조릿대] 주자입니다. 어느 스님이 제자들을 가르치는데 누가 깨달음을 얻으면 방에다 산대 하나를 세웠답니다. 그래서 옛날부터 산대를 모아둔 방을 주실이라 하고 산대를 많이 세운 스님을 큰스님이라고 하여 주실스님이라 불렀답니다. 지금 도인스님, 방장스님, 조실스님, 큰스님 등과 같은 것이지요. 이참정이 공부를 열심히 했습니다. 그러나 묵조선을 오래 해 오면서 아무리 해도 시원한 결과를 보지 못하고 마치 꿈속같이 몽롱하게 무언가에 얽매여 갈피를 못 잡고 있는 것을 대혜스님께서 격발해 주신 덕분에 홀연히 통쾌한 깨달음을 얻게 되었다는 것이지요. 그래서 돌이켜 생각해보니 지금까지 평생토록 수행한 공부가 모두 식정識情 식견識見에 불과했더라 이 말입니다. 그러니 '하나를 취하고 하나를 버림이 마치 떨어진 솜(옷)을 입고 풀가시 가운데 행함과 같았다.' 라고 합니다. 가시밭에 들어가면 안 떨어진 옷을 입어도 찢어지는데 너덜너덜한 옷을 입고 가시밭을 가면 더 찢어질 것 아닙니까? 그러니 본래 옷감을 보존할 수가 없다는 뜻입니다. 이참정이 마음을 가다듬어 보려고 하면 또 흐트러져 버리곤 했다는 의미입니다. 이렇게 자꾸만 휘둘리다 대혜스님의 법문을 듣고, 현실을 보고 생각에 끌릴 때, 탁 한번 웃으면서 내려놓아 버릴 수 있는 깨달음을 얻었으니 기쁘고 다행함을 헤아릴 수가 없다는 말입니다. 대혜스님께서 나를 깨우쳐 주시려고, 자비심을 내어서 세세하게 간절히 일러주신 은덕이 없었더라면 어찌 내가 이런 소식을 깨달았겠습니까? 라는 말입니다.

성에 도착하여 옷 입고 밥 먹고 아들 안고 손자 재롱 보는 등 모든 일상생활이 예전과 다름이 없지만 이미 구체[拘滯, 속박이되고 막히는 것]의 정情이 없답니다. 이렇게 일상생활이 옛날과 다름이 없지만 깨친 후에는 그것에 폭 빠지지 않을 뿐더러 또한 '내가 이만큼 공부가 된 것이 참 기특하구나!' 하는 이런 생각도 안 한다는 뜻입니다.

오랫동안 익힌 습기[습관]와 장애 이런 것들도 점점 가벼워지고 있다는데, 가벼워지는 원리가 여기 있습니다. 그게 뭐 대단한 게 아니고 대상에 마음이 끌려갈 때 즉시 돌이켜서 본성을 찾는 것입니다. '아이고 부질없는 생각을 따라갔구나!' 하고 내려놓고 또 내려놓고 이렇게 하면 오래된 장애도 습관도 슬슬 녹아내립니다. 처음에 녹아내릴 때는 표가 안나요. 그러나 본래자리에 마음을 가져다 놓기를 자주 하면 나도 모르는 사이에 업장이 슬슬 녹아서 눈앞에 어떤 일이 닥쳐도 요지부동하는 부처님처럼 된다는 말입니다.

이참정이 비로소 문에 들어왔으나[入門] 큰 법(大法)을 밝히지 못한지라, 스승께서 시키시는 대로 반야 자리에 갖다 놓기는 하지만, 바깥 경계가 들어올 때는 장애가 일어나므로 업식에 따라 안 끌려갈 수 없이 자꾸 끌려간다고 합니다. 그러니 한번 더 요청하건대 어떤 경계가 와도 마음이 동요하지 않고 초연할 수 있는 법을 다시 좀 일러주세요. 그래야 큰스님의 법력에 흠이 나지 않을 것입니다. 라고 말합니다.

이참정이 큰 벼슬을 했답니다. 이 분은 도를 깨우쳐서 어떤 망상이 일어날 때 한번 웃으며 내려놓을 줄 알거든요. 도를 깨우쳤는데 지금 뭐라고 하고 있습니까? 경계가 오면 자유롭지 못하다고 분명히 말했죠? 도를 깨치면 견성이지 성불이 아니라는 것 즉 '견성즉성불見性卽成佛' 이 아니라는 것을 여실히 보여주고 있습니다.

제가 지금 돈오돈수법頓悟頓修法을 일러 드리겠습니다. 돈오란 확연히 깨달아서 이 도의 문에 들어가는 것을 말합니다. 그러면 돈오를 했는데 또 돈수는 무엇을 말하는 것인가? 즉시에 마음을 돌이켜 본래자리로 돌아오는 수행법이 바로 돈수 수행법입니다. 몰록[순간, 찰나]에 닦아가라 이것입니다. 돈오하면 더 이상 닦을 것이 없다. 그런 것이 아니고, 찰나에 깨치고 순간에 수행하는 것을 끝없이 세세생생 이어나가 십지등각十地等覺을 넘어서 묘각妙覺의 자리에 들었을 때 불지佛地에 들어갑니다. 불지에 들어갔을 때 비로소 닦을 것이 없는 것입니다. 부처님 지혜에 들어 더 이상 닦을 것이 없기 때문에 능인이요, 세존이요, 정등각이요, 무상각이다 이렇게 말하는 것입니다. 돈수라는 것은 마음에 찌꺼기가 남지 않게 뿌리 채 뽑아버려 깨끗하여 티가 없는 것을 말합니다. 돈수는 남는 찌꺼기가 없이 말끔하게 닦아 버리기 때문에 뿌리가 다시는 자라나지 않습니다.

이참정 한로에게

李參政 漢老

示諭되 自到城中으로 著衣喫飯고 抱子弄孫하여 色色仍舊하
되 旣亡抱滯之情하고 亦不作奇特之想하며 宿習舊障도 亦稍輕
微라니 三復斯語에 歡喜踊躍이로다 此乃學佛之驗也니 儻非過
量大人이 於一笑中에 百了千當하면 則不能知吾家에 果有不傳
之妙리라 若不你者면 疑怒二字法門을 盡未來際토록 終不能壞
하여 使太虛空으로 爲雲門口하고 草木瓦石으로 皆放光明하여
助說道理라도 亦不奈何리라 方信此段因緣은 不可傳이며 不可
學이라 須是自證自悟하고 自肯自休여야 方始徹頭하리라 公이
今一笑에 頓亡所得이니 夫復何言이리오.

편지에 이르되, '스스로 성 안에 도착하면서부터 옷 입고 밥
먹으며 아들을 안고 손자 재롱을 받는 등 일일[色色]이 다 옛날
과 다르지 않되 이미 속박되거나 머무는[拘滯] 식정[情]이 없고
또한 기특한 생각도 짓지 않으며, 숙습과 오래된 장애도 또한 점
점 경미해진다' 하니, 이 말을 세 번이나 새겨 반복해서 읽고 기쁨
을 자제하기 어려웠습니다.

이것이 부처님 가르침의 효험이니, 만일 과량대인[이참정]과 같
이 한 웃음 가운데에 백百을 요달了達하고 천千을 감당하는 능력
이 없었더라면, 과연 불가佛家에 전하고 싶어도 전하지 못하는
묘妙한 무엇이 있음을 어찌 능히 알았으리오. 만일 그런 능력이
없는 자라면 미래 세상이 다 하도록 수행하여도 의노이자疑怒二

子 법문을 결코 능히 부수지 못할 것이며, 큰 허공을 운문雲門의 입으로 삼고 초목와석草木瓦石이 모두 광명을 놓는 그런 능력의 도움을 받아 그 도리를 설명하더라도 또한 어쩔 수 없는 일이니, 바야흐로 이 깨침[一段因緣]은 가히 전하는 것으로써 얻지 못하며 가히 배우는 것으로써 얻지 못하는지라, 모름지기 스스로 증득[證]하고 스스로 깨달으며 스스로 즐기고 스스로 쉬어야 비로소 머리에 사무치게 되는 것임을 믿을지니라. 공이 이제 한 웃음으로 얻는 바를 즉시에(몰록) 내려놓을 줄을 아니, 대저 무슨 말을 다시 더 보태리오.

강설

이참정이 어느 성城에 살았겠지요. 살면서 일상에서 자식을 안고 손자 재롱을 받고 이렇게 지내는 것이 노인 생활의 다반사입니다. 그러면 그 곳에 자연히 마음이 뺏기겠지요. 그런데 이제 이참정은 생활의 온갖 것을 대하여도 마음을 뺏겨서 허우적거리지 않는다는 말입니다. '색색이 옛것을 임한다'는 것은 모든 경계를 대하는 것이 늘 내 몸에 익힌 그대로 반응하고 있다는 뜻입니다. 그러나 '구체의 정이 없고' 라는 것은 오래된 습관에 얽히고 걸려 허우적거림이 없다는 뜻입니다. 즉 식정에 걸림도 없고 그렇다고 이것이 기특하다는 생각도 짓지 않는다는 것입니다. 이렇게 지내다 보니 묵은 습관과 업장도 서서히 경미해진다 이 말이지요.

이 말을 알고서 하는 것인지? 모르고 한 소리인지? 대혜스님이 편지를 세 번이나 검사를 했답니다. 자세히 읽어보니 그냥 나온 말이 아니구나! 라고 생각했다는 것이지요. 정말로 제대로 알았구나 싶어서 대혜스님이 참으로 기뻐서 뛸 듯이 좋았다는 말입니다.

대혜스님이 이 좋은 결과가 부처님 가르침을 배운 효험에서 나온 것이라고 한 것입니다. 부처를 어떻게 배웁니까? 부처 짓는 것을 배운다는 말이지요. 본성자리에 들어가는 것입니다. 어떤 바깥 대상 경계에 마음이 빼앗겨서 식심으로 분별하는 것을 알아차리고 문득 원래 자리, 즉 본성자리로 돌아가는 것입니다. 다시 말하면 회광반조하는 것입니다. 이것이 바로 부처를 짓는 것입니다. 본성자리에다 마음을 돌이켜 놓는 것을 반복하다 보면 손자를 안고 놀아도 좋기는 하되 본성을 잃어버리지는 않는 것입니다. 유위有爲가 아닌 무위행無爲行을 할 줄 안다는 것입니다.

이와 같이 이참정이 무엇에 마음을 빼앗기는 것을 알 때마다 허허 한번 웃고는 백 가지 천 가지 많은 일들을 다 내려놓고 의연하게 감당함으로써 불가에서 '전할 수 없는 것을 전한 깨달음' 을 얻었던 말입니다. 한번 웃는다는 것은 무엇인가에 걸려서 딴 생각을 하다가 어허 내가 또 속았네! 하면서 쓱 한번 웃고 그 헛된 생각을 내려놓는다는 뜻입니다. 대상 경계에 속아서 무엇인지도 모르고 자기가 마음이 뺏겨 있다가도, 그것을 자각하는 즉시 내가 속았다는 것을 알아차리고 내려놓는 것을 의미합니다.

불가佛家에는 부처님 제자들이 맥을 이어 전할 수 없이 전하는 묘법을 전해오고 있습니다. 어렵게 맥을 이어 오고 있지만 이것은 형상도 없고, 모양도 없고, 맛도 없는 것, 이것은 어떻게 그 방법을 전수해 줄래야 줄 수도 없고, 받으려고 해도 받을 수도 없는 것입니다. 그런데 이참정은 전하지는 못하지만 묘한 무엇이 있는 이 비밀을 알았다는 것입니다.

여기서 의노이자疑怒二字 법문이 나옵니다. 이참정이 묵조선을 공부했는데, 대혜스님이 신랄하게 비판을 하자 이참정이 '왜 저러실까?' 하고는 의심을 했고, 또 하나는 자기 수행함을 무시하는 것에 분한 생각이 들었는데 이 두 가지를 두고 의심하고 분개했다고 '의疑 노怒 이자二字' 법문이라 합니다. 그런데 어느 날 대혜스님이 정전백수자(庭前柏樹子 뜰앞의 잣나무) 화두를 들고 법문을 했는데, 마지막에 뭐라 했냐면 '땅위에 서있는 띠茅가 높고 낮은 것이 왜 그럴까? 하고 의심했는데, 불을 태워서 보니 땅이 높고 낮아서 그랬었구나! 하고 알게 되었'는 이 소리에 이참정이 번쩍 깨달았다는 것입니다. 그게 '의노이자' 법문입니다. 만일 이참정이 과량대인의 경지에 이르도록 수행하지 않았다면 어찌 능히 이 법문을 듣고 깨칠 수 있었겠는가? 공부 잘못하면 무슨 수를 써도 안 된다는 말입니다.

즉 '운문이 태허공과 같은 큰 입으로 설명해도 어쩔 도리가 없고 무정물인 풀이나 나무 기와 돌이 재주를 부려 광명을 놓는 능력을 빌려와서 도와 준다 하더라도 또한 어떻게 할 수 있는 일이 아니다.'라고 했습니다. 그런데 이참정 그대는 이것을 터득하였으니, 천하에 그 어떤 사람보다 낫다 이런 뜻입니다.

이제 대혜스님이 이참정에게 이르기를 '그대는 이제 한번 마음에 걸리면 한번 웃고 내려놓을 수 있는 능력을 가졌으니, 이는 모두 부지런히 마음 닦는 훈련을 통하여 얻은 것이니라.'라고 말씀 하십니다. 따라서 이러한 깨달음은 온갖 비법과 재주를 부려서 얻은 것이 아니라, 망상에 사로잡힌 마음을 금방 알아차려서 본성자리로 되돌리는 훈련을 해서 되는 것임을 강조한 것입니다. 그래서 이것은 아는 사람만이 아는 것이며, 스스로 깨달아서 증득證得하지 않으면 설명을 할 수 없는 것이므로 아무리 말해줘봐야 소용없다는 것입니다.

'공公이 이제 한 웃음에 몰록 얻은 바를 잊을 줄 아니 대저 다시 무슨 말을 더 하리오.'즉 그대는 사무치게 증득證得을 해서 도를 깨우쳤기 때문에, 한번 웃음으로 걸림에서 자유로워 무애자재[無礙自在 걸림 없고 자유로움]할 수 있으니, 그대에겐 내가 이제 해 줄 말이 더 있겠느냐 하는 뜻입니다. 그러나 무애자재無礙自在가 지속이 되는 것은 반야 삼매를 이루어야 하는데 그것이 되느냐 안 되느냐는 그 사람 노력과 능력에 달린 것입니다. 이처럼 깨달은 후에도 삼매가 끝없이 지속되게 반복해서 훈련을 해야 하는 것입니다. 깨닫는 것은 금방 깨달을 수 있지만, 훈련을 안 하면 성성하게 깨어있는 반야지를 지속시킬 수가 없습니다. 이런 것을 보림[保任 견성 이후의 수행법]이라 합니다. 부처님 이래 그 어느 누구도 보림하지 않은 조사가 없습니다.

黃面老子께서 曰不取衆生所言說인 一切有爲虛妄事니 雖復不依言語道나 亦復不著無言說이라하시니 來書所說이 旣亡拘滯之情이며 亦不作奇特之想이니 暗與黃面老子所言契合이니 卽是說者면 名爲佛說이고 離是說者면 卽波旬說이리라 山野가 平昔에 有大誓願이되 寧以此身으로 代一切衆生의 受地獄苦언정 終不以此口로 將佛法以爲人情으로 瞎一切人眼이라 公이 旣到恁麽田地이니 自知此事는 不從人得이니 但且仍舊언정 更不須問이로되 大法明未明과 應機礙와 不礙어다 若作是念이면 則不仍舊矣리라.

부처님[黃面老子]께서 이르시되, '중생의 언설은 일체가 유위법으로써 허망한 일이니 이를 취하지 말지니, 다시 비록 언어의 도에 의지하지 않으나 또한 다시 언설言說이 없는 것에도 집착[着]하지 않는다.' 고 하셨습니다. 보내온 편지에 설명한 바와 같이 '이미 구속과 머묾[拘滯]의 식정[情]을 일으키지 않으며 또한

기특한 생각도 짓지 않는다.' 함은 조용히 부처님의 말씀과 계합
契合하는 것이니, 이와 같이 말하면 부처님의 말씀이라 할 수 있
고 다른 말을 한다면 파순[마왕]의 말이라 부르리라.

평소에 산야[대혜스님]가 큰 서원이 있으되, '차라리 일체중생
을 대신하여 이 몸이 지옥의 고통을 받을지언정 결코 이 입으로
써 불법을 인정人情으로 가르쳐서 일체 사람의 눈을 멀게 하지 않
겠노라.' 고 하였습니다. 공이 이미 이와 같은 경지에 도달하였
으니, 이 일은 사람의 인정人情으로 좇아 얻는 것이 아님을 스스
로 알지니, 다만 옛것[본래면목, 불성]을 따를지언정 모름지기 다
시는 큰 법을 밝히고 밝히지 못함과 그리고 현실을 당하여 걸리
고 걸리지 않음을 묻지 말지어다. 만약 그런 생각을 낸다면 옛것
[불성]을 따르지 못하는 것이리라.

강설

부처님을 황면노자라 했습니다. 부처님 몸 색깔이 금색이므로
금색신이라고 합니다. 부처님의 삼십이상 팔십종호 중에 한 가지
입니다. 불상에다 금칠을 하는 이유가 여기에 있습니다.

부처님께서 '중생은 일체의 유위有爲법에 걸려있어서, 그들의 말
이나 해설은 모두 허망한 것이니, 중생들이 이렇고 저렇고 하는
그런 말에 현혹되지 말라'고 하였습니다. 그러나 비록 깨달음을
말로써 전할 수 있는 것은 아니지만 또한 말로써 전하지 않는다

는 것에도 집착하지는 말라는 것입니다. 깨달음을 말로써 설명할 수 없지만, 말 없이는 또 일러줄 수는 없는 것 아닙니까? 이렇게 '불법은 다름 아닌 본분을 잃어버리지 않는 도리'라는 것을 부처님께서 명쾌하게 일러놨어요.

이참정이 '이미 구체의 정을 일으키지 아니 한다'는 것은 식정이 생길 때마다 내려놓고 내려놓아 이제는 그런 정에 꺼들리지 않는다는 것입니다. 그러니 손자를 데리고 놀아도 즐거움에 마음을 빼앗기지는 않는다고 말하는 것입니다. 이것이 부처님께서 말씀하신 뜻과 잘 들어맞는다는 것입니다. 부처님께서 중생들의 일체 부질없는 말에 마음을 빼앗기지 말고 일체를 초월한 자기 본분자리에서 반야선정般若禪定을 이루고 있어야 함을 설명하셨는데, 이참정이 이렇게 불성에 어긋남이 없는 말을 할 줄 알았기 때문에, 바로 부처님 말씀과 같게 되는 것입니다. 그러나 식심識心을 따라서 말하는 것은 전부 파순[波旬, 석가의 수행을 방해한 마왕]이 하는 소리입니다. 왜 마왕 파순이라 합니까? 중생의 의식작용에 제팔第八 아뢰야식阿賴耶識이 있습니다. 여기에 세세생생의 업식이 저장되어 있어서 어떤 경계를 만나면 본능적으로 튀어나오기 때문에 우리가 이것을 제어하기가 어렵습니다. 제팔식에 잠재된 오욕락에 오염된 의식이 부처님 정법을 가리는 것이니 이것이 마왕이 시키는 것이라 하는 것입니다. 그래서 마왕 파순이 시키는 말은 본능이 시켜서 하는 말입니다. 식심분별을 떠나

경계를 초월한 본성자리 즉 불성자리에서 나오는 행을 무위행無
爲行이라 합니다. 무위행은 무엇을 의도적으로 하는 것이 아니고
저절로 순리대로 이루어지는 것입니다. 이런 각성 상태에서 말할
때는 그것이 바로 부처님 말씀이 됩니다.

　대혜스님이 평소에 '차라리 내가 일체중생을 대신해서 지옥의
고통을 받을지라도, 내가 인정을 베풀어서 불법을 함부로 말하
여 사람을 그르치게 하지 않겠다.' 고 원을 세웠답니다.

　지금 이참정 그대에게 말한 것은 인정人情으로 사사롭게 한 말
이 아니라는 것입니다. 그러나 공(이참정)이 이미 깨달음을 얻어
서 이러한 경지에 이르렀으므로, 이제부터는 분별심으로 무엇을
알려고 하지 말라, 즉 중생심으로 판단해서 알음알이를 내어 약
삭빠른 수단으로 쉽게 답을 찾으려 하면 안 된다는 뜻입니다.

　모름지기 오직 옛것을 따르라고 합니다. 여기서 '옛것'이 무엇
입니까? 바로 자기의 근본자리 즉 본성자리를 말합니다. 이 자
리는 옛날이나 지금이나 항상 영원 불멸이며 청정무구하여 그 어
떤 것에도 전혀 물들지 않습니다. 그래서 '옛것에 의지하라' 는 것
이며, 다시 말하면 항상 근본자리에 머물러 있으면 된다는 것입
니다. 그 외에 다른 방법을 찾으려 하지 말라는 것입니다. 이것
만 열심히 하면 되지, 괜히 큰 법을 밝히지 못함과 누가 법을 물
어왔을 때에 답을 해주지 못할까를 걱정하지 말라는 것입니다.
도의 경지에 이르는 빠르고 더 좋은 방법이 없을까? 하는 잡념을

버리고 순간순간을 낭비하지 말라는 것입니다. 비법은 없습니다. 끊임없이 노력하면서 자기 본성에 다가가면 점차 이루어지는 것이고 또 거기에 그 모든 답이 있는 것입니다. 그런데 왜 법을 밝힐까 못 밝힐까? 걱정을 하고, 근기를 따라서 걸리고 말고를 묻는다는 말입니까? 그런 것 하지 말라는 것입니다. 걸려서 넘어간다 해도 깨달으면 본래 그 자리 아닙니까? 이런 생각을 한다는 것은 도는 닦지 않고 바깥 경계에 의하여 식심분별에 떨어진 것을 의미합니다.

承하니 過夏後에 方可復出이라하니 甚愜病僧意로다 若更熱荒하여 馳求不歇하면 則不相當也리라. 前日에 見公의 歡喜之甚일새 以故不敢說破는 恐傷言語러라. 今歡喜旣定이니 方敢指出하노라 此事極不容易어서 須生慚愧어야 始得다 往往에 利根上智者는 得之不費力고 遂生容易心으로 便不修行코 多被目前境界奪將去면 作主宰不得하고 日久月深므로 迷而不返하고 道力不能勝業力이 魔得其便라 定爲魔所攝持라 臨命終時에 亦不得力니다 千萬記取니라.

편지에 여름을 지낸 후에야 비로소 다시 나올 수 있다고 하니, 병승病僧의 뜻에 지극히 맞도다. 만일 또 다시 분주하고 바쁜[熱

荒] 생각을 내어 달려서 구하는 것에 치중하여 쉬지를 못하면 서로 상당相當하지 못하리라[만나도 만난 것이 아니리라]. 전날에는 공의 기쁨이 너무 커서 내가 하는 말에 혹시 상처를 입을까 싶어 감히 설파說破하지 못했으나, 이제는 그 기쁨도 이미 사라지고 마음이 안정[定]되었을 것이므로 바야흐로 가르침을 감히 내리노라. 이 일은 극히 쉬운 것이 아니어서 모름지기 참괴심慚愧心을 내어야 비로소 올바른 것입니다. 종종 예리한 지식을 가진 상근기의 사람들이 노력하여 법을 얻으려 하지 않고 쉽게 얻고자 하는 마음을 내는 나머지, 눈앞에 닥치는 경계에 마음을 빼앗겨 오랫동안 지내다 보면 자신을 바로 세우지 못하고 세월을 보내게 되므로, 미혹함을 바로 세우지 못할 뿐만 아니라 도력이 업력을 이기지 못하는 사이에 바로 마왕의 부림을 당하는 것이 정해진 이치인지라, 생명을 다하여 임종 시에 힘을 얻으려 해도 얻지 못할 것이니 천 번 만 번 기억할 지니라.

강설

편지에 이참정이 여름을 지낸 뒤에 대혜스님을 만나러 나온다 하니, 참으로 마음이 흡족하다고 한 것입니다. 열황이라는 것은 열이 나고 거칠다는 뜻입니다. 여기서는 소기의 목적을 달성하려고 마음이 분주하고 차분하지 못하다는 것입니다. 만일 공公이 다시 분주하고 차분하지 못한 마음으로 도를 빨리 구하려고 쉬지 못하는 그런 상태에서 나에게 와서 대화를 하게 되면 서로 상응하지 못하고 어긋날 것이라는 뜻입니다. 즉 공부를 해서 빨리 큰 법을 밝혀야 될 것이라는 강박 관념에서 벗어나지 못하면 열병에 걸려 자기를 잃기 쉽다는 것입니다.

전날이란 것은 예전에 공公이 한 소식 했을 때를 말합니다. 한 소식하면 세상이 전부 자기 것 같고 엄청난 환희심이 납니다. 이렇게 공公의 환희심이 큼을 보았을 때, 그대를 위해서 한마디 해주려고 했는데, 그때는 때가 아니라서 말을 안 해줬다는 것입니다. 그것은 어떤 말 한번 해주면 그 말을 따라서 또 다른 경계에 떨어질까 싶어서 말하지 못한 것입니다. 이제는 바야흐로 그 환희의 마음이 차분히 제자리를 잡아 수행하는 방법을 알았으니 그대에게 말해줄 때가 되었다는 뜻입니다.

이 일이 극히 쉽지 않다는 것이 중요합니다. '극極'자는 보통 잘 안 쓰는 것인데 이 극자는 아주 조심해야 한다는 뜻으로 극자를 넣었습니다. 도를 깨달아서 견성을 한 연후가 극히 위험하다[此事極不容易]는 것입니다. 그러니 모름지기 참괴[慚愧:부끄러워하다]심을 내어야 비로소 옳다고 한 것입니다. 견성을 해서 보니 바로 모든 것이 자기 본성에서 나왔다는 비밀을 알아버린 것입니다. 그러니 엄청난 환희심이 나는 것입니다. 이것은 눈을 감았던 사람이 눈을 활짝 떠서 밝은 세상을 그대로 보는 기쁨입니다. 그런데 이런 감정에 사로잡혀서 일 년이 가고 이 년이 가고 몇 년이 가도 깨달음에 도취해서 제 죽는 줄을 모르고 그냥 허송 세월하는 사람이 많아요. 도를 깨우친 것이 전부인 줄 알고 그런 것입니다. 그러므로 견성한 사람은 참괴심慚愧心을 내고 부지런히 수행해야 합니다.

왜 참괴심을 내야 하는가? 도를 깨달아 마음이 탁 트이고 보니 지금까지 자신이 식심분별 속에서 허우적거리고 살아온 모습이 환하게 보이거든요. 그래서 온갖 욕심에 흔들려 따라간 자신의 모습을 보게 되니까 한심스러워지는 겁니다. 이걸 보고 부끄러워 할 줄 알아야 되는 것입니다. 그래서 여태까지 내가 모르고 지은 업이 이렇게 두터우니 부지런히 보림保任을 해서 청정무구한 부처님의 경계에 들어가야겠다는 마음을 먹어야 합니다. 청정삼매 일상삼매 일행삼매에 들어서 어떤 대상을 만나도 눈썹 하나 까딱 하지 않을 수 있는 그런 부동심을 갖춰야겠다는 마음으로 참괴심을 내라는 뜻입니다.

이근상지자利根上智者란 머리가 좋고 명석해서 아주 지혜智慧가 번득번득하는 사람들을 말합니다. 이근상지자利根上智者는 견성법문을 듣는 순간에 바로 알아차리거든요. 그러나 말을 알아들은 후에는 더 이상 노력하지 않아요. '아! 그것이었구나' 하고 기분 좋은 상태로 그냥 놓아버려요. 그래서 힘을 들여서 노력을 안 한다는 말입니다. 이런 용이한 마음을 내어서 '불법도 별 것 아니네' 하고 있다가 문득 생활에서 어떤 일에 딱 부딪쳤을 때 그

경계가 내 마음을 싹 빼앗아 가버립니다. '주재[主宰, 自由自在하는 것]를 지어 얻지 못하고' 란 뜻을 아시겠습니까? 깨달은 상태에서 자유자재하여야 할 것인데, 그렇게 할 능력이 부족한 것입니다. 그런 상태에서 세월이 흐르면 그냥 습관이 돼 버립니다. 수행을 게을리하여 도력이 능히 업력을 이기지 못하는 것입니다. 그 결과 명이 다해 목숨이 끊어질 때가 되면, 그것에 대처할 아무런 힘이 없게 됩니다.

수행자가 죽을 때에는 공부가 얼마나 되었는지 표가 납니다. 말이 필요가 없어요. 죽을 때 어떻게 죽는가 보면 공부가 되었는지 안 되었는지 보입니다. 그때, 힘을 못 쓰면 공부해서 뭐 할 것입니까? 여러분들이 어떤 일을 당했을 때 초연하게 대처하는 모습이 생겨야 합니다. 그것이 바로 수행자가 불법의 영험을 받는 것이지요. 그렇지 않고 오로지 절에만 몇 년 다녔다는 것은 아무 소용없습니다. 그야말로 무늬만 불자인 것이지요. 수행을 했다는 징표는 하나도 없게 됩니다.

前日之語에 理則頓悟라 乘悟併銷이지만 事非頓除니 因次第盡이라 行住坐臥에 切不可忘了로다 其餘古人의 種種差別言句도 皆不可以爲實이나 然이나 亦不可以爲虛니 久久純熟하면 自然黙黙契自本心矣리니 不必別求殊勝奇特也니라.

옛 말씀에 '이치상으로는 순간에 몰록 깨달아서 이 깨달음과 동시에 모든 것을 녹여야 하지만 막상 일[事]에 부딪혔을 때는 이렇게 안 되니 점차로 노력하여야 그 인因이 다한다.' 했습니다. 간절히 바라노니 행주좌와行住坐臥에 절대로 이 일을 잊지 말지어다. 기타 나머지 옛 사람들의 갖가지 말씀이나 문구도 모두 가히 실實을 삼지 말 것이며 그러나 또한 가히 허虛도 삼지 말지니, 오래오래 잘 익히면 묵묵히 저절로 자기 본심에 계합하리라. 반드시 별도로 수승殊勝하고 기특奇特한 무엇을 구하지 말 것이니라.

강설

옛 말씀(달마대사)에, 이치상으로는 순간에 몰록 깨닫는 것이라고 했습니다. 몰랐던 것을 어떤 순간 찰나에 확 깨닫잖아요. 이렇게 몰록 깨달아서 비로소 알게 되는 것[理則頓悟, 이즉돈오]인데, 그러나 막상 현실에 부딪혔을 때는 그렇게 안 되더라는 뜻입니다[事非頓除]. 다만 점차적으로 차례를 밟아서 이루진다는 것입니다[因次第盡]. 점차적으로 자꾸자꾸 훈련을 해야 된다는 뜻입니다. 일상생활의 행주좌와에 이 점을 절대로 잊지 말라는 것입니다.

'수행불행修行佛行'이라는 말이 육조단경에 나옵니다. 부처의 행을 닦는 연습을 반복해야 된다는 것입니다.

마지막으로 도道를 닦는데 뭐 특별한 방법이 있는 줄 알고 여기저기 방도를 알아보려고 하지 말라는 뜻입니다. 어떤 경계에 부딪힐 때 본성을 알아차려서 깨달으면 그것이 바로 견성입니다. 그래서 그 상태를 유지하려고 정성을 다해서 닦아 나가면 자연적으로 자기 본마음에 계합이 되게 되어 있어요. 그러니 달리 특별한 것이 있는 줄 알고 찾아다니지 마시라 그 말입니다.

昔에 水潦和尙이 於採藤處에 問馬祖로되 如何是 祖師西來 意닛고 祖가 云近前來하라 向你道하리라 水潦가 纔近前이니 馬祖가 攔胸一蹋에 蹋倒하시니 水潦가 不覺起來하고 拍手하고 呵呵大笑거늘 祖가 日汝見箇甚麼道理로 便笑오 水潦가 日 百千法門과 無量妙義을 今日에 於一毛頭上盡底識得根源去니다하니 馬祖가 便不管佗하시다.

예전에 수료화상이 칡을 캐는 곳에서 마조선사에게 묻되, '어떤 것이 이 조사[달마]가 서쪽에서 온 뜻입니까?' 하니, 마조께서 이르시되 '내 앞에 가까이 와라, 너에게 이르리라.' 수료가 가까이 가자마자 마조가 가슴팍을 잡고 다리를 휘감아 거꾸러뜨리고는 다시 또 밟으니 수료가 자기도 모르는 사이[不覺]에 벌떡 일어나서 손뼉을 치며 크게 껄껄 웃거늘, '네가 그 무슨 도리를 보았기에 문득 웃는고?' 하니 수료가 이르시되, '백천 가지 법문과

한량없는 묘한 뜻을 오늘 한 오라기 머리카락에서부터 밑으로는
근원을 알 수 없는 바닥의 무궁한 근본까지 다 알아 가나이다.
하니 마조가 더 이상 그를 간섭하지 않으셨다 합니다.

옛날에 운력[대중이 함께 동참해서 하는 일]으로 칡을 캐는 곳
에서 수료화상이 마조선사에게 '무엇이 이 조사서래의 뜻입니까?'
하고 물었습니다.

달마대사가 서쪽에서 오신 뜻이 무엇입니까? 그 말이죠. 부처
님의 심인心印을 전하려 오셨거든요. 이건 삼척동자도 잘 아는 것
아닙니까? 그런데 느닷없이 부처님이 마음으로 전해 주었다는
그 심인이란 것이 무엇입니까? 이렇게 물은 것이지요. 부처님이
법문해서 설해주고 또 전해 주신 것이 있었다는데 그걸 모르겠다
는 말입니다. 마조스님이 그것을 알려준다고 수료화상을 앞으
로 오라 하니 수료가 마조스님 앞에 다가가자마자 가슴팍을 잡
으며 발을 걸어 넘어뜨리고는 한방 짓밟으니 수료가 벌떡 일어
나서 손뼉을 치면서 하하 웃었어요. 그러니 마조스님이 물었습
니다. 네가 그 무슨 도리를 보았기에 그렇게 웃느냐? 수료스님
이 답하기를, 백천 가지 법문과 한량없는 묘한 뜻을 오늘 송두리
째 다 알았습니다. 그러니까 마조스님이 더 이상 간섭하지 않았
다는 것입니다. 알았으니까 이제 너 알아서 하라는 것입니다. 팬

히 말 붙여가지고 어쩌고저쩌고 할 필요 있습니까? 여기서 알아두어야 할 것은 수료화상이 무엇을 알았다는 것인지를 보아야 합니다. 멱살을 잡혀 패대기를 당할 때 그 황당한 순간에 수료의 본심작용이 일어남을 스스로 자각한 것입니다. 이것이 돈오의 순간입니다.

雪峰이 知鼓山의 緣熟하고 一日는 忽然蟇胸擒住曰 是甚麼오 鼓山이 釋然了悟하되 了心便亡하고 唯微笑하야 擧手搖曳而已이거늘 雪峰이 曰子作道理耶인고 鼓山이 復搖手曰 和尙이시여 何道理之有잇가 雪峰便休去하니라.

설봉이 보시고 고산의 연緣이 익음을 아시고 하루는 홀연히 고산의 가슴팍을 잡아 멈추며 이르시되, '이 무엇인고?' 하니 고산이 석연釋然히 깨달아 마치고[了悟하여]는 요달了達한 마음까지도 문득 내려놓고 오직 미소를 짓고 손을 들어 흔들 따름이거늘, 설봉이 이르시되, '자네가 무슨 도리를 짓는고?' 하니 고산이 다시 손을 흔들며 이르시되, '화상이시여, 무슨 도리가 있으리까?' 이에 설봉이 태연히 쉬어 가셨다 합니다.

　고산의 공부가 어느 정도 수준에 이르렀음을 알고 설봉이 한 번 일러줄 때가 되었다 싶어서, 어느 날 아무 말도 않고 문득 가슴을 잡고 흔들면서 물었습니다. '이것이 무엇인고?' 이 말에 고산이 문득 깨닫고는 오직 미소만 지으며 손을 들어 흔들기만 했답니다. 고산이 멱살 잡히는 순간 여태까지 무엇인가 의심했던 것이 홀연히 녹아 풀어져 버렸어요. 순간 자기가 깨달았다는 사실조차도 내려놓아버리고 다만 손을 흔든 것입니다. 그래서 설봉은 다시 고산에게, '네가 무슨 도리를 짓느냐?' 즉 자네가 뭘 알았느냐? 하고 물었습니다. 고산이 다시 손을 흔들어 '스님, 무슨 도리가 있겠습니까?' 라고 합니다. '보고 듣는 것이 도道 아님이 없는데 따로 무슨 도리가 있다는 것입니까?' 하고 되물었습니다. 이 말에 설봉은 고산의 멱살을 문득 놓고 갔습니다. 설봉이 멱살을 잡는 순간에 고산이 깨달은 것이지요. 그러면서도 깨달았다는 생각 그것도 놓을 줄 알았다는 말입니다. 이와 같이 깨달은 마음까지 문득 잊었다는 것은 공부가 이미 많이 익었다는 뜻입니다. 대기대용하는 큰 선지식의 가풍을 짐작케하는 모습입니다.

蒙山道明禪師가 趁盧行者하여 至大庾嶺고 奪衣鉢커늘 盧公이 擲於石上고 曰此衣表信이거늘 可力爭耶아 任公將去하노라 明이 擧之不動하니 乃曰 我는 求法이로되 非爲衣鉢也이니다 願컨대 行者는 開示하소서 盧公이 曰不思善不思惡이어다 正當恁麼時에 那箇是上座의 本來面目인고 明이 當時大悟하여 通身汗流으로 泣淚作禮로되 曰上來密語意外에 還更有意旨否닛가. 盧公이 曰我今爲汝說者는 卽非密意니 汝若返照自己面目하면 密意卻在汝邊이니 我若說得이면 卽不密也니라 以와 같은 三尊宿의 三段因緣을 較公於一笑中釋然이면 優劣이 如何오 請自斷看하라 還更別有奇特道理麼아 若更別有則卻似不曾釋然也리니 但知作佛이언정 莫愁佛不解語어다.

몽산 도명선사가 노행자(육조)를 쫓아 대우령에 이르러서 의발을 빼앗으려 하거늘, 노공이 돌 위에 얹어놓고 이르시되,

'이 옷은 믿음을 나타냄이거늘, 가히 힘으로 뺏으랴? 그대가 가져가는 것을 상관하지 않노라.' 도명이 들려고 하나 움직이지 않는지라, 도명이 이르되, '제가 법을 구할 뿐 의발을 탐하는 것이 아니오니, 원컨대 행자께서는 열어 보이소서.'

노공이 이르시되, '선善도 생각지 말고 악惡도 생각하지 말지어다. 바로 이러한 때를 당해서 어떤 것이 그대(도명)의 본래면목本來面目인고?' 도명이 당시에 크게 깨닫고 온몸에 땀을 비 오듯이

흘리고 눈물을 보이며 예를 갖추어 이르되, 전해오는 비밀스런 말씀 밖에 또 다른 깊은 뜻이 있나이까?' 노공이 이르시되, '내가 지금 그대를 위해 설명한 것은 곧 비밀스런 말이 아니니, 그대가 만일 자기면목을 돌이켜 비추면 비밀이 그대에게 있거니와, 만일 내가 설명하는 것으로써 얻는다면 이는 곧 비밀이 아니니라.' 고 하셨다 합니다.

이와 같은 세 분의 삼단인연三段因緣을 공이 한 웃음 가운데 석연히 깨달은 것에 비교할 할 때 우열의 차이가 어떠한고? 청컨대 스스로 판단해 보되, 다만 부처 지을 줄 알지언정 부처가 하신 말씀을 알지 못할까 근심하지 말지어다.

강설

행자로 있던 육조 혜능스님이 새벽에 오조 홍인대사로부터 은밀히 법을 이어받고 몰래 남쪽으로 갈 때 이를 안 오조 문하의 스님들이 노행자[혜능]를 잡기 위해 일제히 쫓아옵니다. 특히 도명은 무인으로 스님이 된 분입니다. 그러니 힘이 장사이고 빨라서 제일 먼저 도달하여 대우령에서 혜능스님을 만납니다. 그래서 의복과 발우[衣鉢]를 빼앗으려 할 때, 혜능스님이 바위 위에 던지면서 '이 옷은 믿음을 표시함이라 힘으로 다툴 수 있겠는가? 그대 마음대로 가져가라' 고 했습니다. 그런데 힘이 장사인 도명이 의발을 들려 했으나 꼼짝도 안 하니 도명이 순간적으로 엄청 큰 심적 변화를 겪습니다. 그래서 예를 갖추고 말하기를 "저는 오직 법을 구함이지, 의복과 발우를 구함이 아니니, 청하오니 행자께서 한 말씀해 주셔서 깨달음을 열어 주십시오." 라고 간청하니, 노공이 말씀하시길 '선한 것도 생각하지 말며, 악한 것도 생각하지 말라. 그리고 바로 선악을 초월해서 분별이 떠난 자리에서, 그대의 본래면목이 무엇인가를 알아보아라.' 라고 답을 한 것입니다.

'선도 생각지 말고 악도 생각지 마라' 고 하여 오로지 선악을 초월한 그 자리를 지켜라 하니 도명선사가 그 순간에 바로 깨달은 것입니다. 도명선사가 그 순간 크게 깨닫고 깊이 감격하며 예를 갖추어서 '지금 하신 말씀과 뜻 말고, 또 다른 특별한 것이 있습니까? 라고 물었습니다. 이에 노공은 '내 말을 알아듣고 자네가 그 비밀스럽고 텅 빈 그 자리로 들어가는 그것이, 바로 부처님이 전해 주신 본래 비밀한 곳이어서, 바로 그 비밀은 자네에게 있는 것이다' 라고 한 것입니다. 비밀스러운 자리로 너의 마음이 들어가면 바로 그게 비밀이다, 내가 말하면 그것은 곧 비밀이 아니다라고 한 것입니다.

삼존숙은 위에서 든 마조스님 설봉스님 육조스님 세 분을 말합니다. 이참정 그대가 어떤 경계에 꺼들려 가서 잠깐 마음을 놓치고 있었을 때, 한번 웃고 탁 내려놨다면, 그대의 경지를 삼존숙의 경지와 비교할 때, 과연 우열이 어디에 있는지를 한번 생각해 봐라 이 말입니다. 그분들에게 그대가 가진 것 외에 뭐 특별한 것이 따로 있다고 생각한다면, 이는 즉 깨닫지 못한 것과 같다는 얘기입니다. 석연치 못한 때와 같다는 말입니다. 석연했다는 것은 내려놓았다는 뜻입니다.

다만 '부처 지을 줄 알라'는 것은, 부처의 행[佛行]을 수행修行하라는 것입니다. 육조스님 아래 법달스님이라는 제자가 있었어요. 법화경을 달달 외워서 법달이라고 했습니다. 법달스님이 법화경이 이렇고 저렇고 하니, 육조스님이 '법달아, 네가 법화경을 굴리면 네 것이 되고 법화경에 굴림을 당하면 네가 법화경의 종이 된다.' 그렇게 말하였습니다. 그러면 어떻게 해야 합니까 하니까, 수행불행修行佛行하라. 즉 부처의 행을 수행해라. 여기 지금 부처 지을 줄 알면 바로 불행佛行을 수행하는 것입니다. 단지 불행만 수행하되 부처가 하신 말씀을 알지 못할까 근심하지 말지어다. 즉 수행만 하되 부처님 같이 되고 못되고 하는 그런 쓸데없는 걱정은 해서 안 된다는 말입니다. 이것이 매우 중요한 말입니다. 어떤 결과를 바라고 그 결과가 언제 오나 하는 등, 바라는 마음이 있어서는 공부에 장애만 된다는 것을 간절하게 하신 말씀입니다.

마조스님과 설봉스님의 경우는 공부가 무르익어 때를 맞추어 격발시킨 인연을 말씀하셨고, 육조스님의 경계를 든 것은 깨친 후에 수행하는 법을 일러주었기 때문에 삼존숙의 경계를 예로 든 것입니다.

　古來로 得道之士가 自己가 旣充足하면 推己之餘하여 應機接物에 如明鏡當臺하며 明珠在掌에 胡來胡現하고 漢來漢現이라 非著意也니라 若著意則 有實法을 與人矣이리라 公이 欲大法明하여 應機無滯면 但且仍奮언정 不必問人이니 久久하면 自點頭矣리라 臨行面稟之語를 請書於座右하라 此外는 別無說이니 縱有說이라도 於公分上에는 盡成剩語矣리라 葛藤이 太多일세 姑置是事하노라.

　예로부터 선비가 도를 얻어서 자기 자신이 이미 충족하면 그 나머지는 미루어, 사람을 대하고 사물을 접함[應機接物]에, 마치 밝은 거울이 경대에 놓여있고 밝은 구슬[明珠]이 손바닥에 있어서, 호가 오면[胡現] 호가 나타나고 한이 오면[漢現] 한이 나타남과 같은지라, 뜻을 붙일 일이 아니니 만일 뜻을 붙인 즉 실법(實法, 있는 법)을 사람에게 주는 것이 되리라.
　공이 큰 법을 밝혀서 기機를 응應함에 얽매임(滯)이 없고자 할진대, 다만 또한 옛것[本性]만 따를[仍]지언정 타인에게 묻지 말지니다. 이렇게 오래 오래하면 스스로 머리를 끄덕이리라. 청컨대 수행할 때 대면하여 얻은 숭고한 말씀들을 적어놓고 좌우명으로 삼을지어다. 이 밖에 별도로 설명할 것이 없으니 비록 설명할 것이 있더라도 공의 분상엔 모두 군말에 지나지 않을 것이니라. 혼란스럽게[葛藤] 너무 많은 말을 했으므로 이제 그만 쓰노라.

예로부터 선비가 도를 닦아서 이제 자기 성품을 보고 견성을 했는데도 자꾸 망상이 일어나고 마음이 끌려가게 됩니다. 그럴 때마다 본심을 놓친 것을 깨닫고 각성 상태로 되돌려 놓는 회광반조廻光返照를 반복해서 선정을 이루고 삼매를 이루면 모든 것이 거기에서 다 나올 것 아닙니까? 이렇게 나오는 것을 활용하는 것입니다. 그래서 근기에 따르고[사람을 대하고] 사물을[현실을 대할 때]접할 때 자기 본래면목에서 무위행이 이루어진다는 것입니다.

자기 본분자리에서 행하는 이 일은 마치 명경대 거울과 손바닥에 여의주가 사물을 비추는 것과 같다는 것입니다. 한 점의 분별이나 오차가 없이, 있는 그대로만 비추는 거울과 같이 자기라는 거울에 비춘 그 모습을 그대로 나타냄으로써 자유자재自由自在할 수 있다는 말입니다. 이렇게 마음이 무엇을 비출 때마다 그것을 정화해서 청정무구하게 맑아지게끔 열심히 수행할 생각을 해야지, 그렇게 하지 않고, 사람들이 와서 물으면 그 말대답 못해줄까 걱정을 하는 것이 무슨 도인이 해야 할 일입니까? 그런 생각이 일어날 때는, 그 생각이 망상인 줄 알고 즉시 본성을 찾을 줄 알아라 그 말입니다. 무슨 뜻을 붙일 필요가 없다는 말입니다. 만일 뜻을 붙이면, 현실에 있는 법[實法]을 사람에게 주는 것에 지나지 않으니 이는 도인이 취할 바가 아니란 말입니다. 각성할 생각은 않고 어찌 해야 할까 이리저리 찾아다니면, 해답이 나와야 할 본성자리에서 이미 천리만리나 떨어지게 됩니다. 그래서 남에게 물으러 다니지 말고 자기 본성자리 지키기를 오래오래하면 스스로 머리를 끄덕이게 될 것이니, 이런 공부를 조금 해서 영험을 본 사람이면 이 말을 알아들을 겁니다.

'행함에 임한다' 는 것은 생활할 때를 의미합니다. 위에서 삼존숙을 예로 들었습니다. 이런 말들은 기억해 두었다가 적어두고 좌우명으로 삼으라는 말입니다. 이 밖에는 특별히 할 말이 없다는 것은 단지 본분자리로 돌아가라는 그 말밖에 할 것이 없다는 뜻입니다. 비록 할 말이 있다 하더라도 그대에게는 모두 군말에 지나지 않는다. 즉, 도 깨친 사람에게는 헛소리일 뿐이다 이 말입니다. 갈등이라는 것은 부질없는 잔소리라는 말인데 이런 잔소리를 많이 했으니 이제 그만 쓰겠다는 것입니다.

問

이참정 한로의 다른 청법

李參政 漢老 問書

邴의 此蒙誨에 대한 笭으로 備悉深旨로이다 邴이 自有驗者 三이니 一은 事無逆順이며 隨緣卽應이나 不留胸中이요 二는 宿習濃厚를 不加排遣여도 自爾輕微요 三은 古人公案의 舊所 茫然을 時復瞥地하니 此非自昧者니다 前書에 大法未明之語는 蓋恐得少爲足하여 當擴而充之언정 豈別求勝解耶릿가 淨除現 流는 理則不無니 敢不銘佩릿가.

저의 몽매한 질문에 대한 답을 주신 덕택으로 제가 깊은 요지를 잘 갖추게 되었습니다. 제 스스로 증험한 것이 셋이니, 하나는 일에 역경계와 순경계가 없이 인연에 따라 곧 응應하나 가슴 가운데 머물지 않음이요, 둘은 짙고 두꺼운 숙습을 물리쳐 보내려고 억지로 노력하지 아니하여도 스스로 그러하게 경미해짐이요, 셋은 옛사람의 공안에 대하여 예전에는 망연茫然했던 바이나 이제는 순간적으로 본 자리[瞥地]에 들어갈 줄 아니 이는 스스로가 우매[昧]함이 아닌 것을 보나이다. 저번 편지에 큰 법을 밝히지 못했다는 말은 대개 적은 것을 얻음에 만족을 삼을까 두려워한 나머지 마땅히 넓혀서 채우려 했음이었지, 어찌 별도로 수승한 견해[勝解]를 구하려 했음이리까? 현류(무수히 일어나는 망상)를 깨끗하게 제거하는 이치를 잘 알게 되었으니 어찌 그 고마운 마음을 깊이 새기지 않으리까?

제[이 참정]가 스님께서 주신 답장의 가르침으로 몽매함을 깨고 스님의 깊은 뜻을 알았습니다. 제가 스님이 깨우쳐 주신 대로 하여 중험한 것이 세 가지가 있다는 뜻입니다. 그 하나는 일을 당함에 역순逆順이 없이 자연스럽게 놓을 줄 알게 되었다는 말입니다. 즉 생각하기 싫고 보기 싫은 것[역경계]과 보고 싶고 생각하고 싶은 것[순경계]을 당해도 그것이 마음에 머물지 않는다는 뜻입니다.

두 번째는 오래 젖어 두꺼운 업장이 달리 노력하지 않아도 자연스레 물리쳐 없어진다는 것입니다. 색심, 재물탐심, 권력욕 등 그러한 본능에 접할 때, 그것을 억지로 물리치려고 힘 들이지 않고 물리치는 것입니다. 이것을 잘 알아들어야 됩니다. 이 간화선 요법이 여기 있습니다. 공부도 억지로 힘을 들여서 하니까 공부가 안됩니다. 물리치려고 하지 않아도 스스로 그것이 경미해 진다는 것입니다. 업력이 스스로 그 힘을 잃어버리게 만들어 버린다는 말입니다. 세세생생 백겁천생을 닦아야 할 것을 여러분들 모두 금생에 다 닦을 수 있다는 말입니다. 거짓말이 아닙니다. 열심히 해서 딱 일 년만 지내보세요. 여러분 스스로가 느낀다니까요? 그걸 못 느끼면 영험이 없는 것입니다.

세 번째는 고인의 공안[천칠백 공안] 중에 예전에 내가 몰랐던 것도 깨쳐서 본분자리로 돌아감으로써, 그냥 문득 알게 된다는 것입니다. 예전에 무엇인가 알듯 말듯 망연해서 몰랐던 것들을 자기 본성자리에 들어가 보면, 자연적으로 '아! 그건 그래서 그런 말이 나왔구나' 하는 것을 알게 되어있어요. 그 천칠백 공안을 다 알아야 도인이 되는 것은 아닙니다. 천칠백 공안이 술술 다풀어져 버립니다. 그것이 안되면 그것은 가짜 도인입니다. 알아차려 각성하면 스스로가 몽매한 것이 아닙니다.

이참정이 앞의 편지에서 제가 대법을 밝히지 못했으니까 대법을 밝히게 해달라고 편지를 했지 않습니까? 그렇게 말씀 드린 것은, 대개 제가 알기는 알지만 조금밖에 몰랐기 때문에 그것 가지고 부족할까 봐서 좀 더 채워보려고 한 것일 뿐입니다. 그래서 스님께 조금 더 도량이 넓어지게끔 도와주시라고 부탁을 드린 것일 뿐, 뭐 특별한 것이 있을까 싶어서 스님에게 물었겠습니까? 제 도력이 너무 미약하니까 조금 더 이렇게 확장시켜 주십사한 것입니다.

현류가 무엇입니까? 우리 생각이 폭포수처럼 쏟아져 나오지 않습니까? 그럼 그 생각이 무진장 쏟아져 나오는데 생각을 다시 분해해서 하나하나 쪼개 봅시다. 폭포수가 떨어지는데 바위에 부딪혀서 깨지면 물보라가 생기죠? 그 물방울의 수가 얼마나 되겠어요? 셀 수 없죠? 그 무수한 생각들이 쏟아져 나오는 것을 현류라고 합니다. 지금 우리가 현재 폭포수같이 쏟아져 나오는 번뇌망상을 없애려니까 어째야 합니까? 폭포를 막을 수는 없는 것입니다. 막아서도 안 되고요. 흘러가고 있는 중에 각성해서 내가 지금 뺏겼는가 안 뺏겼는가를 시시각각 점검하라는 말입니다. 점검하면 그것으로 끝입니다. 생각을 못나오게 하면 그것은 큰일납니다. 흐름에 휩쓸려는지 아닌지를 스스로 보는 것이 중요합니다.

불교 잘못 가르치는 선지식이 이제껏 폭포수를 틀어막아야 된다는 공부를 시켜 왔기에 지금 참으로 어려운 지경에 있습니다. 다시 말해 수행자들에게 불가능한 공부를 하라고 했으니, 공부를 잘했을 리가 없지요. 그 번뇌망상을 없애는 방법이 없지 않습니다. 이를 새겨들어야 한다는 말씀입니다. 큰스님들이 법당에서 법문할 때 주장자를 탁 치죠. 세 번 칩니다. 주장자를 딱 들어 보일 때 알아차리면 끝이에요. 즉 각성하라는 신호입니다. 그때 각성하면 됩니다. 탕 한번 칠 때 또 알아차리면 끝나는 것입니다. 또 두 번 쳐도 모르니까, 세 번 삼세번이라는 말이 여기서 나온 것입니다. 세 번 정도는 해야 되는 것입니다. 뭐든지 세 번 정도는 잘 가르쳐 줘야 됩니다. 이것은 부처님 법에 의해서, 전통에 의해서, 가풍에 의해서 하는 것이며, 내가 지어낸 것이 아닙니다. 세 번 칠 때 알아야 됩니다. 탕 한 번 칠 때 아는 것이 아니라, 주장자를 들어 올릴 때 알아차려야 합니다. 내 마음이 어디로 가는가를 바로 잡아야 됩니다. 잡아버리면 끝입니다. 그래서 잡은 자리는 부처도 없고 조사도 없고 아무 것도 없어요. 조사스님이라고 해서 여러분들이 각성하는 것보다 더 높은 것은 아닙니다. 세 번 쳐도 모르면 자비심을 베풀어 주장자 들어 올린 소식과 쳐서 소리를 나게 한 소식을 일러줍니다. 이와같이 상근기가 한번 들어 보일 때 바로 알아차리면 되겠지만, 그렇지 못한 자에게는 자세한 설법을 일러주어야 합니다.

答

이참정 한로에게

李參政 漢老

信後에 益增瞻仰하노니 不識커라 日來에 隨緣放曠하여 如意自在否아 四威儀中에 不爲塵勞의 所勝否아 寤寐二邊에 得一如否아 於仍舊處에 無走作否아 於生死心에 不相續否아 但盡凡情언정 別無聖解니라 公이 旣一笑에 豁開正眼하여 消息頓亡하니 得力不得力은 如人飮水에 冷煖自知矣리라.

편지를 받은 후에 더욱 더 우러러보게 되었습니다. 알지 못하겠도다. 일상에서 일어나는 인연들을 따라 빛을 밝혀 뜻과 같이 자재하느냐 마느냐? 사위의四威儀 가운데 진노(塵勞, 번뇌망상)에 부림을 받느냐 받지 않느냐? 깨고 자는 두 경계에서 한결같음을 얻느냐 못하느냐? 옛것(구섭)을 따르는 곳에 급히 달려가 짓는[走作] 바가 있느냐 없느냐? 생사심에 끌려 다니느냐 않느냐? 다만 범부의 정을 다 없게 할 지언정 성인이 별도로 해답을 줄 수 있는 일이 아니로다. 공이 이미 웃음 한번으로 바른 눈을 활짝 열고 또 얻은바 소식마저 몰록 내려놓았으니 힘을 얻고 못 얻고는 마치 스스로 물을 마셔 보아야 차고 더운 것을 알 수 있는 것과 같으리라.

강설

우리 중생은 인연 따라서 순간에도 폭포수 같이 쏟아져 나오는 무수한 번뇌망상의 흐름 속에서 살고 있습니다. 이 때 내가 번뇌에 휘말려 드느냐? 아니면 그것으로부터 벗어나서 자재하여 내가 각성 상태로 폭포에서 따로 놀 줄 아느냐가 문제입니다. 뜻과 같이 자재自在되느냐 마느냐? 라는 것은 본성자리를 놓치지 않고 순간순간 각성했느냐 못했느냐 하는 말입니다.

사위의四威儀는 행주좌와行住坐臥(일상생활에서의 네 가지 기거동작)입니다. 진로는 번뇌망상을 의미합니다. 일상생활의 어떤 때에도 순간순간 번뇌망상의 업식에 내가 말려드느냐 마느냐를 자각하라는 것입니다.

잠이 들 때나 깨어 있을 때, 어느 경우에도 하나도 놓치지 않고, 각성 상태를 유지했느냐 말았느냐? 그리고 꿈속에서 어떤 경우를 당해도 여여부동 해야 하는 것입니다. 오매일여(寤寐一如, 한결같은 각성 상태)를 이럴 때 쓰는 말입니다.

옛것은 구섭을 말합니다. 따라서 '옛것을 잉하는(따르는) 곳에' 라는 것은, 본능을 따라 자신도 모르게 끌려가는 것입니다. 그러니까 업식대로 움직이느냐 아니냐 그 말입니다.

생사란 무엇입니까? 번뇌망상으로 순간순간 이 마음 생겼다가 저 마음 생기고 하는 번뇌망상의 끊임없는 생성 소멸을 말합니다. 그런 망상이 연속되도록 허용할 것인가? 아니면 자각을 해서 본성을 놓치지 않을 것인가? 하는 것입니다. 그래서 상속을 시켜야 하는 것은 무엇이고 상속하지 말아야 할 것은 무엇입니까? 상속시킬 것은 반야 삼매죠? 그러나 번뇌망상을 상속시켜서는 안 됩니다.

범부의 정情이라는 것은, 한 생각을 내어서 자꾸 그 생각을 따라가려는 것을 말합니다. 그래서 어떤 생각을 내서 자신이 그것을 따라갈 때 즉시 각성해서 범부의 정을 없애버리면 그 뿐이지, 성인이라 하더라도 별도로 특별한 해답을 가지고 있는 것이 아니라는 것입니다. 이와 같이 수행을 계속해 나가면 될 것인데, 성인의 경지가 따로 있는 줄 알고, 쓸데없는 알음알이를 내지 말라는 말입니다.

공부를 하면서 일정 기간 훈련을 해보면 아하, 이게 정말 진짜배기구나! 정말 이렇게 하니까 힘이 얻어져 가고 있구나! 이런 것을 자각하게 되거든요. 자기 스스로 절로 아! 이렇게 하여 업식이 점점 덜어져 가는구나! 하는 것을 알게 됩니다. 각성하고 또 각성하다보면, 어느 순간에 바로 자기가 스스로 알게 됩니다. 물맛이 얼마나 뜨거운가 하는 그것을 어떻게 설명해야 합니까? 먹어보고 알아야지, 별도리가 없잖아요. 행하는 과정에서 저절로 알게 되지요.

然이나 日用之間에 當依黃面老子께서 所言하신 刳其正性하며 除其助因하며 違其現業하라 此 乃了事漢의 無方便中 眞方便이며 無修證中 眞修證이며 無取捨中 眞取捨也니라 古德이

云皮膚脫落盡이라도 唯一眞實在요 又如栴檀이 繁柯가 脫落盡
이라도 唯眞栴檀在라 하니 斯違現業과 除助因과 刳正性之極
致也니 公은 試思之어다 如此說話도 於了事漢分上엔 大似一
柄臘月니 一笑하노라

　그러나 일상생활에서 마땅히 황면노자께서 말씀하신 바,
'그 정성(正性, 음진이성淫瞋二性)을 깎아 도려내며[刳], 그 조
인助因을 제거하며, 그 현업[現在妄想]을 거역하라'. 하심을 의지
해야 합니다. 이렇게 하는 것이 일 마친 자의 방편 없는 가운데
참다운 방편이며, 닦고 증證할 게 없는 가운데 참으로 닦고 증함
이며, 취하고 버릴 게 없는 가운데 참으로 취하고 버림이니라. 고
덕古德이 이르시되, 피부가 탈락되어 벗겨짐이 다하면 결국에 남
는 것은 오직 진실 하나요, 또 전단栴檀 나무의 번거로운 가지를
치고 껍질을 벗겨내어야 참다운 전단을 만들 수 있는 것과 같다'
하시니, 이것이 현업을 어기고 조인을 제거하고 정성 깎음의 극치
이니, 공은 시험 삼아 생각할지어다. 이 같은 설명과 말씀도 일
마친 자의 분상엔 그저 한 자루의 섣달 부채[쓸모없음] 같거니
와, 혹 남쪽에도 차고 더움이 고르지 않으니 또한 없앨라 해도
없앨 수도 없지 않겠는가? 한번 웃도다.

정성正性은 음심(음란한 마음)과 진심(성내는 마음)입니다. 음심과 진심을 칼로 깎아 도려내라 하신 것은 흔적이 없이 제거하라는 것입니다. 음심과 진심이 일어날 때, 이게 아니구나 하고, 즉시 각성하여 그 뿌리를 뽑아버리는 것이 칼로 깎아내는 것입니다.

'조인助因'이란 원인을 돕는다는 뜻이며 즉 업식이 작용하게끔 도와주는 것입니다. 이 내용은 『능엄경』에 나오는 것입니다. 오신채를 먹는 것이 조인의 한 예입니다. 삶아 먹으면 음심을 돋우고 생것을 먹으면 진심을 돋운다고 합니다. 이렇게 음심과 진심의 원인이 될 수 있는 것도 없애라는 것입니다. 그럴려면 계율을 지켜야 된다고 부처님께서 하신 말씀입니다.

그 다음 '현업을 거역하라' 즉 업식을 따라가지 말라 했습니다. 현업이라는 것은 지금 현재 행하는 것입니다. 무심코 행하는 숙습인 것입니다. 이 일체의 생각들은 망상이니 각성해서 따라가지 말라는 것이지요. 이렇게 하는 것이 일 마친 놈의 방편 없는 가운데 참다운 방편이며, 닦고 증證할 게 없는 가운데 참으로 닦고 증함이며, 취하고 버릴 게 없는 가운데 참으로 취하고 버림이라 말하는 것입니다. 일 마친 놈이란 견성한 도인입니다. 각성해 버리면 끝나버리지요. 각성 그 자체가 방편이기 때문입니다. 방편이 없는 그 가운데 방편을 삼는다는 말입니다. 말하자면 깨달은 사람은 어디에 집착해서 방편을 가지고 어떻게 해야 한다거나, 틀을 만들어서 그것에 따라야 한다든가 등등에 구속받는 일은 없습니다. 아무리 도를 깨달았다 하더라도, 하면 안 되는 것은 안 해야 되고, 해야 할 것은 해야하지 않습니까? 그러니까 구속됨이 없는 가운데서 취할 것은 취하고, 버릴 것은 버릴 줄 알아야 된다는 말입니다.

피부가 떨어져 나가 버리면 그 안에 뼈다귀만 남을 것 아닙니까? 골격 혹은 골수만 남는 것을 곧 진리만 남았다고 합니다. 즉, 얇은 군더더기 번뇌망상이 다 떨어져 나가고 본래의 진리만 남는 것입니다. 전단나무[단향목]가 있는데 전단나무 그 자체로 전단이 안 된다는 말입니다. 전단나무 가지를 다 쳐내고 껍질도 벗기고 그 몸뚱이 안에 있는 진향 그것을 빼내야지 전단향이 되는 것이지요. 그러므로 자꾸 다듬어서 번뇌망상을 떨어버리기를 반복하면 번뇌망상이 일어나는 그 자리를 바로 지혜의 자리로 바꿔버릴 수 있는 힘이 생긴다는 것입니다.

이렇게 회광반조하여 지혜로 바꿀 수 있는 능력을 갖게 됨은 현업에서 벗어나고 조인을 없애고 정성을 깎아내서 얻을 수 있는 최고의 경지입니다. 대혜스님이 도 깨친 사람에게 보림(保任, 견성 이후 수행과정)하는 방법을 이렇게 일러 주고 있지만, 이 같은 말도 '도를 깨쳐 수행 잘하는 사람에게는 무슨 필요가 있겠는가?'라고 반문합니다. 한 자루의 섣달 부채와 같아서 필요가 없 겠지요. 섣달이면 얼어 죽는데 부채가 무슨 필요 있나요? 섣달의 부채와 같이 군더더기라는 것이거든요. 그러나 남쪽지방(참정이 남쪽에 살았던 모양입니다.)은 차고 더운 것이 고르지 못해서 한 파가 왔다가도 어떤 때는 더울 때가 있으니 한번을 쓰더라도 부 채를 쓸 수 있는 것과 같이, 군더더기지만 그게 또 때론 필요할 때가 있지 않겠느냐 하는 것입니다. 즉 부처님 말씀이 그대[李參 政]에게 무슨 필요가 있겠냐마는 때로 필요할 때가 있을 수 있 으니 잘 간수하라는 말입니다. 화두가 그대에게는 별것 아니겠 지만 필요할 때도 있을 것이니 팽개쳐버리지 말라는 것입니다.

강급사 소명에게

江給事 少明

강급사는 진강(현재 복건성 관내) 사람이다.
이름은 강안상(江安常) 자는 소명이다.
송 휘종조 숭령(1102~1106) 때 진사에 급제하여
복주의 사장(師長)이 되어 토적들을 평화롭게 물리쳤다.
급사는 급사중(給事中)이란 관직명이다.

人生一世의 百年光陰이 能有幾許오 公이 白屋起家하고 歷
盡淸要하니 此是世間의 第一等受福底人이나 能知慚愧하고 回
心向道하여 學出世間脫生死法이니 又是世間의 第一等討便宜
底人이라 須是急著手脚하며 冷却面皮하여 不得受人差排하고
自家理會本命元辰하여 敎去處에 分明하여야 便是世間出世間
에서 一箇了事底大丈夫也리라.

　　사람이 태어나서 한세상 사는 백년광음百年光陰이 능히 얼마
나 되겠습니까? 공이 스스로 가난한 선비의 살림[백옥]으로 집을
일으켜서 청요(淸要, 고귀한 관직)를 지냈다 하니 이것은 세상에
서 제일의 복을 받은 사람입니다. 그럼에도 불구하고 능히 부끄
러움을 알아서 마음을 돌이켜 도를 향하여 출세간의 생사 해탈
법을 배우니 이 또한 세간에서 편의(훌륭한 삶)를 찾는 사람 중
에서 일등으로 가는 사람입니다. 모름지기 이 수각(손과 다리)
을 급히 추스르고 낯가죽을 차게 하여 타인의 차배(差排, 차별
적 부림)를 받지 말고 자신의 본 마음자리에 돌아가 이회(理會,
이치에 회통함)하여서 가는 곳마다 분명하여야 곧 세간과 출세
간에서 한낱 일을 마친 대장부大丈夫라 이르리라.

청요직이라고 하는 것은 요직 중에서도 핵심 요직을 말합니다. 이렇게 세간에서 일등으로 큰 복을 받은 강급사가 능히 참괴심을 갖는다 했어요. 큰 벼슬하는 사람도 의식주 문제를 좀 더 근사하게 해결하는 것 뿐이지 따지고 보면 별다른 가치나 사명감을 가지고 사는 사람이 드물거든요. 청빈하게 산다고 그렇게 노력한 강급사 자신도 결국은 세속적인 삶의 굴레에 젖어 있다는 것을 깨달은 것이지요. 그래서 능히 부끄러운 마음을 내고 이 마음을 돌려서 도를 향해 출세간의 생사를 벗어나는 법을 배운다고 했습니다. 이것이 세간에서 가장 바른 길을 찾는 사람이라고 대혜스님께서 말씀하신 것입니다. 우리의 의식주 문제는 나름대로 해결이 되니, 여기서 좀 더 다른 차원의 삶을 추구하는 사람이라야 사람답다고 할 수 있습니다. 의식주 문제는 동물들도 다 해결하는 것입니다. 이분은 보통 사람과 다르지요? 자기 배부르면 자만하기 마련인데 이분은 그렇지 않아요.

수각(손과 다리)을 추스른다는 것은 몸가짐을 분명하고 단정하게 한다는 것이고, 낯가죽을 차게 한다는 것은 감정에 사로잡히지 않고 지혜의 빛을 발휘한다는 것입니다. 지혜의 빛을 한광(寒光, 찬 빛)에 많이 비유합니다. 마음에 동요가 없으면 얼굴에 변화가 없다는 뜻입니다. '타인의 차배(差排, 차별하여 배척

함)를 받지 말고' 에서 차배란 일종의 사량계교로써 좋고 나쁜 것 또는 나다 너다하는 그릇된 판단과 분별을 말합니다. 공부를 하려다 보면, 정보가 숱하게 많아서 잘못된 것도 끼어들어오니까 이것을 가릴 수 있는 냉철한 지혜가 필요한 것입니다. 그래서 정신을 바짝 차려서 잘못된 가르침은 잘 물리칠 수 있어야 한다는 것입니다. 그러려면 어떻게 하여야 합니까? 자기의 본명원진(本命元辰, 본분 도리)에 되돌려 놓고 밝게 깨어있는 상태를 분명하게 하여야 한다는 것입니다. 이렇게 할 수 있는 사람이어야 문득 이 세간 출세간에 한낱 일 마친 대장부大丈夫라 불릴 수 있다는 말입니다. 이 세상에서 진정 가치 있는 일은 무엇일까요? 인생의 근본 문제를 해결하는 것, 그것을 성불이라고 하든, 견성이라고 하든, 도통하는 일이라고 하든 결국 궁극적으로 인생 문제입니다. 인생 문제를 정확히 꿰뚫어 바른 안목을 갖춘 그 사람이 바로 '일 마친 대장부다' 라고 할 수가 있습니다.

承하니 連日去하여 與叅政으로 道話라하니 甚善甚善이로다 此公이 歇得馳求心하여 得言語道斷하고 心行處滅하며 差別異路에 覷見古人脚手하여 不被古人方便文字의 所羅籠일세 山僧이 見渠如此하고 所以로 更不會與之說一字는 恐鈍置佗거니와 直候 渠가 將來하여 自要與山僧說話하여야 方始共渠로 眉毛

厮結하여 理會在언정 不只恁麼하고는 便休로다 學道人이 若
馳求心을 不歇하면 縱與之眉毛厮結하여 理會인들 何益之有리
요 正是癡狂外邊走耳니라.

　편지를 받아보니 날을 이어서 이참정과 더불어 도에 관한 대화
를 나눈다고 하니 심히 옳습니다. 이 공[이참정]은 급한 마음으
로 구하여 얻고자하는 마음을 쉰지라, 말길이 끊어지고 마음이
행하여 가는 곳도 없애는 도리를 얻은 사람입니다. 그래서 고인
들이 갖가지 차별적인 경우에서 서로 다른 길로 가르치신 수단
[각수]을 엿보아 다시는 고인들이 방편으로 사용하는 언어의 그
물[羅籠]에 걸리는 일이 없습니다.
　산승이 보기에 그대[강급사]는 이러한 피해를 벗어나지 못한
까닭으로 한 말씀을 드리려 했으나 도무지 그러하지 못한 이유
는 글로써 그대를 무디게[鈍置] 하여 뜻을 그르칠까 하는 염려
때문입니다.
　이 편지를 받은 직후에는 앞으로 한번 찾아와서 스스로 산승
과 더불어 얼굴을 맞대고 대화를 나누고 같이 거량하여야 비로
소 서로 회통하는 이치를 찾을 것입니다. 다만 이러해서는 문득
쉬지 못할 것입니다. 만약 치구심(치열하게 구하는 마음)을 쉬지
못한다면 비록 서로 만나서 눈을 맞대고 이회理會를 구한들 무슨
이익이 있으리오? 바로 이것이 어리석고 미쳐서 바깥으로 달려 나

감입니다.

강급사가 이참정을 만나서 법담을 나누는 것이 정말 잘된 일
이라고 대혜스님이 말씀하십니다. 그 이유는 이참정이란 사람은
확실하게 깨달았기 때문입니다. 그래서 대혜스님이 이참정을 찬
탄하기를, '급히 달려서 추구하는 마음을 쉬었다'고 그랬습니다.
그리고 말과 마음의 길이 끊어졌다'고 합니다. 즉 말로 표현하는
차원을 넘어섰다는 것입니다. 그리고 마음 자취가 사라졌으며,
사량분별로 이리저리 꿰맞추는 이런 단계도 넘어선 사람이라는
뜻입니다. 언어의 길이 끊어지고 마음 행하는 곳이 멸함을 얻어
서, 그야말로 옛날 불조가 어떤 방편을 썼든지 간에 그것을 다
꿰뚫어 보고 그들의 고준한 가르침에도 구속되지 않으며 꺼들리
지 않는다는 것입니다. 그런데 산승[대혜스님]이 보니 강급사 그
대는 그물에 걸려있는 사람이어서 한 말 해주고 싶었는데 일찍이
그대에게 한 말도 설명해주지 않은 것은 오히려 그대를 둔치鈍置
하여(무디게 하여) 잘못 인도할까 염려했기 때문이라 했습니다.
그러니 앞으로 시간을 내어서 한번 찾아와서 얼굴을 맞대고 진
지하게 한번 법거량을 해보자는 것입니다. 미모시결眉毛厮結, 눈
썹을 겨룬다는 것은 서로 얼굴을 대면한다는 것이지요. 만나서
법거량이 있어야 회통하는 이치가 있지 않겠냐는 것입니다. '글

로써 게송을 지어서 오고가고 하는 것은 잘못하면 이치를 잘못 전달할 수 있다.'는 차원입니다. 제대로 안목을 갖춘 선지식과 얼굴을 마주하여 오고가는 법거량이 되어야 선불교의 맛을 제대로 보는 것이지요.

급히 와서 서로 눈썹을 겨뤄가면서 진지하게 거량할 생각은 안 하고 편안히 쉬면서 편지나 주고받고 해서야 무슨 법을 배우는 사람이라 할 수 있겠는가? 이렇게 해서는 크게 쉬지를 못한다는 것입니다. 만약 치구심이 있어서 쉬지 못하면 비록 서로 만나서 눈썹을 마주 보며 거량을 해 봐도 무슨 이익이 있겠는가? 라고 힐책을 하는 것이지요.

선불교라는 것은 무엇인가? 잡다한 교리는 다 잘라 버리고 본바탕에 나아가서 선지식을 만났을 때 한두 마디를 듣고 즉시에 알아차리는 것이지 고준한 경전이나 어록을 따라다니는 그런 차원은 아니라는 것입니다. 지금 우리가 하는 수 없이 이렇게 어록을 좇아서 공부하고는 있습니다만, 이것은 다만 근본을 찾기 위한 방편임을 알아야 합니다.

古人이 云親近善者는 如霧露中行하여 雖不濕衣나 時時有潤이라하니 但頻與叅政으로 說話를 至禱至禱하노라. 不可將古人의 垂示言敎하여 胡亂穿鑿이니 如馬大師가 遇讓和尙하여

說法云하되 譬牛駕車에 車若不行이거든 打車卽是아 打牛卽是아 馬師聞之하고 言下에 知歸하니 遮幾句兒言語를 諸方이 多少說法하되 如雷如霆하며 如雲如雨底하여 理會不得하여 錯下名言하여 隨語生解인가. 見與舟峯書尾에 杜撰解注함을 山僧이 讀之코 不覺에 絕倒하노라. 可與說如來禪祖師禪底로 一狀領過하여 一道行遣也어다.

고인이 이르시되, '착한 이를 가까이 하는 것은 안개 속을 거니는 것과 같아서 비록 옷이 젖지는 않으나 때때로 축축해진다.'고 하셨으니, 오로지 이참정과 자주 만나서 대화할 것을 지극히 바랍니다. 가히 고인이 드리운 언교(말씀이나 가르침)를 가져다가 어지럽게 잘못 말하지 말아야 할 것입니다.

마[마조]대사께서 양[남악회양]화상을 만났을 때 설법 듣기를 '비유컨대, 소가 수레를 끌고 가는데 만약 움직이지 않을 때에 소를 쳐야 옳은가? 수레를 쳐야 옳은가?' 하니, 마조가 듣고 말이 끝나자마자 즉시에 돌아갈 줄[歸]을 알았습니다. 이 몇 구절의 말을 여러 지방에서 그 얼마나 많이 사용하였던고? 마치 뇌성과 번개 같으며 구름 같고 비 같되, 어찌 깨달아 얻지 못하고 말 뜻을 잘못 알고 말을 따라서 알음알이를 내는고?

그대가 주봉에게 준 글(편지) 끝에 두찬 주해를 한 것을 산승이 읽어 보고는 나도 모르게 절도(허리가 끊어짐)하는 줄 알았노

라. 가히 여래선이니 조사선이니 하는 것과 아울러 그것을 설한 사람까지 모두를 한 장에 묶어서 죄목을 다짐받아 한 길로 귀양을 보낼지니라.

안개 속을 거닐면 단박에 푹 젖지는 않지요. 그러나 한참 다니다 보면 옷이 눅눅해집니다. 그것은 습기가 많이 스며들었다는 뜻입니다. '근묵자흑'이라, 먹을 가까이 하는 사람은 검은 물이 들게 되어 있습니다. 좋은 도반과 늘 가까이 하라는 것입니다. 그러면 자기도 모르게 그 사람과 닮아 가는 것입니다. '도반이 중요하니 이참정을 자주 만나라' 그랬습니다. 참정은 만나되 '가히 고인이 가르쳐 주신 언교(말씀이나 가르침)를 가져다가 어지럽게 천착(이치에 맞지않는 것을 억지 주장함)하지는 마십시오' 라고 했습니다.

마조대사는 회양화상의 제자로서 선불교 역사상 눈 밝은 제자들을 가장 많이 길러 낸 선사입니다. 마조가 회양화상 문하에서 열심히 좌선을 하고 있었는데 하루는 회양화상이 물었다.

"대사는 좌선을 하여 무엇을 도모하고자 하는가?"

"부처를 짓고자 합니다."

그러자 회양화상이 기왓장을 가지고 와서 좌선을 하고 있는 마조대사 선방 앞에서 소리를 내며 갈고 있었습니다. 마조대사가 그것을 보고 물었습니다.

"기왓장을 갈아서 무엇을 하려고 합니까?"

"거울을 만들려고 하네."

"기왓장을 간들 어찌 거울이 되겠습니까?"

"그렇다면 그대가 좌선을 한들 어찌 부처가 되겠는가?"

"좌선을 하여 부처가 되지 않는다면 어떻게 하여야 되겠습니까?"

그 때 회양화상께서 '비유하자면 소가 수레를 끌고 가는데 수레가 만약 가지 아니하면 수레를 때리는 것이 옳은가? 소를 때리는 것이 옳은가?' 마조대사는 이 말을 듣자마자 곧바로 알아차렸다 이 말입니다. 이 말은 너무도 유명하여 그 당시의 여러 지방에서 '구름 일 듯 비 내리 듯이' 회자되었고 천 년이 지난 오늘날에도 많은 사람들이 사용하는 이야기입니다.

공부는 이렇게 시킬 줄 알아야 됩니다. 그 당시 선원의 풍조가 좌선을 위주로 했거든요. 대혜스님은 앉아서 참선하는 사람을 일으켜 세워서 밥 먹고 일하는 일상의 생활 속에서 할 수 있는 공부 방법을 일러 주었습니다. 그것이 간화선 수행법입니다.

'두찬 주해' 라는 것은 '자기 소견만 가지고 자기가 최고라고 하면서 주관적인 해석을 내리는 것' 을 말합니다. 공부하는 데 도움이 되라고 그대가 주봉에게 써준 글을 산승[대혜스님]이 읽어보니 '불각(나도 모르게)에 허리가 부러질 뻔했노라' 고 했습니다. 대혜스님이 조소를 보내는 표현이 직설적입니다. '그게 지금 말이라고 해 놓았느냐?' 이 뜻입니다. 가히 '조사선과 여래선'에 대한 해설을 했는데 자기식으로 자기 지식을 가지고 글자 뜻만 해석을 해서 잘못 보낸 것이니, 정말 기가 찰 노릇이다 이 말입니다.

來頌을 仔細看過하니 却勝得前日兩頌이거니와 自此로 可已之어다 頌來頌去에 有甚了期리요 如絫政相似하라. 渠豈是不會做頌이리요만은 何故로 都無一字오 乃識法者가 懼耳니라. 間或露一毛頭하면 自然抓着山僧痒處니 如出山相頌에 云到處逢人驀面欺之語는 可與叢林으로 作點眼藥이라 公이 異日自見矣일세 不必山僧注破也하노라 某近見公의 頓然改變하여 爲此事甚力일세 故作此書하여 不覺縷縷하노라.

보내온 게송을 자세히 살펴보니, 지난번에 보내온 두 편의 송보다 조금 낫지만 이제부터는 이것으로 그만두십시오. 송을 보내고 받고 하는 것으로써 무슨 요달할 기약이 있으리오. 저 참정[이참정]처럼 하십시오. 그[이참정]가 어찌 게송을 지을 줄 모르겠습니까마는, 한 글자도 지어 보내지 않음은 무슨 이유 때문이겠습니까? 이는 법을 아는 자를 두려워하기 때문입니다. 그가 간혹 한 오라기의 머리털 끝만 보여도 자연히 산승의 가려운 곳을 긁어 주나니, 저 출산상송에서 '이르는 곳마다 사람을 만남에 문득 대면해 속인다.' 라고 한 말은 가히 총림마다 눈병을 고치는 (눈을 뜨게 하는) 약으로 삼을 만하외다. 공이 다른 날에 스스로 보리니 산승이 주파(주를 달아서 설파)할 필요가 없는 것입니다. 내가 요사이 공을 보니 확실히 많이 달라져서 이 일을 위해 심히 매우 힘쓰는 것 같기에 이 편지를 씀에 모르는 사이에 편지가 많이 길어졌습니다.

강설

강급사 이 분이 지금 게송을 지어 보낸 것 같습니다. 그러니까 대혜스님께서 이제부터는 게송 지어 보내지 마라.

게송을 주고받는다고 공부하는데 무슨 도움이 되겠느냐? 이 말입니다. 그런 시간에 이참정과 같이 공부나 열심히 하라는 뜻입니다. 이참정은 그렇게 소란스럽게 게송을 지어 보내고 하지 않는다는 말입니다. 이참정이야말로 그대보다 법이 높아도 이런 게송 지어서 나에게 한 글자도 보낸 사실이 없다. 그렇지만 그가 간혹 한 터럭만큼만 마음을 드러내도 자연스럽게 이 산승의 가려운 곳을 긁어주는데 그대가 게송을 지어 보내와도 이참정의 말없는 것만 못하다. 이런 뜻입니다.

저 출산상송出山相頌에 이르되(이참정이 출산상송 지었죠), '이르는 곳마다 사람을 만남에 불현듯이 속인다.'는 말은 '가히 모든 총림(선원, 강원, 율원을 갖춘 사찰)에서 눈병 고치는 약과 같은 것이다. 눈병이 났을 때 약을 쓰듯이 눈을 환하게 밝혀주는 약이다, 즉 중생의 미혹한 마음을 싹 씻어주는 문구다' 이 말입니다. 출산상송 전문은 다음과 같습니다.

眼皮盖盡三千界 안피개진삼천계
鼻孔盛藏百億身 비공성장백억신
箇箇丈夫誰是屈 개개장부수시굴
青天白日에 莫謾人 청천백일 막만인
咄 돌
到處逢人驀面欺 도처봉인맥면기

눈꺼풀은 삼천대천 세계를 다 덮었고
콧구멍은 백억화신을 장하게 감추고 있다
개개 대장부인데 누가 이에 굴할 것인가?
벌건 대낮에 사람을 속이지 마라.
돌!
이르는 곳마다 사람을 만남에 불현듯이 속이네.

눈을 뜨면 삼천대천세계가 눈 안에 다 들어오고 숨 한번 쉬는 호흡 속에 천백억 화신이 다 들어있는 것은 누구나 다 갖추고 있습니다. 그래서 사람 사람마다 모두 대장부인데 누가 누구를 가르치며 누가 누구에게 배운단 말이냐? 석가모니 부처님이 중생 제도한다고? 그 따위 소리 하지 말라. 이 말입니다.

부처님한테도 속지 않는 기개가 대단합니다. '이르는 곳마다 사람을 만남에 불현듯이 속인다.'는 것은 우리 마음작용이 모두 깜빡하는 순간에 자기를 놓쳐버리는 것을 나타낸 것입니다. 그러니 자기 마음이 작용하는 곳에 즉심으로 깨달아서 그 상태를 알아차려야 됩니다. 각성하지 못한 상태에서 마음작용을 하였기에 자꾸 자기를 속이는 것이고 자기를 속이는 것이 남을 속이는 것입니다.

'공이 다른 날에 스스로 보리니, 산승이 주파할 게 없느니라.'는 자기 마음이 작용해서 마음을 놓친 줄을 깨닫지를 못하고 계속 가면 기약이 없지만, 휘둘린 것을 때때로 자각해서 회광반조를 하는 공부를 해 가다 보면 내가 지금 한 말을 다시 설명할 필요 없이 그대가 바로 알아차릴 것이니, 내가 시킨 대로만 공부 열심히 하라는 뜻입니다. 내가 요즈음 그대를 보니까 공부를 다른 사람보다 빨리 해 가고 싶고, 그래서 내가 가르쳐 준 대로 안 하고 자꾸 뭔가를 찾으려고 하고, 무슨 특별하고 기특한 공부 방법이 있는가 싶어서 힘을 쓰고 있는 것을 알겠다는 것입니다. 그대에게 내가 이렇게 여러 가지로 번거롭게 말을 한 이유는 시키는 대로 공부는 안 하고 자꾸 엉뚱한 짓 하면서, 다른 사람이 여래 선이니 조사선이니 하는 소릴 하니까 거기에 마음을 뺏겨서, 자꾸 이것이 맞는지, 저것이 맞는지, 갈등 일으키고 하니 그런 짓을 해서는 안 된다고 일침을 놓은 것입니다. 그러나 불법을 알고자 애쓰는 것이 기특하여 길게 적어 보내지만 나에게 직접 와서 점검 받아야 옳은 공부를 할 수 있다는 것입니다.

答

부추밀 계신에게 1

富樞密 季申 1

부추밀은 하남 사람으로
이름은 부직유(富直柔) 자는 계신이다.
유명한 재상 부필(富弼)의 손자.
정강 원년(1126)에 진사에 급제하여
비서성 정수(正守)에 임명되었고, 고종(1127~1162) 때
단명전 학사에 천거되었고, 얼마 후에 추밀원 지사가 되었는데,
모함을 받아 위주 지감(知鑑)으로 좌천되었다가
파직을 당함. 추밀원은 대궐의 숙직을 담당하는 관직임.

示諭하니 蚤歲에 知信向此道더니 晚年에 爲知解所障하여 未有求悟入處일새 欲知日夕에 體道方便이라하니 旣荷至誠이라 不敢自外일세. 據款結案하여 葛藤少許하리라 只遮求悟入底가 便是障道知解了也니라. 更別有甚麼知解가 爲公作障이리오.

편지를 받아보니, '어릴 적에 이 도를 믿고 공부할 줄 알았다가 만년에 지해知解(알음알이)의 장애를 입어, 깨달아 들어가는 곳을 아직 얻지 못하여 밤낮으로 도 깨달을[體道] 방편을 알고자 한다.'고 하니, 이 지극한 정성을 감히 어떻게 외면할 수 있겠습니까? 물어 온 것을 조목별로 따져서 얽혀감[葛藤]을 조금 허락하리다. 다만 이 깨달아 들어갈 곳을 구하는 것이 문득 알음알이[知解]로써 바로 공부[道]를 장애하는 것이지, 다시 달리 무슨 알음알이[知解]가 따로 있어서 그대에게 장애가 되겠습니까?

지해知解(알음알이)가 장애가 되어서 깨달음을 얻지 못하고 있으니 좀 시원한 방편을 일러 주십사 하고 부추밀이 편지를 했습니다. 그러니 대혜스님께서, 죄인을 다룰 때 구초(口招, 죄인의 진술)에 의거하여 조목 조목 따지듯이 무엇이 잘못 되었는지 하나하나 짚어 보자고 합니다.

첫째로 깨달아서 무엇을 얻겠다고 하는 그 생각 자체가 바로 깨달음을 장애하는 것이지 그 외에 뭐 특별한 지해가 있어서 장애를 일으키는 것이 아니라고 합니다. 얻고자 하는 한 생각을 일으킨 그것이 장애임을 왜 모르느냐? 그 말입니다. 장애라는 것은 바로 지금 그대가 묻는 그것 자체가 장애다. 물을 이유가 하나도 없는 사실을 그대가 모르기 때문에, '지금 자꾸 물어서 답이 나올 줄 알고 묻는 그 마음이 일어난 곳을 봐라. 묻는 그 힘으로 그대가 지금 무엇을 하고 있는가를 알아차리는 그것이 바로 공부다.' 라고 일러주고 있습니다.

畢竟에 喚甚麽하여 作知解며 知解는 從何而至며 被障者는 復是阿誰오 只此一句에 顚倒有三하니 自言爲知解所障이 是一이요 自言未悟하여 甘作迷人이 是一이요 更在迷中하여 將心待悟가 是一이니 只遮三顚倒가 便是生死根本이라 直須一念不生하여 顚倒心絶하여서야 方知無迷可破며 無悟可待며 無知解可障이니 如人이 飮水에 冷煖을 自知라 久久하면 自然不作遮般見解也리라.

필경에 무엇이 지해(알음알이)를 지으며, 지해는 무엇을 좇아서 오며, 또 장애를 입는 자는 누구이겠습니까? 다만 이미 하신 말씀[此一句]에 뒤집힌 것[顚倒]이 셋이 있으니, 스스로 말하되 지해로 인하여 장애를 입게 되었다 함이 하나이고, 스스로 말하되 깨닫지 못했으므로 미혹한 사람임을 달갑게 여김이 하나요, 또 미혹한 가운데 있으면서 마음으로 깨닫기를 기다리는 것이 하나입니다. 다만 이 세 가지의 전도가 바로 생사의 근본이라, 곧 바로 한 생각도 일으키지 않고 전도된 마음[顚倒心]을 끊어야 바야흐로 깨뜨릴 미혹도 없는 것을 알 것이며, 가히 깨달음을 기다릴 것도 없으며, 가히 지해가 장애됨도 없음을 알리라. 이것은 마치 어떤 사람이 물을 마셔 보아야 차고 따뜻함을 스스로 아는 것과 같습니다. 오래오래 하면 자연히 저러한 견해를 짓지 않을 것입니다.

강설

결국에, 무엇을 알음알이라 하며 알음알이는 어디서 오는가? 그리고 장애를 입는 사람은 누구인가? 이 모두가 자기 자신의 망상이란 말입니다. 모든 것이 생각을 잘못한 전도심의 작용일 뿐입니다. 한 점의 미혹함도 없고 장애를 받을 것도 없는 청정무구의 본성자리가 망상으로 가려져서 이 망상을 본성으로 잘못 아는 것을 전도되었다 합니다. 그래서 잘못된 망상으로 내가 장애를 입은 것을 알아야합니다. 나는 미혹하니 어쩔 수 없이 달갑게 받아야 하지, 깨달음을 기다려서 언젠가는 깨달아야지, 이러한 쓸데없는 알음알이를 만들어내면 안됩니다. 그래서 이 망상을 또 다시 반전시켜서 본자리로 되돌려야합니다. 회광반조 하여 본래면목을 보는 것이 전도된 마음을 끊는 것입니다.

'한 생각도 일으키지 않고 전도심顚倒心을 끊어야' 에서 한번 봅시다. 한 생각을 일으켜서 그 생각을 따라가는 것이 전도심이거든요. 그런데 이 전도심을 끊으라는 것을 잘못 알아서 우리가 번뇌망상하는 것을 전혀 하지 말아야 되는 것으로 착각을 하면 안됩니다. 마음이 일어나는 것이 잘못된 것이 아니고 그 마음에 끌려가는 것이 잘못된 것인데, 일어나는 생각을 자꾸만 막으려고 하는 것입니다. 생각에 끌려가지 말고 생각이 일어난 곳을 반조를 해서 나의 본성자리로 돌아가야 됩니다. 한 생각 일어나는 것을 잘 살펴서 이것이 망상인 줄 알고 본성자리에 되돌리는 것이 불법을 수행하는 것입니다. 이것이 사람이 물을 마심에 차고 더움을 스스로 아는 것과 같아서, 오래하면 자연히 어리석은 견해를 짓지 않게 됩니다. 회광반조를 오래오래 하다보면 아하! 하고 한 생각 일으킨 그것이 다름 아닌 병인 줄을 스스로 깨닫게 됩니다.

但就能知知解底心上하여 看하라. 還障得也無아 能知知解底
心上에 還有如許多般也無아 從上으로 大智慧之士가 莫不皆以
知解로 爲儔侶하며 以知解로 爲方便하여 於知解上에 行平等
慈하며 於知解上에 作諸佛事하되 如龍得水하고 似虎靠山하여
終不以此로 爲惱하나니 只爲他識得知解起處일세니라

다만 능히 지해知解인 줄 아는 그 마음 위에 나아가서 살펴보
십시오[看]. 그곳에 돌아가서도 장애 받음이 있습니까? 없습니
까? 능히 지해知解인 줄 아는 그 마음 위에 또한 저와 같이 허다
히 많은 것들이 존재합니까? 아닙니까? 과거의 큰 지혜智慧를 가
진 선비들이 모두 다 지해知解를 도반[儔侶]으로 삼지 아니함이
없으며, 지해로써 방편을 삼아서 알음알이 위에서 평등한 자비를
행하며, 알음알이 위에서 모든 불사를 지어가되 마치 용이 물을
얻은 것과 같고 호랑이가 산을 의지한 것과 같습니다. 마침내 이
것[지해]으로써 괴로움을 삼지 아니 하나니 그것은 다만 지해가
일어난 곳을 알기 때문입니다.

강설

알음알이가 없는 본래 마음자리에 들어가서도 장애하는 것이
있는지 보랍니다. '내가 한 생각에 끌려간 줄을 알고 본래자리에
섰는데 그 자리에도 장애 될 것이 있는가 없는가?'를 보라는 것

입니다. 알음알이인 줄 아는 그 자리가 바로 깨달은 자리이고 부처자리입니다. 능히 망상인 줄 아는 그 부처자리에도 무엇이 있겠는가? 한번 보라 이 말이지요.

이미 갖추고 있는 불성을 가진 선비들이 모두 다 알음알이를 벗으로 삼는다고 합니다. 이 말은 매우 중요합니다. 이것을 이제 아시면 공부를 다 마친 것입니다. '알음알이를 도반으로 삼는다' 이 말은 망상을 도반으로 삼는다는 말입니다. 번뇌로써 도반을 삼고 중생으로써 도반을 삼는 거예요. 알음알이가 일어났을 때 알음알이인 줄 알아야 그 알음알이가 나온 본심을 알잖아요. 그 알음알이가 일어나지 않으면 우리가 도를 닦을 대상이 없어요. 그러니까 알음알이가 탁 일어났을 때, 이게 망상인줄 아는 그것이 바로 부처 공부하는 것입니다. 망상하는 가운데서 망상인 줄 알면 망상을 하나요?

'대지혜大智慧의 반야행을 하는 모든 선비가 그 알음알이[지혜]로써 주려[도반]를 삼으며, 망상으로써 방편을 삼아서 망상 위에서 평등한 자비를 행하며, 망상 위에 모든 불사를 지음이 마치 용이 물을 얻음과 같으며, 범이 산을 의지함과 같아서 자유자재로 부린다.' 라고 했습니다. 그러니 마침내 이 알음알이를 번뇌로 삼지 않는단 말입니다. 왜냐하면 오직 알음알이가 있어야 그것으로써 알음알이가 일어나는 곳을 알 수 있기 때문입니다. 번뇌를 가지고 번뇌 병을 다스리는 약으로 쓰니까 번뇌 그것이 바로 내 부처 만드는 씨앗이 되는 것입니다. 그러니까 번뇌가 나에게 좋은 약인데 번뇌 가지고 머리를 아프게 할 필요가 있나요? 번뇌 그것이 바로 부처 종자입니다.

旣識得起處인데 卽此知解가 便是解脫之場이며 便是出生死處라 旣是解脫之場이며 出生死處인데 知底解底當處寂滅이며 知底解底旣寂滅인데 能知知解者도 不可不寂滅이며 菩提涅槃과 眞如佛性도 不可不寂滅이리니 更有何物可障이며 更向何處하여 求悟入이리요.

이미 일어나는 곳을 알았을진대 이 지해知解가 곧 해탈의 도량이며 곧 생사를 벗어나는 곳이라. 이미 이 해탈의 마당이며 생사를 벗어나는 곳일진대, 곧 지와 해의 당체가 적멸할지니, 지와 해가 이미 적멸할진대 능히 지해知解인 줄 아는 자도 가히 적멸하지 아니치 못하며 보리열반과 진여불성도 적멸하지 않을 수 없으리니, 다시 무엇이 있어서 장애가 될 것이며 또한 다시 깨달아 들어갈 곳을 어디서 구하겠습니까?

　이것은 이제 단계가 한 단계 올라간 것입니다. 자기 본성자리를 돌이킨 그 마음도 잊어야 된다는 뜻입니다. '보리열반과 진여불성도 가히 적멸하지 아니치 못하리니' 이것은 도를 깨우쳤다는 생각, 망상인 줄 알아차린 그놈도 공한 것이다 이 뜻입니다. 그러니까 보리열반과 진여불성도 적멸하지 않을 수가 없어요. 아무것도 없는 곳에 머무는데 무엇이 남아있겠습니까? 다시 무슨 물건이 있어서 가히 장애될 것이 있으며 다시 어느 곳을 향하여 깨달아 들어갈 곳을 찾을 것인가?

　釋迦老子가 曰諸業從心生일세 故說 心如幻이니 若離此分別하면 則滅諸有趣라하시며 僧이 問大珠和尚하되 如何是大涅槃이닛고 珠云不造生死業이 是大涅槃이니라. 僧이 問如何是生死業입니까 珠云求大涅槃이 是生死業이라하며 又古德이 云學道人이 一念에 計生死이면 卽落魔道요 一念에 起諸見하면 卽落外道라하며 又淨名이 云衆魔者는 樂生死거든 菩薩은 於生死를 而不捨하고 外道者는 樂諸見이거든 菩薩은 於諸見에 而不動이라하니 此乃是以知解로 爲儔侶하고 以知解로 爲方便하여 於知解上에 行平等慈하고 於知解上에 作諸佛事底樣子也니라. 只爲

他了達三祇劫空하여 生死涅槃이 俱寂靜故니라.

부처님이 이르시되, '모든 업이 마음에서 생기므로 마음은 꿈[幻]과 같다. 만일 이 분별을 여의면 곧 모든 유취를 멸한다.'고 말씀하셨나이다.

어떤 스님이 대주화상께 묻되, "어떤 것이 이 대열반大涅槃입니까?" 대주화상이 이르시되, "생사 업을 짓지 않음이 이 대열반이니라." 또 스님이 묻기를, "생사 업은 무엇입니까?" 대주화상 이르시되, "대열반을 구하는 것이 생사 업이니라."

고덕[육조스님]이 말씀하시길, '도를 배우는 사람이 한 생각에 생사를 헤아리면 곧 마군의 길에 떨어지고, 한 생각에 여러 가지 견해를 일으키면 곧 외도에 떨어진다.' 라고 하였습니다.

또 정명[유마]거사가 말씀하시길, '모든 마군들은 생사를 즐기지만 보살은 생사를 버리지 아니하며, 외도들은 여러 가지 견해를 즐기지만 보살은 여러 가지 견해에 흔들리지 않는다.' 라고 하였습니다.

이것은 알음알이로써 도반을 삼으며 알음알이로써 방편을 삼아서 알음알이 위에서 평등한 자비를 행하고 알음알이 위에서 여러 가지 불사를 짓는 본보기입니다. 그것은 다만 '삼 아승지 겁이 텅 비어 없음'을 요달하여 생사와 열반이 적멸함을 구족하였기 때문입니다.

　마음이 일어나는 것이 어디 한두 가지입니까? 그 일어나는 모든 마음이 환幻입니다. 환은 부질없는 것입니다. 마음에 일어나는 모든 것이 헛것이니 여기에 집착하여 분별하는 마음을 일으키지 않으면 유취有趣를 멸한다고 했습니다. 어떻게 해야 유취를 멸할 수 있습니까? 유취란 육도라 하며 윤회를 말하는데 문득문득 본성을 자각하면 그 자리가 바로 대열반 자리이고 유취를 멸할 수 있는 곳입니다. 바로 눈앞에서 각성하는 이것이 별 볼일 없는 것 같지만 수없이 반복하여 힘을 길러두면 부처와 조사도 어찌할 바가 없어요. 우리는 부처에게 의지해서 '부처님 살려주십시오, 부처님 어떻게 하면 내가 부처가 될 수 있겠습니까?' 이런 것들이 아니고, 각자 본성불에 귀의하여 번뇌의 마군으로부터 자유로워야 하는 것입니다. 불법은 깨달음의 종교이지 무엇을 배우는 것이 아닙니다. 스스로 자각해 가는 것입니다.

　고덕(古德, 육조 혜능선사)이 이르시되,

　'도道 배우는 사람이 한 생각[一念] 생사生死를 따라가면 곧 마도魔道에 떨어지고 한 생각에 여러 가지 견해를 일으키면 곧 외도에 떨어진다.' 라고 했습니다. 이 생사라는 것은 별 게 아닙니다. 우리는 시시각각 생사 속에 살고 있어요. 앞에 일어난 생각은 뒷생각이 일어나는 찰나에 까맣게 잊어버리고 또 다른 인연을 만나면 다른 생각이 일어나고 찰나에 구백생멸九百生滅하는 이 생사심 속에 살고 있거든요. 그래서 이 생사를 따라가면 안 됩니다. 따라가는 즉시 마도에 떨어져버리고 생사에 휘둘려서 생각이 하자는 대로 따라가 버리게 되는 것입니다.

마군은 생사(한 생각 일으키고 한 생각 사라짐)하기를 좋아합니다. 왜냐하면 생사 그 자체가 마군이기 때문입니다. 보살은 그것을 버리지도 않아요. 오로지 보살은 그것을 가지고 도를 닦는 재료로 삼아버립니다. 생사심을 가지고 보살도를 닦아 가는 것이지요.

외도들은 드러내기를 좋아합니다. 이것은 이런 것이다 저것은 저런 것이다 하며 판단하고 비평하기를 좋아하지만 보살은 그런 것에 마음이 움직이지 않습니다. 조주스님이 왜 '무無'라 했던가? 왜 정전백수자庭前柏樹子라 했던가? 혹은 마조스님이 '서강의 물을 한 입에 다 마시고 오면 말해 주겠다'는 등의 온갖 화두를 들이대도 꿈쩍하지 않아요. 오로지 자기 마음이 어디에 작용하는지 살피는 공부만 열심히 할 뿐입니다. 자기가 뭔가 모른다 싶을 때, 그것의 해답을 찾으려 하지 말아야 합니다. 해답을 찾으려고 하면 휘둘리는 겁니다. 자기가 지금 해답을 찾으려고 머리를 쓰고 있는 이 자체를 알아서 훌쩍 뛰어나와야 합니다. 즉시 각성하면 해탈이요 대자유인입니다.

旣未到遮箇田地인댄 切不可被邪師輩의 胡說亂道하여 引入鬼窟裏하여 閉眉合眼하고 作妄想이어다 近來에 祖道衰微하여 此流如麻似粟하다. 眞是一盲이 引衆盲하여 相牽入火坑이라 深可憐悶이로다

願公은 硬着脊梁骨하여 莫作遮般去就어라 作遮般去就底인댄 雖暫拘得箇臭皮袋子住하여 便以爲究竟이나 而心識紛飛함이 猶如野馬하여 縱然心識이 暫停이나 如石壓草하여 不覺에 又生하나니 欲直取無上菩提하여 到究竟安樂處면 不亦難乎아

이미 이러한 경지에 이르지 못하였다면 부디 삿된 스승 무리들이 함부로 말하고 어지럽게 인도하여 귀신 굴속으로 이끌고 들어가서는 눈을 꼭 감고 망상을 짓게 하는 일을 절대로 따라 하지 마십시오. 근래에 조사의 도가 쇠미해져서 이렇게 가르치는 무리들이 삼대처럼 많고 좁쌀처럼 많습니다. 이것은 참으로 한 사람의 맹인이 여러 맹인들을 이끌고 불구덩이 속으로 함께 들어가는 꼴이라 심히 불쌍하고 가련할 따름입니다.

바라건대, 그대는 부디 척량골[척추]을 곧게 세우는 이러한 거취를 짓지 마십시오. 이러한 거취를 짓는다면 비록 잠깐 동안은 냄새나는 가죽 부대를 묶어서 잠시 고요함에 머물 수 있는 것을 구경의 경지로 삼는 것은 잘못된 것입니다. 왜냐하면 심식心識이 어지럽게 일어나는 것이 마치 원숭이와 같고 아지랑이와 같기 때

문입니다. 비록 그렇게 하여 심식이 잠깐은 멈춘다지만 마치 돌로써 풀을 눌러놓는 것과 같아서 모르는 사이에 다시 살아나는 것과 같습니다. 곧바로 무상보리를 얻어서 구경의 안락한 곳에 이르고자 한들 또한 어렵지 않겠습니까?

강설

사사배邪師輩들이 사람들을 귀신 굴속으로 이끌어 들여서 눈을 딱 감고 앉아서 아무 생각도 없게 하는 그런 망상을 짓게 되어서는 안 되는 것입니다. 참선하면서 눈 딱 감고 조용히 있으면 마음이 편안하고 무엇인가 되는 것 같은 그런 생각이 들지만 그것은 모두 망상이다 이 말입니다. 항상 자기 마음이 어디 어떻게 작용하는가를 살펴서 열심히 공부하는 가운데 어느 경지에서 탁하는 순간에 삼 아승지 겁이 공하고 생사열반이 멸해버리는 그 자리에 들어가는 것이지, 알지도 못하는 사람들이 입만 가지고 나불거리는 그런 말귀에 속아서, '지긋이 앉아 있으니 좋은 경계가 나타났다' 느니 하는 이런 말에 속아서는 귀신 굴속에 들어간다는 말입니다.

대혜스님 당시에 이런 삿된 무리들이 참 많았던 모양입니다. 그래서 조사의 종지가 아주 쇠미해져서, 도를 바르게 가르치지 못하는 사배邪輩들이 삼대[麻] 같고 조[粟]대 같다고 했습니다. 삼밭에 삼이 촘촘히 서 있죠? 조밭에 조대도 그 수가 얼마나 많습니까? 이것은 참으로 한 소경이 뭇 소경을 이끌고 어디로 가는 줄도 모르고 불구덩이 속으로 들어가는 것과 같다는 것입니다. 그러니 참말로 불쌍한 일이죠.

'부디 그대는 척량골(척추)을 곧게 세우는 이런 행위를 하지 말지어다' 참선한다고 딱 앉아가지고 가만히 있는 그 쓸데없는 짓 하지마라. 그 말입니다. 물론 좌선을 할 때도 당연히 있지요. 너무 마음이 분분하고 산란할 때는 허리를 세워 자세를 바로 하여 정신을 바짝 차려서는 선정禪定을 익히는 것은 좋은데, 가만히 앉아서 호흡을 가다듬고 일체 생각을 막아버리고 기를 돌린다거나, 백회百會가 열려야 된다고 한다거나 등등 어쩌고 저쩌고 하면 큰일 난다 그 말입니다. 그리고 참선은 가부좌하고 앉아서만 하는 것이 아니라는 것을 알아야합니다,

눈을 감고 가만히 앉아서 아무런 생각을 하지 않고 정定을 이루는 것은 마치 냄새나는 가죽 부대를 묶어서 비록 잠깐 동안은 냄새를 피할 수 있는 것과 같이 고요한 경지를 잠시 체험할 수 있으나, 심식이 움직이기 시작하면 아지랑이가 일어나듯 망상이 죽 끓듯이 일어나서 즉시 헛일이 되는 것입니다. 이렇게 온갖 생각들이 생기는데 그것을 못 나오게 틀어막는 공부를 하면 되겠습니까? 이렇게 하는 것은 마치 풀밭에서 풀을 못 자라게 돌을 눌러 놓는 것과 같습니다. 눌러 놓아도 풀은 또 비집고 나옵니다. 즉 아무리 생각을 막아 놓아도 경계를 대하는 순간에 생각은 즉

시 일어나게 되어있습니다. 바로 지금 그런 말을 하는 것입니다. 우리가 참선을 제대로 하는가 못하는가를 알려면 바로 여기에 비추어보면 알게 되는 것입니다. 그렇게 해서는 절대로 성취할 수 없다는 것입니다. 전에도 말씀드렸지만, 드럼통에 물을 가득 채워서 이것을 굴려서 산꼭대기로 올라가는 것이 얼마나 힘들겠어요? 그것은 억지 공부 아닙니까? 억지로 힘을 엄청나게 들여서 가는 것입니다. 그런데 산 정상이 한 발짝 앞에 다가왔는데 발을 들여놓기 직전 딱 코앞에서 발을 헛디디면 공들여 올려놓은 것이 다시 굴러 떨어져 버리는 것입니다. 지금 그런 공부를 해서 되겠느냐 그런 말입니다.

조사의 맥을 이은 바른 간화선 공부법은 한 번 하는 것만큼 쉽고, 두 번 하는 것만큼 앞으로 나아가고, 세 번 하는 것만큼 더욱 철석같은 부동심으로 바뀌어 다시는 퇴보가 없는 공부입니다. 공부가 되고 있는가를 스스로 깨닫고, 힘이 얻어지는 것을 느끼게 됩니다. 단지 처음에는 그 효력을 잘 알 수 없습니다. 이렇게 하면 되는구나! 하고 느낄 때는 이미 엄청난 자기 공부가 되어 있는 것입니다. 처음에 느끼지 못하기 때문에 와 닿지 않습니다. 그래서 많은 수행자가 과연 이것이 공부라 할 수 있나 하고 의심하게 됩니다. 그런 사람들에게 이것을 지금 일깨워주는 것입니다.

某亦嘗爲此流의 所誤이더니 後來에 若不遇眞善知識이런들 幾致空過一生일러니라 每每思量컨댄 直是叵耐로다. 以故로 不惜口業하고 力救此弊리니 今稍有知非者니라 若要徑截理會인댄 須得遮一念子를 爆地一破하여서야 方了得生死하리니 方名悟入이니라 然이나 切不可存心待破어다 若存心在破處則永劫에 無有破時하리라.

但將妄想顚倒底心과 思量分別底心과 好生惡死底心과 知見解會底心과 欣靜厭鬧底心하여 一時에 按下하고 只就按下處하여 看箇話頭하되 僧이 問趙州호대 狗子도 還有佛性也無닛가 州云無라하니 此一字者는 乃是摧許多惡知惡覺底器仗也라.

저도 또한 일찍이 이러한 무리들에게 잘못 배운 바가 있었습니다. 뒷날에 만약 참다운 선지식을 만나지 못했더라면 아마도 일생을 헛되게 보낼 뻔 했습니다. 아무리 생각해 보아도 정말 참을 수 없는 일이었습니다. 그러므로 구업을 아끼지 않고 이러한 폐단을 없애려고 힘써 노력한 결과 요즘에 와서 이것이 잘못된 줄을 아는 사람들이 조금씩 늘었습니다. 만약 곧바로 이해하려고 한다면 모름지기 이 한 생각[一念子]을 확 터뜨려야 바야흐로 생사 요달을 얻을 것입니다. 이것이야말로 '깨달아 들어간 것'이라 할 것입니다. 그러나 절대로 확 터뜨리기를 기다리는 마음을 두어서는 안 됩니다. 만약 터뜨릴 곳에다 마음을 둔다면 영겁에도 터뜨릴 때가 없을 것입니다. 다만 망상으로 전도된 마음과, 사랑하고 분별하는 마음과 살기를 좋아하고 죽기를 싫어하는 마음과, 알음알이로 이해하려는 마음과, 고요함을 좋아하고 시끄러움을 싫어하는 마음을 일시에 눌러 내리고 다만 눌러 내린 그곳에 나아가서 '스님이 조주趙州화상에게 묻되, 개에도 또한 불성이 있습니까? 했을 때 조주화상이 말하기를, 없다[無].' 라고 한 화두만을 보십시오. 다만 이 한 글자는 허다한 잘못된 지식과 잘못된 깨달음을 꺾어 없애는 무기[器仗]입니다.

강설

　대혜스님도 일찍이 이러한 무리들에게 잘못 배운 바가 있었답니다. 뒷날에 만약 참다운 선지식을 만나지 못했더라면 아마도 일생을 헛되게 보낼 뻔 했답니다. 그래서 이런 것을 보고 그냥 있을 수가 없더라 이 말이지요. 그런 이유로 입으로 짓는 죄업을 마다하지 않고 힘써 이 폐단을 없애려 노력한 결과 이제는 점점 그 잘못됨을 아는 자가 늘고 있다는 말입니다.

　'만일 핵심적 요점을 알아서 직통으로 들어가서 알려고 한다면, 모름지기 이 한 생각이 폭발하듯이 한번에 파파破하는 순간을 얻어야 비로소 생사를 초월[요달]하고 깨침에 이르리라.' 라고 했습니다. 한참 생각에 휘둘리고 이 생각 저 생각 따라가더라도 어느 한순간에 '아! 이것이 꿈이로구나' 하고 자기 본성을 철저히 알아차려 체득을 해야 합니다. 그래서 하루에 몇 번씩이라도 자꾸 자기를 넘어뜨리고 넘어뜨려서 이것이 습관이 되어 자기도 모르게 쑥쑥 빠져나오는 힘이 생기면 그때는 누구에게 질문할 필요가 없어요. 부처님 감사합니다! 이 생각 밖에 없어요.

그러나 '간절한 마음을 두어 파함을 기다리지 말지니, 만일 마음을 파하려는 곳에 둔다면 영겁이 지나도록 파할 때가 없으리라' 이 뜻은 빨리 깨쳐서 삼매를 이루고 조사스님 같이 되어야지 하는 그런 생각을 내지 말라는 것입니다. 오직 뒤바뀌어 망상하는 마음과, 사량분별하는 마음과, 살기를 좋아하고 죽기를 싫어하는 마음과, 자기상식으로 해석하고 판단하려는 마음과, 고요함을 기뻐하고 시끄러움을 싫어하는 마음이 들 때에 한순간에 놓아버리고 오직 놓아버린 곳에서 화두를 보라(看) 합니다. 이것이 간화선看話禪 공부법의 핵심입니다.

한 생각에 사로잡힌 것을 모르고 그 생각 속에서 계속 생각을 이어가는 것을 분별 속에서 살림을 산다고 합니다. 그 분별하는 것을 즉시에 알아서 그 생각에서 순간 빠져 나오면 바로 분별하는 마음을 눌러 내리는 것입니다. 분별하는 마음 즉 망상이 소멸된 그 자리가 바로 소소영영한 본성자리입니다. 이 자리에 나아가서 조주스님이 개에게 불성이 있습니까? 없습니까? 물으니까 '무無!' 하는 그걸 딱 들어서 조주스님이 어떻게 했는가를 살펴라. 이 말입니다.

조주스님이 어떻게 했어요? '어떤 것이 조사서래의祖師西來意 입니까?' '저 잣나무다' 하니까, 잣나무를 쳐다보고 그 스님이 '잣나무?' 조주스님이 일러준 본 소식은 놓쳐버리고 잣나무를 쳐다보고 저게 왜 조사서래祖師西來인고? 이것은 돌을 던지면 어리석은 개가 돌을 물러가는 것과 같아요. 영리한 개는 돌을 던진 사람을 물어요. 돌을 던진 사람을 물려면 어떻게 해야 되나요? 스님이 묻기를 달마대사가 무엇을 하려고 동쪽에 왔습니까? 하니 조주스님이 '저 잣나무다' 이렇게 할 때 조주스님의 불성이 저 잣나무에 작용하고 있다는 것을 알아야 합니다. 조주스님의 마음 작용이 잣나무에 있음을 알아차렸으면 자기 마음도 어디에 작용했는지 탁 알아차릴 것 아닙니까? 바로 그 때 자기 자리로 돌아가게 됩니다. 이것이 바로 간화선입니다.

不得作有無會하며 不得作道理會하며 不得向意根下하여 思量卜度하며 不得向揚眉瞬目處하여 垛根하며 不得向語路上하여 作活計하며 不得颺在無事匣裏하며 不得向擧起處하여 承當하며 不得向文字中引證하고 但向十二時中四威儀內하여 時時提撕하며 時時擧覺하되 狗子도 還有佛性也無인가 云無를 不離日用하고 試如此做工夫看하면 月之日에 便自見得也리니 一郡千里之事가 都不相妨하리라.

古人이 云我遮裏는 是活底祖師意라 有甚麼物이 能拘執佗리요하니 若離日用하고 別有趣向則是는 離波求水며 離器求金이라 求之愈遠矣리라.

이 무자 화두에 대하여 '불성이 있다는 말인지 없다는 말인지?' 라는 이해를 짓지 말며, 무슨 도리가 있어서 한 말인가? 라는 이해를 갖지 말며, 의식을 살려서 사량하여 헤아리지도 말며, 눈썹을 드날리고 눈 깜박이는 곳을 향하여 뿌리를 박지 말며, 말꼬리[語路]를 따라서 순간순간 사량계교를 일으키지 말며, 일 없는 틀 속에 숨어 있으면서 드날리려 하지 말며, 화두를 드는 곳을 향해서 알려고도 하지 말며, 문자를 이끌어 증명하지도 마십시오.

다만 하루 24시간 행주좌와 하는 중에 순간순간 이끌어 오고 순간순간 들어보십시오. '개에도 불성이 있습니까? 이르시되, 없다.' 라고 한 것을 일상생활에서 떠나보내지 말고 시험 삼아 이와 같이 공부하여 지어[看]가다 보면, 날이 가고 달이 가면 곧 스스로 보아서 얻게 될 것입니다. 일 군 천 리 일들이 모두 서로 방해되지 않을 것입니다.

고인[황벽어록]이 말씀하시길, '나의 본성[遮裏, 감추어진 깊은 자리]이 바로 살아있는 조사의 뜻이다. 무슨 물건이 있어서 능히 그것을 구속하겠는가?' 라고 하였습니다. 만약 일상생활을 떠나서 따로 나아갈 곳이 있다면 이것은 물결을 떠나서 물을 구하는 것이며 금 그릇(금 채취 그릇) 없이 금을 구하는 것입니다. 구할수록 더욱 멀어지리라.

강설

조주스님이 '무無' 하니까 왜 없다고 했을까? 이런 생각을 짓지 말고, '무슨 도리로 저렇게 말씀하시는고?' 이런 생각도 하지 마라. 이 말이죠. 조주스님이 예상하지 못한 답을 하니 질문 속에 뭐가 있었던 것 같이 이렇게 이상한 생각을 해서 '아, 묘한 표현이야, 뭐가 있는가봐' 이러면서 뭘 또 찾아내려고 그 뿌리까지 더듬어가지 말라는 이 말이죠.

'일 없는 틀 속에 숨어 있으면서 드날리려 하지 말며' 이것이 뭐냐 하면 갑匣이라 하는 것은 하나의 틀을 짜서 그 안에 들어갔다는 뜻입니다. 일 없는 갑이란 것은 참선한다고 가만히 아무 것도 하지 않고 아무 생각도 못 일어나게 하고 생각을 틀어막고 고요히 앉아 있어야 공부가 되는 줄 알고, 또 이것을 굉장히 자랑스럽다고 생각하는 것을 말합니다.

사위의四威儀 즉 행주좌와 어묵동정의 일상에서 자기 안을 향해서 때때로 본성을 챙겨서 때때로 거각擧覺하되, 때때로 각성하여 '구자(狗子, 개)도 또한 불성이 있나이까? 없나이까?' 이르시되, '무無' 라 하심을 평상시(日用)에 여의지 말라라고 했습니다.

사실 자기 본성자리에 생각을 되돌려 놓을 줄 알고 문득 각성해서 정신 차린 사람에게 쓸데없이 구자 화두는 왜 들먹입니까? 이런 사람은 화두도 들 필요가 없거든요. 다만 이것이 잘 안 되니까 할 수 없이 방편으로 화두를 들라는 것입니다. 시험 삼아 이같이 공부를 지어 가다보면 어느 날에 문득 스스로 보게 되리니, '조주스님이 왜 그랬는가를 알게 될 것이다.' 이 말입니다. 그러니까 화두에 무슨 답이 있는지 찾으려 하지 말고 본심을 자각하는 공부를 열심히 지어가다 보면 조주스님의 살림살이를 자연히 헤아리게 될 테니까 거기다가 알음알이를 짓지 말라고 했어요. '왜 그랬는가?' 하는 생각을 붙이지 말고 망상을 부릴 때 각성 상태로 되돌려 놓는 도구로 조주 '무無'자를 떠올려라. 그러면 궁금했던 답이 거기서 튀어나올 날이 있을 것이다 그런 뜻입니다.

'한 고을 천 리의 일이 서로 전혀 방해되지 않으리라.' 마음공부 할 줄 알면 세상만사 방해 될 것이 없다는 것입니다. 고인이 이르기를 내 속에 있는 이 마음이 살아 있는 조사라고 합니다. 이와 같은 자기 본성자리를 누가 와서 방해할 것인가? 부처가 와서 방해할 것입니까? 조사가 와서 방해할 것입니까? 마군이가 어떻게 알고 자기를 방해할 겁니까? 누구도 방해하지 못합니다.

목마른 사람이 물을 떠나 갈증을 면하려는 것과 금을 찾는 사람이 금 그릇 없이 금을 구한다는 말은, 망상을 떠나 도를 찾고 현세를 떠나 극락을 구하는 것과 같다는 것입니다.

부추밀 계신에게 2

富樞密 季申 2

竊知 日來에 以此大事因緣으로 爲念하여 勇猛精進하여 純一無雜하고 不勝喜躍호라. 能二六時中熾然作爲之際에 必得相應也未아 寤寐二邊에 得一如也未아 如未인데는 切不可一向沈空趣寂이니 古人이 喚作黑山下鬼家活計라 盡未來際에도 無有透脫之期하리라

　가만히 살펴보아 알기로는 그대가 매일매일 이 일대사 인연을 마음에 두고 용맹스럽게 정진하여 순일하게 잡념이 없다고 하니 그 기쁨을 이길 수 없습니다. 능히 하루 이십사 시간 가운데서 불길같이 일어나는 경계 중에서도 반드시 상응함을 얻습니까 아닙니까? 잠을 잘 때나 깨어 있을 때 한결같습니까? 만약 아직 그렇지 못하다면 공적한 곳에 잠기지도 말고 고요한 곳에 나아가는 일도 절대로 하지 마십시오. 옛 사람[법수스님]이 이르시되, 그것은 '캄캄한 산 밑에 있는 귀신 굴의 살림살이로써 미래가 다할 때까지도 벗어날 기약이 없을 것이다.' 라고 하였습니다.

강설

　능히 십이시 가운데 불길같이 일어나는 경계에 즈음해서 반드시 상응함을 얻느냐, 못하느냐? 요즘 말하면 24시간입니다. 하루 종일 온갖 생활을 하는 중에 분주하게 일어나는 망상 중에서도 본심에 상응함을 얻느냐, 못하느냐? 그런 말입니다. 삼조 승

찬僧璨대사의 신심명信心銘에 나오는 말씀에 '지동귀지止動歸止이면 지갱미동止更彌動이라' 는 말이 있습니다. 움직이는 것[動]을 그쳐서 그침에 돌아가면 그침이 다시 움직임이 되어버린다는 말입니다. 움직이는 것을 못 움직이게 해서 조용하게 하면 그 조용한 것이 다시 움직이게 되어버립니다. 한 생각을 일어나는 것을 못 일어나게 하다 보면 그 생각을 못 일어나게 하는 그 생각이 또 움직여서 나를 괴롭혀요. 그렇기 때문에 참선을 이런 식으로 해서는 안 된다는 얘기입니다. 예를 들어 조주스님의 무자 화두를 들 때에, 조주스님이 왜 '무無' 라 했는가 하면서 거기서 무슨 답을 찾기 위해서 한다든가 무無하는 자리에 머물러서 일체 생각이 못 들어오게 마음 길을 막아서 그 작용이 일어나지 못하게 한다든가 그래서는 안됩니다.

　그럼 어떻게 화두를 들어야 합니까? 생각이 일어나서 방황을 하고 움직일 때 그 반연하는 마음을 내가 다시 바라보라[看] 했지 않습니까? 아, 내가 지금 이렇게 말하고 있고 이렇게 보고 있고 이렇게 듣고 있는 그것을 자각을 하는 그 상태 그곳에 화두를 두어야 합니다. 거기다가 무無를 가져다 놓기만 하면 됩니다. 어떤 생각에 사로잡혀 가는 것을 즉시에 깨닫고 뺏긴 내 마음을 내가 자각을 한 그 자리에서 '무無!' 하라 이 말입니다. 그렇게 무無를 자주 하란 말이지 무無에 머물러서 가만히 안주하란 뜻이 아닙니다. 무無를 자주자주 들라 이 말이에요. 그래서 '볼 간看자

즉 화두를 자주 봐라, 자주 들어라' 이 말입니다. 참선은 선을 참구하는 것이 아닙니다. 선에 참여하는 것입니다. 즉 화두를 사량해서 판단해서는 안됩니다. 그냥 보이는 대로 보기만 하면 됩니다.

본래 성품은 고요 적적寂寂이라 했습니다. 고요 적적이란 원융무애圓融無碍한 본래자리, 부처자리, 진성자리입니다. 거기에 마음을 두지 못하고 자꾸 어떤 대상에 마음이 뺏기니까, 뺏긴 그 자리에서 자각해서 다시 본 자리로 돌아오는 것이 선禪입니다. 그래서 자주 자주 거각擧覺해라 그랬지, 화두에 붙잡혀 있으라고 한 사실이 없어요. 화두에 몰입하라 그런 뜻이 아닙니다.

사람마다 근기가 다 다릅니다. 그래서 의심이 아주 많은 사람이 있는가 하면, 지극한 신심이 있어서 부처님 말씀을 한번 들으면 확실하게 믿어서 단번에 의심의 갈래를 끊어버리는 그런 사람도 있고, 내가 이것을 정말로 몰라서 되겠나 하고 분통이 터져서 분심이 극치에 이른 사람들도 있습니다. 그래서 옛날 스님들이 대의심大疑心 대분심大憤心 대신심大信心을 가져야 된다고 하는 이유가 있습니다. 공부가 잘 안 되는 이유는 그런 것이 다 약하기 때문에 그렇다고 얘기하는 것입니다. 그것도 또한 본분자리로 이끌어 가기 위한 수단이고 이끌어가는 하나의 방편이지 다른 것이 아닙니다.

'깨고 잠드는 양변에 일여함을 얻느냐, 마느냐?' 적어도 잠이 깰 때 그리고 잠이 들 때도 놓치지 않을 정도로 되어야 된다. 그런 뜻이거든요. 이것이 성철스님이 항상 주장하시는 오매일여寤寐一如입니다.

昨接來書하고 私慮左右가 必已耽着靜勝三昧러니 及詢直閣公하고서 乃知果如所料하니라. 大凡涉世有餘之士가 久膠於塵勞中이라가 忽然得人의 指令向靜黙處做工夫하여 乍得胸中이無事하면 便認着하여 以爲究竟安樂하고 殊不知似石壓草로다雖暫覺絶消息이나 奈何根株猶在거늘 寧有證徹寂滅之期리요

어제는 보내 온 편지를 받고 사사로이 생각하기를, '그대가필히 이미 고요한 삼매를 탐착하고 있으리라.' 고 염려했었는데직각공直閣公에게 물어본 후에 과연 그러함을 알았습니다. 대개세상에 묻혀 사는 여유로운 선비들이 오랫동안 세상 진로 가운데에 빠져 있다가 문득 다른 사람으로부터 '고요하고 적묵한 곳으로 들어가는 공부를 하라.' 는 지도를 받고는, 잠깐 동안 가슴속에 일없음을 얻으면 곧 이를 오인해서 구경의 안락으로 여깁니다. 이것이 결코 돌로써 풀을 눌러놓은 것과 같다는 사실을 알지 못합니다. 비록 잠깐 동안은 소식이 끊어진 것을 느끼지만 그뿌리는 오히려 남아 있음을 어찌하겠습니까? 그래서야 어찌 적

멸한 경지를 깨달아 사무칠 기약이 있겠습니까?

'정승靜勝 공부라는 것'은 고요한 그것에 재미를 붙인다는 말입니다. 그런 곳에 빠질까 싶어서 걱정을 했더니 직각공이라는 사람의 말을 듣고 보니 과연 그렇구나! 라고 생각했다는 것입니다.

'세간에 습이 남아있는 선비'란 학식과 덕을 갖추고 있지만, 세속적 욕망을 버리지 못하고 있는 그런 선비들을 말합니다. 우리가 습관에 매여 살고 있지 않습니까? 우리 몸에 익힌 습쩝 그대로 살다보니 거기에 우리가 항상 붙잡혀 있단 말입니다. 그것은 바로 번뇌망상 덩어리죠. 이것이 우리 마음에 아교풀로 붙인 것처럼 딱 붙어 있으니 머리가 쉴 날이 없고 복잡하여 머리가 아프단 말입니다. 그렇게 되어 있는 상태에서 홀연히 다른 사람이 가르치길, '고요히 앉아서 생각을 일으키지 않는 공부를 해봐라'고 이르는 것입니다. 그렇게 해 보니 머리가 맑아지고 잠시 평온함을 얻게 됩니다. 이렇게 되면 아 이제 공부가 되는 징조구나! 참선이라는 것이 이런 것이구나! 그래서 이러한 상태를 종지로 삼고 구경의 안락처로 삼는다는 것입니다.

그런데 이런 공부는 돌로 풀을 누르고 있는 것과 같다는 말입니다. 이것은 실제 생활에서 아무런 힘을 얻지를 못합니다. 공부를 무엇 때문에 하느냐? 시끄럽고 고달프고 괴롭고 짜증나고 시기질투하고 온갖 것들이 우리를 괴롭히는 그 순간에 그것을 극복할 수 있는 힘을 키우려고 하는 것입니다. 그것이 곧 간화선 공부입니다.

要得眞正寂滅이 現前인댄 必須於熾然生滅之中에 驀地一跳에 跳出이니라 不動一絲毫하고 便攪長河하여 爲酥酪하며 變大地하여 作黃金하며 臨機縱奪에 殺活自由하고 利他自利에 無施不可이리라.

진정으로 바른 적멸자리가 앞에 나타나기를 바란다면 반드시 불같은 생멸 속에서 홀연히 한번 도약해서 뛰어나야 합니다. 그렇게 되면 털끝 하나 움직이지 않고도 장강長江을 휘저어서 소락酥酪을 만들며, 대지를 변화시켜서 황금을 만들 것입니다. 사람들의 근기를 따라 인정하여 북돋우기도 하고, 뜻을 차단하여 막기도 하며, 죽이고 살리는 것을 자유자재로 할 것입니다. 다른 사람도 이롭게 하고 자신도 이롭게 하여 일마다 베풀지 못할 것이 없을 것입니다.

　진정한 적멸이 어떤지를 알려면 시끄럽고 어지러운 그때 한번 벗어날 줄 알아야 된다 이 말입니다. 화가 나고 무슨 탐심이 나고 음심이 나고 온갖 짜증이 나를 휘젓고 움직일 때, 억! 하면서 벗어나서 마음이 휘둘리는 것으로부터 자제하는 힘을 키우는 것이 진정한 적멸로 가는 것입니다. 그래서 어느 순간에 불같이 타오르는 생멸 가운데서 한번 홀쩍 벗어날 줄 알아야 된다 그 말입니다.

　'소락'은 우유로 만든 일종의 감미로운 술입니다. 옛날 중국에서는 우유를 발효해서 성소와 숙소인 소락을 만들고 소락을 다시 증제하여 제호를 만들었다고 합니다. 그러니 소락은 가치가 높은 제품이란 뜻입니다. 평범한 강물로써 맛 좋은 술을 만들고 대지를 황금으로 변화시키는 것은 바로 중생을 부처로 만들고 번뇌를 지혜로 변화시키는 것을 비유한 것입니다.

　'종탈縱奪'에서 '종'은 상대방 뜻에 따라 인정하는 것이고, '탈'은 그 사람 뜻을 따르지 않고 내 뜻대로 끌고 와서 고쳐주는 것입니다.

先聖이 喚作無盡藏陀羅尼門이며 無盡藏神通遊戲門이며 無盡藏如意解脫門이라하시니 豈非眞大丈夫之能事也리오. 然이나 亦非使然이라 皆吾心之常分耳니 願左右는 快着精彩하여 決期於此하라. 廓徹大悟하면 胸中皎然함이 如百千日月하여 十方世界를 一念明了하데 無一絲毫頭異想하리니 始得與究竟相應하리라 果能如是면 豈獨於生死路上에 得力이리요 異日에 再秉鈞軸하여 致君於堯舜之上을 如指諸掌耳리라.

옛 성인이 말씀하시길, '이것을 불러서 무진장 다라니문이며, 무진장 신통유희문이며, 무진장 여의해탈문이라'고 하시니, 어찌 참다운 대장부로서 능히 해야 할 일이 아니겠습니까? 그러나 또한 억지로 시켜서 하는 일이 아닙니다. 모두가 우리 마음에 있는 능력일 뿐입니다. 바라건대 그대는 정신을 바짝 차려서 결단코 이것을 이루겠다고 기약하십시오.

확철히 크게 깨달으면 가슴 속이 환하게 밝은 것이 마치 백천개의 태양이 뜬 것과 같습니다. 시방세계를 한 생각에 분명하게 알 수 있는 것이 털끝만치도 틀리지 않을 것입니다. 그렇게 되면 비로소 구경의 경지와 상응하게 될 것입니다. 과연 이와 같이만 된다면 어찌 홀로 생사의 길에서 힘을 얻는 것 뿐이겠습니까? 다른 날에 다시 국가의 중요한 책임[鈞軸]을 맡아서 군주君主를 요순堯舜보다도 더 높이 올려두게 하는 일도 자신의 손으로 자신의 손가락을 사용하는 것과 같이 쉬울 것입니다.

마음자리를 밝힌 눈 밝은 사람은 자기 자신만 이로운 것이 아
니라 다른 모든 사람을 이롭게 하고, 또한 신하로서 임금을 어진
성군으로 이끌 때도 자기 손으로 자기 손가락 움직이듯 할 수 있
으니 나머지는 말할 것이 있겠는가? 라는 뜻입니다.

答

부추밀 계신에게 3

富樞密 季申 3

示諭하니 初機는 得少靜坐하여서 工夫亦自佳라하며 又云不敢妄作靜見이라고하니 黃面老子께서 所謂譬 如有人이 自塞其耳하고 高聲大叫하여 求人不聞이라 眞是自作障難耳이로다. 若生死心을 未破하면 日用二六時中에 冥冥蒙蒙地함이 如魂不散底死人으로 一般이라 更討甚閑工夫가 理會靜理會鬧하리오.

보내 온 편지에 '공부할 때에 처음에는 잠시 조용하게 앉아서 좌선하여야 공부가 잘 진행될 것이다.' 라고 하고, 또 말하기를 '그렇다고 망령되게 조용한 견해를 짓는 것도 좋지 않다.' 라고 하였으니, 그것은 부처님이 말씀하신 '마치 어떤 사람이 자신의 귀를 막고 큰 소리를 질러놓고 다른 사람들이 듣지 않기를 구하는 것과 같다.' 라고 하신 비유와 같아서 참으로 자기 스스로 장애와 어려움을 지을 뿐입니다.

만약 생사의 마음을 깨뜨리지 못하면 하루 24시간 가운데 어둡고 아득함이 마치 혼이 흩어지지 않은 죽은 사람과 같은 상태입니다. 심히 한가로움을 지어서 무슨 고요함을 이회理會하고 시끄러움을 이회하는 부질없는 공부에 대하여 다시 토론할 이유가 어디 있겠습니까?

'조용히 앉아 있어야 되고, 또 그래야 삿된 견해를 짓지 않을 수 있다'고 하는 그런 공부는 아무 소용이 없다는 것입니다. 이 것은 마치 부처님께서 말씀하신 바와 같이 '자신의 귀를 막고 큰 소리를 내고는 다른 사람이 듣지 않기를 바라는 것'과 같이 어리석다는 것입니다.

생사심이 무엇입니까? 마음이 어떤 대상을 대할 때 마음작용이 일어납니다. 제가 물병을 들면 물병이 인식되고 컵을 들면 컵이 인식됩니다. 물병을 보던 마음이 컵을 들면 컵을 봅니다. 따라서 물병을 보던 마음은 사라지고 컵을 보는 마음이 생겼습니다. 바로 이것이 생사심입니다. 이 생사심에서 벗어나려면 어떻게 해야 합니까? 일어나는 마음을 통째로 내려놔버려야 합니다. 통째로 내려놓는 게 무엇이냐 하면 바로 본심으로 돌아가는 것입니다. 회광반조를 하면 이 생사심이 그 자리에서 사라져버립니다.

이 생사심을 놓아버리지 못할진대, 이 상태가 흡사 명명하고 몽몽해서 아무것도 없는 상태란 말입니다. 그렇게 공에 떨어진 상태로 있는 것은 마치 숨은 쉬되 죽은 사람처럼 되어 있는 것입니다. 팔팔 살아서 생각이 움직이는 가운데 조용할 줄 알아야지 생각을 움직이지 못하게 꽉 막아놓으면 안 된다는 것입니다.

일상생활을 하면서 번잡한 생활 속에서도 마음을 자기 본분자리에 놓고 성성하게 깨어서 무위행無爲行을 할 수 있을 때를 시끄러운[鬧] 가운데 적적寂寂하다고 합니다. 그래서 '적적하되 무기無記에 빠지는 것도 잘못이며[寂寂無記非], 성성한 가운데 정신이 산란한 것도 잘못된 것이다[惺惺散亂非].' '적적성성寂寂惺惺은 옳지 않고 성성적적惺惺寂寂은 옳다' 라는 말이 있습니다. 성성은 시끄러운 것을 보고도 깨어있는 것을 말하는데, 시끄러운 가운데서 고요하면 좋지만 적적성성은 옳지 않다고 했어요. 즉 고요한 가운데서 시끄러운 것이 나타난다면 그것은 잘못된 것입니다. 무슨 말인가 하면 '시끄러운 가운데서 본성을 찾으면 그 시끄러움이 시끄럽지 않고, 고요히 움직이지 않고 있는데도 마음이 산란하면 고요함이 고요하지 못함을 뜻한다는 말입니다. 통틀어서 일체 생활 자체가 번뇌망상 아닌 것이 없는데 번뇌망상을 없애려고 하면 절대 안 됩니다. 번뇌망상 속에서 번뇌를 뒤집어서 보리를 만들 줄 알아야 됩니다. 번뇌 그것이 번뇌인 줄 알았을 때 번뇌를 지혜로 바꿀 수 있는 힘이 생기는 것입니다.

涅槃會上에 廣額屠兒가 放下屠刀하고 便成佛하니 豈是做靜中工夫來리오 渠豈不是初機리오만은 左右見此코 定以爲不然이라하여 須差排하되 渠作古佛이 示現이지 今人은 無此力量이라하리니 若如是見인댄 乃不信自殊勝하고 甘爲下劣

人也리라.

열반회상[열반경]에 보면 광액도아廣額屠兒가 소를 잡던 칼을 집어던지고 곧바로 성불하였다고 적혀 있습니다. 그 사람이 어찌 고요한 가운데서 공부를 해왔던 사람이겠습니까? 그리고 그 사람이 어찌 초심자가 아니겠습니까마는 그대가 이것을 보고는 절대 그렇지 않다고 하면서 부정하기를, '반드시 그 사람은 옛날에 부처가 나타난 때라 가능하지만 요즘 사람으로서는 이러한 역량이 있을 수 없다.' 라고 할 것입니다. 만약 이와 같이 본다면 자신의 수승함을 믿지 않고 스스로 보잘 것 없는 사람으로 달게 여기는 것이 됩니다.

강설

'열반회상'은 『열반경』을 말합니다. 열반회상에서 이르기를 광액도아가 언제 앉아서 참선 했느냐 이 말입니다. 부처님 법문 듣고 늘 자기를 성찰하는 생활을 하다가 어느 날 홀연 알아차리니까 '아 그렇구나' 하고 본성을 깨우쳐 견성을 했다는 것입니다. 대상에 마음을 뺏겼을 때 내 정신 번쩍 차리고 살아야겠다. 다시는 마음 안 뺏기고 살아야겠다, 그걸 알아차렸다는 말이지요.

광액도아廣額屠兒라고 하는 이는 인도에서 소를 제일 잘 잡는 사람이랍니다. 소고기를 많이 먹어서 그런지 이마가 넓고 번질거려서 광액이라 불리었답니다. 이 사람이 어느 날 자기 자신이 부처라고 하는 사실을 알았어요. 그래서 소를 잡던 칼을 도마에 꽂으면서 '나도 일천 부처 가운데 한 사람이다.' 라고 큰 소리를 쳤답니다.

그런데 그대는 말이지 '광액도아가 말씀 한마디 듣고 도를 깨우쳤다' 고 하니까 '그것이 절대 그럴 리가 없다' 고 하고, 또 '그 당시에는 광액이 부처님을 만났기 때문에 그런 인연이 있었지만 요즘 사람은 부처님처럼 해 줄 사람이 있나?' 이렇게 하고 믿지 않고 있으니 되겠느냐는 것입니다. 대혜스님이 일러준 말을 믿지 않고 자기 스스로를 못난 사람으로 만들어 버린다는 얘기입니다.

我此門中은 不論初機晚學하고 亦不問久叅先達이라 若要眞箇靜인댄 須是生死心을 破할지니 不着做工夫하여도 生死心이 破則自靜也리라 先聖의 所說寂靜方便이 正爲此也어늘 自是末世邪師輩가 不會先聖方便語耳니라.

우리의 이 문중에는 초심자나 배움이 늦은 자를 논하지 아니하며, 또한 오랫동안 공부하여[久叅] 먼저 도달한 사람도 묻지 않습니다. 만약 참으로 고요해지길 원한다면 모름지기 생사의 마음을 깨뜨려야 합니다. 힘써 공부하지 않더라도 생사의 마음을 깨뜨린다면 저절로 고요해질 것입니다. 옛 성인들이 말씀한 적정寂靜이라는 방편이 바로 이러하거늘 말세의 삿된 스승 무리들이 옛 성인들의 방편의 말씀을 스스로 이해하지 못할 따름입니다.

'생사심을 끊는다'는 것은 대상에 이끌려 일어나는 마음에 꺼들리지 않고 회광반조하여 자기 본심을 알아차린다는 것입니다.

左右가 若信得山僧及인댄 試向鬧處하여 看狗子無佛性話언정 未說悟不悟니 正當方寸이 擾擾時하여 驀提撕擧覺看하라 還覺靜也無아 還覺得力也無아 若覺得力이어든 便不須放捨하고 要靜坐時에 但燒一炷香하고 靜坐호대 坐時에 不得令昏沈하며 亦不得掉擧니 昏沈掉擧는 先聖의 所訶니라.

靜坐時에 便覺此兩種病이 現前커든 但只擧狗子無佛性話하면 兩種病은 不着用力排遣하여도 當下에 帖帖地矣리니 日久月深하면 纔覺省力이 便是得力處也라 亦不着做靜中工夫하여도 只遮便是工夫也니라.

그대가 만약 산승을 믿는다면 시험 삼아서 시끄러운 곳에서 '개에는 불성이 없다' 라는 화두를 지켜볼[看]지언정 깨닫고 깨닫지 못함을 말하지 마십시오. 마음[방촌, 마을]이 답답하고 어지러울 때를 마주하여서 어떤 경우에도 정신을 차려서 화두를 들고 지켜보십시오. 고요함을 알게 됩니까? 또한 힘을 얻음을 알게 됩니까? 만약 힘 얻음을 알게 되거든 바로 놓아버리지 말고 지켜보십시오. 고요히 앉고 싶을 때는 다만 향을 하나 사르고 고요히 앉으십시오. 앉아 있을 때에는 졸음[혼침]이 일어나게 두지 말며, 또한 망상이 들고 일어나게도 하지 마십시오. 졸음이나 망상은 옛 성인들이 꾸짖은 바입니다. 고요히 앉았을 때에 문득 이 두 가지 병이 나타남을 알게 되거든 다만 '개에게 불성이 없다' 는 화두를 들게 되면 이 두 가지 병은 애써 물리치려 하지 않아도 당장에 사라질[帖帖] 것입니다. 날이 오래되고 달이 깊어지면 곧바로 힘이 덜 들게 되는 것이 곧 힘을 얻는 곳임을 알게 될 것입니다. 그렇게 되면 또한 힘써서 고요한 데서 공부를 짓지 아니하더라도 다만 이것이 바로 공부입니다.

강설

'시끄러운 중에도 시험 삼아 화두를 한번 들어보라, 예를 들어 봅시다. 화를 낼 때는 이성을 찾지 못하니까 계속 화가 나지 않습니까? 화가 날 때 무자無字 화두가 톡 튀어 나왔다 그러면 생각이 한번 확 바뀐 것입니다. 어쨌든 화가 나는 중에 무자 화두가 떠올랐다면 화가 지속되는 것이 딱 끊어진 것입니다. 공부하는 사람이라면 '화에 휘둘리지 말아야 된다.' 는 생각을 찰나지간에 떠올릴 줄 알아야 됩니다. 그러면 화가 스스로 해소되든지 아니면, 그 무자 화두로 화를 눌러 버리든지 둘 중에 하나입니다. 화를 내는 중에 화두 생각이 나지 않으니 계속 화에 꺼들린다 이 말입니다. 이런 때에 화두를 들어보면 화를 없애는 힘이 생기는지 아닌지 자기가 확인할 수 있거든요. 이때 조금이라도 힘이 얻어진다면 그것을 잘 지켜가라 그 말입니다. 이것이 처음에는 잘 안 되니까 억지로라도 힘을 써서 화두를 붙여서 화두가 이기게끔 해야 됩니다. 그렇게 자꾸 해야 되는 것입니다.

조용히 앉아서 참선을 할 때 잠이 오고 잡생각이 많이 들어오거든요. '도거[산란심]' 란 말은, 이 생각 저 생각을 따라가는 것을 말합니다. 가만히 앉아 있는데 졸음 아니면 도거, 도거 아니면 졸음 이러한 상태를 화두로써 방편을 삼아 자각해 가라는 것이지요. '자각한 자리' 거기가 바로 망상을 내려놓는 자리입니다. 화두를 떠올리기만 하면 졸음과 도거는 힘을 들일 필요 없이 물러가버립니다. 이렇게 자주 하다 보면 자연스럽게 어떤 대상에 자꾸만 휘둘리는 그 마음이 약해지고 저절로 선정의 힘이 얻어집니다. 이렇게 하는 것이 힘을 덜게 되는 것입니다.

화두 드는 것을 잘 아시겠습니까? 어떤 생각에 휘둘려서 끌려간 나를 회광반조하여 각성한 자리에다가 화두를 갖다 놓으라 했어요. 결론은 빼앗긴 마음을 찾는 훈련입니다. 이것을 위한 방편으로써 무자無字 화두를 들라는 것입니다.

李叅政이 頃在泉南할때 初相見時에 見山僧의 力排黙照邪禪이 瞎人眼하고 渠初不平하여 疑怒相半이러니 驀聞山僧의 頌庭前栢樹子話하고 忽然打破漆桶하여 於一笑中에 千了百當코서 方信山僧의 開口見膽이라 無秋毫相欺하며 亦不是爭人我하고 便對山僧懺悔일러니라 此公이 現在彼하니 請試問之하되 還是也無아.

지난 날 천남泉南 땅에 있으면서 나를 처음 보았을 때, 산승이 '묵조사선黙照邪禪은 사람들의 눈을 멀게 하는 것이다.' 라고 하면서 힘써 배척하는 것을 이참정李叅政이 보았습니다. 그 사람도 처음에는 마음이 불편해서 의심과 분노가 서로 반반이었는데 산승의 '정전백수자庭前栢樹子' 화두에 대한 게송을 듣고는 홀연히 칠통을 타파하여 한번 웃는 가운데서 백천 가지를 깨달아 알았습니다. 그리고는 비로소 산승이 입을 열면 마음까지 환하게 보았으며 서로가 추호(가을 털, 미세한 털)의 속임도 없었습니다. 또한 나와 너[인상·아상]도 접어두고 곧 산승에게 참회하였습니다. 이 사람이 현재 그곳에 있으니 시험 삼아 그것이 사실인지 물어보시기를 청합니다.

강설

당시 이참정이 묵조선에 빠져 있었는데 대혜스님이 묵조선을 비방하니까 이참정이 분노와 불신을 가졌다는 말이죠. 그런데 대혜스님이 법문 중에 '띠풀이 높고 낮게 보이는 것이 띠가 높고 낮은 것이 아니고, 불을 태우고 보니 땅이 높고 낮아서 그렇다!' 라는 소리에 확 깨달아버리거든요. 그러니까 모든 것이 우리 마음이 만든 조화라는 것을 몰랐고, 어떤 대상에 자꾸 내 마음을 뺏겨서 그랬다는 사실을 깨닫지 못해서 휘둘렸다는 것을 알게 되었단 말입니다. 그러니 '묵조선을 해서 조용히 참선하는 것이 무엇이 잘못이라서 함부로 저렇게 비방을 하는가?' 하고 분심을 내었던 것이 눈 녹듯이 싹 사라져 버리고 백천 가지 온갖 것들을 해결하는 방법을 찾아낸 것입니다.

그래서 대혜스님이 입만 뻥긋하려고 해도 벌써 이참정은 대혜스님의 속을 훤하게 알게 되었단 말입니다. 그러니까 이제 눈빛만 봐도 즉시 소통이 돼버려요. 따라서 추호도 서로 속임이 없으며 또한 이 '인아人我'를 다투지도 않는다 했습니다. 이 '인아'라는 것은 무엇입니까? '내가 뛰어나다' 이런 비교를 한다든가, '내 자신이 대혜스님 보다 한 수 위다' 생각을 했다든가, 이런 생각을 하지 않고 모든 생각을 본분자리에서 해결하는 방법을 알았다는 말입니다. 자기 관직과 체면이 있어서 아상이 굉장했었는데, 이참정이 대혜스님에게 '정말로 이렇게 나의 생각을 바꾸게 해주셔서 감사합니다. 앞서 자신이 분한 생각을 하고 의심을 냈던 것을 참회합니다.'라고 했답니다.

道謙上座가 已往福唐인데 不識커라 已到彼否아 此子參禪喫辛苦更多하되 亦嘗十餘年을 入枯禪이러니 近年에 始得箇安樂處하니 相見時어든 試問渠하되 如何做工夫오 曾爲浪子라 偏憐客이니 想必至誠吐露也리라

도겸상좌道謙上座가 이미 복당福唐이라는 곳에 갔습니다. 알 수는 없으나 그곳에 이미 이르렀는지요? 이 사람이 오랫동안 고생고생 하면서 참선을 했습니다. 그도 또한 일찍이 10여 년을 물기 없는 바짝 마른 참선[黙照禪]에 들어가 있었는데 근년에 비로소 안락한 곳을 얻었습니다. 서로 만나게 되거든 그 사람에게 시험 삼아서 어떻게 공부하는가를 물어보십시오. 그는 일찍이 나그네 노릇을 하였기 때문에 나그네 심정을 잘 알 것입니다. 아마도 반드시 지극 정성으로 털어놓을 것입니다.

강설

　도겸상좌는 대혜스님의 제자입니다. 도겸이 복당이란 곳에 갔
으니 한번 만나서 어떻게 공부해야 하는지 물어보라는 것입니다.
도겸이 고생하여 공부하는 방법을 터득했으니 지금 고생하고 있
는 그대와 잘 통하지 않겠는가 이 말이지요. 도겸이 도를 깨치려
고 십 수 년을 죽을 고생을 하며 앉아 참선하고 여러 곳을 다니
며 수행해도 얻은 바가 없다가 대혜스님의 가르침을 입어 본성을
찾았기 때문입니다.

이참정 한로에게 당부함

李叅政 漢老 別紙

富樞가 頃在三衢時에 嘗有書來問道거늘 因以打葛藤一上하여 落草不少하되 尙爾滯在黙照處하니 定是遭邪師의 引入鬼窟裡無疑로다. 今又得書하니 復執靜坐爲佳라 其滯泥如此어니 如何叅得徑山禪이리요 今次答渠書하되 又復縷縷葛藤하여 不惜口業하고 痛與剗除어니와 又不知肯回頭轉腦하여 於日用中에 看話頭否아 先聖이 云寧可破戒를 如須彌山이언정 不可被邪師의 熏一邪念이니 如芥子許나 在情識中하면 如油入麵하여 永不可出이라하니 此公이 是也라.

부추밀이 지난 날 삼구에 있을 때 일찍이 편지를 보내와서 도를 묻거늘, 갈등을 해소시켜 주려고 일러준 것이 적지 않았습니다. 그런데도 오히려 묵조선에 떨어져 막혀 있었으니 틀림없이 삿된 스승을 만나서 귀신의 굴속에 이끌려 들어간 것이 의심의 여지가 없습니다. 요즘에 또 편지를 받아보니 다시 또 고요하게 앉음에 집착하여 훌륭한 공부라고 여긴다 하니, 그가 이처럼 꽉 막혀 있으니 어떻게 경산徑山[대혜]의 선을 참구叅句할 수 있겠습니까?

이번에 또 다시 그 사람[부추밀]에게 답장을 하면서 갈등을 없애주기 위하여 누누이 구업口業을 아끼지 아니하고 통렬히 경책을 하였습니다. 이제는 기꺼이 마음을 바꾸어서 일상생활에서 화두를 살펴보는 지 알 수가 없습니다. 옛 성인이 말씀하시기를,

'차라리 수미산과 같은 파계를 할지언정 조금이라도 삿된 스승의 삿된 생각에 훈습되어 겨자씨만큼이라도 의식 속에 남아있으면 마치 기름이 밀가루 속에 들어가는 것과 같아서 영원히 빼내지 못한다.' 라고 하였습니다. 이 사람이야말로 바로 그와 같은 경우입니다.

강설

지금 대혜스님께서 이참정에게 하는 얘기입니다. 부추밀이 나에게 도를 묻거늘 그에게 잘못된 것을 일일이 지적해서 많이 일러 주었다는 뜻입니다. 그렇게 했는데도 묵묵히 앉아 있기를 좋아하고 거기에 걸려 있으니, 이는 필시 옆에 공부를 잘못 지도하는 삿된 스승이 있어서 귀신 굴로 끌고 들어가는 것이 훤히 보인다는 말입니다.

부추밀이 이제 또 글을 보내와서 여전히 고요히 앉음을 집착하여 아름다움을 삼는지라, 내가 가르쳐 주는 참선을 자기가 어떻게 알겠는가? 도대체 지금 내 말귀를 알아듣지 못한다 이 말입니다. 앉는 것에 집착을 하고 재미를 붙여, 그것이 공부인 줄 알고 그곳에 안주하기를 좋아하는 것입니다. 번뇌망상이 일어나면 안 된다 하고 생각 자체를 일어나지 못하게 꽉꽉 틀어막는 엉뚱한 공부를 하고 있다는 것입니다. 이번에 또 다시 답장을 보내면서, 아주 강한 어조로 잘못을 바로 잡아 주었는데, 부추밀이 간화선 공부를 제대로 하는지 알 수 없다고 말합니다. 옛 성인이 무슨 말씀을 했습니까? '파계破戒를 수미산 같이 한다고 해도 그보다 더 큰 잘못이 무엇이냐?' 삿된 무리들에게 잘못 훈습이 되는 것이라 했습니다. 이것이 겨자씨만큼 작다고 해도 그 허물은 수미산보다 크다는 말입니다. 이 말은 '마음공부'가 '바깥으로 업을 짓는 것을 다스리는 계율'과는 달리 그 근본마음을 잘 다스리는 것을 보인 것입니다. 마음공부를 오인해서 잘못 들어가면 이것은 돌이킬 수 없이 도道와는 십만 팔천 리로 멀어진다는 뜻입니다.

밀가루 속에 석유 한 방울 떨어뜨리면 그 밀가루로 음식 해 먹을 수 있습니까? 석유 한번 떨어뜨려 보세요. 그것을 아무리 빼내려고 해도 빠집니까? 안 됩니다. 그와 같이 독한 것입니다. 그 묵조의 사사배들에게 참선하는 것을 잘못 알아버리면 말짱 헛수고입니다. 그래서 참선하는 법을 잘못 알면 백천만 겁을 지내도 이루지 못합니다.

如가 與之相見이면 試取答渠底葛藤一觀하고 因以作箇方便하여 救取此人이어다. 四攝法中에 以同事攝으로 爲最强이라 左右는 當大啓此法門하여 令其信入이면 不唯省得山僧一半力이라 亦使渠로 信得及하여 肯離舊窟也리라.

공이 그 사람을 만나거든 시험 삼아서 산승이 그에게 보낸 편지를 한번 보고 여러 가지 일러준 것 중에서 그 사람에게 꼭 맞는 방편을 취하여 구제해 줄지어다. 사섭법四攝法 가운데에 동사섭同事攝이 가장 으뜸의 방편이니, 그대가 마땅히 이러한 법문을 크게 열어서 그 사람을 믿어 들어가게 한다면 산승의 힘을 반쯤 덜어줄 뿐만 아니라 또 그 사람에게 믿게 해서 기꺼이 옛 굴속[묵조선]을 벗어나게 하는 것이 될 것이리라.

강설

내가 편지도 쓰고 조금 일러주고 그랬는데, 그대가 내가 말해주지 않은 것을 다른 방법으로도 말해 줄 수 있으니까 이 사람을 잘 살펴서 지도해 주라는 것입니다. 사섭법 가운데에 동사섭으로써 으뜸을 삼는다고 했습니다. 사섭법四攝法이란 사람을 포섭하여 교화하는 네 가지 방법을 말합니다. 보시섭布施攝, 애어섭愛語攝, 이행섭利行攝, 동사섭同事攝인데, 그 가운데서 동사섭은 같은 일을 함께 하면서 동질감을 느끼게 하여 마음을 열게 교화하는 방법입니다. 이 동사섭同事攝을 가장 으뜸으로 여긴다는 것입니다. 이를테면 부추밀이 묵조선에 빠져있으므로 이참정 그대도 예전에 묵조선에 빠져 있었으니 부추밀의 심정을 알 것이고, 묵조선의 오류를 누구보다 잘 알고 있기에 부추밀의 잘못된 점을 꼭 집어내어 귀신 굴에서 빼내 주어라는 뜻입니다.

答

진소경 계임에게 1

陳少卿 季任 1

진소경은 갈주 양평(현재 절강성 영가현) 사람.
이름은 진전(陳栴), 자는 계임, 자호는 무상거사.
휘종조 정화(1111~1118) 때 급제하여 고종(1127~1162) 때
예부시랑에 올랐다가 당시 승상인 태회와 반목하여
시랑직을 파면당하고 양양 지사로 좌천당함.
성품이 너그럽고 온화하며 영리를 탐하지 않았다고 함.

承諭하니 欲留意此段大事因緣하되 爲根性이 極鈍이라하니 若果如此컨댄 當爲左右賀也하노라. 今時에 士大夫多가 於此 事에 不能百了千當하여 直下透脫者는 只爲根性이 太利하여 知見이 太多하여 見宗師의 纔開口動舌하면 무一時會了也라 以故로 返不如鈍根者가 無許多惡知惡覺이라 驀地於一機一境 上과 一言一句下에 撞發이니라.

편지를 받아보니 그대가 뜻을 두어 이 일단대사인연에 머무 르고자 하지만 근성이 극히 둔하다고 하니, 과연 그대가 만일 이 와 같다면 마땅히 그대를 위해서 축하할 일입니다. 요사이 많은 사대부들이 이 일(공부)에 있어서 능히 백을 요달하고 천을 당할 때 직하에 뚫어 벗어나지 못하는 이유는 다만 근성이 너무 날카 롭고 지견이 너무 많아서 종사가 겨우 입을 열어 말하기 전에 벌 써 알아 마치기 때문입니다. 그러므로 오히려 근기가 둔하여 그 많은 잘못된 지식과 잘못된 깨우침이 없는 사람이 문득[맥지에] 한 기틀 한 경계와 한 말씀 한 글귀 아래에 부딪혀서 문득 마음 을 밝히는 것만 같지 못합니다.

강설

진소경이 일단 대사 인연, 즉 참선을 해서 도를 깨우치고 본분 자리를 밝히고자 크게 마음을 먹었으나 근기와 성품이 극히 둔하여 공부가 잘 안된다고 대혜스님께 하소연을 했던 것이지요. 그러니 대혜스님은 그대가 근성이 둔하다면 둔한 것이 오히려 다행이라고 말씀하신 것입니다. 왜냐하면 요새 많은 사람들이 영리하고 예리해서 한번 일러주려고 입을 열면 그 자리에서 다 알아차려버립니다. 알아차려버리는 그것이 병이 되어서 정말로 알아야 할 것은 놓쳐버리고 공부를 잘 못하는 것이 허다한데 그대는 그런 것이 없이 태둔하다 하니까, 일체 그런 곳에서는 장애를 받지 않을 것 아닌가? 이 말입니다. 사려 분별로 알아차리는 것은 올바른 깨달음이 아니고 오히려 구경의 깨달음으로 가는 공부에 장애가 된다는 것을 강조하신 것입니다.

'악지악각' 이라는 것은 잘못 알고 잘못 깨달은 것을 말합니다. 악지악각이 없어야 어떤 틀 속에 갇히거나 경계에 머무를 때 그곳에서 훌쩍 벗어나 버릴 수 있고, 또한 경계에 부딪힐 때 불현듯이 깨달을 수 있다는 말입니다.

便是達磨大師가 出頭來하여 用盡百種神通이라도 也奈何 佗不得하리니 只爲佗無道理可障일새. 利根者는 返被利根의 所障하여 不能得崒地便折하며 曝地便破라 假饒於聰明知解 上에 學得이라도 於自己本分事上엔 轉不得力하리니 所以로 南泉和尙이 云近日에 禪師太多하지만 覓箇癡鈍人는 不可得

이니라.

　그러한 사람은 문득 달마대사가 출현하여 백 가지 신통을 다
부려서 그를 흔들려 해도 어찌하지 못할 것입니다. 왜냐하면 그
는 어떠한 도리에도 장애를 입지 않기 때문입니다. 반면에 근기
가 날카로운 자는 도리어 날카로운 근기의 장애를 입기 때문에
줄지啐地에 쪼개며 폭지에 타파하는 능력을 가히 얻지 못할뿐더
러, 설령 총명지해의 학식을 충분히 배워서 얻더라도 자기 본분
의 일에 전환할 수 있는 힘을 얻지 못합니다. 그러므로 남천南泉
화상이 말씀하시되, '최근에는 선사가 지나치게 많지만 어리석고
둔한 사람을 찾을 수가 없다.' 라고 하였습니다.

강설

　영리한 사람은 말하면 이해는 빨리 하는데 근본자리에 곧바
로 돌아가지를 못하고 어떤 계기가 되었을 때 깨쳐서 체득이 되
는 그러한 힘을 얻지 못한다는 것입니다. 지혜가 날카롭지는
못해도 묵묵하고 좀 둔한 사람들은 어떤 한 줄기 가닥을 잡아
와서 거기서 한번 일러주면 즉시에 깨달아버린다는 것입니다.
　줄지啐地란 닭이 알을 품어 부화의 때가 무르익으면 병아리가
안에서 신호를 보낼 때 어미가 탁 쪼아주면 동시에 병아리가 안
에서 쪼아 나오는 것으로써 줄탁동시啐啄同時를 말하는 것입니

다. 근본자리에 들어가는 공부를 계속하다보면 무르익어서 탁 깨칠 인연을 만났을 때, 스승과 제자의 줄탁동시가 되는 것을 줄지변절啐地便折이라 합니다. 그리고 폭지爆地란 밤을 불에 구울 때 익으면 폭발하듯이 탁 터지는 것을 말합니다. 바로 줄지변절이나 줄탁동시와 같은 의미입니다.

章敬和尚이 曰하되 至理는 亡言이거늘 時人이 不悉하여 强習佗事하여 以爲功能하고 不知自性이 元非塵境이라 是箇微妙大解脫門이로다. 所有鑑覺은 不染不礙하여 如是光明이 未曾休廢라 曩劫至今히 固無變易함이 猶如日輪이 遠近期照하여 雖及衆色이나 不與一切로 和合이라 靈燭妙明은 非假鍛鍊이건만 爲不了故고 取於物象하나니 但如擔目에 妄起空花라 徒自疲勞하여 枉經劫數니 若能返照하면 無第二人이라 擧措施爲에 不虧實相이니라.

장경화상이 이르시되, '지극한 이치는 말이 없거늘 요즘 사람이 알지 못하여 다른 일(올바르지 않은 공부)을 억지로 익혀서 이것을 능히 공功으로 삼고, 자성이 원래 진경(塵境, 번뇌망상)이 아니라 이 미묘한 대해탈문이란 것을 알지 못하도다. 지니고 있는 바 감각鑑覺은 물들지 않고 걸리지 아니하여 이것은 마치 광명이 합해지지도 않고 끊어지지도 않고 없어지지도 않는 것과 같으니라. 옛날부터 지금에 이르도록 진실로 변하지 않는 것이 마치 태양과 같아서 멀고 가까운 곳을 모두 비추어서 비록 온갖 사물에 다 이르나 일체 사물과 섞이지 않느니라. 신령스럽게 비추고 미묘하게 밝은 광명은 단련을 통하여 되는 것이 아닌 데 그것을 알지 못하는 까닭으로 물상(사물의 형상)을 취하는 것이 마치 멀쩡한 눈을 비벼서 망령되이 헛꽃을 보는 것과 같도다. 자못 스스로 피로하게 오랜 세월을 잘못 보내느니라. 만약 능히 돌이켜 비추면 또 다른 사람[第二人]이 없는지라. 들고 놓고 베풀어 행함에 실상實相을 벗어나지 않도다.' 라고 하였습니다.

강설

장경회휘(章敬懷暉, 754~815)화상은 마조선사의 법을 얻고 제주 영암사와 정주 백암사와 장안 장경사 등에서 선법을 펴신 분입니다. 이 분의 말씀을 잘 이해해야 됩니다. 우리 자성자리는 티끌이 붙을 수가 없지 않습니까? 본래 청정 그 자리거든요. 그렇기 때문에 우리 자성자리는 진경塵境이 아닙니다. 진경은 티끌(육진)과 망상 경계 그런 것입니다. 본래 청정한 자리에서 어떻게 진경이 나올까요? 이것이 미묘하다 하여 미묘 대해탈문 아닙니까? 그런데 이 미묘한 대해탈문을 두고 진경이라는 소리는 또 뭡니까? 우리 일상생활은 진경이지만 그 진경이 나오는 자리, 즉 온갖 번뇌망상이 나오는 본래자리는 대해탈문입니다. 만약에 진경이 없다고 하면 우리가 지금 이런 공부를 해야 할 필요가 있습니까? 중생이 없는 자리는 부처도 없거든요. 중생이 없으면 부처가 있을 수가 없습니다. 중생심이 발동이 되었을 때 그 중생심을 다스리기 위한 부처가 필요하다 지금 그런 말입니다.

이 본성자리가 언제 광명을 발현하지 않을 때가 있었나요? 원래 성불자리이기 때문입니다. 우리 본성자리가 부처님과 추호도 다를 바가 없어요. 항상 빛을 발하고 있습니다. 항상 광명을 갖고 있습니다. 그 광명이 번뇌망상으로 가린 줄을 아는 즉시 본래자리로 들어가 버립니다. 이것이 대혜스님 간화선의 요지입니다. 그리고 이 광명의 본성은 단편으로 말미암아 어우러진 것이 아닙니다. 이것은 마치 태양이 멀거나 가깝거나 높으나 낮은 것을 가리지 않고 만물을 고르게 비추지만 만물과 더불어 화합하지 않음과 같다고 했습니다. 햇빛은 항상 그냥 내리 비추고 있을 뿐입니다. 그러나 햇빛이 만물과 같아지는 것은 아니지요. 우리의 본 자성 광명도 항상 이렇게 방광을 하고 있어요. 그리고 온갖 대상에 감응해도 물들지 않습니다. 본래 마음자리를 우리가 단련한다고 해서 단련되는 자리입니까? 해가 구름이 없다고 더 밝아지고 구름이 있다고 더 약해지고 그럽니까? 구름이 밑에 있을 때 어두운 것이지 본래 태양 자체는 항상 그대로 아닙니까?

그렇죠? 그러니까 우리 본분자리 신령한 본성자리도 꼭 그와 같다는 말입니다. 단련할 필요가 없는 본래 성불자리지만 그 본성 광명이 대상을 만났을 때는 낱낱이 분별하여 물상을 취한다는 말입니다. 즉 중생들은 변함없는 체體는 모르고 작용하는 용用만 본다는 말입니다. 정상적으로 가만히 볼 때는 사물이 명명백백히 잘 보이다가 성한 눈을 자꾸 비벼서 보면 어질어질해서 사물이 잘 안 보입니다. 본성을 보지 못한 우리는 마음작용하는 것만 보고 인식하는 것입니다. 마음작용이 무엇입니까? 화를 내고 기쁨을 표출하고 그것이 마음작용 아닙니까? 화를 냈을 때 화를 내는 근원자리를 보지 못하니까 화가 납니다. 사람이 돌을 던지면 개가 사람을 물지 않고 돌을 물러 가듯이 우리는 근본자리를 놓쳐버린다는 것입니다.

본성자리로 가버리면 그곳에는 다른 것이 없어요. 끌려가는 내가 있고 잡으러 가는 내가 있을 수가 없어요. 그래서 이 공부를 어떻게 하느냐 하면, 회광반조하는 것입니다. 끌려간 그 자리를 바로 느껴 버리면 끝나는 것입니다. 마음이 끌려간 그 자리가 바로 불성자리가 되어버립니다. 훈련이 반복되면 바로 즉각불이 되어버립니다. 그렇게 되면 어떤 행동도 깨달음의 실천이 되어버린다는 말입니다. 실상을 여의지 않고 수행이 된다는 말입니다. 설거지할 때는 설거지 하는 그때가 바로 부처 세계요, 책 볼 때는 책 보는 그 순간이 바로 부처의 세계입니다. 그래서 화가 나서 싸울 때도 그 자리를 평온한 마음으로 돌려 극락으로 바꿔야 합니다.

작용하는 그 자리가 제자리입니다. 중생심 그것이 바로 불심이거든요. 중생심도 내 마음이고 불심도 내 마음이요, 때 묻은 마음도 내가 때를 묻히고 청정한 마음도 나에게서 나온 것입니다. 그래서 부처나 중생이나 내 부처 내 중생이라. 그럼 내 중생이 작용했을 때 중생인 줄 알면 그 자리가 즉시 내 부처가 되는 것입니다.

左右가 自謂根鈍이라하니 試如此返照看하라 能知鈍者는 還鈍也無아 若不回光返照하고 只守鈍根하여 更生煩惱인댄 乃是向幻妄上하여 重增幻妄이며 空花上에 更添空花也이니라.

그대가 스스로 말하되 근기가 둔하다 하니, 시험해서 이와 같이 반조해 보십시오. 능히 둔한 줄 아는 자는 또한 둔하냐 둔하지 않으냐? 만일 회광반조하지 않고 다만 둔한 근기를 지켜서 다시 번뇌를 낸다면 이는 환영과 허망 위에 거듭 환영과 허망을 더하여서 헛꽃 위에 다시 헛꽃을 더함입니다.

강설

둔한 줄 아는 그 사람이 무슨 둔하고 둔하지 않음이 있습니까? 둔한 줄 아는 그 자리는 본분자리인데요. 회광반조를 하지 아니하고 우둔한 근기로 마음이 쓰는 것은 모두 헛것을 잡는다는 말입니다. 우리 마음은 대상을 보고 한번 작용하면 작용 그 자체가 중생심입니다. 이분이 공부하겠다는 마음을 내는 생각이 이미 중생심이지요. 그 중생심 위에 또 둔하다는 생각을 덧붙이니 허망 위에 헛꽃이 되는 것입니다.

但相聽하라 能知根性鈍者는 決定不鈍이니 雖不得守著遮箇鈍底나 然이나 亦不得捨卻遮箇鈍底參이니라 取捨利鈍은 在人이요 不在心이니 此心은 與三世諸佛로 一體無二라 若有二則法不平等矣리라.

잘 들으십시오. 능히 근성이 둔한 줄을 아는 자는 결단코 둔한 것이 아님이니, 비록 이 둔함을 지키려고 고집할 것은 아니나 그렇다고 이 둔함을 버리고 참구參句하려고 하지도 말지어다. 취함과 버림, 영리함과 둔함은 사람에게 있는 것이지 마음에 있지 않은지라, 이 마음은 삼세의 모든 부처님과 더불어 일체요 둘이 아니니 만일 둘이 있다면 법이 평등하지 못함을 의미함입니다.

　둔함을 지키는 것도 안 되지만 그 둔함을 버리려고 노력할 필요가 없어요. 둔하다는 생각을 내는 그것을 알아야 즉시 그 마음을 바꿀 것 아닙니까? 생각이 안 나면 목석과 같은데 무슨 공부를 할 필요가 있으며 도를 닦을 이유가 뭐 있겠습니까? 중생심이 나왔을 때라야 중생심인 줄 아니까 중생을 바꾸어 부처를 이루는 것입니다. 둔함을 아는 그놈을 지키고 있을 필요는 없지만 그것을 버릴 필요도 없어요. 둔하다는 생각을 하고 있는 그것을 탁 돌이켜 버리면 된다는 것입니다. '일체중생 개유불성' 이라 했잖아요. 부처님 말씀 틀린 것이 없지 않습니까? 불성은 사람이나 짐승이나 벌레들도 다 가지고 있으며 다를 것 하나도 없어요. 표현이 다르고 느낌이 다를 뿐이지 마음은 똑같습니다. 여기서 일체 중생은 내 마음에 일어나는 모든 중생심이기도 합니다. 그래서 일체중생 개유불성이라 했습니다.

受敎傳心이 俱爲虛妄이며 求眞覓實이 轉見參差니 但知得一體無二之心이 決定不在取捨利鈍之間則便當見月亡指하고 直下에 一刀兩段이거니와 若更遲疑하여 思前算後則 乃是空拳指

上에 生實解며 根境法中에 虛擔怪라 於陰界中에 亡自囚執하
여 無有了時리라.

그렇다면 가르침을 받고 마음을 전傳함이 모두 허망하며, 참
을 구하고 실상[實]을 찾아 나아갈수록 어긋날 것입니다. 다만
일체요 둘이 아닌 마음이 결정코 영리하고 둔하고 취하고 버림에
있지 않음을 안다면, 마땅히 문득 달을 보고 손가락을 잊어서 직
하에 한칼로 두 조각을 낼 것입니다. 만일 다시 머뭇거리고 앞을
생각하고 뒤를 헤아린다면 이 빈주먹 손가락 위에 실상이 있다
는 해답을 내며, 육근·육경의 법 가운데에서 헛되이 괴이함을 잡
는 격이라, 오음五陰 세계에서 허망하게 스스로 갇히고 집착하는
것이라서 요달할 때가 없을 것입니다.

강설

부처님 법이 평등하지 못하다면 부처님 가르침을 받고 마음
에서 마음을 전하는 교외별전敎外別傳도 모두 허망한 것이 되며,
진眞을 구하고 실實을 찾는 것도 점점 어긋나게 될 것입니다. 그
러나 부처님이나 조사나 내 자신이나 모두의 본성자리에서는 체
성이 하나가 되기 때문에 예리하고 둔하고 버리고 취하는 그 마
음작용은 각각 다를 수 있지만 근본에서는 둘이 있을 수 없다는
말입니다. 달을 가리키는 손에 끌려가지 말아야 됩니다. 바로 즉

각 쳐내야 됩니다. 언제든지 생각의 소란을 즉시 깨달아야 합니다. 깨닫는 순간에 훌쩍 벗어나게 됩니다. '취모리' 라는 칼이 있는데 이 칼날 위에 먼지를 올려놓고 불면 먼지가 잘라져 버립니다. 그만큼 취모리라는 칼은 예리합니다. 그런데 우리 마음은 취모리보다 더 예리합니다. 이 칼을 내가 잡고 휘두르는 것입니다. 경계에 따라 휘둘리는 내 모습을 보면 단칼에 잘라버려야 하는 것입니다. 만일 다시 앞을 생각하고 뒤를 헤아린다면 달을 가리킨 손가락에서 달을 찾으려고 하고 아무것도 없는데 주먹을 한번 들어 보이면 그 속에 뭐가 있는 줄 착각한다는 것입니다. 근경법根境法 가운데에 '헛되이 괴이함을 잡음' 이란 뜻은 육근과 육경이 작용하는 그 대상 경계 속에서 평생 놀아나고 그 희한한 경계 속에서 잡았다 놓았다 한다는 말입니다. 오음五陰이라는 것은 색수상행식 우리 몸의 감각으로써 느낄 수 있는 그런 것을 오음이라 하고 육근과 육경을 합하여 12처가 되고 육식을 합하면 18계가 되는데 이러한 감각적인 경계에 이끌려 다녀서는 평생 동안 벗어날 때가 없다는 말입니다.

近年以來로 有一種邪師가 說默照禪하여 敎人으로 十二時中에 是事를 莫管하고 休去歇去하되 不得做聲하라 恐落今時라하니라. 往往 士大夫가 爲聰明利根所使者가 多是厭惡鬧處

라가 乍被邪師輩의 指令靜坐하여 却見省力코는 便以爲足하여
更不求妙悟하고 只以黙然으로 爲極則하나니 某가 不惜口業하
고 力救此弊하니 今稍稍有知非者러라. 願컨대 公은 只向疑情
不破處叅하되 行住坐臥에 不得放捨어다. 僧이 問趙州하되 狗
子도 還有佛性也無잇가 州 云無라하니 遮一字者는 便是箇破
生死疑心底刀子也라 遮刀子木覇柄은 只在當人手中이라 敎別
人下手不得이니 須是自家下手라야 始得다.

　　근년에 들어서 일종의 삿된 스승[邪師]이 있어 묵조선을 전하
여 사람에게 가르치되, '하루 종일(십이시 가운데) 이 일을 간섭
하지 말고 쉬고 쉬어 갈 뿐, 주성(소리를 내는 것)도 하지 말지니
이는 금시(소리)에 떨어질까 두렵기 때문이다.' 라고 합니다. 종
종 많은 사대부 등이 총명이근에 끌린 나머지 시끄러운 곳을 싫
어하다가 '조용히 앉아 있으라' 는 사사배邪師輩의 지도를 받아
조금 힘이 덜 드는 것을 경험하고는 곧 그것으로써 만족함을 삼
고 더 이상 미묘한 깨달음을 구하지 않고 다만 묵묵히 있는 것을
궁극의 경지로 여깁니다.

　　제가 구업을 아끼지 아니하고 비판하여 이러한 폐단을 힘써
구제하려고 하였더니 요즘에 와서는 조금씩 제가 지적한 바 그
것이 잘못된 줄을 아는 사람들이 생겼습니다. 바라노니 그대는
오직 의심을 깨뜨리지 못한 곳(도를 깨달아야겠다는 생각이 나

는 곳)을 향하여 참參하되 행주좌와에 놓지 말고 계속하길 빕니다. 어떤 스님이 조주화상에게 묻되, '개에도 불성이 있습니까?' 조주화상이 '무無' 라고 하였습니다. 이 한 글자는 곧 생사의 의심을 깨뜨리는 칼입니다. 이 칼의 칼자루는 다만 그 사람의 수중에 있는 것이라 다른 사람이 손댈 수 없음이라 오직 자기 자신의 손으로만 해낼 수 있습니다.

강설

조용하게 앉아 있기만을 좋아하는 묵조배들을 대혜스님이 맹렬하게 꾸짖는 내용입니다. '시끄러운 가운데 이런저런 생각이 나고 번뇌가 자꾸 마음을 잡아끌어 가고 힘들게 하니 그것을 물리치고 뿌리쳐서 일체 세상살이에 상관하지 말고 조용히 초연하게 있으라.' 는 사사배의 가르침을 받고, 그렇게 가만히 앉아 있는 공부를 해보니 잠시 마음이 편안해지고 환희심이 조금 일어난단 말입니다. 그러니 '아! 이것이 공부가 잘 되는 것이로구나!' 하고는 이러한 공부법에 재미를 붙여서 아예 그곳에 안주한다는 뜻입니다. 묵조배가 이르기를 하루 종일 모든 일을 상관말고 쉬어가고 쉬어갈 뿐, 아무 소리도 내지 말며 소리가 나면 소리에 마음이 뺏긴다하니 귀가 막힐 일입니다. 이렇게 어이없는 공부를 해서는 안됩니다. 그러나 대혜스님의 간화선은 이런 것이 아닙니다. 이 공부는 시끄러운 것을 버리고 하는 공부가 아니거든요.

시끄러움을 알아차리는 공부지, 시끄러운 것을 배격하고 없애는 공부가 아니란 말입니다.

'의정을 타파하지 못하는 곳을 향하라' 이 말은 무슨 말입니까? '도가 어떤 것인가?' 하는 마음은 도를 깨치고 싶은 마음 때문에 났는데 또 도를 깨치고 싶은 마음은 왜 났는가? 이렇게 궁구해 들어갈 것 아닙니까? 그러면 도를 깨치고 싶은 마음은 내가 스스로 괴로우니까, 도를 깨치면 뭔가 해결될 것이라 생각해서 공부해 보고 싶은 마음이 나온 것이거든요. 거기서 또 추적을 해 들어가면 생각이 시작된 근원을 알게 됩니다. 그곳은 텅 비어 아무것도 자리할 수 없는 곳이기에 마음이 갈 자리가 없어져 버리는 것입니다. 그 근원이 밝혀진 자리가 최초의 마음자리입니다. 그래서 '내가 이 마음이 왜 나왔는가?'에 대한 각성하는 습관을 들이면 어떤 마음이 나와도 그 뿌리가 어디에 있는지를 알게 됩니다. 그 근원 자리를 알게 되면 불안한 마음이 해소가 되고 해방이 되면서 모든 시작점이 끊어져버리고 뭉쳤던 것이 풀어져버려요. 이렇게 마음이 걸린 것을 해제시키는 것이 대혜스님의 공부 방법입니다.

'이 한 글자는 문득 이 생사심을 파하는 칼이니'에서 이 한 글자는 '무無' 자 화두입니다. 조주스님이 묻는 수좌에게 단호히 '무無'하고 말한 그 순간 조주의 본분을 엿볼 줄 알아야 합니다. 무無하면 원래 자리로 돌아가자는 신호입니다. '무無' 하는 순간 대상에 사로 잡혔던 나를 깨닫는 순간입니다. 그걸 자꾸 연습하면 어떤 마음이 나를 꼼짝 못하게 옭아매어도 그 자리에서 즉시 풀어 버립니다. 그래서 화두를 간하는 것이 생사심을 파하는 칼입니다. 그런데 이 일은 다른 사람이 어찌 해 줄 수가 없다는 말입니다.

若捨得性命이면 方肯自下手어니와 若捨性命不得이면 且只管在疑不破處하여 崖將去하면 驀然自肯捨命一下便了하리니 那時에사 方信靜時便是鬧時底며 鬧時便是靜時底며 語時便是默時底며 默時便是語時底라 不着問人하여도 亦自然不受邪師의 胡說亂道也리니 至禱至禱하노라.

만약 성명性命을 버릴 수 있다면 비로소 즐겁게 스스로 손을 내릴 것이지만 만약 성명性命을 버리지 못한다면 또한 다만 의심을 깨뜨리지 못한 곳으로 밀어붙이길 간절하게 계속하면 문득 단번에 명命이 떨어지는 순간이 저절로 오게 될 것입니다. 그 때에는 바야흐로 조용한 때가 곧 시끄러운 때며, 시끄러운 때가 곧 조용한 때며, 말할 때가 곧 침묵할 때며, 침묵할 때가 곧 말할 때임을 믿게 될 것입니다. 그렇게 되면 다른 사람에게 묻지 아니해도 또한 자연히 삿된 스승이 어지럽게 말하는 것을 받아들이지 않을 것입니다. 지극히 빌고 또 빕니다.

강설

성명性命은 목숨입니다. 숨이 붙어있는 한, 분별심은 일어납니다. 분별심이 일어나지 못하면 죽은 사람입니다. 이 공부는 살아있으면서 죽어야 됩니다. 생생히 살아서 죽을 수 있어야 합니다. 그래서 성명을 내려놓는다는 것은 심식, 즉 분별망상을 내려놓으라는 말입니다. 분별망상을 버릴 수 있는 사람은 칼자루가 필요 없지만 그렇지 못한 사람은 파병(칼자루)을 잡고 꾸준히 칼을 휘둘러 망상을 베어내어야 한다는 말입니다. 그렇게 계속 정진하다 보면 문득 명[성명]이 떨어질 날이 자연스럽게 온단 말입니다. 마음이 작용하였을 때 그 마음을 알아차려버리면 괜한 소리에 휘둘려서 어떻게 해야 될꼬? 하고 애쓰지 않아도 저절로 이루어진다 그 말입니다. 명은 생사심의 연속입니다. 명을 내려놓는다는 것은 곧 생사심을 내려놓는다는 것입니다.

昔에 朱世英이 嘗以書로 問雲庵眞淨和尙云하되 佛法이 至妙하니 日用에 如何用心하며 如何體究리닛고 望慈悲指示하소서 眞淨이 日佛法이 至妙無二하니 但未至於妙則互有長短이거니와 苟至於妙則悟心之人이라 如實知自心이 究竟하여 本來成

佛이며 如實自在며 如實安樂이며 如實解脫이며 如實淸淨하여
而日用에 唯用自心이니 自心變化를 把得便用이언정 莫問是之
與非라 擬心思量하면 早不是也니라 不擬心하면 一一天眞이며
一一明妙며 一一如蓮花不着水하여 心淸淨超於彼니라.

옛날에 주세영朱世英이라는 사람이 일찍이 편지로써 운암진정
雲庵眞淨화상에게 물었습니다. "불법이 지극히 미묘하니 일상에서
어떻게 마음을 써야하며 어떻게 공부해야 합니까? 바라건대 자
비로써 알려주십시오." 진정화상이 말씀하시되, "불법은 지극히
미묘하여 둘이 아니니라. 다만 미묘한데 이르지 못하면 서로 장
단이 있지만 진실로 미묘한데 이르면 마음을 깨달은 사람이니
라. 자신의 마음이 구경에는 본래성불이며, 여실如實히 자재하며,
여실히 안락하며, 여실히 해탈이며, 여실히 청정하여, 그러므로
일상에 오직 이 마음만을 쓸 것이니, 자신의 마음변화를 잡아서
곧 쓸지언정 옳고 그름을 묻지 말라. 만약 마음을 헤아려 사량
분별을 한다면 이미 옳지 않으리다. 의심하지 아니하면 그대로
가 낱낱이 천진이며, 낱낱이 밝고 미묘하며, 마치 낱낱의 연꽃이
물에 젖지 아니하는 것과 같이 마음이 청정하여 저 모든 문제에
서 벗어날 것이니라.

장단이 있다는 의미는, 본래성불本來成佛이라는 그 자리, 즉 일념미생전一念未生前 자리를 못 깨치면 부처[장]와 중생[단]이 따로 서지만, 한 생각 나오기 전의 자리는 중생이나 부처가 평등해요. 그러니 본래 성불 자리에다 마음을 되돌리면 중생이 바로 부처가 되어 모든 것이 해결된다는 그 말입니다. 전에 제가 찰나刹那를 이야기했습니다. 찰나에 900번의 마음이 일어난다고 했습니다. 이렇게 빨리 작용하는 마음이지만 그 작용함이 일어나기 이전 자리가 있겠지요? 그곳은 일체 분별을 떠난 자리입니다. 그곳은 9세와 10세가 붙어있는 자리입니다. 그러니 9세라 할 수도 10세라 할 수도 없고, 나누되 나누어지지 않는 자리입니다. 물이 얼어서 얼음이 되고 다시 얼음이 녹아서 물이 되는데, 그 바뀌는 시점을 물이라 할까요? 얼음이라 할까요? 또 오늘과 내일을 나눌 때 어느 순간이 오늘인지 내일인지 모릅니다. 밤 열두 시와 새벽 영시가 순간에 바뀝니다. 그렇게 짧게 끝나버리는 그 순간에 어제와 오늘이 섞여있지 않습니까? 그래서 '잉불잡란격별성仍不雜亂隔別成'이라! 어제인지 오늘인지 모르게 섞여 있어 어지럽겠지만 어지럽지 않고 분명히 어제는 어제고 오늘은 오늘로 갈라져 있단 말입니다. 이처럼 우리 마음도 똑같습니다. 한 생각이 일어나기 전에는 다른 생각을 했는데 다른 대상을 만나면 다른 생각이 나옵니다. 다른 생각이 나오는 그 순간, 즉 바뀌는 그 자리가 불성佛性 자리입니다. 거기는 원래 성불이 되어 있는 자리, 때가 묻지 않는, 일체 오염이 안 되는 텅 빈 진공묘유眞空妙有의 자리입니다. 텅 비어 있지만 어제와 오늘 그리고 내일이라는 과거·현재·미래가 동시에 존재하는 것입니다. 마음이 일어나고 사라지는 모습을 보는 것을 견성이라 합니다. 내 마음이 여기서부터 시작하고 여기서 끝나는 것을 내가 몰랐구나. 이것을 알아차리는 것이 견성입니다.

所以迷自心故로 作衆生이요 悟自心故로 成佛이니 而衆生이 卽佛이요 佛卽衆生이거늘 由迷悟故로 有彼此也니라 如今學道人이 多不信自心하며 不悟自心하고 不得自心의 明妙受用하며 不得自心의 安樂解脫하고 心外에 妄有禪道라하여 妄立奇特하며 妄生取捨하나니 縱修行이라도 落外道二乘의 禪寂斷見境界라 所謂修行에 恐落斷常坑이니 其斷見者는 斷滅卻自心의 本妙明性하고 一向에 心外着空하여 滯禪寂이요 常見者는 不悟一切法空하고 執着世間諸有爲法하여 以爲究竟也라하니라.

그러므로 자신의 마음을 모르는 고로 중생이 되고, 자신의 마음을 깨달으면 부처가 되느니라. 그래서 중생이 곧 부처요 부처가 곧 중생이거늘 깨닫지 못한 고로 이것과 저것[피차]이 있게 되느니라. 요즘에 도를 배우는 많은 사람들이 자신의 마음을 믿지 아니하며 자신의 마음을 깨닫지 못하는지라. 또한 자기 마음의 밝고 미묘함을 수용하지 못하며, 자기 마음의 안락과 해탈을 얻지 못하고 마음 밖에 헛되게 선도禪道가 있다고 하여 공연히 기특함을 세우며 공연히 취하고 버리게 되느니라. 비록 수행하더라도 외도나 이승들의 선적禪寂과 단견斷見의 경계에 떨어져 버리니. 이른바 수행하는데 단견이나 상견常見의 구덩이에 떨어질까 두렵다고 한 것이니라. 단견이란 것은 자기 마음의 본래 미묘하고 밝은 성품을 결단코 아주 없다고 여겨서 한결같이 마음 밖에서 텅비어 없음에 집착하여 선적禪寂에 빠져 있는 것이며, 상견이란 것은 일체법이 공한 것을 깨닫지 못하고 세간의 온갖 유위법에 집착하여 그것을 구경법으로 여기는 것이니라." 라고 하였습니다.

중생이 곧 부처라는 말을 어떻게 이해하십니까? 많이 들어봤지 않습니까? 우리 마음작용이 전부 불성佛性의 작용이잖아요? 불성이 여여如如하게 정신을 차리고 있으면 무슨 일을 해도 부처인데 내가 작용하는 바를 모르고 까마득하게 망상에 휘둘린 바가 되면 중생이 되는 것입니다.

자기 마음을 아는 것이 이 공부라고 했지 않습니까? 자기 마음작용하는 자심을 아는 것이 진정한 활구참선活句參禪인데 이걸 모르고 명상공부만 하면 명상의 깊이에 따라서 이상한 경계가 나타나고, 앉아서 벽 밖에 무언가 보인다고도 하고, 몸이 허공을 뜨는 것 같기도 하고, 정신이 맑아서 없던 기억력도 살아나는 등, 그런 지엽적인 것으로 무언가 있는 것같이 여기는 것은 공부가 아니라 망상에 빠진 것입니다.

邪師輩가 敎士大夫로 攝心靜坐하여 事事莫管하고 休去歇去라하나니 豈不是將心休心하며 將心歇心이며 將心用心이리요 若如此修行인댄 如何不落外道二乘의 禪寂斷見境界며 如何顯得自心의 明妙受用과 究竟安樂과 如實淸淨解脫變化之妙리요. 須是當人이 自見得하며 自悟得하면 自然不被古人言句轉하고 而能轉得古人言句하리니 如淸淨摩尼寶珠를 置泥潦之中하여 經百千歲라도 亦不能染汚니 以本體自淨故라 此心도 亦然하여 正迷時에 爲塵勞所惑이나 而此心體는 本不曾惑이니 所謂如蓮花不着水也라. 忽若悟得自心이 本來成佛이라 究竟自在하여 如實安樂하면 種種妙用이 亦不從外來리니 爲本自具足故라.

삿된 스승의 무리들이 사대부들을 가르치기를, '마음을 가다
듬어 조용히 앉아 일마다 간섭을 하지 말고 쉬고 또 쉬어라.' 라
고 하니, 이 어찌 마음을 가지고 마음을 그치는 것이 아니며, 마
음을 가지고 마음을 쉬는 것이 아니며, 마음을 가지고 마음을 활
용하는 것이 아니겠습니까? 만약 이와 같이 수행한다면 어떻게
외도와 이승들의 선적과 단견의 경계에 떨어지지 않을 것이며, 어
떻게 자기 마음의 밝고 미묘한 수용과 구경의 안락과 여실하게
청정한 해탈변화의 묘용을 드러나게 할 수 있겠습니까?

모름지기 본인이 스스로 보아 얻고 스스로 깨달음을 얻으면,
자연히 고인들의 말과 글귀에 따라가지 않고 능히 고인들의 말
과 글귀를 마음대로 부릴 수 있을 것입니다. 예컨대 청정한 마니
보주를 진흙 속에 두어서 백천 세를 지나더라도 또한 염오되지
않는 것과 같습니다. 그 까닭은 본체가 스스로 청정하기 때문입
니다. 이 마음도 또한 그러하여 미혹할 때는 진로에 미혹한 바가
되지만 이 마음의 자체는 본래 미혹되지 않습니다. 이른바 연꽃
이 물에 젖지 않는 것과 같습니다. 만약 자기의 마음이 본래로
부처인지라 철저히 자유자재해서 여실히 안락함을 홀연히 깨달
으면 가지가지의 미묘한 작용이 또한 밖으로부터 오는 것이 아
닙니다. 본래 저절로 갖추고 있기 때문입니다.

강설

일념 생기기 이전 자리인 본성자리가 허공같이 텅 비어 있는데 그 자리가 물듭니까? 진흙 속에 천년만년을 두어도 '마니보주'는 물이 안 듭니다. 이렇게 오염 안 된 그 자리에 마음을 가져다 놓고 오염되지 않은 그 마음을 항상 쓸 줄 알아야 한다는 말입니다.

黃面老子曰 無有定法이 名阿耨多羅三藐三菩提며 亦無有定法如來可說이라하시니 若確定本體하여 實有恁麼事이면 又却不是也리라. 事不獲已하여 因迷悟取捨故로 說道理有若干이나 爲未至於妙者하여 方便語耳라 其實本體는 亦無若干이니 請公은 只恁麼用心하여 日用二六時中에 不得執生死佛道하여 是有며 不得撥生死佛道하여 歸無하고 但只看狗子도 還有佛性也無잇가 趙州云無니라. 切不可向意根下卜度하며 不可向言語上作活計하며 又不得向開口處承當하며 又不得向擊石火閃電光處會니라 狗子도 還有佛性也無잇가 無라함을 但只如此參이언정 亦不得將心待悟待休歇이어다 若將心待悟待休歇인댄 轉沒交涉矣리라.

부처님께서 '고정된 법이 있어서 아뇩다라삼먁삼보리라 부르는 것이 아니며, 또한 고정된 법이 있어서 여래가 법을 설한 것이 아니니라.' 라고 하였습니다. 만약 본체를 확실하게 정해서 진실로 이러한 일이 있다고 여긴다면 그것도 도리어 옳지 아니합니다. 그 일이 부득이해서 미혹과 깨달음과 취함과 버림 때문에 도리道理를 조금 설명하지만, 실은 미묘한 경지에 이르지 못한 사람들을 위해서 방편으로 말했을 뿐입니다. 진실로 본체는 또한 조금도 없습니다. 청컨대, 그대는 다만 이렇게 마음을 써서 하루 24시간 중에 생사와 불도佛道를 집착해서 있는 것으로 여기지도 말며, 생사와 불도를 부정하여 없는 것으로도 여기지 말고 다만 '개가 불성이 있습니까 없습니까?' 에 대해 조주화상이 말하기를, '무無' 라고 한 것을 잘 살펴보십시오.

주의할 점은 절대로 의식으로 헤아리지 말며, 언어를 향하여 새로운 계교를 만들어내지도 말며, 또한 선지식이 입을 열어 말을 하려는 곳을 향해서 알아내려고 하지도 마십시오. 또한 법을 거량擧揚하는 즈음에 돌과 돌이 부딪쳐서 불이 튀는 듯하는 곳이나 번갯불이 치는 듯하는 곳을 향해서 알아내려고 하지 마십시오. '개에게도 불성이 있습니까?' '없다' 라고 한 것을 다만 이와 같이 참구할지언정 또한 마음을 가지고 깨닫기를 기다리거나, 마음을 가지고 쉬기를 기다리지 마십시오. 만약 마음을 가지고 깨닫기를 기다리거나 마음을 가지고 쉬기를 기다린다면 깨달음과는 더욱 더 멀어질 것입니다.

강설

　우리의 마음이 찰나에 변하는데 무엇을 두고 그렇다 하면 그 본체를 지나쳐버립니다. 본성자리에는 부처라는 이름도 세울 수 없는데 '이곳이 아뇩보리의 자리다' 하고 결정지으면 참말로 보리의 자리와는 거리가 먼 곳이기 때문입니다. 본성을 깨닫게 하기 위해 설하신 모든 법에 방편이 있을 뿐, 진성의 미묘한 것을 말로써 표현할 수 없기 때문입니다.

　'無' 하는 소리에 끌려가지 말고 '無' 하는 조주를 보라!

答

진소경 계임에게 2

陳少卿 季任 2

示諭하되 自得山野의 向來書之後로 每遇鬧中躱避不得處하여 常自點檢하되 而未有着力工夫라하니 只遮躱避不得處가 便是工夫了也라 若更着力點檢則又却遠矣리라. 昔에 魏府老華嚴이 云佛法이 在日用處와 行住坐臥處와 喫茶喫飯處와 語言相問處와 所作所爲處라하니 擧心動念하면 又却不是也리라 正當躱避不得處하여 切忌起心動念하여 作點檢想이어다.

보내온 편지를 보니, 산승이 보낸 편지를 받은 후로부터 매양 일상에서 분주한 곳을 피할 수 있는 곳을 만날 수가 없어, 항상 점검했으나 아직 공부에 힘이 붙지 못한다 하니 다만 이 피할 수 없는 곳이 바로 공부를 마치는 곳입니다. 만약 다시 힘을 써서 점검한다면 도리어 다시 공부와는 멀어질 것입니다.

옛날에 위부魏府의 노화엄老華嚴선사[懷洞선사]가 말씀하시되, '불법은 일상생활에 존재하며, 걷고 머물고 앉고 누워있는 곳과, 차를 마시고 밥을 먹는 곳과, 말로써 서로 이야기를 나누는 곳과, 동작을 하고 행위를 하는 곳에 있다.' 라고 하였습니다. 그것에서 달리 마음을 내고 생각을 움직이면 또한 옳지 않으니 바로 피할 수 없는 것을 당할 때 절대로 마음을 내고 생각을 움직여서 점검하려는 생각을 하지 마십시오.

'점검하면 도리어 멀어진다.'는 무슨 뜻입니까? 이것은 즉심즉불이라, 우리의 일상 행위 그 자체에서 알아차리는 것이 공부인데 그것을 떠나서 찾으려 하면 공부와 멀어진다는 뜻입니다. 왜이렇게 공부가 안될까? 하는 순간, 바로 그 놈이 누구인가를 잡아채야 참맛을 아는 놈이라 할 것입니다.

祖師云하시되 分別不生이면 虛明自照라하며 又龐居士云하사되 日用事無別이라 唯吾自偶諧로다 頭頭非取捨요 處處勿張乖니라 朱紫를 誰爲號오 丘山이 絶點埃로다. 神通並妙用이여 運水及搬柴라하며 又先聖이 云하되 但有心分別計較면 自心見量者가 實皆是夢이라하시니 切記取어다 颺避不得時에 不得作擬心이니 不擬心時에 一切現成하리라. 亦不用理會利하며 亦不用理會鈍이니 總不干他利鈍之事며 亦不干他靜亂之事라 正當颺避不得時하여 忽然打失布袋하면 不覺에 拊掌大笑矣리니 記取記取어다.

조사[三祖 僧璨대사]가 말씀하시길, '분별심이 일어나지 아니하면 텅 비고 밝아서 저절로 비추리라.'라고 하였습니다. 또

방거사(龐居士 ?~ 808)가 말씀하시길, '일상의 일이 별다른 것이 없다. 오직 내 스스로 상대하며 어울리도다. 낱낱이 취하거나 버릴 것이 아니요, 곳곳에 어긋나지 말지로다. 빨간 것과 붉은 것[朱紫, 옳고 그른 것]을 누가 말하였는가? 티끌이 모여 태산이 되는데 그 티끌을 없애도다. 신통과 묘용이 무엇인가? 물을 떠 오고 땔나무 나르는 일이라네.' 라고 하였습니다.

또 옛 성인[달마]이 말씀하시길, '다만 마음에 분별하고 계교함이 있으면 자기 마음을 보고 헤아리는 놈이 모두 다 꿈이로다.' 라고 하였으니, 꼭 기억하십시오.

일상에서 피할 수 없는 일을 당할 때에 다시 마음으로 헤아리지 마십시오. 헤아리는 마음이 없을 때 일체가 훤히 드러날 것이니라. 영리함을 아는 것도 쓸데없고 둔함을 아는 것도 쓸데 없습니다. 영리하고 둔함을 모두 관여하지 말며, 또한 조용함과 어지러움도 관여하지 마십시오. 바로 피할 수 없는 일을 당하였을 때 홀연히 식심識心의 포대(몸둥이)를 쳐서 잃어버리면 모르는 가운데에 박장대소할 것입니다. 꼭 기억하고 꼭 기억하십시오.

강설

'구산丘山이 절점애絶點埃' 란 티끌이 모여 산더미가 되지만 그 원인이 되는 티끌을 없애버리면 이름부를 산도 없다는 것입니다. 결국 망념의 근원을 없애면 망념이라 부를 것도 없다는 것입니다.

'식심의 포대를 쳐서 잃어버린다.'는 뜻은 분별하는 마음을 통째로 한꺼번에 내려놓는다는 것입니다. 어떻게 내려놓는다는 것입니까? 일이 생겼을 때는 인연에 맡기고 모든 것을 내려놓아, 무無!하고 조주스님의 자리로 돌아가는 것입니다.

此事를 若用一毫毛나 工夫取證則 如人이 以手로 撮摩虛空이라 只益自勞耳니라 應接時거든 但應接하고 要得靜坐거든 但靜坐하되 坐時에 不得執着坐底하여 爲究竟이니 今時邪師輩가 多以黙照靜坐로 爲究竟法하여 疑誤後昆일새 山野가 不怕結怨하고 力詆之하여 以報佛恩하며 救末法之弊也로라.

이 일을 만약 털끝만치라도 공부에 증득하고자 하는 마음으로 사용한다면 마치 어떤 사람이 손으로 허공을 만지는 것과 같아서 다만 스스로 피로만 더할 뿐입니다. 사람을 응접할 때는 다만 응접하고, 조용히 앉아있게 되면 다만 조용히 앉아 있되, 앉았을 때에 앉는 것을 집착하여 구경의 경지로 여기지 마십시오. 요즘 삿된 스승의 무리들이 흔히들 묵묵히 비추면서 조용히 앉아 있는 것으로써 구경의 도리로 삼아 후학들을 그르치고 있습니다. 산승이 원수 맺는 것을 두려워하지 아니하고 힘써서 그들

을 꾸짖어서 부처님의 은혜를 갚으며 말법의 폐단을 구원하려합
니다.

피할 수 없다는 생각이 일어난 그 자리가 공부를 마친 자리라,
한 생각 일어난 곳이 다시 그 마음이 사라질 곳이니, 그곳이 천
불 만 불이 계신 곳이요 일체 중생이 함께 한 자리입니다. 중생이
곧 부처요 부처가 곧 중생이기 때문에 중생심을 없애고 부처를
찾는 것은 모래로 밥을 짓는 것이나 다름없습니다.

조대제 도부에게

趙待制 道夫

조대제의 자는 도부이며 대제는 관직명이다.
송나라 건염(1127~1130) 연간에 대제를 역임하였다.

示諭를 一一備悉하니 佛言하시길 有心者는 皆得作佛이라하시니 此心은 非世間塵勞妄想心이라 謂發無上大菩提心이니 若有是心하면 無不成佛者리라 士大夫가 學道하되 多自作障難은 爲無決定信故也니라. 佛이 又言하시길 信爲道元功德母라 長養一切諸善法하며 斷除疑網出愛流하여 開示涅槃無上道라하시고 又云하시대 信能增長智功德하며 信能必到如來地라하시니라. 示諭에 鈍根이라 未能悟徹일새 且種佛種子於心田이라하니 此語가 雖淺近이나 然이나 亦深遠하니 但辦肯心하라 必不相賺이니라.

보내온 편지를 낱낱이 자세히 잘 살펴보았습니다. 부처님이 말씀하시기를, '마음을 가진 자는 모두 부처를 이룬다.' 라고 하셨는데, 이 마음이란 세간의 번뇌와 망상의 마음이 아닙니다. 이를테면 위없이 높은 대보리심大菩提心을 일으킨 마음입니다. 만약 이러한 마음을 가진다면 부처를 이루지 못할 사람이 없을 것입니다. 사대부들이 도를 배움에 스스로 장애와 어려움이 많은 것은 결정적인 믿음이 없기 때문입니다.

부처님께서 또 말씀하시길, '믿음은 도의 근원이며 공덕의 어머니라. 일체의 모든 착한 법을 오랫동안 길러 내며 의혹의 그물을 걷어내고 애착의 흐름에서 벗어나서 열반이라는 위없는 높은 도를 열어 보인다.' 라고 하셨습니다. 또 말씀하시기를, '믿음은 능히 지혜와 공덕을 길러내며 믿음은 반드시 여래의 경지에 이르게 한다.' 라고 하셨습니다. 보내온 편지에 말하기를, '근기가 우둔하여 능히 깨달아 사무치지 못하므로 오직 마음 밭에 부처 종자[佛種子]나 심으리라.' 하였습니다. 이 말이 비록 얕고 가까우나 또한 깊고 머니, 다만 긍정하는 마음을 내십시오. 반드시 서로 속이지 않습니다.

강설

대보리심만 내면 부처 이루는 것은 어렵지 않다고 했습니다. 그 자리는 한 생각 일어나기 이전의 마음자리이며 바로 보리심입니다. 이 자리는 세간의 번뇌망상 자리가 아닌 보리심으로 바뀐 자리이기 때문입니다. 이렇게 수행하면 된다고 일러도, 가르침은 따르지 않고 빨리 성취하고 싶은 욕망만 앞서 복이나 짓겠다니 될 말입니까? 얕고 가까우나 깊고 멀다는 말은 자기를 낮추고 복을 지음이 비록 불심에 가까우나, 바로 자기가 부처요 둔하다는 생각 그 자체가 불성작용임을 간과해 버린 것을 모르니 깊고 멀 수밖에 더 있겠습니까?

今時學道之士가 往往에 緩處는 却急하고 急處는 却放緩하나니 龐公이 云하되 一朝에 蛇入布裩襠하면 試問宗師甚時節

고하시니 昨日事도 今日에 尙有記不得者거든 況隔陰事를 豈
容無忘失耶아 決欲今生에 打敎徹하여 不疑佛不疑祖하며 不疑
生不疑死인덴 須有決定信하며 具決定志하여 念念에 如救頭燃
이니 如此做將去하여 打未徹時라사 方始可說根鈍爾이니라.
若當下에 便自謂하되 我는 根鈍하여 不能今生에 打得徹이라
且種佛種結緣이라하면 乃是不行欲到라 無有是處니라.

　요즘에 도를 배우는 선비가 종종 미루어도 될 것은 급하게 하
고 급하게 할 것은 도리어 미루고 있습니다. 방龐거사가 말씀하
시길, '하루아침에 뱀이 베잠방이 속으로 들어오면(죽음이 닥치
면) 시험 삼아 종사宗師에게 '어떤 시절인가?' 한번 물어보라.'
하였습니다. 어제의 일도 오늘 오히려 기억하지 못하는데 하물
며 다음 생의 일까지 생각하는 것을 어찌 용납하겠습니까?
　결단코 금생에 다그쳐서 배움을 사무치게 하려면 부처도 의
심하지 말고 조사도 의심하지 말며, 태어남도 의심하지 말고 죽
음도 의심하지 마십시오. 오직 결정적인 믿음을 갖고 결정적인
뜻을 갖추어서 생각마다 머리에 붙은 불을 끄는 일과 같이 하십
시오. 이와 같이만 공부를 계속하여도 사무치지 못할 때라야 비
로소 근기가 둔하다고 이야기할 수 있을 것입니다. 만약 당장에
스스로 말하기를, '나는 근기가 우둔해서 금생에 깨달아 사무치
지 못하니, 우선 부처의 종자나 심어서 인연을 맺겠다.' 라고 한

다면 이것은 가보지도 아니하고 이르려고 하는 것과 같습니다. 이런 경우는 있을 수 없습니다.

강설

죽음에 이르러 다른 생각 붙일 겨를이 있겠는가? 평소에 생각이 일어날 때마다 잡들여 익혀두었다면 이 일을 당해서도 꿈쩍하지 않습니다. 이렇게 수행을 하라고 부처님 경전에 일러 두셨습니다. '수연부감미부주隨緣赴感靡不周 이항처차보리좌而恒處此菩提座' 라는 부처님 말씀을 상기해봐야 할 것입니다. 인연 따라 두루 감응하지 않는 곳이 없다하시고 항상 작용하는 그곳이 바로 보리좌라 하셨습니다.

某가 每爲信此道者하여 說하되 漸覺得日用二六時中省力處가 便是學佛得力處也라하노니 自家得力處는 他人이 知不得이며 亦拈出與人看不得이니 故로 盧行者가 謂道明上座日 汝若返照自己本來面目하면 密意盡在汝邊이라하니 是也라 密意者는 便是日用得力處也며 得力處는 便是省力處也라.

내가 이 도를 믿는 사람들을 위해서 매번 말하기를, '하루 24시간 중에서 공부하는데 힘이 점점 덜게 되는 것을 깨달을 때가 곧 불법을 배우는데 힘을 얻는 것이다.' 라 합니다. 자신이 힘을 얻은 것은 다른 사람이 알지 못하며, 또한 힘을 잡아내어 다른 사람에게 보여줄 수도 없습니다. 그러므로 노행자(盧行者, 육조스님)가 도명상좌道明上座에게 말하였습니다. '그대가 만약 자기의 본래면목本來面目을 반조하면 비밀한 뜻은 모두 그대에게 있다.' 라고 한 것이 바로 이것입니다. 비밀한 뜻이란 곧 일상에서 바로 힘을 얻는 곳이며, 힘을 얻는 곳이 바로 힘을 더는 곳입니다.

世間塵勞事는 拈一放一하여 無窮無盡커늘 四威儀內에 未嘗相捨는 爲無始時來에 與之結得緣深故也요 般若智慧는 無始時來에 與之結得緣淺故也라 乍聞知識의 說着하고 覺得一似難會하나니 若是無始時來에 塵勞緣이 淺하고 般若緣이 深者이면 有甚難會處리요 故로 但深處는 放敎淺하고 淺處는 放敎深하며 生處는 放敎熟하고 熟處는 放敎生이어다.

세간의 진로塵勞는 하나를 놓으면 하나를 잡게 되어 무궁무진하거늘 행주좌와行住坐臥에서 일찍이 버리지 못하는 것은 아득한 옛날부터 세간의 진로와 맺은 인연이 깊기 때문이요, 반면에 반야지혜는 아득한 옛날부터 맺은 인연이 얕기 때문입니다. 그러니 선지식이 말씀하시는 것을 잠깐 듣고 한결같이 어렵다고 여깁니다. 만약 아득한 옛날부터 세간 진로의 인연이 얕고 반야지혜의 인연이 깊은 사람이라면 회통하기에 무슨 그리 큰 어려움이 있겠습니까? 그러므로 다만 깊은 것은 얕게 하고 얕은 것은 깊게 하며, 선 것은 익게 하고 익은 것은 설게 해야 할 것입니다.

纔覺思量塵勞事時에 不用着力排遣하고 只就思量處하여 輕輕撥轉話頭하면 省無限力하고 亦得無限力하리니 請公은 只如此崖將去하고 莫存心等悟하면 忽地自悟去하리라. 叅政公이 想日日相會리니 除圍碁外에 還曾與說着遮般事否아 若只圍碁코 不曾說着遮般事인댄 只就黑白未分處하여 掀了盤撒了子하고 却問陀하되 索取那一着고하여 若索不得인댄 是眞箇鈍根漢이리라 姑置是事하노라.

겨우 세간 진로의 일을 생각하고 있음을 막 깨달을 때에, 억지로 힘을 써서 보내려하지 말고 다만 생각하는 그곳에서 가뿐가뿐하게 화두를 굴리면 무한한 힘을 덜 것이며 또한 무한한 힘을 얻게 될 것입니다. 바라노니 그대는 다만 이와 같이 밀어붙이기만 하고 깨닫겠다는 마음을 두지 아니한다면 홀연히 저절로 깨닫게 될 것입니다.

아마 이참정공을 매일 만나리라 생각합니다. 서로 만나서 바둑을 두는 일 외에 일찍이 이 공부하는 것에 대하여 이야기를 한 적이 있습니까? 만약 오직 바둑만 두고 공부하는 일에 대하여 이야기하지 않았다면 흑백을 아직 나누기 전에 바둑판을 흔들어서 바둑돌을 흩어버리고 그에게 물어 본분사를 찾게 할 것이니 만약 그래도 알아차리지 못하거든 이는 참으로 근기가 둔한 사람이라 할 것입니다. 이 일은 이쯤에서 그만두겠습니다.

강설

항상 자기를 놓치지 말고 자주 각성하여 '무無' 하고 자기 본래 부처를 찾는다면 처음에는 익숙하지 못해서 힘이 들지만 세월이 가면 자연히 힘도 덜어내고 몸과 마음이 상쾌하여 진실한 공부 맛을 느끼게 될 것입니다. 익숙한 것은 욕망의 굴림을 받음이요 설익어 익숙하지 못한 것은 욕망의 굴레를 벗어나는 일입니다.

答

허사리 수원에게 1

許司理 壽源 1

허사리에 대한 기록은 없다.
사리(司理)는 한나라 법조계의 관리이다.

黃面老子 曰 信爲道元功德母라 長養一切諸善法이라하시고
又云하시길 信能增長智功德하고 信能必到如來地라하시니 欲
行千里면 一步爲初라 十地菩薩이 斷障證法門도 初從十信而入
然後에 登法雲地而成正覺하나니 初歡喜地도 因信而生歡喜故
也라 若決定竪起脊梁骨하야 要做世出世間沒量漢인댄 須是箇
生鐵鑄就底라사 方了得커니와 若半明半暗하며 半信半不信인
댄 決定了不得하리라. 此事는 無人情하여 不可傳授니 須是自
家省發하여야 始有趣向分이거니와 若取他人口頭辦인댄 永劫
에 無有歇時하리니 千萬十二時中에 莫令空過어다 逐日起來應
用處에 圓陀陀地함이 與釋迦達磨로 無少異건만 自是當人이
見不徹透不過하고 全身이 跳在聲色裡하여 却向裏許求出頭하
나니 轉沒交涉矣리라.

부처님께서 말씀하시길, '믿음은 도의 근원이요 공덕의 어머니
라, 일체 모든 선한 법을 길러낸다. 또 믿음은 능히 지혜와 공덕
을 증장시키며, 믿음은 반드시 여래의 경지에 이르게 한다.' 라고
하였습니다. 천 리를 가고자 한다면 한 걸음부터 시작인지라, 십
지十地보살이 장애를 끊고 법문을 증득하는 것도 처음 십신十信
으로부터 들어간 뒤에 법운지法雲地에 올라서 정각正覺을 이루나
니, 처음 환희지歡喜地도 믿음을 인하여 환희를 내기 때문입니다.
만약 척량골脊梁骨을 바로 세워서 결정코 세간에서나 출세간에서

가장 뛰어난 사람[沒量漢]이 되고자 한다면 모름지기 생철로 부어 만든 사람이라야 바야흐로 이룰 수 있습니다. 만약 반은 밝고 반은 어두우며, 반은 믿고 반은 믿지 않는다면 결정코 이루지 못합니다. 이 일은 인정이 없어서 전해 주거나 받을 수 없음이라, 모름지기 자신이 스스로 깨달아 들추어야 비로소 나아갈 분分이 있지만 만약 다른 사람이 구두로 판단하는 것을 취한다면 영겁토록 쉴 때가 없을 것입니다. 부디 평생을 헛되게 보내지 마십시오.

날마다 일어나서 경계에 응하여 작용하는 곳에 원만하고 완전한 것이 석가와 달마로 더불어 조금도 다르지 않습니다. 그렇컨만 만약 자기 스스로 그것을 보고 철저하게 뚫고 지나가지 못하고 전신이 소리와 사물 속에 빠져 있으면, 도리어 그 속에서 빠져나오기를 구하지만 더욱더 교섭이 없을 것입니다.

강설

생철로 부어 만든 사람과 같이 경계에 무심해야 할 것이며 보고 듣고 감각하지만 도무지 끌려가지 말아야 합니다. 경계에 응하여 작용하는 것이 석가와 달마로부터 조금도 다르지 않습니다. 작용은 같지만 끌려 들어가면 다르다는 것을 알아서 염기즉각念起卽覺하는 것이 수처작주隨處作主가 되는 것입니다. 경계에 빠져 허우적거리면서 경계를 벗어나려 하면 더욱더 빠져들 뿐입니다. 허우적거리는 나를 보는 순간 경계도 사라지고 고통도 사라지는 것입니다.

此事는 亦不在久叅知識이 遍歷叢林而後에 了得이니 而今에 有多少在叢林하여 頭白齒黃하여도 了不得底하나 又有多少乍入叢林에 一撥便轉하고 千了百當底하니 發心은 有先後거니와 悟心은 無先後니라.

昔에 李文和都尉가 叅石門慈照할새 一句下에 承當하여 便千了百當하고 嘗有偈하여 呈慈照云하되 學道는 須是鐵漢이라야 着手心頭便判이니 直取無上菩提이면 一切是非莫管이라 但從脚下崖將去하야 死便休언정 不要念後思前하며 亦不要生煩惱니 煩惱則障道也리라 祝祝하노라.

또한 이 일은 오랫동안 선지식을 참례하고 총림을 두루 돌아다닌다고 이루어지는 것이 아닙니다. 요즘 많은 사람들은 오랫동안 총림에 머물며 머리카락은 희어지고 이빨은 누렇게 되어도 이 일을 마치지 못하는 이가 많습니다. 반면에 잠깐 동안 총림에 들어가서 단번에 뒤집어서 곧바로 굴리어 천 가지나 깨닫고 백 가지를 알아버리는 사람도 많습니다. 발심은 선후가 있지만 마음을 깨닫는 것은 선후가 없습니다.

옛날에 이문화李文和 도위都尉가 석문자조石門慈照선사를 뵙고 한마디 말끝에 곧바로 알아듣고 천 가지를 요달하고 백 가지를 알았습니다. 바로 게송을 지어 자조선사에게 올리기를, '도를 배우는 것은 모름지기 무쇠와 같은 사람이라야 심지를 지켜서 머리로 판단하지 않고 바로 감당할 수 있습니다. 최상의 깨달음을 바르게 얻으려 한다면 일체 시비에 관계하지 말아야 합니다.' 라고 하였습니다. 다만 지금 바로 다잡아 번뇌가 끓는 그 마음이 문득 죽어야 쉴 수 있을지언정 지난날을 생각하고 뒷일을 생각할 필요가 없으며 또한 번뇌를 만들 필요도 없습니다. 번뇌는 바로 도에 장애되는 요소입니다. 빌고 또 빕니다.

강설

즉시즉시 대상에 의해 일어나는 마음을 깨닫고 그것이 부질없음을 자각해서 태산같은 마음으로 흔들림이 없어야 도를 이루는 것입니다. 쇠로 만든 사람같이 돌로 만든 사람같이 경계에 휘둘리지 말아야합니다.

答

허사리 수원에게 2

許司理 壽源 2

허사리에 대한 기록은 없다.
사리(司理)는 한나라 법조계의 관리이다.

左右가 具正信하고 立正志하니 此乃成佛作祖基本也라 山野
가 因以湛然으로 名公道號하노니 如水之湛然하고 不動則虛明
自照하여 不勞心力하리라 世間出世間法이 不離湛然하여 無纖
毫透漏하나니 只以此印으로 於一切處에 印定하면 無是無不是
하여 一一解脫이며 一一明妙며 一一實頭라 用時에도 亦湛然
하며 不用時에도 亦湛然이리라.

그대가 바른 믿음을 갖추고 바른 뜻을 세웠으니 이것은 부처
를 이루고 조사가 되는 기본입니다. 그러므로 내가 그대의 도호
道號를 담연湛然이라 이름 하노니, 마치 물이 맑고 그윽한 것[湛
然]과 같아 움직이지 아니하면서 텅비고 밝아서 저절로 비치어
수고롭게 마음의 힘을 쓰지 아니할 것입니다. 세간과 출세간의
법이 담연湛然에서 벗어나지 아니하여 털끝만치도 새어나감이 없
습니다. 다만 이 도장으로 일체 처에 도장을 찍으면 옳은 것도
없으며 그른 것도 없을 것입니다. 낱낱이 해탈이며 낱낱이 밝고
미묘하며 낱낱이 진실입니다. 작용할 때도 또한 담연하며 작용
하지 아니할 때도 또한 담연할 것입니다.

祖師께서 云하시대 但有心分別計較하면 自心見量者가 悉皆
是夢이거니와 若心識이 寂滅하여 無一動念處면 是名正覺이라

하시니 覺旣正則於日用二六時中에 見色聞聲하며 齅香了味하
며 覺觸知法하며 行住坐臥와 語黙動靜이 無不湛然하되 亦自
不作顚倒想하여 有想無想이 悉皆淸淨하리라 旣得淸淨하면 動
時에는 顯湛然之用하고 不動時에는 歸湛然之體하리니 體用이
雖殊나 而湛然則一也라 如析栴檀에 片片皆栴檀이니라.

조사가 말씀하였습니다. '다만 마음으로 분별하고 계교하면
자신의 마음에 나타난 것이 모두 다 꿈이지만 만약 심식이 적멸
해서 조금도 생각이 움직이지 아니하는 이것을 바로 바른 깨달
음[正覺]이라 부른다.' 하였습니다. 깨달음이 이미 바르다면 하
루 24시간 가운데 사물을 보고 소리를 들으며, 향기를 맡고 맛
을 알며, 감촉을 느끼고 법을 알며, 행주좌와와 어묵동정이 모
두 담연湛然이 아닌 것이 없습니다. 또한 스스로 전도된 생각을
만들지 아니하여 생각이 있든 생각이 없든 모두가 다 청정할 것
입니다. 이미 청정함을 얻으면 움직일 때는 담연의 작용을 나타
내고 움직이지 아니할 때에는 담연의 본체로 돌아갈 것입니다.
본체와 작용이 비록 다르지만 이 담연함은 하나입니다. 마치 전
단향나무를 쪼개면 조각조각이 모두가 전단향인 것과 같습니
다.

움직일 때는 조용한 본성이 작용함이요, 움직이지 않을 때는 조용한 본성이 본체로 돌아간다는 것을 알아야 합니다. 마음이 작용하면 이미 본성을 떠난 것이지만 떠난 마음 작용을 볼 수 있다면 본성을 여읜 것이 아니기 때문입니다. 그래서 중생이 곧 부처요 부처가 곧 중생입니다.

今時에 有一種杜撰漢이 自己脚跟下도 不實하면서 只管教人으로 攝心靜坐하야 教絶氣息하라하나니 此輩는 名爲眞可憐愍이니라 請公은 只恁麼做工夫어다 山野가 雖然如此指示公이나 眞不得已耳니 若實有恁麼做工夫底事인댄 即是汚染公矣니라.

요즘에 일종의 두찬배[杜撰漢] 들이 있으니 남의 주장은 부정하고 자기주장만 찬탄하는 사람들입니다. 그들은 자기의 근본도 진실하지 못하면서 다만 다른 사람들에게 '마음을 거두어 고요히 앉아 있어서 기식이 끊어지게 하라.' 고 합니다. 이러한 무리들은 참으로 가히 불쌍한 사람입니다. 바라노니 그대는 다만 앞에서 일러준 대로 그렇게 공부를 하십시오. 내가 비록 이와 같이 그대에게 지시하지만 참으로 부득이할 따름입니다. 만약 진실로 이렇게 지어갈 공부가 따로 있다고 한다면 곧 그대를 오염시키는 것이 됩니다.

此心은 無有實體거늘 如何硬收攝得住며 擬收攝이나 向甚處安着고 旣無着處則無時無節하며 無古無今하며 無凡無聖하며 無得無失하며 無靜無亂하며 無生無死하며 亦無湛然之名하며 亦無湛然之體하며 亦無湛然之用하며 亦無恁麽說湛然者하며 亦無恁麽受湛然說者하리니 若如是見得徹去하면 徑山도 亦不虛作此號요 左右도 亦不虛受此號하리니 如何如何오.

이 마음은 실체가 없습니다. 그러니 어찌 억지로 수섭收攝하여 머물게 할 수 있겠습니까? 또한 수섭하고자 하더라도 어느 곳에 안착하겠습니까? 이미 안착할 곳이 없다면 시절도 없으며, 고금도 없으며, 범부와 성인도 없으며, 얻고 잃음도 없으며, 고요하고 어지러움도 없으며, 생사도 없습니다. 또한 담연이라는 이름도 없으며, 또한 담연이라는 본체도 없으며, 또한 담연의 작용도 없습니다. 또한 이렇게 담연을 말하는 사람도 없으며, 또한 이렇게 담연이라는 이름을 받을 사람도 없을 것입니다. 만약 이와 같이 보아서 사무친다면 경산(徑山, 대혜)도 또한 이 도호를 헛되게 지은 것이 아니며, 그대도 또한 이 도호를 헛되게 받은 것이 아닐 것입니다. 어떻게 생각하십니까?

강설

　부처도 담연(맑고 고요한 본성자리)에서 나왔고 중생도 담연에서 나왔으며 생사도 열반도, 선함도 악함도, 진실과 허망도 모두 담연에서 나타난 것입니다. 그러나 담연이라는 것도 담연한 그곳에는 담연이라 이름할 수 없듯이 한 생각 일어남은 곧 세간살이입니다. 수없는 경계에 수없는 생각이 일어나고 아무리 많은 생각이 일어나도 그 생각은 내가 일으킨 생각이기에 내가 깨어 있으면 곧 부처요 각성하지 못한 때는 바로 중생입니다.

유보학 언수에게

劉寶學 彦修

유보학의 보학은 자이며, 이름은 자우(子羽)이다.
그는 유수(劉脩)의 아들로 숭안(崇安) 사람이다.
고종 건염(1127~1130) 당시 국사를 편찬하는
보학(보문각학사)의 관직을 지냈다.

卽日炎瀁에 不審케라 燕處悠然하고 放曠自如하여 無諸魔撓
否아 日用四威儀內에 與狗子無佛性話로 一如否아 於動靜二邊
에 能不分別否아 夢與覺으로 合否아 理與事로 會否아 心與境
으로 皆如否아 老龐이 云하시길 心如境亦如하니 無實亦無虛
라하니 有亦不管하고 無亦不拘하면 不是聖賢이라 了事凡夫니
라 若眞箇作得箇了事凡夫인댄 釋迦達磨는 是甚麼오 泥團土塊
니라 三乘十二分敎는 是甚麼오 熱盌鳴聲이니라 公이 旣於此
箇門中에 自信不疑하니 不是少事로다 要須生處는 放敎熟하고
熟處는 放敎生하여서 始與此事로 少分相應耳리라.

　찌는 듯이 무더운 날씨에 시원한 곳에서 유유하고 태연하여
텅 비우고 스스로 여일하여 모든 마군의 장애를 받지 않으시는
지요? 일상의 행주좌와行住坐臥 가운데 '개가 불성이 없다'는 화
두와 더불어 하나가 되는지, 움직이거나 고요한 두 곳에 처하여
능히 분별함이 일어나지 않는가, 꿈을 꿀 때나 깨어 있을 때가
합일이 되는지, 이치와 현실이 회통이 되는지, 마음과 경계가 모
두 하나가 되는지 모르겠습니다. 방거사께서 말씀하시길, '마음
이 여여하고 경계도 또한 여여하니 실다움도 없고 허망함도 없도
다.'라 하였습니다. 있음에도 관계하지 말고 없음에도 역시 구
속되지 아니하면 이 어찌 성현이 아니며 할일을 다 마친 범부가
아니겠습니까? 만약 참으로 할일을 다 마친 범부가 되었다면 석

가와 달마는 무엇인고? 진흙과 흙덩어리에 불과합니다. 삼승십이분교三乘十二分敎는 또 무엇이겠는가? 그릇에 물 끓는 소리입니다.

그대는 이미 이 불법 문중에서 스스로 믿어서 의심이 없으니 이것은 작은 일이 아닙니다. 요컨대 선 것[生]은 익게 하고 익은 것[熟]은 설게 해야 비로소 이 일로 더불어 조금이나마 상응할 것입니다.

往往 士大夫가 多於不如意中에 得箇瞥地處다가 却於如意中에 打失了하나니 不可不使公知라 在如意中하여 須時時以不如意中時節로 在念하여 切不可暫忘也어다 但得本이언정 莫愁末하며 但知作佛이언정 莫愁佛不解語어다 遮一着子는 得易守難하니 切不可忽이어다 須教頭正尾正하여 擴而充之然後에 推己之餘하여 以及物이니 左右所得이 旣不滯在一隅하니 想 於日用中에 不着起心管帶하며 枯心忘懷也리라.

종종 사대부들이 여의하지 못한 가운데서 잠깐 깨달을 곳을 얻었다가 도리어 여의한 곳에서 자기를 잃어 버리는 경우가 허다합니다. 그래서 그대에게 꼭 알려 드리지 않을 수 없습니다. 여의한 가운데 있을 때도 반드시 그렇지 못한 시절의 생각을 간절히 가져서 절대로 잠시라도 잊지 마십시오. 다만 근본을 얻을지언정 그 결과를 걱정하지 말고, 다만 부처 지을 줄을 알지언정 부처님 말씀을 알지 못할까를 걱정하지 마십시오. 이 한 물건은 얻기는 쉬우나 지키기는 어려우니 절대로 소홀히 해서는 안 됩니다.

모름지기 처음을 바르게 하고 그 끝도 바르게 해서 넓히고 채운 뒤에 자기 공부가 넘쳐흐를 때 그 여유를 갖고 대상 경계를 대하십시오. 그대가 얻은 바는 이미 한 모퉁이에만 편협하여 머물러 있지 아니하니, 생각하건대 일상에서 일어나는 마음을 꿰차고 집착하지도 아니할 것이며 마음을 시들게 하여 헛되이 잊게도 하지 아니할 것입니다.

별지처란 어두운 가운데 언뜻 한 줄기 빛을 본다는 뜻으로 약간의 깨달음이라 할 수 있습니다. 사대부들이 여의하지 못한 역경계에서는 잠시 본마음을 찾다가 순한 경계가 되면 본마음을 찾는 공부를 그냥 놓아버린다는 말입니다. 여기서 대혜스님은 역경계든 순경계든 공부를 게을리 하지 말고 정신 바짝 차리고 여일하게 하여야 한다는 것을 강조한 것입니다. 그리고 '다만 근본을 얻을지언정 그 결과를 걱정하지 말고, 다만 부처 지을 줄을 알지언정 부처님 말씀을 알지 못할까를 걱정하지 마십시오.' 라고 했습니다. 이 말이 중요합니다. 대혜스님이 '본심을 잘 챙겨라' '경계에 부딪힐 적마다 화두를 타고 본심으로 돌아가라' 하니 이 공부로 어떻게 부처님 말씀을 알 수 있으며, 이것으로써 무엇을 이룰 수 있을까? 이렇게 고민을 한다는 뜻입니다. 그런 걱정은 하지 말고 본마음만 잘 챙기면 된다고 강조한 글입니다. 이렇게 정신을 차리고 성성하게 깨어서 오랫동안 공부하여 본심에 계합하는 능력이 충분해지면 모든 대상을 자유롭게 굴릴 수 있을 것이라고 말합니다. 부처 지을 줄 아는 것이 마음 챙기는 것입니다.

近年以來로 禪道佛法이 衰弊之甚이라 有般杜撰長老가 根本이 自無所悟하고 業識이 茫茫하여 無本可據하며 無實頭伎倆일새 收攝學者하여 故로 敎一切人으로 如渠相似하여 黑漆漆地로 緊閉却眼하여 喚作黙而常照니라.
彦冲이 被此輩의 敎壞了하니 苦哉苦哉로다 遮箇話를 若不是左右가 悟得狗子無佛性이런들 徑山도 亦無說處니라 千萬捺下面皮하고 痛與手段하여 救取遮箇人하라 至禱至禱하노라.

최근에 들어서 선도禪道 불법이 쇠퇴함이 심합니다. 흔히 두찬장노杜撰長老들은 스스로도 근본을 깨달은 바가 없고 업식業識이 아득하고 망망하여 의거할 만한 근본이나 실다운 기량도 없으면서 사람들을 거두어 가르치고 있습니다. 그래서 사람들을 자신과 꼭같이 하도록 지시하기를 '칠흑과 같이 굳게 눈을 감고 묵묵한 가운데서 항상 비추어[黙而常照] 보라.' 고 가르칩니다.

언충彦冲이 이러한 무리들에게 해를 입었으니 안타깝고 또한 안타깝습니다. 만약 그대가 '구자무불성狗子無佛性' 화두를 깨닫지 못했다면 나도 또한 이러한 이야기를 하지 않을 것이니, 부디 안면을 무시하고 모진 수단을 써서 그 사람을 구원하십시오. 지극히 빌고 또 빕니다.

강설

'업식業識이 아득하고 망망하다' 는 것은 업식이 일어나는 것도 모르는 상태를 말합니다. 그리고 '의거할 근본도 없다' 는 것은 근본 즉 본마음을 찾아 들어낼 줄도 모른다는 것입니다. 그래서 도의 기본도 서지 않은 사람이 천박한 방법으로 사람들을 현혹하여 묵조선을 지도하는 것을 맹렬히 꾸짖고 있는 것입니다. 언충彦冲은 언수彦修의 동생인데 이러한 무리의 잘못된 가르침에 빠져 있으니 어떠한 수단을 써서라도 빨리 구제하여야 한다는 것입니다.

여기서 많은 수행자가 알아야 할 대목이 나왔습니다. 대혜스님은 그대가 '구자무불성' 화두를 깨쳤기 때문에 이 말을 한다 했으며, 화두를 깨친 이에게 더욱 가행정진을 하라 했습니다.

성품을 보는 순간 부처를 이룬다는 말[견성즉성불]을 잘못 이해하여 성품을 보기만 하면 대각부처님이 된다고 착각하면 안되는 것입니다. 중생심이 성품 작용임을 알아서 마음이 작용함을 따라 성품을 보게되면 구경에 성불을 이루는 것입니다.

然이나 有一事하니 亦不可不知니라 此公이 淸淨自居하여 世味澹泊이 積有年矣라 定執此爲奇特리니 若欲救之이면 當與之同事하여 令其歡喜하여 心不生疑하고 庶幾信得及하여 肯轉頭來하리니 淨名의 所謂先以欲으로 鉤牽하고 後令入佛智是也라.

그러나 반드시 꼭 알아야 할 일이 한 가지 있습니다. 이 사람은 청정하게 살아오면서 오랫동안 세상을 담박澹泊하게 살아왔기 때문에 정定에 집착하여 이것을 기특함으로 삼고 있을 것입니다. 만약 그를 구제하고자 한다면 마땅히 그와 같은 공부[同事]를 함께해서 그 사람을 기쁘게 해야 마음에 의심을 품지 않고 거의 믿어서 기꺼이 머리를 돌이켜 올 것입니다. 정명淨名거사가 말한 '먼저 하고자 하는 것으로 끌어당기고 뒤에는 부처의 지혜에 들어가게 한다.' 라고 한 말씀이 이것입니다.

강설

　여기서 언충의 성격과 잘못된 묵조선의 특성이 나옵니다. 우선 언충이란 사람은 청정한 가운데 깔끔하고 담백한 성격의 소유자란 것입니다. 선 수행에서 '정'과 '혜' 두 가지를 함께 닦는 정혜쌍수의 정법 수행, 즉 '정定을 닦아 혜慧에 작용하고 혜를 닦아 정에 계합하는 묘리'가 있습니다. 그러나 묵조선에서는 이 원리를 잘 알지 못하고 '오직 묵묵한 가운데 비추어보라'고 하니 깜깜한 굴에서 아무 생각도 일으키지 말고 묵묵히 앉아 있는 것을 선정에 드는 것으로 잘못 여긴다는 것입니다. 묵조선에서의 정定은 생각을 한 곳에 붙잡아 움직이지 못하게 고정시키는 정定을 말합니다. 생각을 일으키지 않고 일어나는 생각도 눌러 앉혀서 마음이 잠시 편안해지는 듯한 이것을 선정으로 착각하는 무리를 말합니다. 그러니 살아 움직이는 가운데 할 일을 다 하면서 성성하게 깨어 있어야 한다는 대혜스님의 관점에서 보면 매우 잘못 된 것이지요. 전도몽상으로 꿈을 꾸고 있는 사람과 깨어있는 사람의 차이라 할 수 있습니다. 그러니 꿈을 꾸는 사람에게 당신 지금 꿈을 꾸고 있으니 그 달콤한 꿈을 벗어 던지고 빨리 깨어나라고 이른다면 언뜻 따라오기 어려울 것입니다. 그러니 그와 같이 꿈 놀음을 좀 하면서 이것이 꿈이란 것을 서서히 알려주라는 것이지요. 이것이 동사섭同事攝이라 하여 사람의 근기에 따라 동고동락을 하면서 진리의 길로 이끄는 방법입니다. 뒤에 나오는 정명[유마거사]의 '먼저 하고자 하는 것으로 끌어당기고 뒤에는 부처의 지혜에 들어가게 한다'와 같은 뜻입니다.

黃面老子께서 云觀法先後하여 以智分別하며 是非審定하여 不違法印하고 次第建立無邊行門하여 令諸衆生으로 斷一切疑라하시니 此乃爲物作則이며 萬世楷模也라 況此公의 根性이 與左右로 迥不同하니 生天은 定在靈運前이요 成佛은 定在靈運後者也라 此公은 決定不可以智慧攝이요 當隨所好攝하여 以日月로 磨之하면 恐自知非하여 忽然肯捨거니와 亦不可定이니다 若肯轉頭來하면 却是箇有力量底漢이라 左右도 亦須退步하여 讓渠出一頭라사 始得다.

부처님께서 말씀하시길, '법의 앞뒤를 잘 관찰하여 지혜로써 분별하며, 옳고 그름을 정확하게 살펴서 법인法印을 어기지 말라. 그리고 차례대로 무변한 수행의 문을 건립해서 모든 중생들로 하여금 일체의 의혹을 끊게 하라.' 라고 하시니, 이것은 중생들을 위하여 만든 법칙이며 만세의 본보기입니다. 하물며 이 사람 언충彦冲은 근성이 그대와는 매우 달라서, '천상에 태어나는 것은 반드시 영운靈運보다 먼저이지만 성불하는 것은 반드시 영운보다 뒤가 될 것이다.' 란 말에서 영운과 같은 사람입니다.

이 사람은 반드시 지혜로써 포섭할 수 있는 사람이 아니요, 마땅히 좋아하는 것으로 포섭해서 날로 달로 탁마하면 혹 스스로 잘못을 알아서 홀연히 기꺼이 하던 공부를 버릴지 모르지만 이것 또한 결정적으로 말할 수 없는 것이 두렵습니다. 만약 기꺼이 머리를 돌이켜서 오기만 하면 도리어 참으로 역량이 있는 사람이 될 것이니, 그대도 또한 모름지기 한 발 물러나 그에게 양보를 해서 건져내야 옳을 것입니다.

강설

교화해야 할 대상인 언충이라는 사람은 그 기질이 특별합니다. 마치 중국 북송 문제文帝 때 사영운謝靈運이라는 사람과 같다고 하였습니다. 그 당시 사영운과 정치적 라이벌 관계에 있었던 맹의孟顗라는 사람은 신행이 바르고 많은 복을 지으면서 불사도 많이 하고 모범적인 수행을 한 반면에, 영운이란 사람은 성격이 거칠어 그 신행하는 방법이 맹의와는 매우 달랐던 것입니다. '맹의가 부처님을 잘 섬기고 정진하며 보시를 행하여 유루복有漏福을 닦아서 천상에 태어나는 것은 영운보다 앞서겠지만 견성하고 도를 통하여 성불하여 조사가 되는 것은 반드시 영운보다 뒤가 될 것이다.' 라고 한 말입니다. 언충은 바로 영운과 같은 기질을 가진 사람입니다. 그러므로 이 사람을 교화하려면 그 사람의 성정에 알맞게 방편을 써야 할 것이라는 말입니다.

　比에 暐禪이 歸에 錄得渠答紫巖老子一書거늘 山僧이 隨喜
讀一徧하고 讚歎歡喜累日하니 直是好一段文章이러라 又似一
篇大義하고 末後에 與之下箇謹對호리니 不識커라 左右는 以
謂如何오.

　昔에 達磨가 謂二祖曰 汝但外息諸緣하고 內心無喘하여 心如
墻壁이라야 可以入道라하셨거늘 二祖가 種種說心說性하되 俱
不契더니 一日에 忽然省得達磨의 所示要門하시고 遽白達磨曰
弟子가 此回에야 始息諸緣也니다. 達磨가 知其已悟하시고 更
不窮詰하시며 只曰莫成斷滅去否아 曰無니다. 達磨 曰子가 作
麼生고 曰了了常知故로 言之不可及이니다 達磨 曰 此乃從上諸
佛諸祖의 所傳心體니 汝今旣得이라 更勿疑也라하시니다.

　최근에 위선暐禪이 자암에 다녀오면서 언충彦冲이 자암의 노스
님[紫巖老子]에게 보낸 편지 한 장을 기록해 왔었습니다. 산승이
한 편을 기쁘게 읽고는 찬탄과 환희로 여러 날을 보냈는데 바로
이 한 단락의 좋은 문장 때문이었습니다. 한 편의 대의를 바로 보
인 후에 각각의 내용을 정중히 대비하여 보겠습니다. 그대는 어
떻게 생각하실런지요?

대의는 바로 이렇습니다. 옛날에 달마대사가 이조 혜가二祖 慧
可에게 말씀하시길, "그대는 다만 밖으로 모든 인연을 쉬고 안으
로는 마음에 헐떡거림이 없어서 마음이 장벽과 같아야 도에 들어
갈 수 있다." 라고 하였습니다. 이조 혜가가 이 말에 대하여 가
지가지로 마음을 설명하고 성품을 설명하였으나 모두 다 계합
하지 못하더니 하루는 홀연히 달마대사가 보인 이 요긴한 법문
을 살피고는 곧 달마대사에게 말하였습니다. "제자가 이번에야
비로소 모든 인연을 쉬었습니다." 라고 하니, 달마대사는 이조
가 이미 깨달은 것을 알고는 더 이상 따져 묻지 아니하였습니다.
다만, 그저 "단멸(斷滅)에 떨어진 것은 아니겠지?" 라고 묻거늘,
혜가가 "떨어지지 않았습니다." 라고 대답했습니다. 또 달마가
"그렇다면 어떤 상태인가?" 물으니 혜가가 "환하게 항상 아는 것
을 말로써는 설명할 수가 없습니다." 라고 답했습니다. 달마대
사가 말씀하시길 "이것이 과거 모든 부처님과 모든 조사가 전하
고 전한 마음의 본체이니 그대는 지금 이미 얻었는지라 더 이상
의심하지 말라." 라고 하였습니다.

彦冲이 云夜夢晝思十年之間에 未能全克이라 或端坐靜黙하
여 一空其心하여 使慮無所緣하며 事無所託하여서 頗覺輕安이
라하니 讀至此에 不覺失笑로다 何故오 旣慮無所緣이라하니

豈非達磨의 所謂內心無喘乎아 事無所託이라하니 豈非達磨의
所謂外息諸緣乎아.

二祖도 初不識達磨의 所示方便하고 將謂外息諸緣하며 內心
無喘을 可以說心說性하며 說道說理라하여 引文字證據하여 欲
求印可할새 所以로 達磨가 一一裂下하사 無處用心코사 方始
退步하여 思量心如墻壁之語는 非達磨實法이라하고 忽然於墻
壁上에 頓息諸緣하여서 卽時에 見月亡指하고 便道了了常知故
로 言之不可及이라하니라 此語도 亦是臨時하여 被達磨拶出底
消息이라 亦非二祖實法也거늘 杜撰長老輩가 旣自無所證하고
便逐旋捏合하여 雖敎他人歇이나 渠自心火熠熠하여 晝夜不停
함이 如欠二稅百姓相似라.

언충彦冲이 달마의 말에 비추어 말하기를 '밤에 꿈꾸고 낮에
생각한 세월이 십 년이나 지나도록 아직 능히 온전하게 극복하
지 못하였지만, 간혹 단정히 앉아 조용하고 묵묵한 가운데 그
마음을 한번 텅비우고 생각에 인연하는 바가 없고 현상에 의탁
하는 바가 없으니 조금 가볍고 편안함을 느낀다.' 라고 하였습
니다. 제가 편지를 읽다가 이곳에 이르러 모르는 사이에 실소를
금하지 못했습니다. 무슨 까닭인가 하면 언충이 '생각에 인연하
는 바가 없다.' 라고 하는 말로 달마대사가 말한 바, '안으로 마
음이 헐떡거림이 없다.' 는 말에 비유하고 또 '현상에 의탁하는

바가 없다.' 는 말을 달마대사가 말한 바, '밖으로 모든 인연을 쉰 것' 에 비유하고 있기 때문입니다.

이조 혜가二祖 慧可도 처음에는 달마대사가 보인 방편을 알지 못하고 항상 이르기를, '밖으로 모든 인연을 쉬고 안으로 마음에 헐떡거림이 없다.' 고 한 것은 '마음을 이야기하고 성품을 이야기하며, 도를 말하고 이치를 말하였다.' 하여 문자를 이끌어 증거를 대며 인가를 구하려고 하였습니다. 그러므로 달마대사가 혜가의 말을 낱낱이 부수어서 더 이상 마음을 쓸 수 없는 곳까지 몰아가니 혜가가 비로소 마음을 쓰는 것에서 물러나게 되었습니다. 따라서 '마음이 장벽과 같아야 한다.' 라고 한 달마대사의 말은 실다운 법이 아님을 깨닫고 홀연히 장벽 위에서 모든 인연을 다 쉬었습니다. 그리고는 곧 달을 보고 손가락을 잊어버리고 문득 말하였습니다. '분명하고 분명하게 항상 알지마는 말로써는 표현할 수가 없습니다.' 라고 하였습니다.

이 말도 역시 그때에 당하여 달마가 대답을 하라고 핍박하기에 억지로 한 말이지 이조혜가의 실다운 법이 아닙니다. 그런데 남은 부정하면서 자기주장만 늘어놓는 두찬杜撰 장로長老의 무리들은 이미 자기의 깨달은 바는 없으면서 곧 이리저리 꿰어 맞추어서 비록 다른 사람에게는 쉬라고 하지만 그 사람 자신의 마음에는 불길이 모락모락 타올라서 주야로 멈추지 않는 것이 마치 봄과 가을 두 번의 세금을 내지 못한 백성의 불안한 마음과 같습니다.

편지를 읽다가 이곳에 이르러 모르는 사이에 실소를 금하지 못했습니다. 무슨 까닭인가 하면 이미 '생각에 인연하는 바가 없다'라고 하니 그것이 어찌 달마대사가 말한 바, '안으로 마음이 헐떡거림이 없다' 는 것이 아닌가. 또 '현상에 의탁하는 바가 없다'고 하니 그것이 어찌 달마대사가 말한 바, '밖으로 모든 인연을 쉰 것이 아닌가 하고 언충이 말하고 있기 때문입니다.

이 부분의 말은 언충이 자기 공부의 상태가 달마스님이 말씀하신 '외식제연하고 내심무천' 에 이르러 있음을 표현하고 있습니다만 대혜스님이 볼 때는 근본적으로 잘못이 있음을 지적하고 있는 것입니다. 외식제연이란 일어나는 생각을 끊어서 단멸시키는 것이 아니고 일어나는 생각을 그대로 두고 그것에 걸리지 않는 것이라는 것을 알아야 합니다. 마음이 일어나는 것은 인연을 만나면 어쩔 수 없는 일입니다. 그러나 언충이 일어나는 생각을 꽉 틀어막는 것을 고집하고 있기 때문에 이것을 지적한 것입니다. 그리고 '내심무천' 이란 말도 묵묵하게 앉아서 마음을 짓지 않는 것이 아니라 생각으로 일어나는 망상을 그 일어나는 근본으로 돌이켜서 본심에 들어가면 그곳에는 분별 망상도 헐떡임도 없다는 것을 언충이 잘 모르고 있기 때문에 이것을 지적한 것입니다. 인연에 접하여 생각이 일어날 때마다 화두라는 배를 타고 본심에 돌아가면 인연에 걸리고 마음에 헐떡거릴 것이 없다는 것입니다.

彦沖은 却無許多勞攘이나 只是中得毒深이라 只管外邊亂走하여 說動說靜하며 說語說黙하며 說得說失하며 更引周易內典하여 硬差排和會하니 眞是爲他閑事長無明이로다 殊不思量一段生死公案을 未曾結絶하면 臘月三十日에 作麽生折合去로다 不可 眼光欲落未落時에 且向闇家老子道하되 待我澄神定慮少時코사 却去相見이니 得麽아 當此之時하여는 縱橫無礙之說이라도 亦使不着이며 心如木石이라도 亦使不着이라 須是當人의 生死心을 破하여사 始得다.

언충이 도리어 허다한 번뇌망상은 없으나 이 속(묵조선)에서 독기에 중독된 바가 매우 심합니다. 그래서 오직 바깥으로 어지럽게 내달려서 움직임과 고요함을 말하며, 말하고 침묵함을 말하며 이득과 손실을 말합니다. 또 『주역周易』과 『내전內典』, 『논어』를 끌어다가 서로 차배하고 화회(견주어 봄)하니 참으로 부질없는 일로써 무명만 키우는 꼴입니다. 그러면서도 일단의 생사공안을 결단하지 못하면 죽음에 이르러서[臘月三十日] 어떻

334 書狀

게 타협할 것인가를 생각하지 않습니다. 가히 안광이 떨어질락 말락 할 때에 또한 염가노자를 향해서 말하기를, '내가 정신을 차리고 생각을 안정시킬 때까지 잠깐 기다린 뒤에 서로 보자.' 라고 한다면 그것이 되겠습니까? 이러한 때를 당하여서는 종횡으로 걸림이 없이 말을 잘 한다 하더라도 또한 쓸데가 없습니다. 마음이 목석과 같다 하더라도 역시 쓸데가 없습니다. 반드시 자신의 생사하는 마음을 깨뜨려야만 얻을 수 있는 일입니다.

若生死心을 破하면 更說甚麼澄神定慮며 更說甚麼縱橫放蕩이며 更說甚麼內典外典이리요. 一了一切了하며 一悟一切悟하며 一證一切證호미 如斬一結絲에 一斬一時斷이라 證無邊法門도 亦然하여 更無次第리니 左右가 旣悟狗子無佛性話하니 還得如此也未아 若未得如此이면 直須到恁麼田地하여야 始得다. 若已到恁麼田地이면 當以此法門으로 興起大悲心하여 於逆順境中에 和泥合水하여 不惜身命하며 不怕口業하고 拯拔一切하여 以報佛恩이니 方是大丈夫의 所爲어니와 若不如是면 無有是處니라.

만약 생사의 마음을 깨뜨리면 다시 무슨 '정신을 차리고 생각을 안정시킬 것'을 말하겠으며, 다시 무슨 '종횡으로 걷잡을 수 없이 떠드는 것'을 말하겠으며, 다시 무슨 내전과 외전을 말하겠습니까? 한 가지를 밝히면 일체를 밝히며, 한 가지를 깨달으면 일체를 깨달으며, 한 가지를 증득하면 일체를 증득하는 것이 마치 한 묶음의 실을 자를 때 한번 자르면 일시에 잘라지는 것과 같습니다. 끝없는 법문을 증득하는 것도 또한 그러해서 다시는 순서가 없습니다. 그대는 이미 구자무불성狗子無佛性 화두를 깨달았으니 또한 이와 같은가? 만약 이와 같지 못하다면 곧바로 이러한 경지에 이르러야만 비로소 옳습니다.

만약 이미 이러한 경지에 이르렀다면 마땅히 이 법문으로 큰 자비심을 일으켜서 역逆경계에서나 순順경계에서나 진흙과 화합하고 물과 화합하여 신명을 아끼지 말며, 구업도 아끼지 말고, 일체중생들을 어려움에서 건져내어 부처님의 은혜를 갚아야 합니다. 이것이 비로소 대장부의 할 일입니다. 만약 이와 같이 못한다면 발붙일 곳이 없으리라.

彦冲이 引 孔子의 稱易之爲道也屢遷하여 和會佛書中에 應無所住而生其心으로 爲一貫이라하며 又引寂然不動을 與土木과 無殊라하니 此尤可笑也로다 向渠道하노라 欲得不招無間業이면 莫謗如來正法輪이라

공자가 『주역』에서 말한 '도란 것은 수시로 변화하는 습성이 있다[爲道也屢遷].' 를 언충이 『금강경』의 '응당 머무는 바 없이 그 마음을 낸다[應無所住而生其心].' 와 같은 뜻이라고 하였습니다. 또한 인용하여 '고요하여 움직이지 않음[寂然不動]'을 '토목과 다르지 않다' 라고 하였으니 이것은 더욱 가소롭습니다. 그 사람에게 '무간지옥에 떨어지는 업을 짓고 싶지 않으려면 여래의 정법을 비방하지 마시오.' 라고 말하고 싶습니다.

강설

언충이 『주역』에 나오는 '위도야루천爲道也屢遷'이란 말을 『금강경』에 나오는 '응무소주이생기심應無所住而生其心'의 뜻과 같다고 비유한 것이 잘못되었음을 지적한 글입니다. '수시로 변화한다'는 말은 '변하지 않는 것은 없다' 란 뜻입니다. '누천'이 무상無常의 뜻에는 가까울지 모르나 무주無住의 뜻과는 거리가 멀다는 것이지요. 그리고 '고요하여 움직이지 않음'의 뜻을 흙이나 나무에 비유한 것은 더욱 가소로운 일이라 하였습니다.

무주는 경계에 꺼들려 머물지 말라는 뜻이요, 움직임이 없다는 것은 마음을 본성에 머물게하여 동요되지 않아야 됨을 잘못 알고 있다는 것입니다.

故로 經에 云不應住色生心하며 不應住聲香味觸法生心이라
시니 謂此廣大寂滅妙心은 不可以色見聲求니 應無所住는 謂此
心이 無實體也요 而生其心은 謂此心이 非離眞而立處라 立處
가 卽眞也니라 孔子稱易之爲道也屢遷은 非謂此也라 屢者는
荐也요 遷者는 革也라 吉凶悔悋이 生乎動하나니 屢遷之旨는
返常合道也거늘 如何與應無所住而生其心으로 合得成一塊리
요 彦冲이 非但不識佛意라 亦不識孔子意로다.

그러므로 경전에서 말씀하시기를, '응당히 보는 것으로부터
일어나는 그 마음에 머물지 말라 했으며 또한 소리와 향기와 맛
과 감촉과 법으로부터 일어나는 마음에 머물지 말라.' 라고 하
신 것은, 이를테면 저 광대하고 적멸하며 미묘한 마음을 가히 색
으로 보는 것과 소리로써 구하지 못한다는 뜻입니다. 그러니 '응
무소주應無所住' 는 이 마음이 실체가 없음을 말합니다. 그리고
'이생기심而生其心' 은 이 마음이 참마음을 떠나지 않고 나타남이
며, 나타나는 그 자체가 곧 참마음이란 것입니다. 공자가 말한
역易이 도가 된다고 한 누천屢遷은 이것을 말한 것이 아닙니다. 누
屢는 '거듭하다[荐].' 라는 뜻이요, 천遷은 '바꾸다[革].' 라는 뜻
입니다. 길흉회린吉凶悔悋이 움직이는 곳에서 생깁니다. 누천의 뜻
은 항상함에 비추어서 변화하는 도리를 설명하는 것인데 어찌
'응당히 머무는 바 없이 그 마음을 내는 것' 에 견주어 같은 뜻으

로 삼겠습니까? 언충은 다만 부처님의 뜻만 모를 뿐 아니라 또한 공자의 뜻도 알지 못합니다.

『금강경』에서 말하는 '불응주색생심不應住色生心'은 우리가 어떤 현상을 보고 생기는 그 마음에 머물지 말라는 것입니다. 우리가 보는 현상 자체도 실체가 없는 것이며 그 현상을 보고 느끼는 마음 자체도 실체가 없기 때문에 그 마음에 머물러서 집착을 해서는 안 된다는 것입니다. 그러면 어떻게 보아야 하는 것입니까? 현상을 볼 때마다 보는 그 이전의 본바탕 즉 진여본심으로 돌아가는 것이 현상에 머물지 않고 보는 것입니다. 마찬가지로 소리를 듣든, 냄새를 맡든, 맛을 보든, 감촉을 느끼든, 법[마음작용]이 일어나든 모두 그 일어나기 이전으로 돌아가면 모든 것에 물들지 않고 소리를 듣고 냄새 맡고 촉감 등을 느낀다는 것입니다. 이것이 광대무변하고 적멸 고요하며 미묘하고 신통한 본래 마음자리에서 보는 것입니다. 그러나 현상을 보고 일어나는 망상도 참마음을 바탕으로 일어나며 참마음을 떠나서는 현상이 일어날 수도 없는 것을 알아야 한다는 것이 바로 '이 마음이 참마음을 떠나지 않고 나타남이며, 나타나는 그 자체가 곧 참마음입니다'라고 표현한 것입니다. 『주역』에서 말하는 누천은 '거듭하여 바뀐다.'라는 뜻으로서 천지 우주의 기운이 육효六爻의 자리에 두루 흘러서 위와 아래가 무상하게 변동한다는 뜻입니다. 우주의 본 기운[元氣]이 고정적으로 한 곳에 머물지 않고 계속 옮겨 다닌다는 뜻은 본분을 두고 현상을 설명한 것인데 반하여 '응무소주이생기심應無所住而生其心'은 갖가지 일어나는 분별 망상적 현실을 통하여 소소영영한 본래자리, 즉 본성을 보는 것이니 근본적으로 다른 이야기라는 것입니다.

左右는 於孔子之敎에 出沒을 如游園觀하며 又於吾敎에 深入閫域이라 山野의 如此杜撰이 還是也無아 故로 圭峯이 云元亨利貞은 乾之德也라 始於一氣하고 常樂我淨은 佛之德也니 本乎一心이라 專一氣而致柔하고 修一心而成道라하니 此老의 如此和會라사 始於儒釋二敎에 無偏枯하며 無遺恨이리라 彦冲이 以應無所住而生其心이 與易之屢遷大旨로 同貫은 未敢相許로니 若依彦冲差排러면 則孔子與釋迦老子를 殺着買草靴하여서 始得다 何故오 一人은 屢遷하고 一人은 無所住일새 想讀至此에 必絶倒也리라.

그대는 공자의 가르침에 드나들기를 마치 큰집 정원에 노닐 듯하며 또한 불교에도 깊은 경지에 들어와 있으니, 산승이 이와 같이 두찬(남을 부정하고 자기 주장만 세우는 것)함이 그른 것인지 한번 판단해 보십시오. 그러므로 규봉圭峯선사가 말하기를, '원형이정元亨利貞은 하늘의 덕이니 한 기운에서 시작하였고, 상락아정常樂我淨은 부처님의 덕이니 한마음을 근본으로 하였다. 한 기운을 오로지하여 부드러움을 이루고 한마음을 닦아서 도를 이룬다.'라고 하였습니다. 늙은이[규봉]와 같이 이해를 하여야 비로소 유교와 불교 두 가르침에 치우침이 없을 것이며 남은 한이 없을 것입니다. 언충이 '응당히 머무는 바 없이 그 마음을 내라.'는 것이 역학의 누천의 대의와 같이 맞추는 것은 감히 허락하지 못하겠습니다. 만약 언충의 차배를 의지한다면 곧 공자와 석가 노자에게 짚신을 사서 신겨야 될 것입니다. 왜냐하면 한 사람은 자주 옮겨 다니고 한 사람은 머무는 바가 없기 때문입니다. 아마도 편지를 읽다가 여기에 이르면 반드시 포복절도할 것입니다.

강설

규봉선사의 말씀은 유교에서 하늘의 네 가지 덕인 '원형리정元亨利貞'과 불교에서 열반의 네 가지 덕인 '상락아정常樂我淨'을 비교한 것입니다. 원형이정에서 원은 음과 양의 조화로움에서 땅 위로 양이 움트는 봄, 즉 시작을 의미합니다. 하늘의 원덕이 만물을 낳는 것을 말합니다. 형은 하늘이 능히 만물을 키워내는 여름을 말합니다. 이것은 하늘과 땅의 소통을 나타냅니다. 이利는 가을에 칼로 벼를 베는 것과 같이 하늘이 각기 마땅하게 결실을 주어 화합시킨다는 뜻입니다. 그리고 정貞은 겨울에 양陽이 감추어지고 모든 곡식을 저장하는 것과 같이 만물이 모든 것을 성취한 결과를 나타내며 유교에서는 중정中正 을 이룬 상태를 나타냅니다. 그래서 원형이정을 '시통화정始通和正' 이라 합니다.

열반의 네 가지 덕은 무상無常이 아닌 진상眞常, 괴로움이 아닌 진락眞樂, 망아忘我가 아닌 진아眞我, 부정不淨이 아닌 진정眞淨을 이루는 것을 말합니다. 유교에서 한 기운이란 음과 양이 나누기 이전의 기운 즉 원기元氣를 말하는 것으로써 음양이 완벽하게 갖추어져 있는 상태를 말합니다. 불교에서의 '진공묘유', 즉 있음과 없음이 완벽하게 갖추어진 상태와 비유됩니다. 유교에서는 음과 양이 화합하여 만물이 소생되고 불교에서는 진공묘유가 마음작용의 근원으로 보는 것입니다. 그래서 원형이정의 덕은 원기에서 비롯되고 상락아정은 진공묘유의 마음에서 생긴다고 한 것입니다. 이와 같이 규봉선사와 같은 원형이정과 상락아정을 서로 대조하여 설명할 정도는 되어야 두 교(유교와 불교)의 이치를 모순 없이 설명하였다고 할 수 있지 않겠는가? 라고 한 것입니다. 언충이 '누천' 을 '웅무소주이생기심' 과 대조한 것은 두 교를 몰라도 터무니없이 모르고 한 말이다. 이 말입니다.

答

유통판 언충에게 1

劉通判 彦冲 1

대혜스님 51세 남송 소흥 9년(1139)에
임안 경안사에서 언충에게 보낸 편지다.
언충은 자휘(子翬)의 자이며, 호는 병산(屛山)거사이다.
또한 언충은 언수의 동생이며, 주자의 장인이라 한다.
통판은 번진의 벼슬이며, 군사를 감독하는 관직이다.

令兄 寶學公이 初未嘗知管帶忘懷之事나 信手摸着鼻孔하며 雖未盡識得諸方邪正이나 而基本이 堅固하여 邪毒이 不能侵이라 忘懷管帶도 在其中矣니라 若一向에 忘懷管帶하고 生死心을 不破면 陰魔得其便하여 未免把虛空하여 隔截作兩處라.

그대의 형 보학寶學공이 일찍이 마음을 붙들어 지니고 다니는 일[管帶]과 생각을 놓아서 잊어버리는 일[忘懷]에 대해서 잘 알지 못했으나 손으로 비공鼻孔(실마리)을 잡을 만큼 (공부에) 믿음을 얻게 되었으며, 비록 제방의 삿되고 바른 법을 다 알지는 못하나 기본이 견고하여 삿된 독이 능히 침범하지 못하는 정도가 되었으니, 지니고 놓는 일도 또한 이와 같은 단계에 이르렀습니다. 만약 한결같이 망회관대忘懷管帶에 젖어서 생사의 마음을 깨뜨리지 못하면 기회를 틈타서 오온五蘊의 마가 침투하여 두 곳으로 나누어 놓기를 마치 허공이 좁은 틈새를 들어오듯함을 면하지 못할 것입니다.

'관대'라는 것은 무엇을 꿰어서 지니고 다닌다는 뜻으로써 여기서는 알음알이가 일어나지 않게 하려는 마음을 버리지 못하는 것을 뜻합니다. 지관법止觀法에서 관觀을 잘못하는 경우를 꼬집어서 말한 것입니다. 반면에 '망회'는 놓아서 잊어버린다, 즉 일어나는 모든 생각을 일어나지 못하게 하고 토목와석과 같이 공적함을 찾는 것으로써 '지止' 수행을 잘 못하는 것을 말합니다. 대혜선사는 묵조선 하는 사람들이 수행을 바로 하지 못하고 이 두 가지의 큰 병폐에 빠지는 것을 나무라고 있습니다. 여기서도 언충이 주자의 장인이며 스승으로서 학식이 뛰어난 사람임에도 불구하고 이런 폐단을 입어서 공부를 재대로 못하고 있다는 것을 지적해서 고쳐주기 위한 글입니다.

'언충 그대의 형 언수도 똑같이 처음에는 이와 같이 올바른 공부를 못했으나, 요즘은 공부를 바르게 하여 이제 비공을 만질 정도는 되었다'고 합니다. 비공이란 콧구멍을 말하는데 생명의 핵심인 숨을 마시는 곳으로서 마음에 비유하면 본마음, 즉 본분사本分事에 비유됩니다. 이제는 공부하는 핵심을 잘 파악했다는 것입니다.

마지막 구절에서 생사를 해결하지 못하면 마가 엄습하는 것이 마치 허공이 틈새를 들어오듯이 아무리 작은 틈도 뚫고 들어오며 그 속도가 생각으로 측량하기 어려울 정도로 빠르고 그 모습도 은밀하게 침투한다는 말입니다. 여기서 두 곳이란 분별을 말하는 것으로서 본분과 본분 아닌 것의 대립을 말합니다. 생사심이 일어나는 것은 본분을 벗어나기 때문입니다. 그래서 어떤 때 어떤 상황에서도 본심에 돌아가면 이것이 바로 생사심을 해결하는 것입니다. 이와 같은 생사심 해결하는 공부를 하지 않고 엉뚱하게 고요하고 적적한 것을 찾고, 또 분별이 일어나지 않게 하는 망회관대를 해서는 한 발자국도 나아가지 못한다는 것입니다.

處靜時에 受無量樂하고 處鬧時에 受無量苦하리니 要得苦樂이 均平일진대 但莫起心管帶하며 將心忘懷하고 十二時中에 放教蕩蕩地니 忽你舊習이 瞥起라도 亦不着用心按捺하고 只就瞥起處하여 看箇話頭하되 狗子도 還有佛性也無잇가 無라 正恁麼時하여 如紅爐上一點雪相似하리니.

고요한 곳에 있을 때에는 한량없는 즐거움을 누리다가 시끄러운 곳에 있을 때는 한량없는 고통을 받을 것입니다. 고통과 즐거움이 균평해지고자 한다면 다만 일어나는 마음을 붙들어서 지니려고 하지도 말고 마음을 내어 힘을 써서 잊어버리려 하지도 마십시오. 하루 종일 어떤 때라도 마음을 턱 놓아서 걸림 없이 탕탕하게 하십시오. 홀연히 옛 습관이 문득 일어나더라도 또한 억지로 마음을 써서 눌러 내리려 하지도 말고 오직 생각이 일어나는 곳에 즉시 나아가서 '개도 불성이 있습니까?' '없다' 라고 한 화두를 보십시오. 바로 이런 때야말로 마치 붉게 타는 화로 위에 떨어지는 한 점의 눈과 같을 것입니다.

강설

여기에 간화선법의 핵심이 나옵니다. 망회관대를 해서는 생사심이 해결되지 않으니 상황을 당하여서 즐겁고 고통스럽고 이런 것을 근본적으로 해결하지 못한다는 것입니다. 그러면 어떻게 해야 한다는 것입니까? 상황에 처하여 일어나는 마음을 잡아서 꿰어 차고 있지도 말고 억지로 없애려고도 하지 말고 그냥 놓아서 탕탕히 비워버려라 이 말입니다. 탕탕하게 놓을 수 있는 곳이 어디입니까? 바로 본성자리입니다. 상황에 처하면 마음은 홀연히 일어난다고 하였습니다. 왜 그러냐하면 경계에 따라서 마음이 작용되는 것은 자연스럽게 일어나는 것입니다. 그래서 화가 나는 상황에서는 화가 즉시에 나고 욕심이 나는 상황에서는 탐욕이 즉시에 일어나는 것입니다. 이러한 때, 공부할 줄 아는 사람은 그 마음이 작용하는 곳에서 즉시 화두를 들어 자기 스스로를 볼 줄 아는 것입니다. 그리고는 화두가 나온 자리로 돌아가는 것입니다. 화두 나온 자리가 바로 본성자리 아닙니까? 조주스님이 '없다[無]'고 한 그 자리입니다. 그 자리는 누구나 가지고 있는 것입니다. 그러니 망상이 일어나면 바로 '무無' 하면서 자각하고 본성자리로 쏙 들어가 버리면 붉게 타는 화로 위에 눈 녹듯이 망상이 싹 사라지고 탕탕한 불성자리에 주인공이 머물게 된다는 말입니다.

眼辦手親者를 一躍에 躍得하여야 方知懶融이 道하되 恰恰
用心時에 恰恰無心用이니 曲談은 名相勞요 直說은 無繁重이
라 無心恰恰用하되 常用恰恰無니 今說無心處가 不與有心殊라
함이 不是誑人語리라.

　눈으로 판단하고 손에 익은 것을 탁 한번 멀리 뛰어 넘어야 비
로소 나융懶融[우두법융] 선사가 말씀하신 '똑같이 마음을 쓸 때
에 마음 없는 것 같이 마음을 쓸 것이니, 너절하게 장황한 말[곡
담]은 이름[名]과 형상[相]으로 수고스럽고 바른 말[直說]은 번
거롭고 무겁지 않느니라. 마음없이 마음을 쓰되 항상 써도 없는
것 같으니 지금 말하는 무심이라 하는 것이 유심과 다르지 않
다.' 라고 한 것이 사람을 속이는 말이 아님을 알 것입니다.

강설

　'안판수친眼辦手親'이란 말은, 속담에 화살로 과녁을 뚫기 위해
서는 눈으로 정확하게 판단하여서 겨누어야 하지만 실제로 활을
당기는 것은 손이니 손이 익숙해져야 좋은 성과를 얻을 수 있습
니다. 즉 무슨 일이든 오랫동안 습관이 되면 자연스럽게 된다는
뜻에서 나온 것입니다. 이와 같이 몸에 익어 숙습이 되어야 하는
것을 모르고 단번에 뛰어넘어 활을 잘 쏘는 사람이 과녁을 맞히
듯이 하겠다는 것입니다.

昔에 婆修盤頭가 常一食不臥하고 六時禮佛하며 淸淨無欲하여 爲衆所歸러니 二十祖闍夜多가 將欲度之하여 問其徒曰此偏行頭陀能修梵行이 可得佛道乎아 其徒曰我師精進이 如此거늘 何故로 不可리요. 闍夜多曰汝師가 與道遠矣라 設苦行을 歷於塵劫이라도 皆虛妄之本也니라 其徒不勝其憤하여 皆作色厲聲하여 謂闍夜多曰尊者는 蘊何德行일런데 而譏我師어뇨 闍夜多曰我不求道하되 亦不顚倒하며 我不禮佛하되 亦不輕慢하며 我不長坐하되 亦不懈怠하며 我不一食하되 亦不雜食하며 我不知足하되 亦不貪欲이라 心無所希名之曰道라함에 婆修聞已에 發無漏智하니 所謂先以定으로 動하고 後以智로 拔也라.

옛날에 바수반두婆修盤頭가 항상 하루에 일중일식日中一食만 하고 눕지도 아니하며, 하루 종일 예불을 드리며 청정하여 욕심이 없었습니다. 그래서 많은 사람들이 존경하고 따랐습니다. 이에 20대 조사祖師이신 사야다闍夜多 존자가 그를 제도하려고 그의 제자들에게 물었습니다. "그대들 스승과 같은 변형 두타頭陀가 청정한 범행梵行을 닦는 것으로써 능히 불도를 얻을 수 있겠는가?" 그의 제자들이 말하였다. "우리 스승의 정진이 이와 같이 훌륭한데 무슨 까닭으로 안 되겠습니까?" 사야다가 말하였습니다. "그대들의 스승은 불도와는 거리가 멀다. 설사 그런 고행을 무수한 겁이 지나도록 닦더라도 모두가 허망의 근본이니라."

이에 그의 제자들이 분을 이기지 못하고 얼굴을 붉히면서 큰소리로 사야다 존자에게 말하였습니다. "존자는 무슨 덕행을 쌓았기에 우리의 스승을 나무랍니까?" 사야다 존자가 말하였습니다. '나는 불도를 구하지는 아니하지만 또한 어긋나지[顚倒]도 않는다. 나는 예불은 하지 않지만 또한 가벼이 하거나 업신여기지도 않는다. 나는 장좌불와長坐不臥를 하지는 않지만 또한 게으름을 피우지도 않는다. 나는 일종식日種食을 하지는 않지만 또한 잡식雜食을 하지 않는다. 나는 만족을 알지는 못하지만 또한 탐욕하지 않는다. 마음에 바라는 바가 없는 것을 일러서 불도라 한다.' 라고 하였습니다. 바수반두가 그 말을 전하여 듣고는 무루無漏의 지혜를 발하였습니다. 이것이 소위 '먼저 정定으로써 움직여 놓고 뒤에 지혜로써 뽑아낸다.' 라고 한 것입니다.

강설

'선이정동先以定動하고 후이지발後以智拔'은 『경덕전등록景德傳燈錄』에 나오는 말입니다. 당나라 한퇴지가 호주의 태전선사에게 요청하길, "제자는 군사 일[軍州]로 분주하여 일이 많사오니 스님께서 공부에 요긴한 한 말씀만 해주십시오." 하니 선사께서 말이 없이 가만히 있었으므로 퇴지가 당황하여 어쩔 바를 몰라 했다. 이를 보고 있던 시자 삼평이 곧장 법상을 세 번 치자 선사께서 이르시길 "무슨 뜻인가?" 하고 물었다. "선이정동先以定動하고 후이지발後以智拔" 입니다. 이 말에 퇴지가 크게 깨닫고는 말하기를, 퇴지가 시자를 통해 그 뜻을 얻었으니, 말하자면 '먼저 정定으로써 두터운 무명의 뿌리를 흔들고 다음에 지혜로써 사견의 빽빽한 수풀을 뽑아낸다.'고 하는 것입니다. 퇴지의 질문에 대하여 선사께서 입을 다물고 있음[良久]으로 해서 퇴지의 마음에 선사께서 무엇 때문에 대답이 없을까? 하고 움직이게 한 것은 선이정동先以定動에 해당되고 시자가 법상을 세 번 쳐서 퇴지의 움직였던 마음이 본래자리로 돌아가게 한 것이 후이지발後以智拔에 해당하는 것입니다. 퇴지가 도를 깨닫고 다음과 같은 시를 지었습니다.

지름길을 태전선사에게 여쭈었더니
선사여! 훌륭한 말은 채찍만 보아도 달린다오
삼평이 재빨리 가리켜서 거듭 뽑아버리니
한밤중에 구름이 비껴나자 둥근 달이 중천에 떠있도다.

본문에서는 바수반두의 범행(계율을 잘 지킴)도 불도를 구하는 데는 허망한 짓이라고 한 것이 바수반두의 마음을 자극하여 마음이 일어나는 것을 바라보게 한 선이정동先以定動에 해당되고, '나는 불도를 구하지는 아니하지만 또한 어긋나지[顚倒]도 않는다.' 등등은 후이지발後以智拔에 해당합니다. 이 말을 전해 듣자마자 반수반두가 무루지를 얻은 것은 '훌륭한 말은 채찍만 보아도 달린다.'는 것과 같습니다. 정말로 상근기 중의 상근기의 법거량이라 할 수 있습니다.

杜撰長老輩가 敎左右로 靜坐하여 等作佛이라하니 豈非虛妄之本乎아 又言靜處에 無失하고 鬧處에 有失이라하니 豈非壞世間相하고 而求實相乎아 若如此修行인덴 如何契得懶融의 所謂今說無心處가 不與有心殊리요 請公은 於此에 諦當思量看하라 婆修도 初亦將謂하되 長坐不臥하면 可以成佛이라하더니 纔被闇夜多의 點破코사 便於言下에 知歸하여 發無漏智하니 眞是良馬가 見鞭影而行也니라.

다른 사람의 주장은 막아버리고 자기 주장만 찬탄하는 장로[杜撰長老]들이 그대를 가르치길, 조용히 앉아 있는 것이 부처를 짓는 것과 같다고 하니, 이 어찌 허망의 근본이 아니겠습니까? 또한 말하기를, '고요한 곳에서는 잃어버림이 없고 시끄러운 곳에서는 잃어버림이 있다.'라고 하니 그것이 어찌 세간의 모습을 어그러뜨리고(부정하고) 세상 밖에서 실상[진리]을 구하는 것이 아니겠습니까? 만약 이와 같이 수행한다면 어떻게 라융懶融 선사가 말씀하신 '지금 말하는 무심처가 유심과 다르지 않다.' 함에 계합하여 얻겠습니까? 부탁하노니 그대는 여기에서 깊이 잘 생각하고 생각하여 보십시오. 바수반두도 처음에는 또한 이르기를, '장좌불와長坐不臥하면 성불할 수 있다.' 라고 여겼는데 겨우 사야다 존자가 깨우쳐 준 그 은혜를 입고 나서야 문득 그 말이 끝나자마자 돌아갈 줄을 알고 무루 지혜를 발했습니다. 참으로 훌륭한 말이 채찍의 그림자만 보고도 달려가는 것과 같습니다.

강설

'무심처가 유심과 다르지 않다' 는 것은 '유심을 떠난 무심처는 없다' 는 뜻입니다. 바로 중생심을 떠나서 불심이 따로 있지 않다는 것을 말합니다. 세간의 만사가 모두 무심처로부터 나오기 때문입니다. 끝에 '돌아갈 줄 알고 무루 지혜를 발했다.' 했습니다. 어디로 돌아가는 것입니까? 바로 즉시에 본심으로 돌아간다는 것입니다. 이것이 새지 않는 지혜[무루지]를 닦는 길입니다.

衆生의 狂亂이 是病이거늘 佛이 以寂靜波羅蜜藥으로 治之하시니 病去藥存이면 其病이 愈甚이라 拈一放一이어니 何時是了리요 生死到來에 靜鬧兩邊은 都用一點不得이니 莫道鬧處에 失者多하고 靜處에 失者少니라 不如少與多와 得與失과 靜與鬧를 縛作一束하여 送放佗方世界하고 卻好就日用에 非

多非少하며 非靜非鬧하며 非得非失處하여 略提撕看是箇甚麽
니라.

　중생들 마음이 어지럽게 일어남이 병인지라 부처님께서 적정
바라밀이라는 약으로 다스리시니 병이 나은 후에도 약이 남아있
으면 그 병은 더욱 깊어집니다. 하나를 들면 하나를 놓아버리고
하는 것으로써 어느 때에 마치겠습니까? 죽음이 이르러서는 고
요하고 시끄러운 두 가지는 도무지 하나도 쓸래야 쓸 수 없습니
다. 시끄러운 곳에서 잃어버림이 많고 고요한 곳에서 잃어버림이
적다고 말하지 마십시오. 적음과 많음, 얻음과 잃음, 고요함과
시끄러움을 한 묶음으로 묶어서 타방세계로 보내버리고, 다시
일상에서 많음도 아니고 적음도 아니며, 고요함도 아니고 시끄
러움도 아니며, 얻음도 아니고 잃음도 아닌 곳에 나아가서 '이것
이 무엇인가[是箇甚麽]?'라고 가볍게 잡아 들어보는 것[略提撕
看]만 같지 못합니다.

강설

　조용히 앉아서 호흡을 가다듬고 산란한 마음을 가라앉게 한
다든지 화두를 들어서 본래자리에 들어가는 것 모두가 다 방편
입니다. 이와 같은 방편을 목적으로 삼고 놓지 못하면 오히려 공
부 안하는 것보다 못한 것입니다. 화두를 들라고 하니까 화두

외는 아무것도 생각하지 않으려 하고 화두를 드는 것이 목적이 되었다고 한다면 이것은 중생의 광란병보다 심하단 말입니다. 병을 고치기 위하여 약을 쓰는데 그 약이 독이 되면 약을 제거하기 위하여 또 다른 약을 쓰고 이렇게 해서는 끝이 나지 않는다는 것입니다.

無常이 迅速하여 百歲光陰이 一彈指頃에 便過也니 更有甚麼閑工夫가 理會得理會失하며 理會靜理會鬧하며 理會多理會少하며 理會忘懷理會管帶리요 石頭和尙이 云謹白叅玄人하노니 光陰을 莫虛度하라시니 遮一句子를 開眼也着하며 合眼也着하며 忘懷也着하며 管帶也着하며 狂亂也着하며 寂靜也着이니 此是徑山의 如此差排어니와 想杜撰長老輩는 別有差排處也리라 咄,且置是事하노라.

무상이 빠르고 빨라서 백년의 시간이 잠깐 사이에 곧 지나가 버립니다. 다시 무슨 부질없는 공부가 있어서 얻음과 잃음을 이해하며, 고요함과 시끄러움을 이해하며, 많음과 적음을 이해하며, 생각을 잊어버림과 지님을 이해하는 것이 있겠습니까? 석두石頭화상이 말씀하였습니다. '삼가 현묘한 이치를 참구하는 사람에게 알리노니 광음도 헛되게 보내지 말라.' 라고 하였습니다. 이

한 구절을 눈을 떠도 붙잡고 눈을 감아도 붙잡으며 생각을 잊어도 붙잡고 지녀도 붙잡으며 광란할 때도 붙잡고 고요할 때도 붙잡으십시오. 경산은 이와 같이 차배하거니와 아마도 두찬장로 무리들이 가르치는 안배처와는 다를 것입니다. '돌咄' 이 일은 남겨두겠습니다.

강설

늘 깨어서 각성 상태를 유지하지 못하면 경계에 휘둘려서 자기를 잊어버린다는 것입니다. 이렇게 성성한 상태가 어느 정도인가 하면 깨어있으면서 깨어있다고 생각하는 그 놈까지 관리하라는 것입니다. 이렇게 공부하는 방법이 경계를 대하여 무시하고 외면하여 못 본 척하고 못 들은 척하며 바깥 경계를 막아버리는 묵조선과의 차이를 말하는 것입니다.

'돌' 하고 대혜스님은 본래자리로 돌아갔습니다.

答

유통판 언충에게 2

劉通判 彦冲 2

左右가 做靜勝工夫積有年矣라 不識커라 於開眼應物處에 得
心地安閑否아 若未得安閑이면 是는 靜勝工夫未得力也니라 若
許久하되 猶未得力이면 當求箇徑截得力處하여야 方始不孤負
平昔에 許多工夫也리라. 平昔에 做靜勝工夫는 只爲要支遣箇
鬧底니 正鬧時에 卻被鬧底의 聒擾自家方寸이면 卻似平昔에
不曾做靜勝工夫로 一般耳리라 遮箇道理는 只爲太近이라 遠不
出自家眼睛裏하여 開眼에 便刺着하고 合眼處에 亦不欠少하며
開口에 便道着하고 合口處에 亦自現成하리니 擬欲起心動念承
當일진대 渠早已蹉過十萬八千了也라 直是無你用心處라사 遮
箇最是省力이거늘 而今學此道者는 多是要用力求하나니 求之
轉失하고 向之愈背하리니 那堪墮在得失解路上하여 謂鬧處에
失者多하고 靜處에 失者少리요.

그대가 고요히 앉아서 하는 공부가 최고라는 생각으로 공부
를 이어온 지 벌써 여러 해가 되었는데 알 수 없도다. 눈을 뜨고
사물을 직접 대할 때도 마음이 편안하고 한가롭습니까? 만약 그
렇지 못하다면 이것은 그대와 같이 고요함을 고집하는 공부가
힘을 얻지 못한다는 결과입니다. 만약 공부를 오래 했었어도 오
히려 힘을 얻지 못했다면 마땅히 지름길로 힘을 얻는 곳[방법]을
구해야만 비로소 평소에 한 그 많은 공부가 헛되지 아니함이 될
것입니다. 평소에 고요한 것으로써 공부를 하는 것은 다만 시끄

러움을 내보내기 위한 것입니다. 시끄러울 때에 그 시끄러움이
자기의 마음을 더욱 시끄럽게 한다면 도리어 평소에 그런 공부를
하지 않는 것과 다를 것이 없습니다.

 이 하나의 도리는 다만 지극히 가까이 있습니다. 멀다 하더라
도 자기의 눈동자 속에서 벗어나 있지 않습니다. 눈을 뜨면 곧
바로 들어오고 눈을 감아도 또한 조금도 부족하지 아니합니다.
입을 열면 곧 바로 말을 하고 입을 닫아도 또한 저절로 환하게
드러나 있습니다. 마음을 일으키고 생각을 움직여서 합당함을
얻으려고 하면 그것은 벌써 십만팔천 리나 어긋나 버리고 맙니
다. 그대 마음을 쓸 수 없는 자리가 바로 힘을 더는 최적의 곳입
니다. 요즘 이 도를 배우는 사람들이 흔히 힘을 써서 구하기를
바라지만, 구하면 구할수록 더욱 잃어버리고 나아가면 나아갈
수록 더욱 등지게 될 것이니, 어찌 이득과 손실의 길 위에 떨어져
있으면서 감히 '시끄러운 곳에서 손실이 많다 하고 고요한 곳에
서는 손실이 적다' 라고 하겠습니까?

강설

 이 도리는 바로 마음을 공부하는 도리입니다. 자성이 항상 자
기 속에 있어서 눈을 뜨든 말든 사물을 보든 말든 항상 자기 자신
속에서 밝고 뚜렷하게 존재하면서 현묘하게 드러나는 것입니다.
그래서 이 자성자리를 멀리서 찾지 말라고 하고 있습니다. 마음

이 일어날 때 그 일어나는 마음을 억지로 일어나지 못하게 하려고 힘을 쓰지 말고, 일어나는 마음은 일어나는 대로 두고, 각성하여 즉시즉시에 본마음에 돌아가면 모든 것이 해결된다는 것입니다. 그 곳에는 아무런 시비 거리가 생기지 않는 곳입니다. 이곳이 바로 마음작용이 끊어진 자리, 곧 마음을 쓸 곳이 없는 바로 그 자리입니다. 이 마음 쓸 곳 없는 자리에 들어갈 생각은 아니하고, 시끄러운 곳에서는 손실이 많고 고요한 곳에서는 손실이 적다는 말을 하는 것은 올바른 수행법을 알지 못하고 사량분별만 키우는 것이지 공부에 아무런 도움이 되지 못한다는 것입니다.

左右가 在靜勝處하여 住了二十餘年이라 試將些子得力底하여 來看則箇어니와 若將樁樁地底하여 做靜中得力處이면 何故로 卻向鬧處失却고 而今要得省力하여 靜鬧一如러면 但只透取趙州無字어다 忽然透得하면 方知靜鬧兩不相妨이며 亦不着用力支撐하되 亦不作無支撐解矣리라

그대가 고요한 것을 고집하여 공부를 해온 지가 이십여 년이나 되었으니, 그 동안 힘 얻은 것을 나에게 시험 삼아 조금이라도 내어 보인다면 그 진가를 잘 살펴볼 수 있을 것입니다. 만약 말뚝처럼 우두커니 앉아서 고요한 가운데 공부하여 힘을 얻었

다면, 어찌하여 시끄러운 곳에서는 도리어 잃어버리게 됩니까? 지금 진정으로 힘을 덜어서 고요하고 시끄러움이 한결같아지고 자 한다면 다만 조주선사의 무자無字 화두를 뚫으십시오. 홀연히 뚫어지면 바야흐로 고요하고 시끄러움의 두 가지가 서로 방해되지 아니함을 알 것이며, 또한 힘을 써서 버틸 일이 아님을 알 것이며, 또한 힘을 써서 버틸 일이 아니라는 이해도 짓지 아니할 것입니다.

강설

마지막 구절에 '무無'자 화두를 뚫어야 힘을 덜어서 시끄러운 곳이나 고요한 곳에서 한결같이 평온을 얻을 수 있다고 하였습니다. 지금까지 간화선이라 하여 마음이 일어날 때 그 일어나는 곳에 화두를 두고 간看하라, 즉 참여하기만 하라고 했습니다. 그런데 여기서 '화두를 뚫어라' 했으니 화두에 무슨 의미가 있는 것으로 착각하여, 화두를 뭐 어떻게 연구해서 뚫어내야 할 대상으로 삼아서는 안 됩니다. 다만 조사의 본래 뜻을 통달했다, 즉 조사의 뜻에 계합했다라는 뜻으로 받아들이면 됩니다. 이것을 견성이라 하여 자기 성품의 본래 모습을 보았다고 합니다. 본래 면목을 보인 조사의 뜻을 깨치기 전에는, 어떤 상황이 발생하여 마음이 일어날 때 화두를 지팡이 삼아서 본심에 들어가는 지렛대로 삼았지만 깨치고 나면 이 지팡이도 필요 없으니까 화두를 뚫었다, 또는 화두를 파했다라고 표현하는 것입니다.

　이제 우리 모두가 망심이 일어날 때 화두를 통하여 본심에 들어가면 그 자리는 허허탕탕한 자리인 줄을 이론적으로는 이해가 됩니다. 그러나 이것은 아직 눈을 감은 사람이 다른 사람의 이야기만 듣고 어떤 경치를 상상하는 것에 불과합니다. 그러나 눈을 뜨면 여실히 보이는 것과 같이 철저한 수행을 거쳐서 확실한 체험이 이루어질 때 비로소 확연히 트이는 깨침의 경지에 올라서 다시는 물러서지 않는 불퇴전의 자리에 서게 되는 것입니다. 그래서 돈오頓悟하여 돈수頓修를 끊임없이 그리고 철저히 수행하여야 합니다. 그래서 화두를 드는 것은 깨닫기 전이나 깨달은 이후에도 필요할 것입니다. 부처를 이루기 전에는 화두가 지팡이나 뗏목이 될 수밖에 없는 것입니다. 공부가 날로 익어 지팡이와 뗏목에 의지할 필요가 없을 때는 고삐를 거두고 소 등에 올라탄 목동이 되겠지요. 가르쳐주지 않아도 소는 집으로 갈 줄 압니다. '소도 없고 사람도 없는 경계'는 일을 마친 자리입니다.

진국태 부인에게

秦國太 夫人

부인은 태사장공(太師長公)의 부인이며,
성은 허(許)씨이고 법명은 법진(法眞)이다.
부인의 두 아들 소원(또는 양숙)과
덕원도 경산 스님의 제자다.

謙禪이 歸에 領所賜教와 並親書數頌하고 初亦甚疑之러니
及詢謙子細코야 方知不自欺하여 曠劫未明之事가 豁爾現前하
되 不從人得이라 始知法喜禪悅之樂은 非世間之樂에 可比리니
山野가 爲國太하여 歡喜累日에 寢食俱忘하이다.

도겸道謙[開善密庵禪師]상좌가 돌아올 때 영소[종무소]를 통
하여 전해 주신 가르침과 아울러 친히 쓰신 게송 몇 편을 받아 읽
었습니다. 처음에는 또한 심히 의심하였는데 도겸상좌에게 다시
자세하게 물어보고는 비로소 스스로 속이지 아니함을 알고 오래
도록 밝히지 못했던 일이 활연히 앞에 나타나되 다른 사람으로
부터 얻은 것이 아니라는 사실을 알았습니다. 법희선열法喜禪悅의
즐거움은 세간의 즐거움과 비교할 수 없음을 비로소 알았을 것
입니다. 산승이 국태부인의 일로 인하여 여러 날 기뻐하면서 침식
을 함께 잊었습니다.

兒子는 作宰相하고 身爲國夫人은 未足爲貴거니와 糞掃堆
頭에 收得無價之寶하여 百劫千生에 受用不盡이로다 方始爲眞
貴耳라 然이나 切不得執着此貴어다 若執着則墮在尊貴中하여
不復興悲起智하야 憐愍有情耳리니 記取記取어다.

아들은 재상이 되고 본인이 국부인國夫人이 된 것은 족히 귀함이 되지 못하거니와, 똥 무더기(몸뚱이)에서 값을 매길 수 없는 보물을 얻어서 백겁 천생에 쓰고 써도 다 쓸 수 없는 이것이 참으로 귀한 것입니다. 그러나 이 귀함에 절대로 집착하지 마십시오. 만약 집착한다면 존귀한 가운데 떨어진 나머지 더 이상 자비를 일으키고 지혜를 일으켜서 중생들을 연민히 여기지 않을 것입니다. 부디 기억하고 기억하십시오.

강설

우리 몸을 똥 무더기에 비유한 것입니다. 이 똥 무더기 속에서 값을 매길 수 없는 보물을 얻었다는 것은 한 소식했다는 것입니다. 백겁 천생을 써도 다 못쓸 보물을 얻었답니다.

국태부인은 진나라 태사 장공의 부인이었습니다. 이 집에 대혜스님의 상좌 도겸스님이 잠깐 머물게 되었는데 국태부인이 도겸 상좌에게 "경산[대혜]스님은 평소에 어떻게 가르칩니까?" 라고 물으니 도겸상좌가 말하기를 "화상께서는 사람들에게 다만 무자無字 화두를 가르치시되 이렇게도 얻을 수 없고 저렇게도 얻을 수 없다." 고 했습니다. 부인이 이 말을 듣고는 항상 화두를 들면서 간경과 예불을 하거늘, 겸상좌가 "화상이 항상 말씀하시되, 이 일을 마치길 원한다면 간경과 예불은 그만두고 온전한 마음으로 화두를 들어 일념에 상응한 후에 다시 예전과 같이 간경

예불하면 이 모두가 묘용이 된다라고 하셨습니다." 라고 하는 말에 부인이 일시에 모든 것을 놓아 버리고 화두에 전념하다가 어느 날 밤, 자다가 놀라서 깨어나 홀연히 깨닫고 다음과 같은 게송을 지었다 합니다.

夢跨飛鸞上碧虛　꿈에 봉황을 타고 창공에 날아올랐더니
始知身世一遽廬　비로소 이 몸이 한 세상 초가에
　　　　　　　　잠깐 쉬었다 감을 알겠구나.
歸來錯認邯鄲道　깨고 보니 한단(조나라 서울)으로 가는
　　　　　　　　길인 양 잘못 착각 했도다
山鳥一聲春雨餘　산새가 한번 우니 봄비 그친 여운이로다.

　꿈에 봉황을 타고 창공을 날아오른다는 것은 한 소식하여, 중생 세계를 벗어나서 본다는 뜻입니다. 초연하여 바라보니 내 몸과 세상이 모두 동일하게 허름한 초막에 잠깐 머물다 가는 신세임을 알겠다는 것입니다. 한단이란 조나라 서울을 말합니다. 제정신을 차려보니 서울 가는 길인 줄 잘못 알고 갔더란 말입니다. 그러니까 깨치기 전에 걸었던 모든 것이 다 망심 착각이었다는 것입니다. 이제 깨치고 보니 봄비 내려 계절이 무르익어 산새 울고 온갖 형상이 본래 갖추어 있더란 것입니다.

뒤에 다시 다음과 같은 게송을 지었답니다.

逐日看經文하니　　날마다 경문을 보노라니
如逢舊識人이더라　마치 예부터 알던 이를 만난듯하구나
莫言頻有礙마라　　장애가 있다고 번번이 말하지 마라
一擧一回新이로다　한번 들고 한번 돌아감이 때마다 새롭구려

이와 같은 게송을 도겸상좌가 경산스님께 전해드린 것입니다.
우리도 이런 경계를 맛보아야 합니다. 이 얼마나 장쾌한 일입
니까? 국태부인이 화두 드는 모습이 눈에 선합니다.

答

장승상 덕원에게

長丞相 德源

덕원은 진나라 국태부인의 작은 아들임.
면죽(綿竹) 사람으로 구고(九皐)의 아들.
이름은 준(俊), 자는 덕원, 자호는 자암거사(紫岩居士)다.
태상시박(太常侍薄)과 선무사(宣撫史)를 역임.
금나라와 화친을 반대하다 영주태사로 좌천되었다가
효종이 즉위하자 중용되어 위국공승상(魏國公承相)을 지냄.

恭惟하니 燕居阿鍊若하여 與彼上人으로 同會一處하여 娛
戲毗盧藏海하여 隨宜作佛事하되 少病少惱하여 鈞候動止萬福
호잇가 從上諸聖이 莫不皆然이시니 所謂於念念中에 入一切法
滅盡三昧하여 不退菩薩道하며 不捨菩薩事하며 不捨大慈悲心
하며 修習波羅蜜하되 未嘗休息하며 觀察一切佛國土하되 無有
厭倦하며 不捨度衆生願하며 不斷轉法輪事하며 不廢敎化衆生
業하며 乃至所有勝願을 皆得圓滿하여 了知一切國土差別하며
入佛種性하여 到於彼岸이니 此는 大丈夫가 四威儀中에 受用
家事耳라 大居士於此에 力行無倦일새 而妙喜도 於此에 亦作
普州人하노니 又不識커라 還許外人揷手否아.

삼가 생각해보니, 아란야에 편안히 지내며 저 상인上人과 한
곳에 같이 모여 비로장해에 노닐면서 형편에 따라 불사를 짓는
데, 병고도 적으며 번뇌도 적어 존체 거동에 만복萬福이라하니, 위
로부터 모든 성인들이 다 그렇지 아니한 분이 없으십니다.

이른바 '모든 생각 가운데서 일체법一切法 멸진삼매滅盡三昧에
들어가서 보살의 도에서 물러서지 아니하며, 보살의 일을 버리지
아니하며, 대 자비심을 버리지 아니하며, 바라밀을 닦아서 익히
되 일찍이 쉬지 아니하며, 일체 불국토를 관찰하되 게으름이 없
으며, 중생들을 제도하는 원력을 버리지 아니하며, 법륜을 굴리
는 일을 중단하지 아니하며, 중생을 교화하는 업을 그만두지 아

니하며, 내지 모든 수승한 서원을 다 원만하게 하여 일체국토의 차별을 환하게 알며, 부처의 종성에 들어가서 저 언덕에 이르렀다.' 하나니 이것은 대장부가 집안일을 하는 행주좌와 가운데서도 이루어야 하는 일입니다. 대 거사께서 이 일에 대하여 힘을 다하고 있으므로 묘희妙喜도 또한 이 일에 보주 사람[普州人]이 되고자 합니다. 또한 어떻습니까? 바깥사람이 손을 끼워 넣는 것을 허락하실런지요.

강설

'아란야'는 조용하고 편안한 곳을 말하는데 여기서는 조용한 사원을 말합니다. 그리고 비로장해는 비로자나불이 계시는 화장 세계를 말합니다. '일체법一切法 멸진삼매滅盡三昧'는 『화엄경』에 나오는 말입니다. 『화엄경』에 모공 하나에 일체 세계가 들어있고 하나의 법에 모든 법이 들어 있다는 말이 있습니다. 일체법이란 우리의 생각 하나 하나가 모두 법입니다. 우리 생각이 물 흘러가듯이 계속해서 수없이 쏟아져 나옵니다. 이 일체의 모든 생각을 소멸해버리는 멸진삼매를 '일체법 멸진삼매'라 합니다. 즉 중생심으로 일체 생각에 끌려가지 않고 본심에서 성성하게 머무는 상태를 말합니다.

'일체 불국토를 관찰하되 싫어함이 없으며'에서 불국토는 본성자리를 말합니다. 즉 번뇌와 망상에서 벗어나서 본성자리로 들어가는 것을 게을리하지 않는다는 것입니다. '일체국토의 차별을 환하게 알며'는 일체의 행동과 일어나는 일을 낱낱이 가려 잘 대처해 낸다는 것입니다. 즉 '볼 때 보는 것을 잘 하고 냄새 맡을 때 냄새 맡는 일을 잘 해낸다'는 것입니다. '부처의 종성에 들어가서'는 부처의 종자와 성품에 들어간다, 부처와 동등한 위치에 들어간다는 뜻입니다. 즉 일체 생각을 불심으로 바꾸어간다는 것입니다.

'보주 사람이라' 한 말은 중국의 보주에 도적이 많아서 뺏기기 쉬운 것에서 유래한 말입니다. 뺏길 것이 많은 사람 즉 귀하고 월등한 사람이라 해석하면 됩니다. 여기서는 장승상이 보살행을 잘하고 있으니 나도 그 보살행을 도적질하여 같이 따라 좀 해보면 어떻겠는가? 하고 묻고 있습니다.

聞하니 到長沙하여 卽杜口毗耶고 深入不二라하니 此亦非分外라 法如是故니다 願居士는 如是受用하면 則諸魔外道가 定來作護法善神也리라 其餘種種差別異旨도 皆自心現量境界라 亦非佗物也니 不識커라 居士는 以爲如何오.

들으니 장사 땅에 이르러서 곧바로 '두구비야'와 같이 입을 막고 불이不二의 경계에 깊이 들어갔다고 하니, 이것도 역시 분 밖의 일이 아니라. 법이 이와 같기 때문입니다. 바라노니 거사께서는 이와 같이 받아들여서 활용[受用]하면 모든 마군과 외도가 틀림없이 와서 법을 보호하는 선신이 될 것입니다. 그 외의 가지가지 차별과 다른 뜻들도 다 자기 마음에서 나타난 경계입니다. 또한 다른 물건이 아닙니다. 알 수 없도다. 거사께서는 어떠 하십니까?

강설

'두구비야'는 『유마경』에 나오는 말로서, 유마거사가 비야리성에 살았습니다. 유마거사의 문병을 하러 온 문수와 유마거사가 종일토록 불이법문을 주고받았으나 한 글자도 드러낸 적이 없기 때문에 입을 열지 않았다하여 '두구비야'라 합니다. 두구는 입을 막았다는 뜻이고 비야는 비야리성을 말합니다.

答

장제형 양숙에게

長提刑 暘叔

이글은 스님 나이 52세(1140)에
임안 경안사에서 답한 편지다.
장제형은 국태부인의 큰 아들이며
장승상 덕원의 형이다.
제형은 제묵형옥관(提黙刑獄官)의 준말로
형수(刑囚)를 관장한 관리다.

老居士의 所作所爲가 冥與道合하되 但未能得団地一下耳라 若日用應緣에 不失故步하면 雖未得団地一下나 臘月三十日에 閻家老子가 亦須拱手歸降일진대 況一念相應耶아 妙喜老漢이 雖未目擊이나 觀其行事컨대 小大折中하여 無過不及하니 只此便是 道所合處라 到遮裡하여 不用作塵勞想하며 亦不用作佛法想이어다 佛法塵勞가 都是外事라 然이나 亦不得作外事想이어다.

但廻光返照하되 作如是想者는 從甚麼處得來며 所作所爲時에 有何形段이며 所作을 旣辦하고는 隨我心意하여 無不周旋하며 無有少剩하나니 正當恁麼時하여 承誰恩力고 如此做工夫하여 日久月深하면 如人이 學射에 自然中的矣리라 衆生이 顚倒하여 迷己逐物일새 耽少欲味하여 甘心受無量苦하니라.

노거사께서 마음을 먹고 행하는 바가 모두가 은근히 도에 계합하되, 다만 아직 '와'하고 한번 소리치는 경지를 얻지 못했을 뿐입니다. 만약 일상의 인연을 만나는 곳에서 옛 걸음을 잃지 아니하면, 비록 아직은 '와' 하고 한번 소리치는 경지를 얻지 못했을지라도, 염가노자가 또한 납월 삼십일에 모름지기 팔을 공수하여 읍하고 예를 올릴 것입니다. 하물며 한 생각에 상응하는 경우이겠습니까? 묘희妙喜 이 늙은이가 비록 아직 목격하지는 못했지만 그대 살아가는 모습[行事]을 헤아려 보니 작거나 큰 것을 알맞게 조절하여 지나치거나 모자람이 없으리니 다만 이렇게 하는 것이 올바른 일이며 오직 이것이 바로 도와 합하는 곳입니다. 여기에 이르러서 진로塵勞라는 생각도 일으키지 말며 또한 불법佛法이라는 생각도 짓지 마십시오. 불법과 진로라는 것은 모두 바깥의 일입니다. 그러나 또한 바깥의 일이라는 생각도 짓지 마십시오. 다만 작용하는 마음을 본심에 돌이켜 비춰보십시오. '이와 같은 생각을 하는 사람은 어디로부터 왔으며, 마음을 내고 행동을 할 때는 어떠한 모습과 가닥[形段]이 있어서 이러는가? 이미 일어난 행위를 판단하고 보면 내 마음에 따라서 온갖 것을 다하고 두루 주선하지 못할 바가 없어서 모자라거나 남음이 없을 것이거늘, 바로 이러한 때에 있어서는 그 누구의 은혜를 입은 것인가?' 하고 이와 같이 공부를 지어서 날이 오래되고 달이 깊어지면 마치 어떤 사람이 활쏘기를 배움에 있어서 자연히 적중하는 것과 같을 것입니다. 중생들이 전도顚倒하여 자기를 모르고 사물을 쫓아가나니 조그마한 것도 욕심을 내어 탐하는 마음 때문에 한량없는 고통을 달갑게 받는 것입니다.

강설

'옛 걸음을 잃지 아니하면 염가노자가 또한 납월 삼십일에 모름지기 팔을 읍하고 예를 올릴 것이라 했습니다.'에서 '옛 걸음'은 옛 조사와 선사들의 바른 수행의 길을 말합니다. 옛 조사들이 일러준 수행법이란 바로 한 생각이 일어날 때마다 본마음으로 돌아가는 회광반조를 하라는 것입니다. 이렇게 열심히 하여 공부에 탄력이 붙으면 생각 생각이 바로 본래자리와 상응(자각이 저절로 일어남)하는 단계인 일념상응一念相應의 수준에 이르게 된다는 것입니다. 즉 일어나는 생각이 바로 본래 마음과 회통하는 자리는, 염라대왕에게 끌려가느냐 마느냐의 문제가 아니고 바로 해탈성불의 길이라는 것입니다.

  '바로 이러한 때에, 그 누구의 은혜를 입은 것인가? 생각을 일으키고 행하는 것을 누가 하며, 이러한 모든 것을 누가 시켜서 하는가?' 한번 생각해 보라는 것입니다. 이 모두 자기의 마음작용인 것입니다. 그러니 모든 것을 본심으로 돌이키면 공부가 제대로 되는 것입니다. 이것이 옛 조사들이 해 온 공부 방법이니 꾸준히 하면 마치 활 잘 쏘는 사람이 화살을 과녁에 백발백중시키는 것과 같이 된다는 것입니다.

  逐日에 未開眼時와 未下床時와 半惺半覺時에 心識이 已紛飛하여 隨妄想流蕩矣라 作善作惡은 雖未發露나 未下床時에 天堂地獄이 在方寸中하여 已一時成就矣다가 及待發時하여서 已落在第八識이니라.

매일매일 아직 눈을 뜨기 이전과 아직 침상에서 내려오기 이전과 잠에서 깰 듯 말 듯할 때에 의식은 이미 어지럽게 날아서 망상을 따라 휩쓸려 다닙니다. 아직 침상에서 내려오지 않았을 때는 비록 아직 선을 짓고 악을 짓는 것은 나타나지 않았으나 이미 천당과 지옥이 마음 가운데서 일시에 성취되었다가, 그것이 드러날 때(의식이 깨어나는 때)를 기다려서 즉시에 제8식에 떨어져 버립니다.

강설

'선악의 발현 이전이나 이후가 여일하면 천당과 지옥이 갈라질 수 없습니다.' 수행자가 알아야할 중요한 대목입니다. 이러한 경계가 이른바 여여부동한 자리이며 오매일여의 경지라 합니다.

설사 일념삼매는 되지 않아도 분분히 일어나는 망상을 자각하게 되면 8식의 부림에 온전히 휘둘리는 일은 없게 됩니다.

佛이 不云乎아 一切諸根이 自心現이며 器身等藏이 自妄想相으로 施設顯示하니 如河流하며 如種子하며 如燈如風如雲하여 刹那展轉하되 懷躁動은 如猿猴하며 樂不淨處는 如飛蠅하며 無厭足은 如風火하며 無始虛僞習氣因은 如汲水輪等事라하시니 於此에 識得破하면 便喚作無人無我智리라.

부처님이 말씀하시지 아니 하였습니까? '일체 모든 뿌리[六根]가 자기 마음이 나타난 모습이며, 바깥세상과 내 몸이 망상으로부터 시설施設하여 나타나는 것이니라. 이것은 마치 강물이 흐르는 것과 같으며, 종자種子와 같으며, 등불과 같고, 바람과 같고, 구름과 같아서 찰나 찰나에 되풀이하여 펼쳐지느니라. 생각이 성급하게 움직이는 것은 원숭이와 같고, 부정한 것을 좋아하는 것은 날아다니는 파리와 같으니라. 싫어할 줄 모르는 것은 불이 바람을 만난 것과 같으며, 무시로부터 허망하고 거짓되게 물려받은 습관은 물을 긷는 두레박과 같으니라.' 라고 하시었습니다. 이러한 것들을 알아차려 타파해 버린다면 곧 '인人도 없고 아我도 없는 지혜' 라고 부를 것입니다.

강설

부처님 말씀은, 세상에 발현된 모든 형상은 팔식에 저장되어 있는 업식이 인연을 따라 나타난다는 것을 말씀하신 것입니다. 여기서 업식이 나타나는 속도가 찰나와 같고 그 습성이 불이 타는 것과 같이 치성하여 끝장을 보고야마는 등 등, 아주 구체적으로 표현되어 있습니다. 그러나 이 모든 업식이 모두 헛것이 듯나타난 것도 또한 망상임을 잘 알아서 일어날 때 즉시 즉각 흘려보내고 본심으로 돌아가라는 것을 강조한 것입니다.

天堂地獄이 不在別處라 只在當人의 半惺半覺과 未下床時方寸中이라 並不從外來니 發未發覺未覺時에 切須照顧하되 照顧時에 亦不得與之用力爭이니 爭着則費力矣리라 祖不云乎아 止動歸止하면 止更彌動이라하시니

천당과 지옥이 별다른 곳에 있는 것이 아닙니다. 오직 잠에서 깨어날 때 자각이 될 듯 말 듯할 때와 아직 침상에서 내려오기 직전 자신의 마음 가운데 있습니다. 아울러 밖으로부터 온 것이 아닙니다. 생각이 일어날 듯 말 듯하고 자각이 될 듯 말 듯할 이때에 모름지기 간절히 비추어 보되, 비추어 볼 때에 다투는 데 힘을 쓰지 마십시오. 다투는 것에 빠지면 곧 힘을 허비할 뿐입니다. 삼조 승찬대사께서 말씀하시되, '움직이는 것을 멈추어서 멈춘 데로 돌아가면 멈춘 것이 더욱 더 움직인다.' 라고 하였습니다.

강설

잠에서 깨어날 때 모든 의식이 다시 일어나기 시작합니다. 이 일어나는 의식을 어떻게 쓰느냐에 따라 천당이 되고 지옥이 되는 것입니다. 그러니 천당과 지옥도 모두 자기 자신의 마음이 만드는 것이라고 한 것입니다. 의식이 일어날 때 즉각 비추어보라. '일어나는 의식을 자각하여 일어나기 이전의 본래 마음자리에 갖다 놓아라.' 하고 대혜스님이 말씀했습니다. 이것이 간화선의 핵심

입니다. 그런데 일어나는 의식을 일어나지 못하도록 막으려고 그 의식과 투쟁하지 말라고 했습니다. 일어나는 의식을 못 일어나게 할 수 있는 방법은 없습니다. 그러니 헛수고하여 괜히 힘 빼지 말라고 한 것입니다. 그러면 오히려 그 막으려 하는 마음만 하나 더 생기는 것입니다 그러면 어떻게 하여야 합니까? 일어나는 의식을 흘러가는 대로 놓아두고 그 흐름을 따르는 것을 삼가 해야 합니다. 다만 내 본심만 즉시 즉각 찾으면 되는 것입니다.

纔覺日用塵勞中에 漸漸省力時가 便是當人의 得力之處며 便是當人의 成佛作祖之處며 便是當人의 變地獄作天堂之處며 便是當人의 穩坐之處이며 便是當人의 出生死之處며 便是當人의 致君於堯舜之上之處며 便是當人의 起疲痕於凋瘵之際之處며 便是當人의 覆蔭子孫之處니라.

到遮裡하여 說佛說祖하며 說心說性하며 說玄說妙하며 說理說事하며 說好說惡이라도 亦是外邊事라 如此等事도 尙屬外矣인데 況更作塵勞中에 先聖所訶之事耶아 作好事도 尙不肯이거든 豈肯作不好事耶아.

일상에서 여러 가지로 어려운 가운데서 점점 힘이 덜리는 것을 막 깨달을 때가 곧 자신이 힘을 얻는 곳이며, 곧 자신이 부처를 이루고 조사가 되는 곳이며, 곧 자신이 지옥을 변화시켜 천당을 만드는 곳이며, 곧 자신이 편안히 앉는 곳이며, 곧 자신이 생사에서 벗어나는 곳이며, 곧 자신이 임금을 요순보다 위에 올려놓는 곳이며, 곧 자신이 피곤한 백성들이 앓거나 지쳤을 때 일어나게 하는 곳이며, 곧 자신이 자손들을 부음覆蔭하는 곳입니다.

이러한 경지에 이르러서는 부처를 설하고 조사를 설하며, 마음을 설하고 성품을 설하며, 현묘함을 설하고 미묘함을 설하며, 이치를 설하고 사변을 설하며, 좋은 것을 설하고 싫은 것을 설할지라도 이 모든 것들은 바깥 일일 뿐입니다. 이와 같은 일들도 오히려 바깥의 일인데 하물며 진로 가운데 있으면서 옛 성인들이 꾸짖은 일을 다시 하겠습니까? 좋은 일을 하는 것도 오히려 옳게 여기지 않는데 어찌 좋지 아니한 일을 기꺼이 하겠습니까?

若信得此說及이면 永嘉의 所謂行亦禪이며 坐亦禪이라 語黙動靜體安然이라함이 不是虛語리니 請依此行履하여 始終에 不變易則雖未徹證自己의 本地風光하며 雖未明見自己의 本來面目이라도 生處는 已熟하고 熟處는 已生矣리니 切切記取어다纔覺省力處가 便是得力處也라 妙喜老漢이 每與箇中人으로 說此話하니 往往에 見說得頻了하고 多忽之하야 不肯將爲事러라居士는 試如此做工夫看하라 只十餘日에 便自見得과 省力不省

力과 得力不得力矣리니 如人이 飮水에 冷煖을 自知라 說與人
不得이며 呈似人不得이니라.

만약 이와 같이 설명을 드린 것에 대한 믿음이 온다면, 영가 선
사께서 말씀하신 '걸어 다니는 것도 참선이고 앉아 있는 것도 참
선인지라. 말하고 침묵하고 움직이고 고요함에 그 마음 편안하
여라.' 라고 한 것이 헛된 말이 아닐 것입니다. 부디 이러한 수행
[行履]에 의지하여 시종 바꾸지 아니하면, 비록 자기의 본지풍광
本地風光을 사무쳐 깨닫지 못하며 비록 자기의 본래면목本來面目을
밝게 보지 못하더라도, 선 것은 은근히 익숙해지고 익숙한 것은
은근히 설어질 것입니다. 간절히 기억하십시오. 힘이 덜림을 막
깨달을 때가 곧 힘을 얻는 곳입니다. 묘희 늙은이가 여러 사람들
에게 매번 이 이야기를 많이 하였으나 왕왕 너무 자주 말하는 것
을 보고는 다분히 소홀히 여기고 기꺼이 큰 일로 삼지 않습니다.
거사께서는 시험 삼아 이와 같이 공부를 하여 보십시오. 다만 십
여일에 곧 힘을 덜고 힘을 덜지 못함과 힘을 얻고 힘을 얻지 못함
을 스스로 보게 될 것입니다. 마치 어떤 사람이 물을 마실 때 차
고 더움을 스스로 아는 것과 같아서 다른 사람에게 설명해 줄 수
도 없으며 다른 사람에게 들어 바칠 수도 없습니다.

여기서 '단 십 일만 열심히 수행해도 힘 덜고 힘 얻음을 알 수 있다'는 것에 유념하십시오. 대혜스님이 마음을 돌려 본성으로 돌아가는 이 공부가 제일이라고 일러주어도 사람들이 이해하지 못하는 것을 안타깝게 여겨서 단 10일이라도 공부해 보면 내 말이 틀리지 않음을 알 것이라는 것입니다.

先德이 云語證則不可示人이어니와 說理則非證이면 不了라 하시니 自證自得하며 自信自悟處는 除曾證曾得하며 曾信曾悟者라야 方黙黙相契거니와 未證未得하며 未信未悟者는 不唯自不信이라 亦不信佗人의 有如此境界리라.

옛 선지식[先德]이 말씀하시길 '말로써는 증득한 것을 다른 사람에게 보일 수 없거니와 이치를 설명하고자 하여도 증득하지 못하면 밝히지 못한다.' 라고 하였습니다. 스스로 증득하고 스스로 얻으며, 스스로 믿고 스스로 깨닫는 것은 오직 일찍이 증득하고 일찍이 얻으며, 일찍이 믿고 일찍이 깨달은 사람이라야 바야흐로 묵묵히 서로 계합합니다. 아직 증득하지 못하고 아직 얻지 못하며, 아직 믿지 못하고 아직 깨닫지 못한 사람은 스스로 믿지 못할 뿐만 아니라 또한 다른 사람에게 이와 같은 경계가 있다는 사실도 믿지 못합니다.

老居士는 天資近道라 現定所作所爲하여 不着更易하니 以佗人으로 較之컨대 萬分中에 已省得九千九百九十九分이요 只欠噴地一發便了로다 士大夫學道하되 多不着實理會일새 除却口議心思고는 便茫然하여 無所措手足하나니다 不信無措手足處가 正是好處하고는 只管心裏에 要思量得到하며 口裡에 要說得分曉하나니 殊不知錯了也로다 佛言如來가 以一切譬喻로 說種種事하되 無有譬喻能說此法하나니 何以故요 心智路絕하야 不思議故라시니 信知思量分別은 障道必矣로다.

노거사께서는 선천적인 자질이 도에 가까워서 현재 하는 모든 일들이 바르고 분명하여 힘들여서 노력하여 고칠 것이 별로 없습니다. 다른 사람과 비교하면 만분萬分에서 이미 구천구백 구십구 분을 이루었습니다. 다만 분지폭발噴地一發하는 것만 남았을 뿐입니다.

사대부들이 도를 배움에 있어서 흔히 착실하게 이해하지 못해서 입으로 토의하고 마음으로 생각하는 틈을 제외하면 곧 아득하여 손발을 붙일 곳이 없어집니다. 손발 붙일 곳이 없는 그 자리가 바로 좋은 곳인 줄을 믿지 못하고 다만 마음속에서 사량하여 도에 이르고자 하며, 말로써 설명하여 분명하게 밝히려 하지만 자못 착각임을 알지 못합니다. 부처님이 말씀하시길, '여래가 일체의 비유로써 가지가지 일을 설명하지만 능히 비유로써 이 법을 설명할 수 없나니, 왜냐하면 마음과 지혜의 길이 끊어져서 불가사의하기 때문이니라.' 라고 하셨습니다. 사량분별은 틀림없이 도를 장애한다는 것을 확실히 알 수 있습니다.

강설

'손발 붙일 곳이 없는 그 자리가 바로 좋은 곳' 이라 했습니다. 사대부들이 도를 논의하고 생각할 때는 잠깐 도道에 대하여 마음을 내다가 일상으로 돌아가서는 그저 망연하게 보내는 경향이 많다는 말입니다. 그러나 이러한 일상생활 즉 중생심이 발동하는 곳이 바로 공부하기가 제일 좋은 때이며, 이때에 공부가 되어야 진정한 수행이란 것입니다. 즉 중생심이 발동할 때 그것을 바꾸어 본심으로 돌아가는 것이 도라는 것입니다. 사량하여 따지고 비교하여 논하는 이것은 아무짝에도 쓸모가 없이 오히려 공부하는데 장애가 되는 것을 확실히 알아야 됩니다. 왜냐하면 이 도의 자리는 마음도 지혜도 다 끊어진 자리며 생각이나 사량으로 설명할 수 없는 불가사의한 자리이기 때문입니다. 그래서 여래도 갖가지 비유로써 설명을 하려 해도 말로써는 다 설명할 수 없는 것이라 했습니다.

若得前後際斷면 心智路自絶矣라 若心智路絶이면 說種種事라도 皆此法也라 此法이 旣明하면 卽此明處는 便是不思議大解脫境界며 只此境界도 亦不可思議니 境界가 旣不可思議면 一切譬喻도 亦不可思議며 種種事도 亦不可思議며 只遮不可思議底도 亦不可思議며 此語도 亦無着處며 只遮無着處底도 亦不可思議니라.

만약 앞뒤가 끊어지면 마음과 지혜의 길이 저절로 끊어집니다. 마음과 지혜의 길이 끊어지면 어떠한 것을 설명하더라도 모두 이 법 아닌 것이 없습니다. 이 법은 이미 밝아 있으며 곧 이 밝은 곳이 바로 불가사의한 대해탈의 경계며, 단지 이 경계라 하는 것도 또한 불가사의합니다. 경계가 이미 불가사의하면 일체의 비유도 또한 불가사의하며, 가지가지 일도 또한 불가사의하며, 다만 이 불가사의한 것도 또한 불가사의합니다. 이 말도 또한 붙을 곳이 없으며, 다만 이 붙을 곳이 없는 그것도 또한 불가사의합니다.

강설

앞뒤를 끊는다는 것은 앞에 일어난 생각도 뒤에 일어날 생각도 끊는다, 즉 사량분별심과 생사심을 끊는다는 것입니다. 여기서 끊는다고 했지만 마음이 일어나지 못하게 하는 것이 아니고, 일어나는 마음에 대응하여 끌려가지 않게 되면 마음 길이 연속되지 못하고 끊기게 되는 것입니다. 우리가 어떤 경계에 부딪히면 마음이 일어나지요? 이 일어나는 마음이 바로 생사심입니다. 이 생사심을 초월하면 일어나는 경계와는 무관합니다. 경계에 대응하지 않고 일어나는 마음에 붙들리지 않는 것이 바로 사량분별이 끊어진 자리입니다. 여기가 불가사의한 경계이고 생사심이 끊어진 자리입니다. 마음이 일어나면 즉시에 본심으로 들어가 버리니 아무런 흔적도 남기지 않는 것입니다.

如是展轉窮詰하면 若事若法과 若譬喩若境界가 如環之無端하여 無起處며 無盡處라 皆不可思議之法也니라 所以로 云菩薩이 住是不思議에서 於中思議不可盡이라 入此不可思議處하면 思與非思皆寂滅이라시니라 然이나 亦不得住在寂滅處니 若住在寂滅處則被法界量之所管攝이라 敎中에 謂之法塵煩惱니라.

이와 같이 되풀이하면서 추궁하여 나가면 일이나 법이나 비유나 경계가 둥근 고리가 끝이 없듯이 일어난 곳도 없으며 끊어진 곳도 없이 모두가 불가사의의 법이 됩니다. 그러므로 경에서 이르기를, '보살이 이 불가사의에 머물러서 그 가운데서 끝없이 사의하여도 다함이 없음이라. 이 불가사의한 곳에 들어가면 생각과 생각 아님이 모두 적멸이니라.' 라고 하였습니다. 그러나 또한 적멸한 곳에 머물러 있지도 말아야 합니다. 만약 적멸한 곳에 머물러 있으면 법계량法界量에 간섭을 받게 되는 것이니 교학에서는 그것을 일러 법진번뇌法塵煩惱라고 합니다.

강설

'보살은 불가사의 경계에서 사의思議를 하니 사의를 하여도 사의가 아니다.' 라고 했습니다. 보살은 생각이 끊어진 자리에서 생각을 한다는 말입니다. 사량분별이 없는 절대 평등의 자리에서 일어나는 생각은 망념이 끊어진 생각이므로 그 자리에서의 생각을 바로 '적멸'이라고 합니다. 전후제가 끊어진 자리에 머물러 있으면 어떠한 경계가 와도 그것에 꺼들리지 않는다는 것입니다. 그러나 전후제가 끊어진 이 자리에 머문다는 생각도 버려야 합니다. 왜냐하면 어느 경지에 '머문다 머물지 않는다' 하는 그런 생각을 갖는 것 자체가 법에 걸린 것, 즉 법진번뇌라는 것입니다. 법계량이란 것은 공부 수준이 어느 정도 되었는지 계량을 한다는 것이지요. '내 공부가 어느 정도 되었구나' 하는 이런 저울질을 한다는 것입니다. 이것이 법이라는 먼지가 낀 법진번뇌이며 법계량을 하는 것입니다.

滅却法界量하며 種種殊勝을 一時打盡了하고 方始好看庭前栢樹子와 麻三斤과 乾屎橛과 狗子無佛性과 一口吸盡西江水와 東山水上行之類니 忽然一句下에 透得하면 方始謂之法界無量廻向이라.

법계량을 소멸해버리며 가지가지 수승한 것마저 일시에 쳐서 없애버리고 나서 비로소 정전백수자庭前栢樹子와 마삼근麻三斤과 간시궐乾屎橛과 구자무불성狗子無佛性과 일구흡진서강수一口吸盡西江水와 동산수상행東山水上行 등의 화두를 잘 살펴보는 것이 올바른 것입니다. 홀연히 한 구절 아래에서 뚫어내면 바야흐로 그것을 일러 법계의 한량없는 회향이라 합니다.

강설

화두를 떠올린 자리가 바로 앞뒤 생각이 끊어진 자리임을 알아야 합니다.

如實而見하며 如實而行하며 如實而用하야 便能於一毛端에
現寶王刹하며 坐微塵裡하야 轉大法輪이라 成就種種法하며 破
壞種種法하되 一切由我리니 如壯士展臂에 不借佗力이며 獅子
游行에 不求伴侶라 種種勝妙境界現前이라도 心不驚異하며 種
種惡業境界現前이라도 心不怕怖하고 日用四威儀中에 隨緣放
曠하며 任性逍遙할지니 到得遮箇田地하여야 方可說無天堂無
地獄等事리라.

여실하게 보며, 여실하게 행하며, 여실하게 활용하여 곧 능히
털끝 하나에서 보왕찰寶王刹을 나타내며 작은 먼지 속에 앉아서
대 법륜을 굴립니다. 가지가지 법을 세우며 가지가지 법을 파괴
하지만 이 모든 것이 자기 자신으로 말미암은 것이며, 이것은 마
치 장사가 팔을 펴는데 다른 사람의 힘을 빌리지 아니하는 것과
같으며 사자가 노니는데 반려를 구하지 아니하는 것과 같습니
다. 가지가지 수승하고 미묘한 경계가 앞에 나타나더라도 마음
에 경이롭다는 생각을 내지 아니하며, 가지가지 악한 업의 경계
가 앞에 나타나더라도 마음에 두려움이 없습니다. 일상의 행주
좌와하는 가운데 인연을 따라서 내려놓고 비워서 성품에 맡기고
소요자재하십시오. 이러한 경지에 이르러야 바야흐로 천당도 없
고 지옥도 없다고 말할 수 있을 것입니다.

강설

　여실하다는 것은 우리 마음이 시작도 없고 끝도 없는 불가사의한 경지에서 분별을 하면서도 묘한 것을 나타내는 것을 말합니다. 이와 같은 경계에서는 한낱 털끝과 같이 미세한 생각으로 보왕찰(부처의 세계)을 나타내고 작은 먼지 속에 앉아서[번뇌망상 속에서] 대법륜을 굴린다는 것입니다. 즉 망상을 다 뒤집어서 반야의 지혜로 법륜을 굴린다는 것입니다.

　永嘉云 亦無人亦無佛이라 大千沙界海中漚요 一切聖賢如電拂이라 하시니 此老가 若不到恁麼田地러면 如何說得出來리요 此語를 錯會者가 甚多하니 苟未徹根源이면 不免依語生解하여 便道一切皆無라하며 撥無因果하여 說諸佛諸祖의 所說言敎를 盡以爲虛하나니 謂之誑惑人이라 此病을 不除하면 乃溍溍蕩蕩하여 招殃禍者也리라.

　영가선사가 이르시길, '중생도 없고 또한 부처도 없어서 삼천대천세계가 바다 가운데 물거품이요, 일체의 성현들이 번갯불과 같다.' 라고 하였습니다. 이 늙은이가 만약 이러한 경지에 이르지 못했다면 어떻게 이 말을 할 수 있었겠습니까? 이 말을 잘못 이해하는 사람들이 매우 많습니다. 진실로 근원을 철저하게 타파하지 못하면 말을 의지해서 알음알이를 내는 것을 면치 못하고 곧 말하기를, '일체가 다 없다.' 라고 할 것입니다. 또 인과가 없다고 무시하여 말하기를, '모든 부처님과 모든 조사가 말씀하신 가르침들이 다 허위다.' 라고 여길 것입니다. 또 이르기를 '사람들을 속이고 미혹시키는 말'이라 합니다. 이 병을 제거하지 못하면 망망하고 탕탕하여(거칠고 방종하는 것) 앙화殃禍를 불러오는 사람이 될 것입니다.

강설

본성을 깨달아 마음을 밝히면 이러한 경지에서는 영가스님이 말씀하신 바와 같이 중생이니 부처니 조사니 모두가 의미가 없이 평등하다는 것입니다. 그러나 마음을 밝히지 못하고 마음대로 알음알이를 내면 거칠게 방종하여 재앙을 자초하게 되는 것입니다.

佛이 言虛妄浮心이 多諸巧見이라하시니 若不着有면 便着無하고 若不着此二種이면 便於有無之間에 思量卜度하며 縱識得此病이나 定在非有非無處하여 着到하나니 故로 先聖이 苦口叮嚀하시되 令離四句絕百非하고 直下에 一刀兩段하여 更不念

後思前하고 坐斷千聖頂寧하시니라.

四句者는 乃有와 無와 非有非無와 亦有亦無是也라 若透得此四句了하면 見說一切諸法이 實有하고 我亦隨順하면 與之說有라도 且不被此實有所礙하며 見說一切諸法이 實無하고 我亦隨順하여 與之說無라도 且非世間虛豁之無며 見說一切諸法이 亦有亦無하고 我亦隨順하여 與之說亦有亦無라도 且非戲論이며 見說一切諸法이 非有非無하고 我亦隨順하여 與之說非有非無라도 且非相違니라 淨名이 云外道六師所墮에 汝亦隨墮是也라

부처님이 말씀하시길, '허망하고 들뜬 마음에 교묘한 견해가 많이 들어있다.' 라고 하였습니다. 만약 있음에 집착하지 아니하면 곧 없음에 집착하고, 만약 이 두 가지에 집착하지 아니하면 곧 있음과 없음의 사이에서 사량하고 헤아립니다. 비록 이러한 병을 안다하더라도 있음도 아니고 없음도 아닌 곳에 집착합니다. 그러므로 앞의 성인들이 고구정녕하게 사구四句를 떠나고 백비百非를 끊어서 곧 바로 일도양단해서 더 이상 뒷일이나 앞일을 생각하지 말고 앉은 자리에서 일천 성인들의 머리를 끊어버리게 하였습니다.

사구四句란 있음[有]과, 없음[無]과, 있음도 아니고 없음도 아님[非有非無]과, 또한 있기도 하고 또한 없기도 한 것[亦有亦

無]이 그것입니다. 만약 이 사구를 뚫어 마치면 어떤 이가 '일체 제법이 실로 있다.' 라고 설하는 것을 볼 때 나도 또한 수순하여 그와 같이 있음을 설하는 것이 되나 이 실로 있음에 걸리지 아니 합니다. 어떤 이가 '일체제법이 실로 없다.' 라고 설하는 것을 보 게 되면 나도 또한 수순하여 그와 같이 없음을 설하지만 또한 세 간의 허망하여 텅빈 없음이 아닙니다. 어떤 이가 '일체제법이 또 한 있기도 하고 또한 없기도 하다.' 라고 설하는 것을 보게 되면 나도 또한 수순하여 그와 같이 또한 있기도 하고 또한 없기도 함 을 설하더라도 또한 희론이 아니며, 또 어떤 이가 '일체제법이 있 는 것도 아니고 없는 것도 아니다.' 라고 설하는 것을 보게 되면 나도 또한 수순하여 그와 같이 있는 것도 아니고 없는 것도 아님 을 설하더라도 또한 서로 위배되는 것이 아닙니다. 정명(유마) 거사가 말씀하였습니다. '육사외도六師外道가 떨어진 곳에 그대 도 또한 따라서 떨어져야 옳다.' 라고 한 것이 그것입니다.

강설

'허망하고 들뜬 마음에 교묘한 견해가 많이 들어있다.' 는 허망 하고 들뜬 중생심 속에 오묘한 불심이 들어있다는 것입니다.

'육사외도六師外道가 떨어진 곳에 그대도 또한 따라서 떨어지 라.' 는 것을 유마거사가 수보리에게 육사외도六師外道에 떨어져 야 탁발을 받을 자격이 있다고 한 이야기입니다. 이는 중생을 모르면 부처가 될 수 없다. 즉 중생심 속에서 불심을 구하란 것입니다. 육사외도의 언설에도 걸리지 않을 때 비로소 공부가 좀 된 것이라고 말하는 것입니다.

士大夫學道에 多不肯虛卻心하여 聽善知識指示하고 善知識이 纔開口면 渠已在言前하여 一時領會了也라가 及至教渠로 吐露하여서는 盡一時錯會하나니 正好在言前領略底가 又卻滯在言語上이로다.

사대부가 도를 배움에 있어서 다분히 마음을 비우지 않고, 선지식의 지시를 듣는 것을 받아들이지 않고, 선지식이 막 입을 열려고 하면 자기는 벌써 선지식의 말보다 앞에서 즉시에 알아 버립니다. 그러다가 그에게 아는 것을 내놓아 보라 하면 모두들 일시에 잘못 이해하고 있습니다. 참으로 말 이전에 알음알이로 알고 있던 사람이 오히려 말에 막혀 버린 것입니다.

又 有一種은 一向에 作聰明說道理하여 世間種種伎藝는 我無不會者어니와 只有禪一般을 我未會在하여 當官處에 呼幾枚杜撰長老來하여 與一頓飯하고 喫卻了하고는 教渠로 恣意亂說

하고 便將心意識하여 記取遮杜撰說底하여 卻去勘人하되 一句
來一句去하나니 謂之厮禪이라 末後에 我多一句하고 你無語時
에는 便是我得便宜了也라가 及至撞着箇眞實明眼漢하여서는
又卻不識하며 縱然識得이나 又無決定信하여 不肯四楞塌地放
下하여 就師家理會하고 依舊要求印可타가 及至師家가 於逆順
境中에 示以本分鉗鎚하여서는 又卻怕懼하여 不敢親近하나니
此等은 名爲可憐愍者니라.

또 어떤 종류의 사람들은 한결같이 총명을 내세워서 도리를
설명하는데, '세간의 가지가지 기예들은 내가 모르는 것이 없지
만 참선이라는 이 한 가지만은 내가 아직 알지 못한다.' 라고 하
면서 관청에다가 몇 명의 두찬 장로들을 초청하여 밥 한 끼를 대
접하고서는 그 사람들에게 난잡스럽게 떠들어대게 합니다. 자기
는 곧 심의식心意識으로 이들 두찬 장로들이 하는 말을 기억했다
가 그것을 기준삼아 도리어 다른 사람을 검증합니다. 한 글귀가
오고 한 글귀가 가는데 이것을 일러 '참선 겨루기[厮禪]' 라 합니
다. 마지막에 가서 내가 한 구절이 많고 상대가 말이 없을 때는
곧 내가 이겼다고 합니다. 그러다가 진실로 눈이 밝은 사람과 부
딪히면 또한 아무 것도 아는 것이 없습니다. 비록 안다하더라도
결정적인 믿음이 없기 때문에 기꺼이 온 몸과 마음을 모두 땅에
내려놓고[四楞塌地] 스승에게 나아가서 이해하려하지 않고 여

전히 인가만을 요구합니다. 그러다가 스승이 역·순 경계 가운데서 본분을 깨닫게 하는 겸추(할, 방, 불, 권)를 보이면 또다시 두려워하며 감히 가까이 접근하지도 못하나니 이러한 이들은 참으로 불쌍한 사람들입니다.

老居士는 妙年에 登高第起家하여 所在之處에 隨時作利益事하며 文章事業이 皆過人하되 而未嘗自矜하고 一心一意로 只要退步하여 着實理會此段大事因緣일새 見其至誠이라 不覺에 忉怛如許하노라 非獨要居士로 識得遮般病이라 亦作勸發初心菩薩의 入道之資糧也하노라

노거사께서는 젊은 나이에 높은 급제에 올라 집안을 일으켰습니다. 그리고 자신이 살고 있는 곳에서 때를 따라 사람들에게 이익을 베풀며 문장을 다루는 일도 모두 다른 사람들을 능가하였습니다. 그러나 일찍이 스스로 자랑하지 아니하고 한 마음 한 뜻으로 다만 물러서서 착실하게 이 일대사인연一大事因緣을 깨닫기 위하여 그 지극한 정성을 보였습니다. 그래서 모르는 사이에 이처럼 어지럽게 이야기를 많이 하였습니다. 이것은 거사님 혼자에게 이러한 병들을 알게 하려고 하는 것이 아니라 또한 참선공부에 처음으로 마음을 낸 보살들에게 도에 들어가는 양식을 권

장하기 위한 일이기도 합니다.

장제형이 성격이 곧고 반듯하여 자기가 옳다는 생각을 내면 다른 이의 말에 쉽게 흔들리지 않는 아집 또한 대단한 성격입니다. 그는 묵조선에 빠져 재미를 들인 터라 간화선의 묘리를 쉽게 인정할 리는 없고 그렇다고 해서 대혜스님께서 그를 방관할 수 없기 때문에 여러 가지 예를 들어 길게 편지를 전했습니다. 외도에 떨어진 이를 미워하고 탓하는 마음을 내지 않고 자비로써 이끌어 주시는 간절한 내용입니다. 육사외도에 떨어져야 한다는 정명거사와 수보리의 거량을 예를 들어 보임은 곧 대혜스님 자신이 외도에 잠깐 들어서 장제형을 제도한 것과 같다고 할 것입니다.

答

왕내한 언장에게 1

汪內翰 彦章 1

왕내한의 이름은 왕조(汪藻),
자는 언장이며 덕흥(德興) 사람이다.
내한은 한림학사(翰林學士)의 관직이다.
송 고종 때 중서사인(中書舍人),
조주(潮州) 지사(知事) 등을 지냈다.

承하니 杜門壁觀이라하니 此는 息心良藥也라 若更鑽故紙면 定引起藏識中에 無始時來의 生死根苗하여 作善根難이며 作障道難이 無疑리니 得息心하고 且息心已하여야 過去底事에 或善或惡과 或逆或順을 都莫思量하며 現在事는 得省便省하되 一刀兩段하여 不要遲疑하면 未來事는 自然不相續矣리라.

釋迦老子云心不妄取過去法하며 亦不貪着未來事하고 不於現在有所住하면 了達三世悉空寂이라하시니 但看僧이 問趙州하되 狗子도 還有佛性也無잇가 州云無하고 請只把閑思量底心하여 回在無字上하여 試思量看하라 忽然向思量不及處하여 得遮一念破하면 便是了達三世處也니라.

편지를 받아 보니 '문을 닫고 벽을 향하여 마음을 관한다.' 라고 하니 이것은 마음을 쉬는 좋은 약입니다. 만약 다시 옛 종이만 뚫고 있다면 결정코 장식藏識[아뢰야식] 속에 있는 무시 이래의 생사의 뿌리를 잡아 일으켜서 선근에 집착하는 어려움[善根難]을 지을 것이며, 도를 장애하는 어려움[障道難]을 지을 것이 틀림없습니다. 마음을 쉬게 되면 또한 마음을 쉬게 두고 과거의 일에 혹 선이나 악, 혹 역경계나 순경계에 일체를 사량하지 마십시오. 현재의 일이 덜어지면 곧바로 덜어내어 일도양단하여 의심하고 더디게 하지 아니하면, 미래의 일은 자연히 계속되지 아니할 것입니다.

석가모니 부처님이 '마음으로 망령되게 과거의 법을 취하지 말며, 또한 미래의 일을 탐착하지도 말며, 현재에도 머물지 아니하면 과거 현재 미래가 모두 공적함을 깨닫는다.' 라고 하였습니다. 다만 어떤 스님이 조주화상에게 묻되, "개도 또한 불성이 있습니까?" 조주화상이 말하기를 "없다" 라고 한 것을 보십시오. 청컨대 부질없이 사량하는 마음을 잡아서 무자無字 위에다 돌려두고 사량해보십시오. 홀연히 사량이 미치지 않는 곳을 향해서 이 한 생각이 깨어지면 곧 과거 현재 미래를 깨닫는 곳입니다.

강설

일어나는 생각을 억누르지 말고 다만 흐름을 따르지만 않으면, 과거 현재 미래의 삼세가 자연히 소멸되리니, 현재 진행하는 마음을 자각하여 일도양단하되 그러한 방법으로 사량할 때 무자無字 화두를 보라는 것입니다.

了達時에는 安排不得이며 計較不得하며 引證不得이니 何以故요 了達處에는 不容安排며 不容計較며 不容引證이라 縱然引證得計較得安排得이라도 與了達底로는 了沒交涉이니 但放敎蕩蕩地하여 善惡을 都莫思量하며 亦莫着意하며 亦莫忘懷어

다 着意則流蕩하고 忘懷則昏沈하리라. 不着意不忘懷하면 善不是善이요 惡不是惡이라 若如此了達하면 生死魔何處摸索이리요.

一箇汪彦章의 聲名이 滿天下하니 平生에 安排得計較得引證得底는 是文章이며 是名譽며 是官職이나 晚年收因結果處에 那箇是實고 做了無限之乎者也니라 那一句에 得力고 名譽旣彰하여 與匿德藏光者로 相去幾何오 官職이 已做到大兩制하니 與作秀才時로 相去多少오 而今에 已近七十歲라 儘公伎倆커니 待要如何며 臘月三十日에 作麼生折合去오 無常殺鬼가 念念不停이니라

깨달은 때에는 안배安排도 얻을 수 없으며, 계교할 수도 없으며, 인증할 수도 없습니다. 왜냐하면 깨닫는 곳에는 안배를 용납하지 아니하며, 계교를 용납하지 아니하며, 인증을 용납하지 아니합니다. 비록 인증하고 계교하고 안배를 얻었더라도 깨달음과는 마침내 교섭할 수 없습니다. 다만 턱 놓아서 탕탕하게 해서 선악을 모두 사량하지 말며, 또한 뜻에 집착하지도 말고 잊으려고도 마십시오. 생각에 집착하면 생각을 따라 흘러가버리고, 생각을 잊으면 혼침에 빠집니다. 생각에 집착하지도 말고 잊으려고도 아니하면 선善이 선이 아니요 악惡이 악이 아닙니다. 만약 이와 같이 깨달으면 생사의 마군이가 어느 곳에 찾아오겠습니까?

왕언장汪彦章이라는 한 사람의 이름이 천하에 가득하니, 평생에 안배하고 계교하고 인증한 것들은 문장이며 명예며 관직입니다. 만년에 가서 씨앗을 거두고 열매를 맺는 곳에 실다운 것은 무엇이겠습니까? 무한히 쓸데없는 헛것[之乎者]만 만들었을 뿐입니다. 어떤 일구一句에서 힘을 얻겠습니까? 명예가 이미 세상에 드러났습니다. 덕을 숨기고 빛을 감춘 사람과 비교하면 그 차이가 얼마나 되겠습니까? 관직이 이미 한림학사와 중서사인[大兩制]에 이르렀으나 젊어서 과거에 오르기 전 선비[秀才]로 있을 때와 비교하면 그 차이가 얼마나 됩니까? 지금 이미 나이가 70세에 가까워 공의 기량을 다 사용하였습니다. 다시 무엇을 더 기대하겠습니까? 죽음이 다가왔을 때는 또 어떻게 대처해 갈 것입니까? 무상이라는 죽음의 귀신이 순간순간 머물지 아니하고 다가옵니다.

강설

안배安排는 정리정돈이 된 것을 말하고 계교計較는 인가받을 생각을 말합니다. 그러나 깨달은 본성자리에서는 이런 것이 용납되지 않습니다. 생각을 놓아 탕탕히 하면 생사와 삼세가 모두 공하여 자리할 곳이 없게 됩니다. 생각을 따르지도 말고 생각을 없애려고도 하지 말며 인연에 따라 경계를 대할 때 무심으로 대처해서 성성히 깨어 있는, 그리고 꿈쩍하지 않는 적적함을 유지하는 수행을 강조하신 것입니다. 선이 선이 아니고 악이 악이 아닌 것은 한 생각 돌이킨 그 자리에는 부처도 없고 조사도 없으며 선악 생사가 도무지 발붙일 곳이 아니기 때문입니다.

雪峯眞覺이 云光陰焂忽暫須臾라 浮世那能得久居아 出嶺年登三十二러니 入閩早是四旬餘로다 佗非不用頻頻擧하고 己過還須旋旋除어다 爲報滿城朱紫道하노니 閻王이 不怕佩金魚라하시니 古人의 苦口叮嚀이 爲甚麼事오 世間愚庸之人은 飢寒所迫으로 日用에 無佗念이라 只得身上이 稍煖하고 肚裡不飢하면 便了하나니 只是遮兩事라 生死魔가 却不能爲惱어니와 以富貴者로 較之컨대 輕重이 大不等하니 受富貴底는 身上이 旣常煖하고 肚裡又常飽러니 旣不被遮兩事의 所迫하여는 又却多一件不可說底無狀하나니 以故로 常在生死魔網中하여 無由出離라 除宿有靈骨하니는 方見得徹識得破니라.

설봉진각雪峯眞覺선사가 '세월은 문득 지나가고 잠깐뿐이라 뜬세상에 어찌 능히 오래 머무르리오. 비원령飛猿嶺을 넘던 때가 서른 두 살이었는데 민閩땅으로 들어 온 지 어느새 40여년이 되었네. 다른 사람들의 잘못은 들추어 내지 말고 자기의 허물은 자주자주 제거하라. 성城 안에 가득한 벼슬아치[朱紫]들에게 알려

주노니, 염라대왕은 벼슬아치의 옷을 입은 자[佩金魚]를 두려워 하지 않는다.' 라고 하였습니다.

고인의 고구정녕하신 말씀이 무슨 의미를 나타내는 것이겠습 니까? 세간의 어리석은 사람들은 배고픔과 추위에 쫓겨서 일상 에 다른 생각을 내지 못합니다. 다만 육신이 조금 따뜻하고 뱃 속이 주리지 아니하면 그만입니다. 다만 이 두 가지 일뿐이라, 생 사의 문제가 도리어 그를 괴롭힐 수 없습니다. 부귀를 누리는 사 람들과 비교하면 가볍고 무거운 것이 차이가 많이 납니다.

부귀를 누리는 사람들은 육신이 이미 항상 따뜻하고 뱃속도 또한 항상 가득합니다. 이미 이러한 두 가지 문제에 핍박을 받지 않게 되면 설명할 수 없는 또 다른 일로 아무렇게나 함부로 살아 가는 경우가 많습니다. 그러므로 항상 생사의 그물 속에서 벗어 날 길이 없습니다. 오직 전생에 특별한 지혜를 익힌 사람만이 바 야흐로 보아서 철저히 알아 깨뜨릴 것입니다.

先聖이 云瞥起는 是病이요 不續은 是藥이며 不怕念起요 唯 恐覺遲라하시니 佛者는 覺也라 爲其常覺故로 謂之大覺이며 亦謂之覺王이니라 然이나 皆從凡夫中하여 做得出來라 彼旣丈 夫어니 我寧不爾리요 百年光景이 能得幾時아 念念에 如救頭 燃이니 做好事도 尙恐做不辦이온데 況念念이 在塵勞中而不覺

也리요 可畏可畏니라.

옛 성인이 말씀하시길, '잡념이 문득 일어나는 것은 병이지만 계속하지 않는 것은 약이다. 그러므로 잡념이 일어나는 것을 두려워하지 말고 오직 일어나는 것을 아는 것이 늦어질까를 염려하라.'라고 하였습니다.

부처란 깨달음이라는 뜻입니다. 항상 깨달아 있기 때문에 큰 깨달음[大覺]이라 하며 또한 깨달음의 왕[覺王]이라 합니다. 그러나 이 모두 범부 속에서 벗어남을 얻은 것입니다. 부처님은 이미 장부인데 나 또한 어찌 그렇게 될 수 없겠습니까? 백년이라는 세월이 능히 얼마나 되겠습니까? 순간순간을 머리에 붙은 불을 끄려는 것과 같이 하십시오. 좋은 일을 하는 것도 오히려 힘쓰지 못할까 염려되는데 하물며 순간순간에 세속의 번뇌[塵勞] 속에 있으면서 깨닫지 못하는 것이겠습니까? 두렵고 또 두렵습니다.

대각과 각왕이라 함은 늘 깨어있는 힘이 따를 자가 없는 경계이니 미세한 망상도 용납할 수 없는 경지이기 때문입니다. 보살은 차제를 따라 큰 파도를 잠재운 자와 잔물결을 다스리는 자와 거울같이 맑은 잔잔한 경계에 있는 자를 일러 초지보살 내지 십지보살로 나누고, 또는 수다원, 사다함, 아나함 그리고 아라

한 등의 과위로 설명하기도 합니다.

近收呂居仁四月初書하니 報曾叔夏-劉彦禮-死라하고 居
仁이 云交游中에 時復抽了一兩人하니 直是可畏라하며 渠 邇
來에 爲此事甚切하되 亦以瞥地回頭稍遲로 爲恨이라하여늘 比
에 作書答之云하되 只以末後知非底一念으로 爲正하고 不問遲
速也어다 知非底一念은 便是成佛作祖底基本이며 破魔網底利
器며 出生死底路頭也라

願公은 亦只如此做工夫하라 做得工夫漸熟則日用二六時中
에 便覺省力矣리니 覺得省力時에 不要放緩하고 只就省力處하
여 崖將去어다 崖來崖去에 和遮省力處하여 亦不知有時不爭多
也러니 但只看箇無字언정 莫管得不得이어다 至禱至禱하노라

근래에 여거인呂居仁이 4월 초에 보낸 편지를 받아보니 증숙하
曾叔夏와 유언례劉彦禮가 사망하였다고 하였습니다. 여거인이 말
하기를, '서로 교유하는 사람들 중에 이즈음에 다시 한두 사람이
빠져나가서 진실로 두렵다.' 라고 하였습니다. 그가 근래에 이
공부를 매우 간절하게 하는데 역시 언뜻 살펴보아 머리를 돌이켜
각성하는 것이 늦어짐을 한스러워한다고 합니다. 얼마 전에 글
을 써서 그에게 답장을 하였습니다. '다만 마지막에 가서 잘못인

줄 아는 그것을 공부하는 바른 길로 삼고, 더디고 빠름은 묻지 마십시오. 잘못인 줄 아는 그 한 생각이 곧 부처가 되고 조사가 되는 기본이며, 마의 그물을 깨뜨리는 날카로운 무기며, 생사를 벗어나는 길머리입니다.' 라고 일러주었습니다.

원컨대 공도 또한 다만 이와 같이(일어나는 생각을 알아차리는) 공부를 지어 가십시오. 공부를 지어감이 점점 익숙해지면 하루 24시간 중에 곧 힘이 덜림을 깨닫게 될 것입니다. 힘이 덜림을 깨달을 때에 놓아서 느슨하게 하지 말고 다만 힘이 덜리는 곳에 나아가서 밀어붙이십시오. 밀어붙이고 밀어붙이다 보면 언젠가 힘이 덜리는 것까지도 또한 어느 때에 없어진 줄[不爭多]을 알지 못할 것입니다. 다만 무자無字 화두를 주시하여 볼지언정 얻고 얻지 못함을 관계하지 마십시오. 빌고 또 빕니다.

왕내한 언장에게 2

汪內翰 彥章 2

伏承하니 杜門息交하며 世事를 一切澗略하고 唯朝夕에 以某向所擧話頭로 提撕라하니 甚善甚善이로다 旣辦此心이라 當以悟爲則이니 若自生退屈하여 謂根性이 陋劣이라하며 更求入頭處라하면 正是含元殿裡에 問長安이 在甚處爾이니라 正提撕時는 是阿誰며 能知根性이 陋劣底는 又是阿誰며 求入頭處底는 又是阿誰오 妙喜가 不避口業하고 分明爲居士說破하리라 只是箇汪彦章이라 更無兩箇니 只有一箇汪彦章이거늘 更那裡에 得箇提撕底와 知根性陋劣底와 求入頭處底來리요 當知皆是汪彦章影子라 並不干佗汪彦章事니라 若是眞箇汪彦章인덴 根性이 不必陋劣이며 必不求入頭處니 但只信得自家主人公及인덴 並不消得許多勞攘하리라.

편지를 받아보니 문을 달아걸고 교류를 끊었으며 세상사를 모두 간섭하지 않고 오직 조석으로 내가 지난번에 들게 한 화두를 잘 들고[提撕]있다 하니 매우 훌륭하고 훌륭합니다. 이미 이러한 마음을 알았으니 마땅히 깨어있음을 법칙으로 삼으십시오. 만약 스스로 물러서는 마음을 내어서 이르기를, '타고난 성품[根性]이 모자라서 달리 머리를 써서 들어갈 곳을 구한다.' 라고 한다면 참으로 함원전含元殿(장안에 있는 궁궐) 속에 있으면서 장안이 어느 곳에 있느냐고 묻는 격입니다. 한창 화두를 들 때 지금 화두를 드는 놈이 누구며, 능히 근성根性이 부족함을 아는 것은 또한 누구며, 새로이 들어갈 곳을 구하는 사람은 또한 누구입니까? 묘희妙喜가 구업 짓는 것을 피하지 아니하고 분명하게 거사를 위하여 설파하겠습니다. 다만 하나의 왕언장일 뿐입니다. 달리 두 가지가 없습니다. 오직 하나의 왕언장만 있을 뿐인데 다시 어느 곳에서 화두를 드는 사람과 근성이 부족함을 아는 사람과 새로이 들어갈 곳을 구하는 사람을 찾겠습니까? 마땅히 아십시오. 모두가 이 왕언장의 그림자입니다. 아울러 (다른 사람이) 저 왕언장의 일에는 간섭할 수 없습니다. 만약 참다운 왕언장이라면 근성이 모자란다는 생각은 소용이 없으며, 반드시 새로이 들어갈 곳을 구할 것도 아닙니다. 다만 자기의 주인공을 분명히 믿는 곳에 도달하면 허다한 수고로움을 소비하지 아니할 것입니다.

昔에 有僧이 問仰山하되 禪宗은 頓悟라 畢竟入門的意가 如何닛고 山이 曰此意는 極難하니 若是祖宗門下에 上根上智면 一聞千悟하여 得大總持거니와 此根人은 難得이라 其有根微智劣일새 所以로 古德이 道하되 若不安禪靜慮면 到遮裡하여 總須茫然이라하니라.

僧이 曰除此格外코 還別有方便이 令學人으로 得入也無잇가 山이 曰別有別無라하면 令汝心으로 不安이리니 我今問汝

하노라 汝是甚處人고 曰幽州人이니다 山이 曰汝還思彼處否
아 曰常思니다 山이 曰彼處樓臺林苑에 人馬騈闐하나니 汝返
思思底하라 還有許多般也無아 曰某甲이 到遮裏하여 一切不
見有니다 山이 曰汝解가 猶在境이라 信位는 卽是어니와 人位
는 卽不是라하시니

옛날에 어떤 스님이 앙산仰山화상에게 물었습니다. "선종은 돈
오頓悟입니다. 어떻게 하면 필경에 문(돈오의 문)에 들어갈 수 있
겠습니까?" 앙산화상이 이르되, "이 뜻은 지극히 어려우니라. 만약
조사나 종사 문하에 있는 근기가 높고 지혜가 높은 자라면 하나
를 들으면 천 가지를 깨달아서 대총지大總持를 얻지만 보통 근기
의 사람은 얻기 어려우니라. 그는 근기가 미약하고 지혜가 낮기
때문이니라. 그러므로 고덕이 말씀하시기를, '만약 편안한 선정에
들어 생각이 순일하게 되지 못하면 이러한 경지(번뇌망상이 일어
나는 때)에 이르러 모두 망연할 것이다.' 라고 하느니라."

그 스님이 말하였습니다. "이 격외格外의 도리 외에 또한 별다
른 방편이 있어서 학인에게 얻어 들어가게 하는 것이 있습니까?"
앙산화상이 말하였습니다. "특별히 있기도 하고 특별히 없기도
한 것은 그대의 마음이 불안하기 때문이니 내가 지금 그대에게
묻겠노라. 그대는 어디 사람인가?" "유주 사람입니다." 앙산화
상이 말하였습니다. "그대는 또한 그곳을 생각하는가?" "항상

생각합니다." 앙산화상이 말하였습니다. "그곳 누대와 동산에는 사람과 말馬들로 떠들썩할 것이니, 그대가 생각하는 그곳에서 돌이켜 현재를 생각해 보라. (돌이킨 그곳에도) 또한 허다한 생각들이 있는가?" "저는 여기에 이르러서는 아무것도 보지 못합니다." 앙산화상이 말하였습니다. "그대의 견해가 오히려 경계에 매여 있느니라. 신위信位는 곧 옳으나 인위人位는 곧 옳지 못함이니라."라고 하였습니다.

강설

앙산스님에게 묻고 있는 사람은 사애思碍라는 학인입니다. 공부를 어떻게 하여야 돈오를 얻을 수 있느냐고 집요하게 묻고 있는 것입니다. 그러니 앙산스님이 사애에게 고향 생각을 일으키게 하고 그 허다한 생각을 돌이켜서 보라고 합니다. 그러자 사애가 고향 생각을 하고 그 생각을 하는 것을 돌이켜보니 그 자리에는 아무것도 볼 수가 없다고 합니다. 그 자리에서 아무 것도 볼 수 없다는 것은 맞는 말입니다. 그러나 이렇게 앙산스님이 이끄는 대로 경계에 매여서 생각이 왔다 갔다 하는 것이 잘못된 것입니다. 그러니 '신위信位는 곧 옳으나 인위人位는 곧 옳지 못함이니라.'라고 한 것입니다. 즉 공부하는 자세는 되어 있으나 아직 사람 노릇은 못하고 있다고 나무라는 것입니다. 좀 전에 일러준 것과 같이 알음알이에 끌려 다니지 말고 주인 노릇 바로 하라는 것

입니다. 결국 생각이 일어날 때 그 생각에 꺼들리지 말고 그것을
돌이켜서 본심을 보라는 이야기입니다. 본심을 보고는 본심을
본다는 생각도 하지 말아야 합니다.

妙喜는 已是老婆心切이라 須着更下箇注脚하리라 人位는 卽
是汪彦章이요 信位는 卽是知根性陋劣과 求入頭處底니 若於正
提撕話頭時에 返思能提撕底하라 還是汪彦章否아 到遮裡서는
間不容髮이니 若佇思停機則被影子의 惑矣라 請快着精彩하여
不可忽不可忽이어다

記得하니 前書中嘗寫去에 得息心하고 且息心已는 過去底事
에 或善或惡과 或逆或順을 都莫理會하며 現在事에 得省便省
하되 一刀兩段하여 不要遲疑하면 未來事는 自然不相續矣라하
니 不識커라 曾如此戱捕否아 遮箇便是第一省力做工夫處也니
至禱至禱하노라

묘희(대혜스님)는 이미 노파심이 간절하여 다시 주해를 달겠
습니다. 인위人位는 왕언장이요, 신위信位는 곧 근성이 낮음을 아
는 것과 새로이 들어갈 곳을 구하는 사람입니다. 만약 바로 화
두를 잡아갈 때에 능히 잡아가는 것을 돌이켜 생각해 보십시오.
도리어 이것이 왕언장입니까 아닙니까? 이 경지에 이르러서는 터

럭 끝도 용납할 사이가 없습니다. 만약 생각을 머뭇거리고 기틀을 머뭇거린다면 그림자의 미혹을 입게 될 것입니다. 부디 정신을 바짝 차려서 소홀히 하지 말고 소홀히 하지 마십시오.

기억해 보니 앞서 보낸 편지에 일찍이 써두기를, '마음을 쉬게 될 때는 쉬고 또한 마음을 쉬고 나서는 과거의 일에는 혹 선이나 악, 혹은 거슬리는 일이나 기뻐하는 일을 모두 사량하지 말 것이며, 현재의 일을 덜어 낼 힘을 얻었을 때 문득 덜어 내어서 일도 양단하여 머뭇거리지 아니하면 미래의 일은 자연히 계속하지 않을 것이라 하니, 어떻습니까? 일찍이 이와 같이 살펴갑니까? 이것이 곧 힘을 덜어 내는 공부로서 제일입니다. 그렇게 하시기를 빌고 또 빕니다.

강설

망상이 일어남을 자각하고 '겁이 다하도록 이 놈에게 속았구나' 하고 깨달은 것을 '돈오' 라하고, 그 망상의 뿌리를 송두리째 뽑아버리는 것을 '돈수' 라 합니다. 텅텅 비워 탕탕하게 내려놓아 번뇌의 그물에 걸리지 않는 것을 최상승법이라 합니다. 상상근기上上根機는 망상번뇌를 두려워하지 않고 번뇌망상을 찰나에 돌이켜 반야의 지혜로 바꾸기 때문입니다. 억지로 마음을 비우려 하고 망상을 제거하려는 수행과는 이미 다른 세상입니다. 묵묵히 생각을 가라앉혀서 조용해지기를 기다리고 목석같이 아무런 생각을 하지 않고 맹맹한 무기에 빠져 시간이 흐른 줄도 모르고, '세상이 생동하는 현실은 도무지 내가 알 바 아니다' 하고는 신선이나 된 듯 지그시 눈을 감고 돌부처의 흉내를 내면 수행이 된 것인 줄 착각해서는 안되는 것입니다. 성성적적 깨어있으면서 흐름을 따르지 않는 저 많은 선지식들을 욕되게 하지 말고 부처님의 전등을 밝혀 영원히 꺼지지 않는 혜명을 이어가야 할 것입니다.

答

왕내한 언장에게 3

汪內翰 彦章 3

伏承하니 第五令嗣가 以疾로 不起라하니 父子之情은 千生百劫에 恩愛習氣之所流注라 想當此境界하면 無有是處리라 五濁世中種種虛幻이라 無一眞實이니 請行住坐臥에 常作是觀則日久月深하면 漸漸銷磨矣리라 然이나 正煩惱時에 子細揣摩窮詰하되 從甚麼處起오 若窮起處不得이면 現今煩惱底는 却從甚麼處得來오 正煩惱時에 是有是無아 是虛是實가 窮來窮去하면 心無所之하리니 要思量커든 但思量하고 要哭커든 但哭이니 哭來哭去하며 思量來思量去하여 抖擻得藏識中許多恩愛習氣盡時에 自然如氷歸水하여 還我箇一本來無煩惱無思量無憂無喜底去耳리라.

편지를 받아보니, '다섯째 아들이 병으로부터 끝내 회복되지 못하였다.'고 하였습니다. 부자의 정은 천생 백 겁에 은애와 습기로 흘러온 것입니다. 아마도 이러한 경계를 당하여 슬픔이 일어나는 것은 어쩔 수 없는 일일 것입니다. 오탁악세五濁惡世 중에 가지가지가 모두 허망한 환영뿐이고 진실한 것은 하나도 없습니다. 부디 행주좌와에서 이러한 관행觀行을 지어서 날이 가고 달이 깊어지면 점점 녹아 사라질 것입니다. 그러나 한창 슬퍼할 때에 어느 곳으로부터 일어났는가를 자세하게 헤아리고 궁구하십시오. 만약 일어난 곳을 알 수 없다면 지금 슬퍼하는 것은 또한 어느 곳에서 왔습니까? 한창 슬퍼할 때에 그 슬픔이 있는 것입니

까? 없는 것입니까? 헛것입니까? 실다운 것입니까? 궁구하고 궁
구하면 마음이 갈 곳이 없어질 것입니다. 생각이 나거든 생각하
시고 울고 싶거든 우십시오. 울고 또 울며, 생각하고 또 생각하
여 장식藏識 속에 있는 허다한 은애와 습기를 다 털어 없앴을 때
에 자연히 얼음이 녹아 물로 돌아가는 것과 같을 것입니다. 그
렇게 되고 나면 도리어 내가 슬픔도 없고 생각도 없고, 근심도
없고 기쁨도 없는 본래의 곳으로 돌아갈 뿐입니다.

入得世間하여 出世無餘하면 世間法이 則佛法이요 佛法이
則世間法也니라 父子는 天性一而已니 若子喪而父－不煩惱不
思量하며 如父喪而子－不煩惱不思量을 還得也無아 若硬止遏
하여 哭時에 又不敢哭하고 思量時에 又不敢思量하면 是特欲
逆天理滅天性이라 揚聲止響이며 潑油救火耳이니라 正當煩惱
時에 總不是外事니 且不得作外邊想이어다

세간에 들어가서 세간을 남김없이 벗어나고 나면 세간법이 곧
불법이며 불법이 곧 세간법입니다. 부자는 천성이 하나입니다.
만약 아들이 죽었는데 아버지가 슬퍼하지 아니하고 그리워하지
아니하거나, 또는 아버지가 죽었는데 아들이 슬퍼하지 아니하고
그리워하지 아니하는 일이 있을 수 있겠습니까? 만약 굳게 그치

고 막아서 울고 싶을 때에 또한 울지 아니하고 생각날 때에 또한 생각하지 아니한다면 이것은 일부러 천리(하늘의 이치)를 거스르고 천성을 소멸시키는 것입니다. 마치 소리를 질러 놓고 메아리를 없게 하려함이며, 기름을 뿌리면서 불을 끄려는 일입니다. 정작 번뇌가 일어나는 당체는 모두 밖으로부터 일어나는 일이 아닙니다. 그러니 또한 밖의 일이라는 생각을 하지 마십시오.

永嘉 云無明實性이 卽佛性이요 幻化空身이 卽法身이라시니 是는 眞語實語며 不誑不妄等語라 恁麼見得了하면 要思量要煩惱라도 亦不可得이니 作是觀者는 名爲正觀이요 若佗觀者는 名爲邪觀이라 邪正을 未分이거든 正好着力이니 此是妙喜의 決定義어니와 無智人前에는 莫說이니라.

영가 현각대사가 말씀하시기를 '무명의 실성이 곧 불성이요, 환화공신이 곧 법신이라.' 라고 하셨습니다. 이것은 진실한 말씀이며, 속이지 않는 말씀이며 거짓이 아닌 말씀입니다. 이렇게 보게 되면 생각하고자 하고 슬퍼하고자 하더라도 또한 얻게 되지 못할 것입니다. 이렇게 관찰하는 것은 바른 관찰이라 하거니와 만약 다르게 관찰한다면 이것은 삿된 관찰이라 합니다. 삿되고 바른 것을 아직 나누지 않았다면 힘을 확실하게 쓰십시오. 이것은 묘희의 결정적인 뜻이지만 지혜가 없는 사람 앞에서는 말하지 마십시오.

'무명실성이 바로 불성' 인 자리에서 보면 생각해야 할 때 생각하고 슬퍼해야 할 때 슬퍼하더라도 그 본래자리에서는 생각도 없고 슬픔도 없다는 것입니다. 불성자리에서 항상 깨어 있으면서 생각하면 바른 관찰이 되고 깨어 있지 못하면 삿된 관찰이 되는 것입니다. 그러므로 '삿되고 바른 것을 아직 나누지 않았다' 는 것은 본성자리에서 관찰할 줄 아는 것을 의미합니다. 이러한 관찰을 전심전력하라는 것입니다.

감정이 일어남을 참는 것이 아니라 느끼는대로 작용하지만 작용하게 한 그 놈이 숙습의 뿌리인 아뢰야식 그놈임을 자각하여 울어야 할 일도 웃어야 할 일도 아님을 깨우쳐 주신 것입니다.

答

하운사 지굉에게
夏運使 志宏

하운사의 이름은 하준(夏俊)이며,
자는 지굉이고 호는 각명거사다.
운사(運使)는 군대의 식량과 조달품을
관장하는 관직이다.

示諭하되 道契則霄壤이 共處요 趣異則覿面楚越이라하니 誠
哉라 是言이며 卽此乃不傳之妙라 左右發意하여 欲作妙喜書할
새 未操觚拂紙에 已兩手分付了也라 又何待堅忍究竟하여 以俟
佗日耶리요 遮箇道理는 唯證者라야 方黙黙相契요 難與俗子
言이니라.

延平은 乃閩嶺佳處라 左右가 能自調伏하여 不爲逆順關捩
子의 所轉하니 便是大解脫人이로다 此人은 能轉一切關捩子하
여 日用活鱍鱍地라 拘牽惹絆佗不得이니라 苟若直下에 便恁
麼承當하면 自然無一毫毛나 於我作障이니라.

편지에 말하기를, '도와 계합한 즉 하늘과 땅이 같은 곳이나,
뜻이 다른 즉 얼굴을 맞대더라도 초나라와 월나라.' 라고 하였
으니, 성실한 말씀입니다. 이것이 바로 서로 전할 수 없는 묘한
이치[妙理]입니다. 그대가 생각을 내어 묘희에게 편지를 보냈습
니다마는, 이미 붓을 잡고 종이를 펴기도 전에 두 손으로 받은
것이나 마찬가지입니다. 또 어찌 굳이 참아서 편지가 완성[究竟]
되기를 기다렸다가 다른 날 편지 받는 것을 기다릴 이유가 뭐 있
겠습니까? 이 도리는 오직 증득한 사람이라야 바야흐로 묵묵히
계합할 것입니다. 저속한 사람들과는 더불어 말하기가 어렵습니
다. 연평延平은 민령閩嶺 땅 중에서 화려한 곳이거늘 그대가 능히
스스로 조복하여 관루자[關淚子, 역 순경계]의 부림을 당하지

아니하니 곧 크게 해탈한 사람입니다. 이러한 사람은 능히 모든 관루자를 굴려서 일상에 활발발活潑潑하게 씁니다. 그래서 그 사람을 잡아끌래야 잡아끌 수 없습니다. 진실로 만약 곧바로(상황이 발생하는 즉시에) 이렇게 잡아가면 자연히 털끝 하나도 나에게 장애될 것이 없습니다.

강설

대혜선사는 지겅이 이미 깨침에 이른 것을 단번에 인가하고 어지러이 편지 따위 쓸 필요도 없는 사람이라고 묘사하고 있습니다. 민령땅에 속하는 연평이란 곳은 화려하여 유혹도 많이 받았을 것인데, 관루자 즉 역·순경계에 끌려가지 않고 이를 잘 굴려서 지혜로 대처하니 크게 해탈한 사람이라 합니다. 그래서 일상에 그 마음을 활발발하게 쓴다고 했습니다. 활발발하다는 뜻은 물고기가 헤엄을 치듯 꼬리를 치면서 걸림이 없이 자유자재로 노니는 것을 연상시키는 말입니다. 이것은 지겅이란 사람이 본심에 턱 자리를 하고 어떤 역·순경계에도 꺼들리지 않고 자유롭고 평온하게 사는 모습을 나타낸 것입니다. 진실로 눈앞에 어려운 상황이 전개되었을 때 한눈 팔지 않고 본심을 찾으면 일체만사에 장애를 받지 않을 것이라는 것입니다.

'관루자'란 풀무 손잡이와 문빗장을 일러 말하는데 역·순경계가 우리 마음을 풀무짓하듯 마음대로 움직인다는 데서 온 뜻입니다.

古德이 有言하되 佛說一切法은 爲度一切心이거니와 我無一
切心커니 何用一切法리요하고 又 懶融이 云恰恰用心時에 恰
恰無心用이니 曲談은 名相勞요 直說은 無繁重이라 無心恰恰
用하되 常用恰恰無니 今說無心處가 不與有心殊라하니 非特懶
融이 如是라 妙喜與左右도 亦在其中이니 其中事는 難拈出似
人이라 前所謂黙黙相契是也니라.

고덕[六祖]이 말씀하시길, '부처님이 말씀하신 일체의 법은 일
체의 마음을 제도하기 위함이지만 나에게는 일체의 마음이 없으
니 일체의 법을 어디에 쓰리오?' 라고 하였습니다. 또 나융 화상
이 말씀하시길, '넉넉하게 마음을 쓸 때에 무심으로 넉넉히 쓰나
니 빙빙 돌려서 하는 말은 명상名相이므로 수고롭고, 곧은 말은
번거롭고 무거움이 없느니라. 무심으로 넉넉하게 쓰되 항상 써
도 넉넉하여 부족함이 없나니, 지금 말하는 무심이 나오는 곳은
유심이 나오는 곳과 다르지 않다.' 라고 하였습니다. 그러나 특
별히 나융화상만 이와 같은 것이 아닙니다. 묘희와 더불어 그대
도 또한 그 가운데에 있습니다. 그 가운데의 일은 잡아내어 다른
사람에게 들어 바칠 수 없습니다. 앞에서 이른바 '묵묵히 서로 계

합한다.'고 한 것이 바로 이것입니다.

마음을 무심하게 쓰는 예를 들어 보면, 부처님 당시 어느 집에 무지막지한 사람이 살고 있어서 탁발을 다니던 많은 제자들이 그 집에 가서는 봉변만 당하여 스님들이 그 집에 탁발을 가지 않으려 한다는 소문이 났습니다. 이 말을 들은 부처님이 제자들을 모아 직접 탁발을 가기로 했습니다. 부처님께서 그 집 앞에 가서 탁발을 구하니 주인이 나와 욕설과 모욕적인 말투로 다시는 오지 말라고 협박까지 하였습니다. 부처님이 꿈쩍도 않고 담담히 서 계시니, 주인이 오히려 놀라

"어째서 내가 이렇게 모욕을 주고 협박을 해도 미동도 하지 않습니까?" 하고 물었습니다.

부처님께서 "미동도 하지 않는 방법을 그대에게 가르쳐 줄 테니 내가 묻는 말에 답을 하겠는가?"

"예" 하고 주인이 대답했습니다.

부처님께서 "그대 집에 손님이 찾아오기도 하지?"

"예"

"손님이 선물을 가져오는 사람도 있는가?"

"가끔 가져 오기도 합니다."

"그 선물을 받으면 누구 것이 되는가?"

"제 것이 됩니다."

"그럼 받지 않으면 누구 것이 되는가?"

"가져온 사람의 것이 됩니다."

"그렇다면 조금 전에 그대가 나에게 모욕을 주고 협박을 하는 것을 받지 않으면 누구 것이 되는가?"

부처님의 이 말에 이 무지한 주인이 자기의 무례함을 깨달아 항복하고 부처님의 제자가 되었답니다. 이와 같은 부처님의 부동심이 바로 무심에서 나온 것입니다. 이와 같이 무심은 성성하게 깨어서 목전에 나타나는 경계에 걸려서 당황하고 갈팡질팡하지 않는 마음을 말합니다. 그래서 부처님은 항상 깨어 계시는 각황覺皇 이라 부릅니다.

答

여사인 거인에게 1

呂舍人 居仁 1

여사인의 이름은 본중(本中),
자는 거인, 문호는 동래(東萊)선생이다.
승무랑, 중서사인, 태평관학사 등을 역임.
당시 승상 태회(泰檜)와 뜻이 맞지 않아
관직을 사임하고 은둔하면서 후학들을 지도.

千疑萬疑가 只是一疑니 話頭上에 疑破則千疑萬疑가 一時破하리라 話頭를 不破則且就上面하여 與之廝崖어다 若棄了話頭하고 却去別文字上起疑어나 經敎上起疑어나 古人公案上起疑어나 日用塵勞中起疑하면 皆是邪魔眷屬이니라 第一에 不得向擧起處承當하며 又不得思量卜度하고 但着意就不可思量處하여 思量하면 心無所之가 如老鼠入牛角에 便見倒斷也리라 又方寸이 若鬧어든 但只擧狗子無佛性話니 佛語祖語와 諸方老宿語와 千差萬別을 若透得箇無字하면 一時透過하여 不着問人하리라 若一向問人하되 佛語는 又如何며 祖語는 又如何며 諸方老宿語는 又如何오하면 永劫에 無有悟時也리라.

천 가지 만 가지 의심이 다만 이 한 가지 의심이니, 화두 위에서 의심을 깨뜨리면 천 가지 의심과 만 가지 의심이 일시에 깨뜨려질 것입니다. 화두를 깨뜨리지 못하였다면 재차 화두 위에 나아가서(화두를 들고) 화두와 함께 벼랑 끝까지 나아가십시오. 만약 화두를 버리고 달리 문자 위에서 의심을 일으키거나, 경전의 가르침 위에서 의심을 일으키거나, 고인들의 공안에서 의심을 일으키거나, 일상의 진로 중에서 의심을 일으키면 그것은 모두가 삿된 마군의 권속입니다.

제일 중요한 점은 (화두를) 드는 곳을 향하여 잡아 당하려(찾으려) 하지 말며, 또한 사량하고 헤아리지도 말고, 다만 뜻을 붙여 사량할 수 없는 곳에 나아가서 사량하면, 마음이 갈 곳이 없어진 것이 마치 늙은 쥐가 소의 뿔 속에 들어갔을 때 갈 길을 잃는 것과 같을 것입니다. 만약 그래도 마음이 시끄러워 가슴이 답답하더라도 오직 구자무불성狗子無佛性 화두만을 드십시오. 만약 부처님의 말씀과 조사의 말씀과 제방 노숙老宿의 말씀과 천 가지 차별 만 가지 차별들을 한낱 이 무자無字 화두로 뚫으면 일시에 모두 뚫어 내어 다른 사람에게 더 이상 물을 것이 없을 것입니다. 만약 한결같이 다른 사람에게 묻기를, '부처님의 말씀은 또한 무엇이며, 조사의 말씀은 또한 무엇이며, 제방 노숙의 말씀은 또한 무엇입니까?' 하고 묻는 이런 식으로 공부한다면 영겁토록 깨달을 때가 없을 것입니다.

강설

'화두 위에서 의심을 깨뜨리면'의 뜻은 '화두를 드는 가운데서 의심이 깨져야 한다는 뜻을 강조한 것입니다. '화두를 파하지 못한 즉'이란 '화두 위에서 마음[본성]을 찾지 못한 즉'이런 뜻입니다.

'문자 위에서 의심을 일으키거나'라는 뜻은 화두로써 타파하지 못하고 문자로써 의심을 깨뜨린다는 것입니다. 문자나 경전의 문구나 공안이나 일상의 진로망상 등으로 의심을 깨려고 해서는 안 된다는 것입니다. 왜냐하면 아무리 답을 찾아도 알음알이에 불과하고 분별만 늘어날 뿐 진실한 답을 찾을 수 없기 때문입니다. 간화선을 간결하게 말하면, 일체 망상을 찰나에 통찰하고 즉시 본심으로 회귀하여 생각의 길이 끊어진 자리에 들어가는 수행입니다.

'(화두) 드는 곳을 향하여 잡아 당하려 하지 말며' 는 화두 드는 곳에 뭐가 있나? 하고 무엇을 찾지 말라는 것을 말합니다. '이 화두는 무슨 뜻인가? 왜 '무無' 라 했을까? 하고 이런저런 궁리하지 마라 이 말입니다. 이 화두는 본성을 찾는 신호일 뿐입니다. 내가 어떤 대상에 마음이 끌려갈 때 문득 알아차려서 '무無' 하면서 본 자리로 돌아오는 도구일 뿐입니다. 화두를 목표로 삼으면 안 됩니다. '무無' 하는 자리에 돌아오면 어떤 생각을 해도 소소영영합니다.

'다만 뜻을 붙여 사량할 수 없는 곳' 은 바로 불성자리입니다. 이곳에서 사량하면 마음의 갈 길이 끊어진다고 했습니다. '무無' 하는 자리는 사량이 끊어진 불성자리이기 때문입니다. 이 자리에는 의심도 분별도 망상도 다 끊어진 자리입니다. 정신을 차리고 본성자리에 머물고 있으면 망상이 일어나도 나아갈 길이 없어집니다. 그러니 모든 분별 망상과 의심을 '무無' 하면서 이 본성자리에 가져다 놓기만 하면 만사 형통입니다. '마치 늙은 쥐가 소의 뿔 속에 들어갔을 때 곧 끊어진 곳을 보게 되는 것과 같을 것입니다.' 는 쥐를 잡을 때 소 뿔을 쥐구멍에 꽂아 두면 쥐가 들어가서 뿔끝에 도달하면 들지도 나지도 못하고 꼼짝하지 못하는 것을 나타냅니다. 우리 망상도 '무無!' 하고 본성자리에 돌려놓으면 꼼짝 못하고 없어지는 것을 비유한 것입니다. 어떤 망상과 분별도 용을 쓰지 못하고 맙니다.

答

여랑중 융예에게

呂郎中 隆禮

여중랑은 여거인의 아우다.
자는 융예이고, 중랑이란 차관급 정도의 관직이다.

令兄居仁의 兩得書하니 爲此事甚忙이라하니 然이나 亦當着忙이니라 年已六十이요 從官도 又做了하니 更待如何오 若不早着忙이면 臘月三十日에 如何打疊得辦이리요 聞左右도 邇來에 早着忙이라하니 只遮着忙底가 便是臘月三十日消息也니라 如何是佛이닛고 乾屎橛이라하시니 遮裡에 不透하면 與臘月三十日로 何異리요 措大家一生을 鑽故紙하되 是事를 要知코자 博覽群書하며 高談濶論하되 孔子는 又如何며 孟子는 又如何며 莊子는 又如何며 周易은 又如何며 古今治亂은 又如何오하여 被遮些言語의 使得來하여 七顚八倒하며 諸子百家를 纔聞人의 擧着一字하고 便成卷念將去하여 以一事不知로 爲恥타가 及乎問着他自家屋裡事하여서는 並無一人知者하니 可謂終日數佗寶에 自無半錢分이라 空來世上하여 打一遭타가 脫却遮殼漏子하여서는 上天堂也不知하며 入地獄也不知하고 隨其業力하여 流入諸趣를 並不知하되 若是別人家裡事하여서는 細大를 無有不知者라

그대의 형 여거인呂居仁에게서 두 번 편지를 받았는데 이 일이 매우 바쁘다고 하였습니다. 그렇습니다. 역시 마땅히 바빠 서둘러야 합니다. 나이가 이미 60이면 관직 생활도 또한 충분히 하였으니 다시 무엇을 기다리겠습니까? 만약 바빠 서두르지 않는다면 죽는 날[臘月三十日]에 이르러서 어떻게 정리하여 판단[타첩

득판, 打疊得辦]할 수 있겠습니까? 들으니 그대도 근래에 벌써 바삐 서두른다고 하니 다만 이 바삐 서두르는 것이 곧 죽음이 닥친 소식[臘月三十日]입니다. '무엇이 부처입니까?' '마른 똥 막대기[乾屎橛]이니라.' 라고 하였으니 여기에서 뚫지 못하면 이미 죽을 때[臘月三十日]와 무엇이 다르겠습니까? 조대가[措大家, 박학다식한 사람]란 사람이 일생 동안 옛 종이만 뚫으면서 이 일을 알려고 여러 가지 서적들을 널리 읽고 고준한 담론을 펴면서 공자는 또한 어떻고, 맹자는 또한 어떻고, 장자는 또한 어떻고, 주역은 또한 어떻고, 고금의 정치는 또한 어떻다 하면서 이 시시한 말들을 불러와서 일곱 번이나 넘어지고 여덟 번이나 넘어집니다. 제자백가諸子百家에 대하여 어떤 사람이 한 글자만 거론하는 것을 들으면 곧 책 한 권을 만들 만큼 기억하고, 이 중 한 가지 사실이라도 모르면 그것을 부끄러움으로 여깁니다. 그러다가 자기 자신의 집안일은 한 사람도 아는 사람이 없습니다. 마치 온종일 다른 사람의 보배를 헤아리면서 자기 자신에게는 반 푼의 돈도 없는 격입니다. 헛되이 세상에 와서 한 바퀴 돌아치다가 이 육신 껍데기를 벗어버리고 나면 천당에 올라가는 것도 알지 못하고 지옥에 떨어지는 것도 알지 못합니다. 업력業力을 따라서 여러 갈래로 흘러 들어가는 것도 알지 못합니다. 그런데 남의 집안일에 대해서는 크고 작은 것을 모르는 것이 없습니다.

士大夫가 讀得書多底는 無明이 多하고 讀得書少底는 無明
이 少하며 做得官小底는 人我小하고 做得官大底는 人我大하
나니 自道我聰明靈利타가 及乎臨秋毫利害하여서는 聰明也不
見하며 靈利也不見하며 平生所讀底書를 一字也使不着하나니
蓋從上大人丘乙己時로 便錯了也하여 只欲取富貴耳라 取得富
貴底는 又能有幾人이 肯回頭轉腦하여 向自己脚跟下하여 推窮
호대 我遮取富貴底는 從何處來며 卽今受富貴底는 異日에 更
向何處去오 旣不知來處하며 又不知去處하면 便覺心頭迷悶하
리니 正迷悶時에 亦非佗物이라 只就遮裡하여 看箇話頭하되
僧이 問雲門하되 如何是佛이닛고 門이 云乾屎橛이라하니 但
擧此話하여 忽然伎倆이 盡時에 便悟也리니 切忌尋文字引證하
고 胡亂博量注解어다 縱然註解得分明하며 說得有下落이라도
盡是鬼家活計니라.

많은 책을 읽는 사대부가 무명이 많고, 읽은 책이 적으면 무명
이 적습니다. 또 올라간 벼슬이 낮으면 인아상人我相이 작고 올
라간 벼슬이 높으면 인아상이 큽니다. 스스로 말하기를 나는 총
명하고 영리하다고 하다가도, 털끝만한 이해 문제라도 걸리면
총명한 것도 드러내 보이지 못하고 영리한 것도 드러내 보이지
못하며, 평생 읽은 글도 한 글자도 사용하지 못합니다. 대개 공
자와 같은 성인이 되기를 바라던 때와는 크게 어긋나버리고 다

만 부귀만을 취하고자 할 따름입니다. 부귀를 취한 사람 중에서 또한 몇 사람이나 기꺼이 머리를 돌려 자기의 근본을 향해서 추궁하기를, '나의 이 부귀는 어느 곳에서 왔으며, 지금 부귀를 받는 이 사람이 다른 날에는 다시 어느 곳으로 향해 갈 것인가?'라고 하겠습니까? 이미 온 곳을 알지 못하고 또한 갈 곳을 모르면 곧 마음 머리가 혼란하여 답답함을 깨닫게 될 것입니다. 한창 마음이 답답할 때 또한 다른 물건이 아닙니다. 다만 이 속(괴로운 생각이 일어나는 곳)에 나아가서 화두를 보십시오. 어떤 스님이 운문화상에게 묻기를 "무엇이 부처입니까?" 운문화상이 말하였습니다. "마른 똥 막대기[乾屎橛]니라." 다만 이 화두를 들어서 홀연히 기량이 다할 때 곧 깨닫게 될 것입니다. 절대로 문자를 인증하여 오랑캐가 난을 일으키듯 어지럽게 헤아리고 주해를 내지 마십시오. 비록 그렇게 한 주해가 분명하고 설명함에 맞는 것이 있다 하더라도 모두가 귀신집[망상심] 살림살이입니다.

강설

'추호秋毫'는 동물들이 겨울을 나기 위해 만든 가늘고 미세한 털을 말합니다. 세간 사람들이 아주 작은 이해 관계만 걸려도 이성을 잃어버리기 때문에 이런 지적을 한 것입니다. 이 속(괴로운 생각이 일어나는 곳)에 나아가서 화두를 보십시오. 어떤 스님이 운문화상에게 묻기를 "무엇이 부처입니까?" 운문화상이 말하였습니다. "마른 똥막대기[乾屎橛]니라." 했으니, 대혜스님께서 '다만 이 화두를 들어서 홀연히 기량이 다할 때에 곧 깨닫게 될 것' 이라고 말씀했습니다. 망상이 일어나는 곳에서 화두를 들면 망상으로 사량분별 하는 기량이 저절로 사라지는 것입니다. 화두는 분별 망상이 일어난 곳에서 들 줄 알아야 됩니다. 분별망상을 여의고 아무 생각 없는 곳에 화두를 든다는 것은 중생 없는 세계에서 부처를 구함과 같습니다. 잘 기억하십시오. 화두를 드는 곳은 일체 분별이 끊어진 불가사의의 자리입니다. 불가사의한 곳에서 화두를 드는 것이 아니고 망상 속에서 화두를 들고 불가사의한 곳으로 되돌아가야 하는 것입니다.

疑情을 不破하면 生死交加거니와 疑情을 若破則生死心이 絕矣라 生死心이 絕則佛見法見이 亡矣리니 佛見法見도 尙亡인데 況復更起衆生煩惱見耶아 但將迷悶底心하여 移來乾屎橛 上하여 一抵에 抵住하면 怖生死底心과 迷悶底心과 思量分別 底心과 作聰明底心이 自然不行也리니 覺得不行時에 莫怕落空 이어다 忽然向抵住處하여 絕消息하면 不勝慶快平生하리라 得 消息絕了하면 起佛見法見衆生見하여 思量分別하며 作聰明說 道理라도 都不相妨하리라.

日用四威儀中에 但常放敎蕩蕩地하여 靜處鬧處에 常以乾屎橛로 提撕하면 日往月來에 水牯牛가 自純熟矣리라 第一에 不得向外面하여 別起疑也어다 乾屎橛上에 疑破則恒河沙數疑이 一時破矣리라.

의정疑情을 깨뜨리지 못하면 생사심이 교대로 증가되지만, 만약 의정을 깨뜨리면 생사의 마음이 끊어집니다. 생사의 마음이 끊어지면 부처에 대한 견해와 법에 대한 견해가 끊어집니다. 부처에 대한 견해와 법에 대한 견해도 오히려 잊어버릴 것일진대 하물며 다시 중생 번뇌심을 일으켜서야 되겠습니까? 다만 답답한 마음을 가져다가 '간시궐' 위에다 옮겨 놓고 한번 탁 쳐서 머무르면 생사를 두려워하는 마음과 답답해 하는 마음과 사량하고 분별하는 마음과 총명을 짓는 마음이 자연히 진행되지 아니할 것입니다. 흐르지 아니함을 깨달을 때에 공허함에 떨어질까 두려워하지 마십시오. 탁 치고 머무르는 곳을 향하다가 홀연히 소식[生滅心]이 끊어지고 나면 평생 동안 경사스럽고 유쾌함을 이기지 못할 것입니다. 소식이 끊어져버림을 얻으면 부처에 대한 견해와 법에 대한 견해와 중생에 대한 견해를 일으켜서 사랑하고 분별하며 총명을 짓고 도리를 설하더라도 모두가 서로 방해되지 아니할 것입니다.

일상의 행주좌와 가운데 다만 항상 탕탕하게 놓아서 고요한 곳이나 시끄러운 곳에서 항상 간시궐을 잡아들고 가면 날이 가고 달이 가면 제8식의 물소[水牯牛] 가 자연히 순해지고 익어갈 것입니다. 제일 중요한 것은 바깥 것을 향해서 달리 의심을 일으키지 마십시오. 간시궐 위에서 의심을 깨뜨리면 항하강의 모래알 같이 많은 의심이 일시에 깨뜨려질 것입니다.

강설

'의정'을 타파한다는 것은 걸림에서 벗어나는 것을 말합니다. 수고우水牯牛, 곧 물소가 매우 힘이 센 것처럼 세세생생 오래도록 쌓인 업식도 길들이기가 힘들기 때문에 수고우 같다는 뜻입니다.

대혜스님이 화두를 들고 가면서 화두 속에서 의심을 끊으라고 합니다. 화두 자리는 소식이 끊어진 자리입니다. 즉 어떤 경우라도 청정 본심자리로 들어갈 때 생사심이 타파됩니다.

前此에 亦嘗如此寫與居仁이러니 比趙景明이 來에 得書호니 書中에 再來問云不知커라 離此코 別有下工夫處也無잇가 只如 擧手動足하며 着衣喫飯에 當如何體究리닛고 爲復只看話頭릿 가 爲復別有體究닛가 又平生에 一大疑事를 至今未了하니 只 如死後에 斷滅不斷滅을 如何決定見得이리닛고 又不要引經論 所說하며 不要指古人公案하고 只據目前하여 直截分明히 指示

剖判斷滅不斷滅實處라하니 觀渠如此說話컨데 返不如三家村裡省事漢의 卻無如許多糞壤하여 死也死得瞥脫이로다.

 이전에 일찍이 또한 이같이 써서 여거인呂居仁에게 전해주었는데, 얼마 전에 조경명趙景明이 오면서 또 전해 주는 편지를 받으니 그 속에 재차 질문하기를, '몰라서 드리는 말씀입니다. 전에 말씀하신 방법 외에 달리 공부할 방법은 없는지요? 다만 손을 들고 발을 움직이며 옷을 입고 밥을 먹을 때에는 마땅히 어떻게 공부해야합니까? 다시 다만 화두만을 보아야 합니까? 별도로 달리 참구할 것이 있습니까? 또한 평생에 하나 크게 의심이 되는 일을 지금까지 요달하지 못하고 있으니, 사람이 죽은 뒤에 완전히 사라지는지 않는지를 어떻게 확실히 볼 수 있습니까? 또 경론에서 설한 바를 인용하지 말고 고인들의 공안도 지적하지 말고, 다만 목전에 근거를 세워서 딱 잘라서 명확하게 사라지는지 아니면 없어지지 않는지를 판단하여 가르쳐 달라.' 라고 하였습니다. 그자가 이런 말을 한 것을 자세히 살펴보니 도리어 서너 집 사는 시골 구석에서 일없는 촌부가 나이가 다하여 똥 덩어리 같은 많은 사량분별과 번뇌망상을 별로 일으키지 않고 살다가, 문득 죽음에 이르러서 별 탈없이 죽는 것만도 못합니다.

　부판단剖判斷은 수박을 쪼갠 듯이 보고 판단하는 것입니다. 즉, 융예가 대혜스님에게 질문한 것은 명확하게 대답해 달라는 것입니다. 본성자리는 확실 불확실이 없는데 이런 소리를 하니 어이가 없는 일입니다. [서너 집 사는 시골에서...] 구절은 공부한다면서 그렇게 사량분별하는 것은 일개 평범한 촌부가 큰 망상 피우지 않다가 큰 병 없이 가만히 죽는 것만도 못하다는 뜻입니다.

　分明向佗道하되 千疑萬疑가 只是一疑니 話頭上에 疑破則千疑萬疑가 一時破러라 話頭로 不破則只就話頭上하여 與之厮崖어다 若棄了話頭하고 卻去別文字上起疑거나 經敎上起疑거나 古人公案上起疑거나 日用塵勞中起疑하면 皆是邪魔眷屬이니라 又不得向擧起處承當하며 又不得思量卜度하고 但只着意就不可思量處하여 思量하면 心無所之가 老鼠入牛角에 便見倒斷也라하여 寫得如此分曉了거늘 又卻更來하여 切切忉忉地問하니 不知許多聰明知見은 向甚麼處去也오 不信道아 平生讀書底는 到遮裡하여 一字也使不着이로다.

분명히 여거인에게 말하였습니다. '천 가지 의심과 만 가지 의심이 다만 이 한 의심이니, 화두 상에서 의심을 깨뜨리면 천 가지 의심과 만 가지 의심이 일시에 깨뜨려집니다. 화두로 깨뜨리지 못하면 다만 화두와 더불어 절벽까지 나아가십시오. 만약 화두를 버리고 도리어 달리 문자 위에서 의심을 일으키거나 경전의 가르침에서 의심을 일으키거나 고인들의 공안에서 의심을 일으키거나 일상의 잡다한 일 중에서 의심을 일으키면 이것은 모두가 삿된 마군이의 권속입니다.'

또 말하기를, '화두를 들고 의심을 일으키는 곳을 향해서 알려고 하지 말며, 또한 사량하고 헤아리지도 말고, 다만 뜻을 붙여서는 사량할 수 없는 곳에 나아가서 사량하면 마음이 갈 곳이 없어진 것이 마치 늙은 쥐가 소의 뿔 속에 들어간 것과 같이 곧 끊어진 것을 보게 될 것입니다.' 라고 하였습니다. 이와 같이 분명하게 써서 주었는데 또다시 편지를 보내와서 어지럽고 분망한 상태에서 물으니 그 허다한 총명지견은 어디로 가버렸는지 알 수가 없습니다. 내 말을 믿지 못하는 것인가? 평생 읽은 책을 여기에 이르러서는 한 글자도 사용할 수가 없게 됩니다.

而今不得已하여 更爲佗放些惡氣息하리라 若只恁麽休去하면 卻是妙喜被渠問了에 更答不得也리라 此書纔到커든 便送與

渠一看이어다 居仁이 自言行年이 六十歲로대 此事를 未了라
하니 問渠노라 未了底는 爲復是擧手動足하며 着衣喫飯底를
未了아 若是擧手動足과 着衣喫飯底면 又要如何了리요 佗殊不
知只遮欲了知決定見得死後斷滅不斷滅底가 便是閻家老子面前
에 喫鐵棒底로다 此疑를 不破하면 流浪生死하여 未有了期하
리라.

　向渠道하노라 千疑萬疑가 只是一疑니 話頭를 若破하면 死
後斷滅不斷滅之疑도 當下에 氷銷瓦解矣리라 更教直截分明히
指示剖判斷滅不斷滅하라시니 如此見識은 與外道로 何異리요
平生에 做許多之乎者也하여 要作何用고 渠既許多遠地에 放遮
般惡氣息하여 來熏人일새 妙喜도 不可只恁麼休去하고 亦放些
惡氣息하여 卻去熏佗則箇니라.

　그러나 부득이해서 다시 그를 위하여 지금 구린내를 조금 피
우려고 합니다. 만약 다만 이렇게만 하고 그친다면 오히려 묘희
가 그에게 질문을 받고나서 답장을 못한다고 할 것입니다. 이 편
지가 막 도착하거든 곧바로 그에게 보내서 한번 보게 하십시오.
거인居仁이 스스로 말하기를, 나이가 육십세지만 이 일을 아직 알
지 못한다고 하니 그에게 묻습니다. 아직 알지 못한다고 하는 것
은 손을 들고 발을 움직이며 옷을 입고 밥을 먹는 것을 알지 못
하는 것입니까? 만약 손을 들고 발을 움직이며 옷을 입고 밥을

먹는 것이라면 또한 어떻게 더 알고자 합니까? 그러면서 그는 다만 이 죽은 뒤에 아주 없는지 없어지지 않는지를 꼭 보아 알고자 하는 그것이 곧 염가노자 앞에서 무쇠방망이를 얻어맞는 근본임을 알지 못합니다. 이 의심을 깨뜨리지 못하면 생사의 물결에 흘러 다녀서 끝낼 기약이 없을 것입니다.

　여거인 그대를 향해서 말합니다. '천 가지 의심과 만 가지 의심이 다만 이 한 가지 의심이니 화두를 만약 깨뜨리면 죽은 뒤에 아주 없는지 없지 않는지에 대한 의심도 당장에 얼음이 녹고 기왓장이 흩어지고 말 것입니다. 그런데도 다시 죽은 뒤에 아주 없는지 없지 않는지에 대하여 딱 잘라서 분명하게 알려달라고 합니다. 이와 같은 식견識見은 외도와 무엇이 다르겠습니까? 평생 동안 허다한 쓸데없는 것들[之乎者也]을 지어 무엇에 쓰고자 합니까?' 그대가 이미 허다히 먼 곳에서 이러한 구린내를 피워서 사람에게 풍기니, 묘희도 불가불 구린내를 조금 피워서 도리어 그대에게 냄새맡게 하는 것이 좋을 듯합니다.

　渠敎不要引經敎와 及古人公案하고 只據目前하여 直截分明히 指示斷滅不斷滅實處라하니 昔에 志道禪師가 問六祖하되 學人이 自出家로 覽涅槃經을 近十餘載로대 未明大意하니 願師는 垂誨하소서 祖曰汝何處에 未了오 對曰諸行이 無常하여

是生滅法이라 生滅이 滅已하면 寂滅이 爲樂이라시니 於此에 疑惑이니다 祖曰汝作麼生疑오 對曰一切衆生이 皆有二身하니 謂色身法身라(此乃居仁同道) 色身은 無常하여 有生有滅거니와 法身은 有常호대 無知無覺이거늘 經에 云生滅이 滅已하면 寂滅이 爲樂者는 未審커이다 是何身이 寂滅이며 何身이 受樂이닛고 若色身者라면 色身滅時에 四大分散이라 全是苦苦니 不可言樂이요 若法身者라면 法身寂滅時에 卽同草木瓦石이어니 誰當受樂이닛고.

又法性은 是生滅之體요 五蘊은 是生滅之用이라 一體五用이 生滅是常하여 生則從體起用이요 滅則攝用歸體거늘 若聽更生이면 卽有情之類가 不斷不滅이요 若不聽更生이라면 卽永歸寂滅하여 同於無情之物하리니 如是則一切諸法이 被涅槃之所禁伏하여 尙不得生이어니 何樂之有리닛고.

여거인은 나에게 경전과 고인들의 공안을 인용하지 말고 다만 목전에서 죽은 뒤에 멸하는지, 멸하지 않는지에 대한 실체를 딱 잘라서 분명하게 가리켜 보이라고 하였습니다.

옛날에 지도志道선사가 육조 혜능六祖慧能스님에게 물었습니다. "학인이 출가해서부터 『열반경』을 읽기를 십여 년을 하였는데도 아직 대의를 밝히지 못했으니 원컨대 스님께서는 가르쳐주십시오."

육조스님이 말하길, "그대는 어느 곳을 알지 못하는가?"

대답하였습니다. "제행이 무상하여 생멸하는 법이라 생멸이 소멸하여 다하면 적멸이 즐거움이 된다라고 한 여기에 의혹이 있습니다."

육조스님이 "그대는 어떻게 의심하는가?" 하고 묻자

대답하였습니다. "일체중생이 모두 두 가지의 몸이 있는데 이를테면 색신과 법신입니다. 색신은 무상해서 생멸이 있지만 법신은 항상하여 앎도 없고 느낌도 없습니다. 경전에서 말씀하시기를, 생멸이 소멸하여 다하면 적멸이 즐거움이 된다고 하였는데, 어떤 몸이 적멸하며 어떤 몸이 즐거움을 받는지를 알 수 없습니다. 만약 색신이라면 색신이 소멸할 때에는 지수화풍 사대가 분산하니, 온전히 괴롭고 괴로운 것이라서 즐거움을 말할 수가 없습니다. 만약 법신이라면 법신은 적멸할 때에 초목와석草木瓦石과 같습니다. 누가 즐거움을 받겠습니까? 또한 법성法性은 생멸하는 본체며 오온五蘊은 생멸하는 작용입니다. 하나의 본체와 다섯 가지 작용이 생멸하는 것이 항상해서 생기면 본체로부터 작용을 일으킨 것이며, 소멸하면 작용을 거두어 본체로 돌아갑니다. 만약 다시 생기는 것을 따른다면 곧 유정들은 아주 없어지지 않습니다. 만약 생기는 것을 따르지 않는다면 곧 영원히 적멸에 돌아가서 무정물과 같을 것입니다. 이와 같다면 일체 모든 법들이 열반에 구금되는 바를 당하여 오히려 생겨나지 못할 것이니, 무슨 즐거움이 있겠습니까?"

祖師가 到遮裡하여 不行臨濟德山用事하시고 遂放些氣息하
여 還伭云하되 汝是釋子거늘 何習外道斷常邪見하여 而議最上
乘法고 據汝所解컨댄 卽色身外에 別有法身이며 離生滅하고
求於寂滅이로다 又推涅槃常樂하여 言有身受者라면 斯乃執吝
生死하여 耽着世樂이로다 汝今當知하라 佛이 爲一切迷人이
認五蘊和合하여 爲自體相하고 分別一切法으로 爲自塵相하여
好生惡死로 念念遷流하며 不知夢幻虛假하여 枉受輪回하며 以
常樂涅槃으로 飜爲苦相하여 終日馳求일새 佛이 愍此故로 乃
示涅槃眞樂은 刹那에도 無有生相하며 刹那에도 無有滅相하여
更無生滅可滅이니 是卽寂滅現前이라 當現前時하야 亦無現前
之量일새 乃謂常樂이시니此樂은 無有受者하며 亦無有不受者
이니(猶較些子) 豈有一體五用之名이며 何況更言涅槃이 禁伏
諸法하여 令永不生이리요 此乃謗佛毁法이니라

혜능조사가 여기에 이르러 임제臨濟선사의 할喝이나 덕산德山
선사의 방梆과 같은 법을 행하지 아니하시고 드디어 조금 냄새
(잔소리)를 풍기어 그에게 말씀하였습니다. "그대는 부처님의 제
자로서 어떻게 단견斷見과 상견常見의 삿된 견해를 익혀서 최상승

법最上乘法을 논의하는가? 그대의 아는 바에 의거하자면 곧 색신 밖에 따로 법신이 있다고 해야 하며 생멸을 떠나서 적멸을 구하는 격이도다. 또 열반의 상락아정常樂我淨을 추측하여 이 몸으로 받는 것이 있다고 말한다면 이것은 생사를 집착하고 소중히 여겨서 세상의 즐거움을 탐착하는 것이니라.

그대는 지금 마땅히 알라. 일체 미혹한 사람들이 오온五蘊이 화합한 것을 오인해서 자기 본체의 모습[自體相]을 삼고, 일체의 법을 분별하는 것으로 자기 대상의 모습[自塵相]을 삼으며, 살기를 좋아하고 죽기를 싫어하여 순간순간 흘러 다녀, 꿈이며 환영이며 허망하고 거짓인 것을 알지 못하고 잘못 윤회를 받으며, 상락아정의 열반을 전도시켜서 고통의 모습으로 삼아서 종일토록 내달리며 구하므로, 부처님께서 이를 불쌍히 여겨서 열반의 진정한 낙樂을 보이신 것이니, '한 순간에도 일어나는 생각을 하지 않으며, 또 한 순간에도 멸하겠다는 생각도 하지 않으며, 다시 생멸하는 것을 멸할 것도 없다' 라고 하시니, 이것이 바로 적멸이 눈앞에 나타남이라. 눈앞에 나타나더라도 또한 현전한다는 사량도 없으니, 이를 일러 열반상락이라 함이라.

이 즐거움은 즐거움을 받는 사람도 없으며, 또한 즐거움을 받지 않는 사람도 없느니라. 어찌 일체오용一體五用의 이름이 있을 것이며, 하물며 어찌 다시 열반이 모든 법을 구금해서 영원히 생기지 못하게 한다고 말하겠는가? 이것은 부처님을 비방하고 법을 훼방하는 것이니라."

　내생이 있는지 없는지 또는 업보를 받는 몸이 법신인지 색신인지 이러한 잡다한 생각들이 다 자기 스스로 지어낸 망상인줄 모르고 내생이 있으면 어떨까? 색신이 과보를 받을까? 법신이 과보를 받을까? 이렇게 망상을 피우고는 그 망상의 답을 조사스님들께 구하려는 것이 아닙니까? 기가 찰 노릇입니다 수행자가 망상을 없애고 본성을 찾아 걸림 없는 대자유인의 모습으로 뭇 중생을 제도해야 하거늘 도리어 조사와 불법을 의심하고 망상 위에 답을 구하니 육조스님께서 최상승법을 네가 감히 분별로써 헤아리려 하느냐고 꾸짖고 계십니다.

聽吾偈하라 曰
無上大涅槃이 圓明常寂照거늘
凡愚謂之死하고 外道執爲斷하며
諸求二乘人은 目以爲無作하나니
盡屬情所計라 六十二見本이니라
妄立虛假名이거니 何爲眞實義리요
唯有過量人은 通達無取捨하여
盡屬情所計라

以知五蘊法과

及以蘊中我와

外現衆色像과

一一音聲相이

平等如夢幻하여

不起凡聖見하고

不作涅槃解하며

二邊三際斷하여 常應諸根用하되

而不起用想하며 分別一切法하되

不起分別想하나니라

劫火燒海底하며 風鼓山相擊이라도

眞常寂滅樂과 涅槃相如是라

吾今强言說하여 令汝捨邪見하노니

汝勿隨言解하면 許汝知少分하리라하시니

'나의 게송을 들어라' 하고 말씀하시기를

위없는 대열반이여, 원만히 밝아 항상 고요히 비추도다.

어리석은 범부는 죽어야 들어간다 하고,

외도들은 모든 것을 끊어야 들어간다고 고집하며

모든 이승二乘들은 짓지 않는 것[無作]을 목적으로 삼는다.

모두가 정[情, 알음알이]으로 헤아리는 바라.

육십이종六十二種 사견의 근본이로다.

망령되게 헛된 이름을 세우니.

어찌 진실한 뜻이 되리오.

오직 과량인(큰 그릇의 사람)이 있어서

취사를 통달한 경우라야

오온의 법을 아는 것과

오온 가운데 있는 아我와

밖으로 나타난 온갖 색상들과

낱낱 음성들이 평등하게 꿈과 같고 환영과 같음을 아느니라.

범부와 성인의 견해를 일으키지 아니하고

열반이라는 견해도 짓지 아니하며

이변二邊[유무]과 삼제三際[과거·현재·미래]가 모두 끊어져서

항상 응당히 모든 근을 잘 사용하되

쓰는 상을 일으키지 아니하며

일체 법을 분별하지만

분별한다는 상을 일으키지 아니하느니라.

괴겁壞劫의 불길이 일어나서 바다 밑을 다 태우고

바람이 몰아쳐서 산을 치는 모습을 보더라도

참되고 항상하는 적멸락과

열반의 모습이 바로 이것이니라.

"내가 지금 강하게 말하여 그대에게 삿된 견해를 버리게 하노

니 그대가 말을 따라 알음알이를 내지 않으면 그대가 조금 알았다고 허락하리라."

'색신이 있으므로 법신이 있음을 알 수 있고 중생심이 있으므로 불심이 있다. 따라서 색신과 법신이 따로 존재하는 것이 아니며. 부처가 무정물처럼 아무런 생각을 하지 않는 것이 아니고 소소 영영한 가운데 걸림 없이 여여하게 존재하는 것이다. 본성자리를 잘 지키고 있으면 그 자리가 바로 적멸의 자리이니, 본성을 알지 못하고 지키지 못하면 일체 만법이 생겨 뒤엉키게 되어 어느 곳에서 출로를 찾겠는가?' 이런 뜻으로 하신 법문입니다

志道가 聞偈하고 忽然大悟하니 只遮一絡索이 便是直截分明指示居仁底指頭子也니라 居仁이 見此코 若道猶是經論所說이며 尚指古人公案이라하여 若尚作如此見이라하며 入地獄이 如箭射하리라.

지도선사가 게송을 듣고 홀연히 크게 깨달았습니다.

다만 이 한 줄거리 이야기는 곧 여거인에게 단호하고 분명하게 지시하는 지시봉입니다. 여거인이 이것을 보고도 만약 오히려 경

론의 설한 바며, 오히려 고인의 공안을 가리킨 것이라고 하면서 만약 이와 같은 견해를 짓는다면 화살처럼 빠르게 지옥에 들어갈 것입니다.

강설

천경 만론이 다 무슨 쓸모가 있겠습니까? '무無!' 하고 본래로 돌아갈 뿐입니다. 마른 똥막대기가 죽은 자를 살아나게 하는 묘약인 줄 알아야 할 것입니다. 뜰 앞의 잣나무는 사철 푸르고 서강의 물을 한입에 삼킨 방거사는 어디로 갔는가? 한로축객이 되지 않으려면 흐름을 따르지 말고, 복잡한 곳에 길을 찾으려 하지 마십시오. 한 생각 일어난 곳이 바로 명을 붙일 곳입니다.

할喝!

答

여사인 거인에게 2

呂舍人 居仁 2

여거인에 대한 기록은 전해지지 않았다.
스님 55세(소흥 13년, 1143)에
귀양처인 형주(衡州)에서 보낸 편지다.

承하니 日用에 不輟做工夫라하니 工夫熟則撞發關捩子矣리라 所謂工夫者는 思量世間塵勞底心을 回在乾屎橛上하여 令情識不行함이 如土木偶人相似니 覺得昏怛하여 沒巴鼻可把捉時가 便是好消息也니 莫怕落空하며 亦莫思前算後하여 幾時得悟어다 若存此心이면 便落邪道하리라 佛이 云是法은 非思量分別之所能解라시니 解着하면 卽禍生하리라 知得思量分別不能解者가 是誰오 只是箇呂居仁이니 便不得回頭轉腦也어다 前此答隆禮書에 說盡禪病矣라 諸佛諸祖가 並無一法與人하고 只要當人으로 自信自肯하며 自見自悟耳니라 若只取他人口頭說底인댄 恐誤人일까하노라.

편지를 받으니 일상에서 공부하는 일을 그치지 않는다고 하였습니다. 공부가 익어지면 관루자[역・순경계]를 쳐 낼것입니다. 소위 공부라는 것은 세간의 진로를 생각하는 마음을 간시궐乾屎橛 위에다 돌려두어서 정식情識이 행하지 않게 되는 것이 마치 토목으로 만든 허수아비와 같게 되니, 의식이 불분명해서 근거를 잡을 수 없음을 느낄 때가 곧 좋은 소식입니다. 공적한 데 떨어질까를 두려워하지 말며, 또한 앞일을 생각하고 뒷일을 계산해서 언제 쯤 깨닫게 될까를 생각하지 마십시오. 만약 이러한 마음을 두면 곧 삿된 길에 떨어집니다. 부처님께서 '이 법은 사량과 분별로써 능히 알 수 있는 것이 아니다.' 라고 하였습니다. 사량과 분별로 알면 곧 재앙이 생깁니다. 사량과 분별로써 능히 알 수 있는 것이 아님을 아는 사람은 누구입니까? 다만 여거인입니다. 곧 머리를 돌이키고 두뇌를 굴리지 마십시오. 앞서 동생 융예에게 답한 편지에 참선에 대한 병을 다 설명하였습니다. 모든 부처님과 모든 조사가 한 법도 다른 사람에게 준 것이 없습니다. 다만 본인이 스스로 믿고, 스스로 수긍하고, 스스로 보고, 스스로 깨달을 뿐입니다. 만약 다만 다른 사람이 구두로 설명하는 것을 취한다면 사람을 그릇되게 할까 염려됩니다.

강설

마음이 경계를 따라 끌려감을 멈추어 화두에 반조하여 마치 허수아비와 같게 하라는 말씀을 잘 소화해야 합니다. 묵묵히 화두에 얽매여 일체 생각을 하지 말라는 것과 잘 구분해야 합니다. 그 말이 그 말 같기도 하지만 하늘과 땅 차이입니다. 의식이 활발하게 작용하는 중에 마음 집중되는 것과 생각을 움직이지 않아 마음 길을 차단하는 것과는 매우 다른 세상입니다.

此事는 決定離言說相하며 離心緣相하며 離文字相하나니 能知離諸相者도 亦只是呂居仁이며 疑他死後에 斷滅不斷滅도 亦只是呂居仁이며 求直截指示者도 亦只是呂居仁이며 日用二六

時中에 或瞋或喜하며 或思量或分別하며 或昏沈或掉擧도 皆只
是呂居仁이니 只遮呂居仁이 能作種種奇特變化하며 能與諸佛
諸祖로 同游寂滅大解脱光明海中하여 成就世間出世間事건마
는 只是呂居仁이 信不及耳이니라 若信得及이면 請依此註脚하
여 入是三昧어다 忽然從三昧起하여 失却孃生鼻孔하면 便是徹
頭也리라.

　　이 일은 결정코 언설의 모양을 떠났으며, 마음으로 반연하는
모양을 떠났으며, 문자의 모양도 떠났습니다. 능히 모든 모양을
떠난 것을 아는 것도 또한 다만 이 여거인입니다. 죽은 뒤에 아
주 없는지 있는지를 의심하는 것도 또한 다만 여거인이며, 단호
하게 지시해 주기를 구하는 것도 또한 다만 여거인이며, 하루 24
시간 가운데 혹은 화내고 혹은 기뻐하며, 혹은 사랑하고 혹은
분별하며, 혹은 혼침하고 혹은 망상하는 것도 모두 다만 여거인
입니다. 다만 이 여거인이 능히 가지가지 기특한 변화를 지으며,
능히 모든 부처님과 조사와 더불어 적멸의 대해탈 광명 가운데서
노닐면서 세간과 출세간의 일을 성취하지만, 다만 이 여거인이
믿지 않을 뿐입니다. 만약 믿기만 한다면 부디 이 주각[대혜의 가
르침]을 의지해서 삼매에 들어가십시오. 홀연히 삼매에서 일어나
어머니가 낳아준 콧구멍[識心]을 잊어버리면 곧 머리에 사무칠
것입니다.

'적멸의 대해탈 광명 가운데서 노닌다는 것'은 망상이 곧 부처 자리에서 나온 것임을 알게 되면 중생 세계가 바로 부처의 세계가 됨을 안다는 것입니다.

어머니가 낳아준 콧구멍[識心]을 잊어버린다는 뜻은 우리가 태어날 때부터 갖고 나오는 본능의 잠재의식을 깨버린다는 것입니다.

答

여사인 거인에게 3

呂舍人 居仁 3

令弟子育이 經由出所賜教하여 讀之하니 喜慰를 可知로라 無常이 迅速하여 百歲光陰이 如電閃일새 便是收因結果底時節이 到來也라 乾屎橛은 如何오 覺得沒巴鼻하고 無滋味하여 肚裡悶時가 便是好底消息也니라 第一에 不得向擧起處承當하며 又不得颺在無事匣裡하며 不得擧時에 便有다가 不擧時에 便無也하고 但將思量世間塵勞底心하여 回在乾屎橛上하여 思量來思量去에 無處奈何하여 伎倆이 忽然盡하면 便自悟也리니 不得將心等悟어다 若將心等悟하면 永劫에 不能得悟也리라.

그대의 동생 자육子育이 지나는 길에 건네준 편지를 읽고 기쁘고 안심이 되었습니다. 무상은 신속하여 백세의 광음이 마치 번갯불과 같이 빠릅니다. 곧 씨앗을 심어 결과를 맺을 시절이 이르러 왔습니다. 간시궐은 어찌 되었습니까? 근거[巴鼻]가 사라지고 자미가 없으며 뱃속이 답답함을 느낄 때가 곧 좋은 소식입니다.

제일 유의할 점은 화두를 드는 곳에서 무엇을 알아내려고 하지 말고, 또 아무 일 없는 상자 속에 머물러 있지 말며, 화두를 들 때는 곧 있다가 화두를 들지 않을 때는 곧 없어지게 하지 마십시오. 다만 세간의 진로를 사량하는 마음이 생길 때마다 간시궐 위에다 돌려 두어 사량하고 또 사량하여 어떻게 하려 해도 어찌 할 수 없는 곳에 이르러 기량이 홀연히 다하게 되면 곧 스스로 깨닫게 될 것입니다. 그렇다고 해서 마음을 가져서 깨닫기를 기다리지 마십시오. 만약 마음을 가져서 깨닫기를 기다리면 영겁토록 깨달을 수 없을 것입니다.

화두를 들고 정진하다 보면 온갖 망상이 생기는데 그 중에 '언제 깨칠 것인가'에 대한 생각이 가장 마지막까지 수행자를 괴롭히는 마군입니다. 이 공부는 그냥 일심으로 해 가면 깨치건 말건 마음공부가 절로 되고 업식이 저절로 소멸되는 공부입니다. 그러나 공부를 하다 보면 조급함이 스스로 일어납니다. 이것을 경계하라는 말씀입니다.

前 此答隆禮書에 說盡措大家病痛矣러니 承하니 只置在座右라하니 若依此做工夫하면 雖未悟徹이라도 亦能分別邪正하여 不爲邪魔의 所障이며 亦種得般若種子深하리니 縱今生不了라도 來生出頭에 現成受用하되 亦不費力하며 亦不被惡業의 奪將去하고 臨命終時에 亦能轉業이어든 況一念相應耶리오 逐日에 千萬不要思量別事하고 但只思量乾屎橛하되 莫問幾時悟를 至禱至禱하노라.

앞에서 융예隆禮에게 답한 편지에 대다수 공부인의 병통을 모두 설명하였는데 편지를 받아보니 그 글을 좌우에다 놓아두고 있다고 하였습니다. 만약 이것을 의지해서 공부를 짓는다면 비록 깨닫지 못할지라도 또한 능히 삿된 것과 바른 것을 분별해서 삿된 마군이의 장애를 입지는 않을 것이며, 또한 반야의 종자를 깊이 심을 것입니다. 그렇다면 비록 금생에 마치지 못하더라도 내생에 태어나면 그대로 다 수용할 것입니다. 또한 힘을 소비하지도 아니하며, 또한 악업에 끌려가지도 아니하고 목숨을 거둘 때 또한 능히 업을 굴릴 것인데 하물며 일념이 상응하는 것이겠습니까?

　매일 같이 천만 가지 다른 일을 사량하지 말고 다만 간시궐만 사량하십시오. 어느 때에 깨달을 것인가를 묻지 말기를 빌고 또 빕니다.

悟時亦無時節하며 亦不驚群動衆하고 卽時帖帖地하여 自然
不疑佛不疑祖하며 不疑生不疑死하리라 得到不疑之地가 便是
佛地也니라 佛地上에는 本無疑라 無悟無迷하며 無生無死하며
無有無無하며 無涅槃無般若하며 無佛無衆生하며 亦無恁麽說
者하며 此語도 亦不受하며 亦無不受者하며 亦無知不受者하며
亦無恁麽說不受者니라 居仁이 如是信得及이면 佛亦只如是며
祖亦只如是며 悟亦只如是며 迷亦只如是며 疑亦只如是며 生亦

只如是며 死亦只如是며 日用塵勞中도 亦只如是며 死後에 斷滅不斷滅도 亦只如是며 在朝廷하여 作從官도 亦只如是며 宮觀在靜處도 亦只如是며 住徑山하여 一千七百衆이 圍繞도 亦只如是며 編管在衡州도 亦只如是니라 居仁은 還信得及麽아 信得及도 亦只如是며 信不及도 亦只如是니 畢竟如何오 如是如是如是도 亦只如是니라

깨달을 때는 또한 시절이 없고 또한 군중들을 놀라게 하는 일도 없습니다. (깨닫는) 즉시에 고요하고 고요하여 자연히 부처도 의심하지 아니하고 조사도 의심하지 아니하며, 태어남도 의심하지 아니하고 죽음도 의심하지 아니할 것입니다. 의심하지 아니하는 경지에 도달함을 얻는 것이 바로 부처의 경지입니다. 부처의 경지에는 본래 의심이 없습니다. 깨달음도 없고 미혹도 없으며, 태어남도 없고 죽음도 없으며, 있음도 없고 없음도 없으며, 열반도 없고 반야도 없으며, 부처도 없고 중생도 없으며, 또한 이렇게 설하는 사람도 없으며, 이 말도 또한 받아들이지 아니하며, 또한 받아들이지 아니하는 사람도 없으며, 또한 받아들이지 아니함을 아는 사람도 없으며, 또한 이렇게 받아들이지 아니한다고 설명하는 사람도 없습니다.

그대[여거인]가 이와 같은 믿음에 이르게 되면 부처도 또한 다만 이와 같으며, 조사도 또한 다만 이와 같으며, 깨달음도 또한

다만 이와 같으며, 미혹함도 또한 다만 이와 같으며, 의심도 또한 다만 이와 같으며, 태어남도 또한 다만 이와 같으며, 죽음도 또한 다만 이와 같으며, 일상의 진로 가운데서도 또한 다만 이와 같으며, 죽은 뒤에 아주 없음과 없지 아니함도 또한 다만 이와 같으며, 조정에서 벼슬에 종사하는 것도 또한 다만 이와 같으며, 별궁에서 조용히 있는 것도 또한 다만 이와 같습니다. 제가 경산에 머물러 1천 7백 대중이 에워싸고 있음도 또한 다만 이와 같으며, 죄인의 목록에 올라 형주에서 귀양살이를 하는 것도 또한 다만 이와 같습니다. 거인께서는 도리어 믿음이 갑니까? 믿는 것도 또한 다만 이와 같으며 믿지 않는 것도 또한 다만 이와 같으니 필경에 어떠하오? 이와 같음을 이와 같다함도 또한 다만 이와 같습니다.

강설

부처의 자리란 한 생각이 일어나기 이전의 자리이며 그 자리는 본래 의심도 의심할 것도 없는 자리입니다. 수행이란 이것을 잘 지켜나가는 것입니다.

무엇이 이와 같이 꼭 같은가? 이것도 저것도 모두 똑같은 그 놈이 무엇인가? 화두를 들든 말든, 이 말을 믿든 말든, 생각이 있든 없든 모든 법이 한 생각 일어나기 이전 자리로 돌아가게 되면 그곳에는 부처도 중생도 조사와 선지식 일체 모두가 헛된 그림자일 뿐입니다.

왕장원 성석에게 1

汪狀元 聖錫 1

왕장원의 이름은 왕성진(汪聖辰)이며,
자는 성석이고, 호는 옥산(玉山)선생이다.
장원은 과거에 수석 합격한 사람을 말한다.
진사갑과에 발탁되어
벼슬이 사부상서(史部尙書)에 이르렀다.

左右가 妙年에 自立하여 便在一切人의 頂額上하되 不爲富貴의 所籠羅하니 非百劫千生에 願力所持면 焉能致是리요 又能切切於此一大事하여 念念不退轉하며 有決定信하고 具決定志하니 此豈淺丈夫의 所能이리요 老瞿曇이 云唯此一事實이요 餘二則非眞이라하니 請着鞭하여 不可忽어다 世間事는 只遮是라 先聖이 豈不云乎아 朝聞道하고 夕死可矣라니 不知聞底는 是何道오 到遮裏하여 不容眨眼이니 不可更引吾道一以貫之去也니라 須自信自悟니 說得底는 終是無憑據라 自見得自悟得하며 自信得及了하고 說不得形容不出은 却不妨이거니와 只怕說得似形容得似라도 却不見하고 却不悟者니라 老瞿曇이 指爲增上慢人이며 亦謂之謗般若人이며 亦謂之大妄語人이며 亦謂之斷佛慧命人이라 千佛이 出世하여도 不通懺悔라시니라 若透得狗子無佛性話하면 遮般說話는 却成妄語矣니라 而今에 不可便作妄語會어다.

그대가 어린 나이에 자립해서 모든 사람들의 이마 위에 올라 있으나 부귀에 농락당한 바가 되지 아니하였으니, 백겁 천생에서 원력으로 이루어진 바가 아니라면 어찌 능히 이와 같이 될 수 있겠습니까? 또한 능히 간절하고 간절하게 이 일대사一大事에 한 순간도 물러서지 아니하며, 결정적인 믿음도 있고 결정적인 뜻도 갖추었으니 이것이 어찌 천박한 장부로서 능히 갖출 수 있는 바이겠습니까? 세존께서 '오직 이 한 일[일승법]만 진실이고 나머지 이승이나 삼승은 진실이 아니라.'고 하셨으니 부디 채찍을 다잡아서 소홀히 여기지 마십시오. 세간의 일이란 다만 이러할 뿐입니다. 옛 성인이 말씀하시지 않았습니까? '아침에 도를 들으면 저녁에 죽어도 좋다.'라고 하였습니다. 어떻습니까? 듣는다는 것은 무슨 도리입니까? 여기[도]에 이르러서는 눈 한번 깜빡임도 용납하지 않습니다. 더 이상 '나의 도는 하나로 꿰었다.'는 말을 이끌어 오지 마십시오. 모름지기 스스로 믿고 스스로 깨달아야 합니다. 말로 설명하는 것으로 얻는 것은 마침내 의지할 것이 못됩니다. 스스로 보고, 스스로 깨달으며, 스스로 믿어야 합니다. 설명하지 못하고 형용하지 못하는 것은 또한 상관없으나 다만 그럴듯하게 설명하여 바치고 형용하여 바칠지라도 도리어 보지 못하고 깨닫지 못한 것이 염려될 뿐입니다. 부처님[노구담老瞿曇]께서 깨닫지 못하고 설명만 하는 사람을 가리켜서, '잘난 체하는 사람[增上慢人]이며, 또한 반야를 비방하는 사람이며, 또한 대망어를 하는 사람이며, 또한 부처님의 혜명을 끊은 사람이며, 천불이 출세하더라도 참회할 수 없는 사람이다.'라고 하였습니다. 그런데 만약 구자무불성狗子無佛性 화두를 뚫어 얻으면 이러한 말들은 도리어 망어가 될 것입니다. 그러나 망어라는 알음알이도 짓지 마십시오.

'나의 도는 하나로 꿰었다.' 이 말은 『논어』에 나오는 말입니다. 공자가 증자에게 '나의 도는 하나로 꿴다.' 라고 말씀하시니 증자가 '예' 라고 대답하니 공자가 방에서 나가고 나서 문인들이 무슨 뜻이냐고 증자에게 물으니, 증자가 대답하길, '공자님의 도는 충忠과 서恕일 따름이다.' 라고 대답했습니다. 여기서 충은 충성을 서는 용서한다는 뜻으로서 남의 입장에서 생각하는 것을 말합니다. 이 말이 유익하고 뜻이 깊은 말로서 도道에 비슷한 것 같지만 도와는 차이가 크다는 것을 나타냅니다.

呂居仁의 比連收兩書하니 書中에 皆云夏中에 答隆禮書를 常置座右하여 以得으로 爲期라하고 又聞嘗錄呈左右라하니 近世貴公子로 似渠者는 如優曇華가 時一現耳니라 頃在山頭하여 每與公으로 說遮般話할새 見公의 眼目定動하니 領覽得九分九釐요 只欠团地一下爾라 若得团地一下了하면 儒卽釋며 釋卽儒며 僧卽俗이며 俗卽僧이며 凡卽聖이며 聖卽凡이며 我卽爾며 爾卽我며 天卽地며 地卽天이며 波卽水며 水卽波라 酥酪醍醐를 攪成一味하며 鉼盤釵釧을 鎔成一金이 在我不在人이리니 得到遮箇田地하면 由我指揮라 所謂我爲法王하여 於法自在

니 得失是非에 焉有罣礙리요 不是强爲라 法如是故也니라

여거인이 연달아 보낸 두 편의 편지를 받았습니다. 편지 가운데 모두 말하기를, '여름에 융예에게 보낸 편지를 항상 좌우에 두고 득도하기를 기약한다.' 하였습니다. 또한 그것을 기록하여 그대에게 드렸다고 들었습니다. 근세의 귀공자로서 그와 같은 사람은 마치 우담발화가 한 번 피는 것과 같습니다. 지난날 산에서 매양 공과 함께 이러한 이야기를 나누었을 때 공의 안목이 안정되어 있음을 살펴보니 구 푼 구 리는 알고 있으나, 다만 '와啊' 하는 그 한 번이 모자랄 뿐입니다. 만약 '와' 하는 그 한번을 얻고 나면 유교가 곧 불교이고 불교가 곧 유교이며, 승려가 곧 속인이고 속인이 곧 승려입니다. 범부가 곧 성인이고 성인이 곧 범부며, 내가 곧 그대고 그대가 곧 나입니다. 하늘이 곧 땅이고 땅이 곧 하늘이며, 파도가 곧 물이고 물이 곧 파도입니다. 소락과 제호를 휘저어서 한 맛을 만들고 금병과 금쟁반과 금비녀와 금팔찌를 녹여서 하나의 금으로 만드는 것이 모두 나에게 있고 다른 사람에게 있지 않습니다. 이러한 경지에 이르면 자신이 바로 지휘자가 됩니다. 이른바 '내가 법왕이 되어 법에 자재하니 득실시비에 어찌 장애가 있겠는가. 억지로 그렇게 하는 것이 아니라 법이 이와 같기 때문이니라.' 라고 한 그대로입니다.

내 스스로 법왕이 되는 순간이 언제입니까? 자기 자신이 본래 자리에 들어가니까 모든 걸림으로부터 자유로워지고 일체 망상을 조복 받아 왕 노릇을 하는 것입니다. 이렇게 해야 분별과 시비, 원망과 고통에서 벗어나게 됩니다. 이 법이 이러하다는 것을 잘 알아야 합니다.

此箇境界는 除無垢老子하고 他人이 如何信得及이며 縱信得及이나 如何得入手리요 左右가 已信得及하며 已覷得見하며 已能分別是邪是正하되 但未得入手耳라 得入手時에는 不分老少하며 不在智遇라 如將梵位하여 直授凡庸이요 更無階級次第니 永嘉所謂 一超 直入如來地가 是也라 但相聽하라 決不相誤니라

이 경계는 오직 무구노자를 제외하고는 다른 사람이 어떻게 믿을 수 있겠습니까? 비록 믿는다 하더라도 어떻게 손을 댈 수 있으리오? 그대가 이미 믿었으며, 이미 보아 얻었으며, 이미 능히 사邪와 정正을 분별하지만 다만 아직 손을 대지 못했을 뿐입니다. 손을 댔을 때에는 노소를 가리지 아니하며 지혜롭고 어리석

음에도 있지 아니합니다. 마치 범천왕의 지위를 가지고 곧바로 평민에게 주는 것과 같습니다. 더 이상 계급과 차례가 없습니다. 영가대사가 말씀하신 '한번 뛰어서 곧바로 여래지에 들어간다.'라고 한 것이 이것입니다. 다만 살펴서 들으십시오. 결코 그릇되지 않을 것입니다.

강설

무구노자는 바로 장구성이며 왕장언의 스승입니다. 장구성이 백수자 화두를 들고 오랫동안 공부를 하였는데 하루는 농막에 머물러 쉬면서 저녁에 뒷간에 가다가 개구리 우는 소리를 듣고 순간적으로 크게 깨치고 다음과 같은 게송을 지었습니다.

봄날 달 밝은 밤에 개구리 한 마리 소리 내어 우는데
하늘과 땅을 쳐서 깨뜨리고 보니 한 집 살림이었네
바로 이러한 때 그 누가 알겠는가?
비원령 넘다 다리 삐끗한 현사玄沙만 있고나

마지막 구절은 복주의 현사사비 종일선사가 설봉에 있다가 고개를 넘어 행각하려고 고갯마루까지 갔으나 발가락이 돌부리에 채였기에 설봉으로 돌아와서 다시는 고개 밖으로 나가지 않았다는 데서 연유한 내용입니다.

영가스님의 '일초직입여래지' 란 『증도가』에 나오는 말로서 찰나에 여래지에 들어간다는 뜻으로서, 망상을 피우고 있을 때는 범부에 머물지만 이것을 각성하여 망상의 고리를 잘라버리면 바로 여래지에 들어간다는 것입니다.

答

왕장원 성석에게 2

汪狀元 聖錫 2

某가 萬緣을 休罷하고 日用에 只如此無煩軫念이라하니 左右分上에 欠少箇甚麽오 在世界上하여 可謂千足萬足이라 苟能於此箇門中에 飜身一擲하면 何止腰纏十萬貫하고 騎鶴上楊州而已哉아 昔에 楊文公大年이 三十歲에 見廣慧璉公하여 除去礙膺之物하고 自是已後로 在朝廷居田里에 始終一節을 不爲功名의 所移하며 不爲富貴의 所奪하되 亦非有意輕功名富貴라 道之所在에 法如是故也라 趙州云諸人은 被十二時使거니와 老僧은 使得十二時라하니 此老此說이 非是强爲라 亦法如是故也니라.

그대가 '모든 인연을 쉬어 파하고 일상에 다만 이와 같이 번잡스럽고 염려하는 생각이 없다.'고 하였으니 그대의 분상에 부족한 것이 무엇이 있겠습니까? 그대는 세상사의 상부에 있어서 천만 가지가 모두 만족스럽나니, 진실로 능히 이 불법 문중에 몸을 한번 던져 바꾼다(도를 깨친다)면 어찌 허리에 돈 십만 관을 차고 학을 타고 양주 목사의 지위에 오른 것과 비교하겠습니까? 옛날에 양문공楊文公 대년大年이 삼십 세에 광혜원연산사를 친견하여 가슴에 걸린 물건을 제거하고 그 후로부터 조정에 있거나 마을에서 살거나 시종 한결같이 공명功名에 이끌리지 아니하고 부귀에 빼앗긴 바가 되지 않았습니다. 그것은 또한 마음을 두어 공명과 부귀를 가벼이 여기는 것이 아니니, 도가 있는 곳에는 응당

법이 이와 같기 때문입니다. 조주趙州 선사가 말하였습니다. '모든 사람들은 하루 이십사 시간 부림을 당하지만 노승은 하루 이십사시를 부린다.' 라고 하였으니 노인의 이 말씀은 억지로 하는 것이 아니라 또한 법이 응당 이와 같기 때문입니다.

강설

'허리에 돈 십만 관을 차고 학을 타고 양주 목사의 지위에 오른 것' 의 이야기는 『태평광기』에 나오는 이야기로서, 네 사람이 함께 모여 소원을 말하기를 한 사람은 허리에 돈 십만 관을 묶어 차기를 원하는 '부富'를 원했고, 또 한 사람은 학을 타고 하늘에 오르는 '수壽' 를 원했고, 또 한 사람은 양주에 나가가 양주 목사가 되는 '벼슬[權]' 을 원했으나, 나머지 한 사람은 이 셋 모두를 원했으니 모두를 탐한 것입니다. 여기서는 성석[왕장원] 그대가 이 세 가지를 다 갖춘다한들 불교에 전념하여 수행하는 것에 비교할 수 있겠느냐?고 물어보는 것입니다.

양문공은 북송 때 공부시랑으로 있으면서 『책부원감』 일천 권을 찬술한 사람입니다. 광혜원연元璉선사를 만나서 대화하는 중에 양문공이 '두 마리 호랑이가 싸울 때 어떻게 해야 합니까?' 물으니 선사께서 '이 놈의 축생이 또 날뛰는 구나' 하자 활연히 큰 깨달음을 얻었다고 합니다. 즉 원연선사가 양문공의 분별심이 일어날 때 그것을 바로 보아 추궁함을 보고 양문공이 깨달은 것입니다. '한번 던져서 몸을 바꾼다'는 것은 도를 깨달아 중생계를 벗어나는 것을 말합니다.

大率爲學爲道가 一也거늘 而今學者는 往往에 以仁義禮智信으로 爲學하고 以格物忠恕와 一以貫之之類로 爲道하여 只管如博謎子相似하며 又如衆盲이 摸象에 各說異端이라 釋不云乎아 以思惟心으로 測度如來圓覺境界하면 如取螢火하여 燒須彌山이라시니 臨生死禍福之際하여 都不得力은 盖由此也니라 楊子云學者所以修性이니 性卽道也라하며 黃面老子云性成無上道라 하시며 圭峯云作有義事는 是惺悟心이요 作無義事는 是狂亂心이니 狂亂은 由情念이라 臨終에 被業牽이거니와 惺悟는 不由情이라 臨終에 能轉業하나니 所謂義者는 是義理之義요 非仁義之義라하니 而今看來에 遮老子도 亦未免析虛空爲兩處로다.

대저 학學을 하는 것이나 도道를 하는 것이 하나이거늘, 요즘 학을 하는 사람들은 왕왕 인의예지신仁義禮智信을 학문으로 삼고 격물충서格物忠恕와 일이관지一以貫之의 종류를 도라 합니다. 이는 오로지 박리자(은어, 빗대는 말)놀이를 하는 것과 같으며, 또한 여러 맹인들이 코끼리를 만지고 각각 다르게 설명하는 것과 같습니다. 석가세존이 말씀하시지 않았습니까? '사유하는 마음으로 여래의 원각 경계를 헤아리는 것은 마치 반딧불을 가지고 수미산을 태우려는 것과 같다.' 라고 하셨습니다. 생사의 재앙이 닥쳐올 때에 전혀 힘을 얻지 못하는 것은 대개 이로 말미암은 것입니다. 양자楊子가 '학學이란 성품을 닦는 것이니 성품이란 곧 도다' 라고 하였으며, 황면노자(석가)가 이르시되, '성품은 무상도無上道를 이룬다.' 라고 하시었습니다. 규봉圭峯선사가 말하기를, '올바름을 짓는 것은 깨달은 마음이요 바르지 못한 것을 짓는 것은 광란의 마음이니라. 광란은 정염情念을 말미암은 것이라서 임종 시에 업에 이끌림을 당하지만, 깨달음은 정염을 말미암지 아니하므로 임종에 능히 업을 굴리니라. 소위 의義란 의리義理의 의義요, 인의仁義의 의義가 아니다.' 라고 하였습니다. 지금 살펴보니 이 늙은이도 또한 허공을 쪼개어 둘로 나누는 것을 면치 못하였습니다.

'인의예지신' 은 『맹자』에 나오는 오상五常으로서, 인仁은 마음의 덕, 의義는 의로움, 예禮는 천지의 예절, 지智는 천리天理의 동정을 포용하는 기틀, 신信은 이 네 가지를 모두 겸한 것입니다.

'격물格物'에서 격格은 이르다 궁구하다는 뜻이며 물物은 사물事物을 나타냅니다. 즉 '격물' 이란 사물의 이치를 깊이 궁구해서

터득한다는 뜻입니다.『대학』에서 수기치인修己治人이라 자기를
수련하여 타인을 가르치는 궁극적인 목적을 위하여 격물格物, 치
지致知, 성의誠意, 정심正心, 수신修身, 제가齊家, 치국治國, 평천하平
天下의 8가지를 갖추어야 하는데 격물은 그 중의 하나입니다.

격물에 대한 다음의 일화가 있습니다. 장구성의 자는 자소子
韶인데 그가 과거 급제하기 전에 어떤 손님이 양문공과 여랑중과
더불어 이야기하는 가운데, '모든 유명한 유학儒學의 정묘精妙는
모두 선학禪學을 말미암아 이룬 것이다.' 라는 말을 듣고 선禪을
흠모하다가 대혜선사가 계시던 경산사에 이르러 강급사 등과 함
께 격물에 대한 논쟁이 있었습니다. 그때 대혜선사가 말하기를
"공은 다만 격물만 알고 물격이 있는 것은 알지 못하는구려." 하
니 공이 얼떨떨해 하면서 선사께서 깨우쳐 주십시오 하니 선사께
서 "보지 못했는가? 소설(일반 소문들을 적어 둔것)에 기록되길
당나라 때 어떤 사람이 안록산과 더불어 모반했다가 그 사람이
먼저 성문을 굳게 닫아놓고 지키면서 초상화를 걸어 두었다. 마
침 황제가 지나가다가 그 광경을 보고 분노하여 수행하는 대신
에게 분부하여 칼로 그 그림을 베어버리게 하였는데, 그때 초상
화의 주인공이 섬서陝西에 있었으나 그의 목이 홀연히 땅에 떨어
졌다." 고 하였다. 공이 이 이야기를 듣고 문득 깨달은 바가 있
어서 부동헌不動軒 벽에 글을 쓰기를, '자소는 격물格物이라 하고
묘희는 물격物格' 이라 했다. '하나로 꿸을 알고자 한다면 둘 다

오십보 백보다.' 라고 하니 대혜선사가 비로소 허가하였다고 합니다. 여기서 물격物格이란 본래부터 갖추어져 있는 성품을 나타냅니다.

그리고 충서忠恕의 충은 충성과 헤아림으로서, 서는 자기의 공을 타인에게 미치게 하는 덕목을 나타냅니다. 따라서 격물충서란 유학의 기본 교리로서 사물의 이치를 깊이 궁구하여 터득하고 충성하며 인으로서 관용을 돕는 것을 말합니다.

양자楊子는 맹자의 성선설과 순자의 성악설에 대하여 성性에는 선악善惡 양면이 다 있다고 한 사람입니다.

'소위 의義란 올바른 의리義理의 의義요, 인의仁義의 의義가 아니다.'라고 하였습니다. 지금 살펴보니 '이 늙은이도 또한 허공을 쪼개어 두 곳으로 나누는 것을 면치 못하였습니다.' 에서 의리義理의 의義는 인의예지를 통관한 넓은 뜻이고, 인의仁義의 의義란 인仁에 대한 좁은 뜻의 의를 나타내지만, 성품으로 보면 의리나 인의에서 나타나는 의는 동일한 것인데 괜히 나누었으니 부질없는 짓이다. 이 말입니다.

仁乃性之仁이요 義乃性之義요 禮乃性之禮요 智乃性之智이요 信乃性之信이라 義理之義도 亦性也니 作無義事는 卽背此性이요 作有義事는 卽順此性이나 然이나 順背는 在人이요 不

在性也며 仁義禮智信은 在性이요 不在人也라 人有智愚일지언
정 性卽無也니 若仁義禮智信이 在賢而不在愚則聖人之道가 有
揀擇取捨矣라 如天降雨에 擇地而下矣리니 所以로 云仁義禮智
信은 在性而不在人也며 賢愚順背는 在人而不在性也라하노라
楊子所謂修性은 性亦不可修니 亦順背賢愚而已며 圭峯의 所謂
惺悟狂亂이 是也며 趙州所謂使得十二時와 被十二時使이 是也
라 若識得仁義禮智信之性起處則 格物忠恕一以貫之도 在其中
矣리라 肇法師云能天能人者는 豈天人之所能哉리오하니 所以
로 云爲學爲道는 一也라 하노라.

인仁이란 성품의 인이요, 의義도 성품의 의요, 예禮도 성품의 예
요, 지智도 성품의 지요, 신信도 성품의 신입니다. 의리義理의 의義
도 또한 성품입니다. 바름이 없는 일을 짓는 것은 곧 이 성품을
등지는 것이고, 바른 일을 짓는 것은 곧 이 성품을 따르는 것입니
다. 그러나 따르고 등지는 것은 사람에게 있고 성품에 있지 아니
하며, 인의예지신仁義禮智信은 성품에 있고 사람에게 있지 아니합
니다. 사람에게 지혜롭고 어리석음이 있을지언정 성품에는 이러
한 것이 없습니다. 만약 인의예지신이 현명한 사람에게만 있고 어
리석은 사람에게는 없다면 성인의 도에 간택과 취사가 있게 됩니
다. 마치 하늘에서 비를 내림에 땅을 가려서 내리는 것과 같은 것
입니다. 그러므로 이르기를, 인의예지신은 성품에 있고 사람에게

있는 것이 아니며, 현명하고 어리석으며 따르고 등짐은 사람에게 있고 성품에 있는 것이 아닙니다. 양자가 말하기를 '성품을 닦는다.'라고 하였으나 성품 또한 닦을 수 없음이니, 또한 순종하고 등지며 현명하고 어리석음이 있는 고로 이것을 말할 따름입니다. 규봉선사가 이른 바, 깨달음과 광란이 이것이며, 조주선사가 이른바, 하루 이십사 시를 부리는 것과 이십사 시의 부림을 당한다는 것이 이것입니다. 만약 인의예지신이 성품에서 일어난 것임을 알면 격물格物 충서忠恕와 일이관지一以貫之도 그 가운데에 있습니다. 승조僧肇법사가 말씀하였습니다. '능히 하늘도 되고 능히 사람도 되는 것[성품]을 어찌 하늘과 사람이 능히 할 바겠는가?' 라고 하였으니 그러므로 이르되 '학을 하는 것과 도를 하는 것은 하나다.' 라고 하였습니다.

강설

이 문장에서 모든 것이 성품에서 나온 것인데 부질없이 나누어서 인이다, 의다, 예다, 지다, 이렇게 구분하는 것이 부질없다고 말하고 있습니다. 따라서 '능히 하늘도 되고 능히 사람도 되는 것을 어찌 하늘과 사람이 능히 할 바겠는가?' 에서 성품은 능히 하늘도 될 수 있고 사람도 될 수 있으며 만사를 다 성취할 수 있는 데 어찌 하늘과 사람이 이 성품을 능히 대신할 수 있겠는가? 하고 묻는 것입니다.

大率 聖人이 設敎에 不求名不伐功이 如春行花木하나니 具
此性者는 時節因緣이 到來하면 各各不相知나 隨其根性하여
大小方圓長短과 或靑或黃과 或紅或綠과 或臭或香이 同時發作
하나니 非春이 能大能小하며 能方能圓하며 能長能短하며 能
靑能黃하며 能紅能綠하며 能臭能香이요 此皆本有之性이 遇緣
而發耳니라.

百丈이 云欲識佛性義인댄 當觀時節因緣이니 時節이 若至
면 其理自彰이라하시며 又讓師가 謂馬師曰汝學心地法門은 如
下種子요 我說法要는 譬彼天澤이라 汝緣이 合故로 當見其道
라시니 所以云聖人設敎에 不求名不伐功이라 只令學者로 見性
成道而已니 無垢老子가 云道在一芥子則一芥子重하고 道在天
下則天下重이 是也라.

대저 성인이 가르침을 베푸는 데는 이름을 구하지도 아니하
고 공을 자랑하지도 않는 것이 마치 봄이 오면 나무에 꽃이 피
는 것과 같습니다. 이 성품을 갖춘 존재들은 시절 인연이 이르
면 각각 서로 알지 못하나, 그 근본 성품을 따라서 크고 작고
모나고 둥글고 길고 짧음과 혹 푸르고 혹 누렇고 혹 붉고 혹 파
랗고 혹 냄새나고 혹 향기 나는 것이 동시에 펼쳐집니다. 봄이
능히 크게 하거나 능히 작게 하고, 모나게 하거나 둥글게 하고,
길게 하거나 짧게 하고, 푸르게 하거나 누르게 하고, 붉게 하거

나 파랗게 하고, 냄새나게 하거나 향기롭게 하는 것이 아닙니다. 이것은 모두 본래 지니고 있는 성품이 인연을 만나서 나타날 뿐입니다.

백장百丈선사가 말씀하시길, '불성의 의미를 알고자 한다면 마땅히 시절 인연을 관하라. 만약 시절이 이르면 그 이치가 저절로 드러난다.' 라고 하였습니다. 또 남악 회양선사가 마조대사에게 말씀하시길, '그대가 심지법문을 배우는 것은 마치 종자를 뿌리는 것과 같고, 내가 법요를 설하는 것은 저 하늘에서 비를 뿌리는 것에 비유할 수 있으니 그대의 인연이 합하기 때문에 마땅히 그 도를 본다.' 라고 하였습니다. 그러므로 성인이 가르침을 베푸는 것은 이름을 구하지도 아니하고 공을 자랑하지도 않습니다. 다만 공부하는 사람들에게 성품을 보아 도를 이루게 할 뿐입니다.

무구노자無垢老子가 말씀하시길, '도가 겨자씨 하나에 있으면 겨자씨 하나가 중하고 도가 천하에 있으면 천하가 중하다.' 라고 한 것이 이것입니다.

강설

무구노자 장구성은 왕장원 성석의 스승입니다. 나의 근본 불성은 천진불로서 손색이 없는데 인연을 지어주면 때가 되어 절로 도의 꽃이 피고 열매가 맺을 것인데, 종자는 뿌리지 않고 꽃과 열

매가 어떠냐고 묻는다면 어리석은 일입니다. 화두 들고 마음작
용 따라 각성해서 망상이 일어난 그 곳에 화두를 떠올려 수행해
나가면 때에 이르러 모든 답이 나오게 됨을 알아야 합니다.

左右가 嘗升無垢之堂하되 而未入其室이라 見表而未見其裏
라 百歲光陰이 只在一刹那間이니 刹那間에 悟去하면 如上所
說者가 皆非實義니라 然이나 既悟了서는 以爲實이라도 亦在
我며 以爲非實이라도 亦在我니 如水上葫蘆하여 無人動着하여
도 常蕩蕩地하여 觸着便動하며 捺着便轉하여 轆轆地함이 非
是強爲라 亦法如是故也니라 趙州狗子無佛性話를 左右가 如人
이 捕賊에 已知窩盤處나 但未捉着耳니 請快着精彩하여 不得
有少間斷하고 時時向行住坐臥處와 看讀書史處와 修仁義禮智
信處와 侍奉尊長處와 提誨學者處와 喫粥喫飯處하여 與之廝崖
하면 忽然打失布袋하리니 夫復何言이리오.

그대가 일찍이 무구거사의 집에 올라갔으나 아직 그의 방안
에는 들어가지 못하였으니, 그 표면은 보았으나 그 속은 보지 못
한 것입니다. 백세 광음이 다만 한 찰나입니다. 찰나에 깨달으면
위와 같이 설한 것이 모두 진실한 이치가 아닙니다. 그러나 이미
깨닫고 나면 진실이라고 여기는 것도 나에게 있고 진실이 아니라

고 여기는 것도 또한 나에게 있습니다. 마치 물 위에 떠 있는 조롱박과 같아서 항상 걸림 없이 탕탕해서 건드리기만 하면 곧 움직이고, 살짝 누르기만 하여도 곧 굴려서 또한 도르래처럼 저절로 굴리되 억지로 하는 것이 아니라 법 또한 이 이와 같기 때문입니다.

조주선사의 구자무불성狗子無佛性 화두를 들고 있는 그대는 마치 사람이 도적을 잡을 때 이미 그 소굴은 알았으나 다만 아직 잡지만 못한 것과 같습니다. 부디 정신을 바짝 차려서 조금이라도 사이를 두지 말고 때때로 행주좌와에서나, 책을 읽는 곳에서나, 인의예지신을 닦는 곳에서나, 존장尊長을 시봉하는 곳에서나, 공부하는 사람들을 가르치는 곳에서나, 죽을 먹고 밥을 먹는 곳에서 화두와 더불어 겨루어 가면 홀연히 식심의 포대를 잃어버리게 될 것입니다. 다시 무슨 말을 더 하겠습니까?

강설

우리 마음은 대상 경계를 따라 일어나고 움직입니다. 건드리지 않고 아무런 대상이 없을 때는 내 마음도 흔적이 없습니다. 목전에 경계가 나타나면 조롱박이 움직이듯 저절로 마음이 움직이게 됩니다. 방향도 정해진 바 없고 모양도 정해진 바 없이 인연 따라 움직입니다. 아무리 출렁거려도 피곤하지도 않고 잘 놉니다. 가는 대로 따라가고 출렁거려도 항상 그곳입니다. 움직이지 못하게 할 것이 아닙니다. 움직이는 그곳에 법당을 세우시면 됩니다.

答

종직각에게

宗直閣

종직각에 대한 전기는 미상이다.
직각은 비각[書庫]을 당직하는 벼슬이다.

示諭하되 應緣에 日涉差別境界하되 未嘗不在佛法中이라하
며 又於日用動容之間에 以狗子無佛性話로 破除情塵이라하니
若作如是工夫일진대 恐卒未得悟入일까하노라 請於脚跟下에
照顧하라 差別境界는 從甚麼處起오 動容周旋之間에 如何以狗
子無佛性話로 破除情塵이며 能知破除情塵者는 又是何誰오 佛
不云乎아 衆生이 顚倒하여 迷己逐物이라하시니 物은 本無自
性이거늘 迷己者가 自逐之耳며 境界는 本無差別이거늘 迷己
者가 自差別耳이니라 旣日涉差別境界라하고 又在佛法中이라
하니 旣在佛法中이면 卽非差別境界요 旣在差別境界中이면 則
非佛法矣라 拈一放一이거니 有甚了期리요.

편지를 보니, '인연을 만나 날마다 여러 가지 차별한 경계에
젖어 들어도 불법佛法 가운데에 있지 아니함이 없다.' 라고 하였
습니다. 또한 '일상적으로 행동하는 동안에 구자무불성 화두로
감정의 먼지들을 제거한다.' 라고 하였습니다. 만약 이와 같이
공부를 한다면 끝내 깨달아 들어가지 못할까 염려됩니다. 청하
노니 바로 이 순간부터 비추고 살펴보십시오. 차별 경계는 어느
곳으로부터 일어난 것입니까? 동용하고 주선하는 사이에 어떻게
구자무불성 화두로 감정의 먼지들을 제거하며 능히 감정의 먼지
를 제거함을 아는 사람은 또한 누구입니까? 부처님이 말씀하시
지 않았습니까. '중생이 거꾸로 뒤집혀서 자기를 잃어버리고[迷

리] 물[物 : 경계]을 쫓아간다.' 라고 하였습니다. 물이란 본래 자체의 성품이 없는데 자기를 잃어버린 사람이 스스로 쫓아갈 뿐입니다. 또 경계는 본래 차별이 없는데 자기를 잃어버린 사람이 스스로 차별할 뿐입니다. 이미 매일 차별 경계에 젖어 든다고 하고, 또한 불법 가운데에 있다고 하니, 이미 불법 가운데 있다면 곧 차별 경계가 일어나지 않습니다. 이미 차별 경계에 있다면 곧 불법이 아닙니다. 하나를 잡으면 하나를 놓아 버리나니 무슨 마칠 기약이 있겠습니까?

강설

중요한 말입니다. 종직각이 화두를 드는데 일상 경계에 물들어도 불법 가운데 있다는데, 언뜻 듣기에 맞는 것 같지만 경계를 물리치고 감정이 일어남을 애써 지우려고 억지힘을 쓰는 것이 눈에 선합니다. 대혜선사가 이를 추궁한 대목입니다. 경계를 따르면 자기를 잃게 되고 자기를 잃어 버리면 중상계이니 불법이 아닙니다. 불법 가운데 있다면 성성하여 자기를 잃지 않고 깨어 있으니 경계가 일어날지언정 여여한 불찰 세계일 뿐입니다.

廣額屠兒가 在涅槃會上하여 放下屠刀하고 立地便成佛하니 豈有許多히 切切恒恒來리요 日用應緣處에 纔覺涉差別境界時

거든 但只就差別處하여 擧狗子無佛性話일지언정 不用作破除
想이며 不用作情塵想하며 不用作差別想하며 不用作佛法想하
고 但只看狗子無佛性話니라 但只擧箇無字언정 亦不用存心等
悟어다 若存心等悟則境界也差別이며 佛法也差別이며 情塵也
差別이며 狗子無佛性話也差別이며 間斷處也差別이며 無間斷
處也差別이며 遭情塵이 惑亂身心하여 不安樂處也差別이며 能
知許多差別底도 亦差別이니 若要除此病일진대 但只看箇無字
하며 但只看廣額屠兒가 放下屠刀云我是千佛一數라한것이 是
實是虛인가하여 若作虛實商量하면 又打入差別境界上去也리
라 不如一刀兩段하여 不得念後思前이니 念後思前則又差別矣
리라.

광액도아廣額屠兒가 열반회상涅槃會上에서 소를 잡던 칼을 내
려놓고 곧 바로 성불하였으니 그가 어찌 (도를 깨치겠다고) 허
다히 애태우며 근심하고 염려함이 있었겠습니까. 일상에서 인연
을 만나는 곳에서 겨우 차별한 경계에 젖어드는 것을 막 깨달을
때에 다만 차별하는 곳에 나아가서 '구자무불성' 화두를 들지언
정 망상을 제거한다는 생각을 짓지 말며, 감정의 먼지라는 생각
도 짓지 마십시오. 차별 경계라는 생각도 짓지 말며, 불법이라는
생각도 짓지 말고 다만 구자무불성 화두만을 지켜보십시오. 다
만 무자無字 화두만을 들지언정 또한 마음을 두어 깨닫기를 기

다리지 마십시오. 만약 마음을 두어 깨닫기를 기다리면 경계도 또한 차별이며, 불법도 또한 차별이며, 감정의 먼지도 또한 차별이며, 구자무불성 화두도 또한 차별이며, 사이가 끊어지는 곳도 또한 차별이며, 사이가 끊어짐이 없는 곳도 또한 차별이며, 감정의 먼지를 만나서 몸과 마음이 미혹하고 어지러워 안락하지 못한 곳도 또한 차별이며, 능히 허다한 차별을 아는 것도 또한 차별입니다. 만약 이러한 병을 제거하고자 한다면 다만 무자 화두를 지켜볼 것이며, 다만 광액도아가 소 잡는 칼을 집어 던지고 말하기를, '나 역시 일천 부처 가운데 하나다.' 라고 한 것을 보아야 합니다. 그렇지 않고 '이것이 사실인가, 거짓인가?' 라고 하여 만약 거짓과 진실을 헤아린다면 또한 차별의 경계에 들어가는 것입니다. 한칼로 두 동강을 내어 앞도 뒤도 생각하지 않는 것만 같지 못합니다. 앞을 생각하고 뒤를 생각하면 그것도 또한 차별입니다.

강설

광액도아가 근심하고 염려함이 있었겠는가? 하고 물은 것은 광액도아가 어찌, 언제 견성하고 어떻게 하면 성불을 할꼬? 이런 생각을 하였겠습니까? 도를 깨치겠다고 이런 저런 생각을 하지 않아야 깨칠 수 있다는 것을 말합니다. 종직각이 화두에만 마음을 고정시켜서 바깥 경계를 무시하고 화두에만 몰입하려는 잘못된 공부법을 경계하는 것입니다.

　단지 경계가 일어날 때 이미 마음은 경계에 머물고 있으니 그
마음을 스스로 깨닫고 화두를 보라고 했는데, 화두만을 보고 경
계를 따로 없애려 하니 그것이 잘못될까 걱정하는 것입니다.

　玄沙 云此事는 限約不得이라 心思路絕하여 不因莊嚴이라
本來眞靜하여 動用語笑에 隨處明了하여 更無欠少거늘 今時人
은 不悟箇中道理하고 妄自涉事涉塵하여 處處染着하며 頭頭繫
絆하나니 縱悟則塵境이 紛紜하며 名相이 不實이라 便擬凝心
斂念하고 攝事歸空하려하여 閉目藏晴하고 隨有念起하여 旋旋
破除하며 細想이 纔生이어든 卽便遏捺하나니 如此見解는 卽
是落空亡底外道며 魂不散底死人이라 溟溟漠漠하여 無覺無知
니 塞耳偸鈴이라 徒自欺誑이라시니 左右來書云云이 盡是玄沙
所訶底病이며 黙照邪師의 埋人底坑子라 不可不知也니라.

　현사玄沙선사가 말씀하시길, '이 일은 한정하고 기약하여 얻
지 못함이라 마음과 생각의 길이 끊어지는 장엄도 필요치 않습니
다. 본래 참으로 고요하고 깨끗하여서 움직이고 작용하고 말하
고 웃는 것에 따라 명료하여서 한 치의 부족이나 모자람이 없습
니다. 그런데 요즘 사람들은 한낱 이 가운데 있는 도리를 깨닫지

못하고 망령되게 스스로 모든 일에 간섭하고 모든 망상에 간섭하여 곳곳에 물들고 집착하며 낱낱이 얽히고 설킵니다. 그래서 비록 깨닫더라도 먼지 같은 경계가 어지러우며, 이름과 현상들 (모든 것)이 실답지 못합니다. 문득 헤아려서 마음을 움직이지 못하게 하고, 생각을 거두어들이며, 모든 일을 묶어서 거두어 공空으로 돌리려고 하여 눈을 지그시 감고 눈동자를 감추며, 생각이 일어나기만 하면 재빨리 제거하려 하며 미세한 생각도 겨우 일어나기가 무섭게 바로 눌러 내립니다. 이와 같은 견해는 곧 공망空亡에 떨어지는 외도의 짓입니다. 또한 혼이 흩어지기 직전의 죽은 사람과 같습니다. 어둡고 어두우며 캄캄하고 캄캄하여 감각도 없고 지각도 없습니다. 마치 자신의 귀를 막고 방울을 훔치는 것과 같아서 한갓 자기 스스로 속는다.' 라고 하였습니다. 그대가 보내온 편지의 이런저런 말들이 모두 현사선사가 꾸짖은 병들이며, 묵조선의 삿된 스승들이 사람을 묻어버리는 구덩이입니다. 가히 알지 못하면 안됩니다.

강설

'요즘 사람들은 한낱 이 가운데 있는 도리를 깨닫지 못하고'라는 것은 '동용어소動用語笑' 그 곳에 불성이 작용하고 있는 도리를 모른다는 뜻입니다. 동용어소는 몸을 움직이고 마음을 쓰고 말하고 웃는 일체의 행위를 말합니다. 이 말이 참으로 사람을 구해

내는 간절한 말씀입니다.

擧話時에 都不用作許多伎倆하고 但行住坐臥處에 勿令間斷
하며 喜怒哀樂處에 莫生分別하라 擧來擧去하며 看來看去에
覺得沒理路沒滋味하여 心頭熱悶時가 便是當人의 放身命處也
니라 記取記取어다 莫見如此境界하고 便退心이니 如此境界가
正是成佛作祖底消息也거늘 而今默照邪師輩는 只以無言無說
로 爲極則하여 喚作威音那畔事하며 亦喚作空劫已前事하고 不
信有悟門하여 以悟로 爲則하고 以悟로 爲第二頭하며 以悟로
爲方便語하며 以悟로 爲接引之詞하나니 如此之徒는 謾人自謾
이며 誤人自誤라 亦不可不知니라.

화두를 들 때 절대로 허다한 재주를 부리지 마십시오. 단지
다니고 머물고 앉고 눕는 곳에 화두가 끊어지지 않도록 할 뿐 희
로애락에도 분별을 내지 마십시오. 화두를 들고 또 들며, 살피
고 또 살펴서, 어떤 이치의 길도 없고 아무런 재미도 없어서 마음
이 답답함을 느낄 그때가 곧 그 사람의 신명을 놓아버릴 곳입니
다(즉 불성을 찾을 자리입니다). 부디 기억하고 또 기억하십시
오. 마음이 답답한 이와 같은 경계를 보고 곧 물러서지 마십시
오. 이와 같은 경계가 바로 부처를 이루고 조사를 짓는 때입니

다. 요즘 묵조선의 삿된 스승들은 다만 아무 말이 없는 것으로써 궁극의 경지를 삼아서 최초의 부처인 위음왕불을 짓는 일(본래자리를 찾는 일)이라고 부르며, 또는 공겁空劫 이전의 일을 짓는 것이라고도 부릅니다. 깨달음의 문이 있어 깨달음으로서 법칙을 삼는 것을 믿지 않고 깨달음을 제2두로 삼고, 깨달음으로 방편의 말로 삼으며, 깨달음으로써 사람을 이끄는 말로 여기기도 합니다. 이와 같은 무리들은 남을 속이고 자신도 속이며, 남도 잘못 되게 하고 자신도 잘못 됩니다. 이러한 사실을 알지 못하면 안 됩니다.

강설

화두를 들면서 온갖 망상이 일어나지 않는 사람이 있겠습니까? 이 망상을 없애고 화두일념만 되기를 바라는 것이 공부 잘못하고 있는 것입니다. 망상이 일어남을 알아서 일어남을 아는 곳에서 화두를 드는 소식을 알아야 합니다. 생생히 살아있는 생각 위에 화두를 들어야 합니다. 생각을 없애려 한다는 것은 마치 허공을 없애려는 것보다 어렵습니다. 생각 일어난 곳에 화두를 들려면 생각이 일어난 곳을 알아야 합니다. 곧, 염기즉각念起即覺할 줄 알아야 활구를 드는 것입니다.

'깨달음으로 극칙極則을 삼는 줄을 알지 못한다'는 것은 '망상이 일어날 때 즉시 알아차려 윤회의 고리를 잘라버리는 것'이 스스로 자각하여 깨달음의 문으로 들어가는 것인 줄을 알지 못한 다는 것입니다.

　日用四威儀中에 涉差別境界하여 覺得省力時가 便是得力處 也니 得力處는 極省力이라 若用一毫毛나 氣力支撐하면 定是 邪法이요 非佛法也니 但辦取長遠心하여 與狗子無佛性話로 廝 崖어다 崖來崖去에 心無所之다가 忽然如睡夢覺하며 如蓮花 開하며 如披雲見日하리니 到恁麼時하면 自然成一片矣리라 但日用七顚八倒處에 只看箇無字이언정 莫管悟不悟와 徹不徹 이어다 三世諸佛이 只是箇無事人이며 諸代祖師도 亦只是箇 無事人이라 古德이 云但於事上에 通無事하면 見色聞聲에 不 用聾이라하시며 又古德이 云愚人은 除境不亡心하고 智者는 亡心不除境이라하시니 於一切處에 無心則種種差別境界가 自 無矣리라.

　매일의 행주좌와 가운데 차별한 경계에 이르러 힘이 덜 듦을 느낄 때가 곧 힘을 얻은 곳입니다. 힘을 얻은 곳은 힘이 아주 적 게 드는 곳입니다. 만약 털끝만치라도 힘을 들어서 지탱하고자 하면 이는 결정코 삿된 법이 되고 불법이 아닙니다. 다만 판단하 여 멀리 내다보는 마음을 가지고 구자무불성 화두만 부리고 가십시오. 부리고 부리다 보면 마음이 갈 곳이 없어지는 순간이 옵니다. 이때는 바로 홀연히 잠을 자다가 꿈을 깨는 것과 같으며, 또 마치 연꽃이 피는 것과 같으며, 또 구름이 걷히고 태양을 보는 것과 같을 것입니다. 이러한 때에 이르면 자연히 한 조각(망상과 불성이 둘이 아닌 경계)을 이루게 될 것입니다. 다만 일상에서 칠전팔도七顚八倒하는 자리에 오직 무자無字 화두만 들지언정 깨닫고 깨닫지 못함과 사무치고 사무치지 못함을 관계하지 마십시오. 삼세 모든 부처님은 단지 일이 없는 사람입니다. 역대 모든 조사들도 또한 일이 없는 사람입니다. 고덕이 말씀하시길, '다만 일 위에서 일 없음만 통달하면 사물을 보고 소리를 듣는데 눈을 감거나 귀를 막을 필요가 없다.' 라고 하였습니다. 또 고덕이 말씀하시길, '어리석은 사람은 경계를 제거하려 하고 마음을 없애려 하지 아니하지만 지혜로운 사람은 마음을 없애지 경계를 없애려 하지 않는다.' 라고 하였습니다. 일체 모든 곳에 무심하면 갖가지 차별한 경계가 저절로 없어질 것입니다.

강설

일상생활에서 우리는 '안이비설신의' 육감으로써 모든 것을 느낍니다. 느끼지 못한다면 죽은 사람이나 다름없지 않습니까? 이 모든 것을 느끼는 중생심이 발동할 때를 자각하여 불심으로 돌아와버리면 이것이 바로 중생심이 불심으로 바뀌게 되는 것입니다. 그래서 일곱 번 자빠지고 여덟 번 꺼꾸러지는 그곳이 불심이 작용하는 곳임을 여실하게 보아야 합니다. 그 자리에 무자 화두를 탁 갖다 놓으면 바로 불심으로 전환되는 것임을 굳게 믿고, 다른 일체의 사량을 붙이지 말고 일체 일에 걸려들지 말아야 합니다. 이것이 바로 일 없는 사람의 본분입니다. 차별 경계에 끌려가지 않아야 일 없는 사람이 됩니다. 그래서 차별 경계를 간섭하는 마음을 없애라고 하는 것입니다. 이렇게 오래오래 지어가면 일을 하려고 해도 할 일이 없으니 자연히 일 없는 무사 도인이 됩니다. '다만 일 위에서 일 없음만 통달하면 사물을 보고 들을 때 눈을 감고 귀를 막을 필요가 없다'하신 이 말씀이 무슨 뜻인가를 알아야할 것입니다.

而今士大夫가 多是急性으로 便要會禪하여 於經敎上과 及祖師言句中에 博量하여 要說得分曉하나니 殊不知分曉處가 却是不分曉底事로다 若透得箇無字하면 分曉不分曉를 不着問人矣라 老漢이 敎士大夫로 放敎鈍은 便是遮箇道理也라 作鈍牓狀元은 亦不惡이거니와 只怕拖白耳이라 一笑하리라.

요즘 사대부들이 흔히들 급한 마음을 먹고 선을 회통하여 알고 싶어서 널리 경전이나 조사들의 말 가운데 있는 구절을 사량으로써 분석하여 깨닫고자 합니다. 특히 분효한(분명하게 깨달 았다고 하는) 것이 도리어 분효하지 못한 일인 줄을 잘 알지 못 합니다. 만약 무자無字 화두만 뚫으면 분효함과 분효하지 못함 을 다른 사람에게 묻지 아니할 것입니다. 이 늙은 사람이 사대부 들에게 크게 우둔하라고 가르친 것은 바로 이러한 도리입니다. 우둔한 사람이 장원급제하는 것은 밉지 않으나 (예리한 사람이) 답도 못쓰고 오직 백지만 내 놓을까 염려할 따름입니다. 한바탕 웃을 것입니다.

강설

'분효한 것이 도리어 분효하지 못한 일인 줄을 잘 알지 못합니 다.'에서 분효란 분석에 의하여 깨달음이 이런 것이다 하고 말하 는 것입니다. 그런데 본래 부처자리는 분석할 것도 깨달을 것도 없다는 자체를 모르고 분효하려고 하니 분효해서 안될 일을 알 지 못한다고 한 것입니다. 즉 '때에 따라 즉시 즉각하여 성성하 게 깨어 있는 훈련을 하지 않고 '이것이 도다, 저것이 도다' 하면 도와 무슨 인연이 있겠는가 하는 것입니다.

'우둔한 사람이 장원급제를 하는 것은 밉지 않으나, (예리한 사람이) 답도 못쓰고 오직 백지만 내놓을까 염려할 따름입니다.' 에서 타백拖白 이란 말은 과거장에 가서 답을 쓰지 못하고 백지 를 낸다는 뜻입니다. 탄허스님의 요지에서 설명한 바와 같이 당문종 때 고시관 묘진향이 장혁을 장원으로 뽑았는데, 본래 배움이 부족한 장혁이 장원급제를 하였다고 세간에 소문이 자자하자 문종이 직접 시험하여 글을 짓게 하였으나, 하루 종일 붓만 잡고 있다가 백지를 내었다는 유래에서 나왔습니다. 우둔한 사람이 장원급제를 하면 장하다고 칭찬할 만하지만 똑똑하다고 온갖 아는 체를 하다가 막상 결정적인 순간에 옳은 답을 쓰지 못해 과거에 급제하지 못한다면 그 꼴이 어떻게 되겠느냐? 이 말입니다. 그러니 맞는지 안 맞는지도 모르고 갖가지 사량분별하여 끼워 맞추어서 불법을 이해하여서는 타박[拖白]을 당한다는 말입니다.

答

이참정 태발에게

李參政 泰發

이참정의 이름은 이광(李光)이고, 자는 태발이다.

상우(上虞) 사람이다.

태상박사(太常博士), 사봉수론대부(司封首論大夫), 참정(參政),

사부상서(史部尙書) 등을 역임하였으나,

승상 태회와 뜻이 맞지 않아 상서직을 파면 당함.

示諭하되 華嚴重重法界가 斷非虛語라하니 旣非虛語라면 必有分付處며 必有自肯處리라 讀至此하여 嗟歎久之로다 士大夫가 平昔所學이 臨生死禍福之際하여 手足俱露者가 十常八九라 考其行事컨대 不如三家村裏의 省事漢이 富貴貧賤에 不能泪其心이라 以是較之컨대 智不如遇하고 貴不如賤者多矣로다 何以故요 生死禍福이 現前하면 那時에 不容僞故也니라.

편지에 보이기를, '화엄중중법계華嚴重重法界가 결단코 헛말이 아니다.' 라고 하였습니다. 헛말이 아니란 말 속에는 필히 서로가 분담하여 의탁하고 스스로 수긍하는 점을 깨달았다는 의미가 포함되어 있을 것입니다. 편지를 읽다가 여기에 이르러 오랫동안 감탄하고 찬탄하였습니다. 사대부들이 평소에 배운 바가 있으나 생사화복을 당할때 그 거동을 다 드러내는 것이 십중팔구입니다. 그들의 행위를 생각하면 서너 집 밖에 없는 시골구석에 사는 늙은 촌부가 특별한 일 없이 살면서 부귀나 빈천에도 마음을 빼앗기지 않고 무던하게 사는 것만 같지 못합니다. 이와 같이 비교하여 보더라도 지혜로운 이가 도리어 어리석은 이만 같지 못하고, 귀한 사람이 도리어 천한 사람만 같지 못한 이들이 많습니다. 왜냐하면 생사화복이 눈 앞에 나타나면 그때에는 거짓이 용납되지 않기 때문입니다.

　화엄중중법계는『화엄경』에 나오는 인드라망의 세계, 즉 서로 의존하여 살 수 밖에 없는 세계, 낱낱이 하나하나 연결되어 있고 거듭거듭 중첩되어 있는 것이 중중무진 세계입니다. 사물의 나타남이 무궁무진하지만 서로가 방해되지 않고 원융무애하게 시방법계를 장엄하는 것을 말합니다. 태발이 이 도리를 깨달았다는 이야기입니다. 그러니 이 말이 헛말이 아닌 것을 알았다면 반드시 서로가 분담하여 의탁하며 상호의존적 현실을 깨달았다는 것을 스스로 수긍하는 것입니다.

　'생사 문제나 복을 받고 화를 받을 무렵에 임하여서는 그 거동을 다 드러내는 것'은 평소에는 태연한 척하다가 결정적인 경우를 당하여서는 어쩔 바를 모르고 온갖 짓을 다한다는 뜻입니다. 그러니 시골 구석에서 사는 노인처럼 어떤 난관이 닥쳐와도 '그런가 보다' 하고 모든 것을 받아들이고 무던하게 사는 사람보다 못하다고 한 것입니다. 배운 것이 없지만 모든 경계를 운명처럼 받아들이고 사는 사람을 도인이라 할 수는 없지만 사량으로 판단하여 업식에 따라 허덕대는 것보다는 낫다는 것입니다.

大參相公은 平昔所學이 已見於行事하니 臨禍福之際하여 如精金入火에 愈見明耀할것이며 又決定知華嚴重重法界가 斷非虛語則定不作他物想矣리라 其餘七顚八倒에 或逆或順과 或正或倒도 亦非他物이니 願公은 常作此觀하라 妙喜도 亦在其中이니 異日에 相從於寂寞之濱하여 結當當來世香火因緣하여 成就重重法界하여 以實其事면 豈小補哉리요 更須下箇注脚하노니 卽今遮一絡索을 切忌作寓言指物會어다 一笑하노라.

대참상공(大參相公; 이참정 태발)은 평소에 공부한 바가 이미 행위에 나타나니 죽을 때 복을 받고 화를 받음에 임하여 마치 순수한 금이 불속에 들어가면 더욱 밝게 빛남을 보는 것과 같습니다. 또한 화엄중중법계가 결단코 헛된 말이 아님을 확실히 알았다면 반드시 다른 물건이라는 생각을 하지 아니할 것입니다. 그 나머지 평생 살아오면서 일곱 번 넘어지고 여덟 번 엎어지면서 [七顚八倒] 혹 역경계나 혹 순경계와 혹 바르고 혹 뒤바뀜도 또한 다른 물건이 아닙니다. 원컨대 그대는 항상 이러한 관(觀)을 지으십시오. 묘희도 또한 그 가운데 있습니다. 다른 날 적막한 경계에 서로 만나서 세세생생을 교화[香火]하는 인연을 맺고 중중법계를 성취하여 그 일을 전부 실답게 한다면 이 어찌 작은 도움이라 하겠습니까? 모름지기 다시 설명을 보충[注脚]하노니, 지금 이 한 줄거리 이야기를 '우언(寓言, 빗대는 이야기)'으로 사물을 가르킨다.' 라는 생각을 짓지 마십시오. 한번 웃노라.

'다른 물건이라는 생각을 하지 아니할 것입니다.' 란 뜻은 쓸데없는 망상을 부리지 않을 것이다. 즉 마음 밖에서 다른 것을 찾지 않을 것이란 뜻입니다.

'항상 이러한 관을 지으십시오.' 란 항상 각성하여 본심으로 돌아가는 반야바라밀을 지으라는 뜻입니다. 묘희도 또한 이와 같이 하고 있다고 했습니다. 지금 대혜스님도 칠전팔도七顚八倒하면서 반야바라밀을 수행하고 있다는 것입니다.

'다른 날 적막한 경계에 서로 만나서 세세생생 교화[香火]하는 인연을 맺고 중중법계를 성취하여 그 일을 실답게 한다면 어찌 작은 도움이라 하겠습니까?' 에서 '적막한 경계' 란 마음 길이 끊어진 자리 즉 확연히 각성한 자리입니다. 이러한 때에 서로 힘을 합하여 세세생생 교화에 힘쓰겠다는 인연을 맺고 온갖 법계를 장엄한다면 서로의 도움이 어찌 적다고 하겠습니까? 라고 묻는 것입니다.

'우언'이란 장자의 화술 중의 하나로서, 비교해서 타인을 비난하거나 훈계하는 것입니다. 일종의 풍자적으로 빗대는 말로서 주로 공자를 비판하는 데 많이 사용한 화술이라 합니다. 이솝 이야기나 조삼모사朝三暮四 같은 것입니다. 여기서는 대혜스님의 말씀은 우언 아닌 직설로서 나타낸 말임을 강조한 것입니다.

（答）

증종승 천은에게

曾宗丞 天隱

증종승의 이름은 증념(曾恬)이고, 자는 천은이다.
증량(曾亮)의 증손으로서 유안세劉安世와 교우하며
유학을 좋아했다.
소흥 때 대종정승(大宗正丞)을 역임.
이 글은 스님 나이 58세(소흥 16년, 1146)에
형주 귀양처에서 답한 편지다.

左右가 天資近道하고 身心淸淨하여 無他緣作障하니 只遮一段을 誰人能及이리오 又能行住坐臥에 以老僧所示省要處로 時時提撕니 休說一念相應하여 千了百當이라사 便是라하라 此生에 打未徹이라도 只恁麼崖到臘月三十日하면 閻家老子가 也須倒退三千里하여야 始得이니 何以故오 爲念念在般若中하여 無異念無間斷故라 只如道家流가 以妄心存想하여도 日久月深하면 尙能成功하여 不爲地水火風의 所使거든 況全念이 住在般若中이면 臘月三十日에 豈不能轉業耶아 而今人이 多是將有所得心하여 學道하나니 此是無妄想中에 眞妄想也라 但放敎自在어다 然이나 不得太緊하며 不得太緩이니 只恁麼做工夫하면 省無限心力이리라.

그대는 천부적 자질이 도에 가깝고 몸과 마음이 청정하여 다른 인연으로 장애를 짓는 바가 없으니 단지 이 한 가지만이라도 그 누가 따라갈 수 있겠습니까? 또한 능히 행주좌와에 노승이 보여준 바의 요긴한 가르침을 때때로 제시한다고 하니 '일념에 상응하여 천 가지를 요달하고 백 가지를 감당해야 옳다.' 는 생각은 내려놓으시고. 금생에 사무치지 못하더라도 다만 이렇게 죽을 때까지 밀고 간다면 염가노자가 도리어 삼천 리 밖으로 물러나야 할 것입니다. 이 무슨 까닭인고? 생각 생각이 반야 가운데 있어서 다른 생각이 없으며 끊어짐이 없기 때문입니다. 다만 저 도교를 믿는 사람들이 망심妄心에 생각을 두고서도 날이 오래고 달이 깊어지면 오히려 능히 공을 이루어서 지수화풍에 이끌리는 바가 되지 아니한데, 하물며 온전한 생각이 반야 가운데 머물러 있으면 죽을 때에 어찌 업력을 능히 이겨내지 못하겠습니까? 요즘 사람들이 흔히들 얻을 바가 있다고 여기는 마음을 가지고 도를 배우니 이것이야말로 망상 없는 가운데 진정한 망상이라. 다만 그 마음을 턱 놓아버리고 자연스럽게 할지어다. 그러나 너무 긴박하게도 하지 말며, 너무 느슨하게도 하지 말고 다만 그렇게 공부를 하다보면 마음의 힘을 덜게 되는 것이 무한할 것이리라.

강설

'일념 상응하면 천 가지를 요달하고 백 가지를 감당한다.'에서 증종승이 말하기를 '일념 상응은 여러 가지 생각이 일어날 때 한 생각으로 여러 가지 생각이 침범하지 못하게 하는 것을 말합니다. 즉 화두를 잡고 있으면 다른 생각이 들어오는 것을 막을 수 있다고 생각합니다.' 그러나 일체 생각을 따라가지 않는 것과 일체 생각이 작용함을 막는 것의 차이를 잘 모르고 하는 말입니다.

'그 마음을 내려놓아 버리고 자연스럽게 하십시오.'의 뜻은 일어나는 모든 생각을 자연스럽게 두고 그것에 걸리지 말라는 것입니다. 즉 혼란스런 생각이 일어나는 그 속에서 자기 본성을 잘 살펴야 된다는 것입니다.

左右가 生處란 已熟하고 熟處란 已生이면 十二時中에 自然不着枯心忘懷하며 將心管帶矣라 雖未透脫이나 諸魔外道가 已不能伺其便이오 亦自能與諸魔外道로 共一手同一眼하여 成就彼事하되 而不墮其數矣리라 除公一人에는 可以語此거니와 餘人은 非但不能如公行履라 亦未必信得及也니라 但於話頭上에看하라 看來看去에 覺得沒巴鼻沒滋味하여 心頭悶時에 正好着力언정 切忌隨他去어다 只遮迷悶이 便是成佛作祖하여 坐斷天下人의 舌頭處也니 不可忽不可忽일지다.

그대가 이미 생것[불심]은 익게 하고 이미 익은 것[중생심]은 설게 한다면, 하루 이십사 시간 중에 마음을 일으키지 않으려 하고, 생각을 하지 않으려하는 것에 집착하지 않고, 또한 마음을 지켜서 가지고 다니지도 않을 것입니다. (이렇게 해나가면) 비록 뛰어넘고 벗어나지는 못하였으나 온갖 마군과 외도가 이미 능히 틈을 엿보지 못할 것이며, 또한 스스로 능히 온갖 마군과 외도들과 함께 같이 손을 맞잡고 같이 함께 어울려서 교화의 일을 성취하더라도 그들의 무리에 떨어지지 아니할 것입니다. 오직 그대한 사람에게는 이러한 말을 할 수 있거니와 다른 사람에게는 어림도 없는 말입니다. 왜냐하면 다른 사람은 그 행리行履가 그대와 같지 않을뿐더러 또한 반드시 믿지도 아니할 것입니다. 오직 화두 위에서 살펴보십시오. 살펴보고 살펴보면 코끝(의지할 근거, 실마리)도 잃고 재미도 없어서 마음 나아갈 길이 답답함을 깨달을 때가 있을 것이며 이때 힘을 바짝 붙이는 것은 옳을지언정 절대로 다른 것에 따라가지 마십시오. 다만 이 마음이 답답한 그곳이 문득 부처를 이루고 조사가 되는 자리여서 앉은 자리에서 천하 사람들의 혀를 잘라버리는 곳입니다. 소홀히 여기지 말고 소홀히 여기지 마십시오.

강설

'마음을 일으키지 않으려 하고 생각을 하지 않으려 하는 것에 집착하지 않고 또한 마음을 지켜서 가지고 다니지도 않는다.' 는 것은 생각이 일어나면 일어나는 대로 그대로 두고 못 일어나게 하지도 말고 잡아서 놓지 않으려고 애쓰지도 않으면서 자연스럽게 일어나는 생각에 빠지지 않게 하는 것입니다. 즉 생각이 일어나면 즉시에 '무無' 하고 본심으로 돌아가기만 하라는 것입니다.

'온갖 마군과 외도들과 같이 함께 손을 맞잡고 같이 함께 어울려서 교화의 일을 성취하더라도 그들의 무리에 떨어지지 아니할 것입니다.'는 교화 중에서 동사섭을 나타냅니다. 교화를 하는 데 있어서 제일 어려운 부분이지요. 나쁜 습에 젖어있는 무리를 구제하기 위하여 그 무리 속에 들어가서 함께 하면서도 그 무리에 떨어지지 않는 것을 말합니다. 즉 중생 속에서 부처를 찾아야 된다는 것입니다.

'코끝(의지할 근거, 실마리)도 잃어버리고 재미도 없어서 마음 나아갈 길이 답답함을 깨달을 때가 있을 것이며 이때 힘을 바짝 붙이는 것은 옳을지언정 절대로 다른 것에는 따라가지 마십시오.' 는 수행이 깊어지면 생각이 더 이상 진행해갈 길이 끊어지는 백척간두의 경계에 다다르게 되는데, 이때가 바로 화두 들기가 좋은 기회로서 바짝 정신을 차리되 절대로 다른 방편을 따르지 말라는 것입니다. 일체 마군과 외도들을 함께 손잡는다는 것은 온갖 경계를 대하여 그들을 짝하여 그로부터 초월해야 되는 것입니다. 물리칠 생각도 없고 비난할 마음도 일으키지 않습니다.

특히 생각이 일어남을 알아서 즉시즉시 회광반조를 반복하다 보면 아무 재미도 없고 마음이 갈 곳을 잃어 답답함을 느낄 때가 옵니다. 이것이 공부가 익어감인 줄 알지 못하고 잘못되는 것이 아닌가하고 다른 방법을 찾는 것은 공부를 그르칠 수 있다는 것을 일러주신 것입니다.

答

왕교수 대수에게

王敎授 大授

왕대수에 대한 기록은 전해지지 않는다.
교수는 오경(五經)을 가르친 벼슬이다.

不識커라 左右가 別後에 日用如何做工夫오 若是曾於理性上
에 得滋味거나 經敎中에 得滋味거나 祖師言句上에 得滋味거
나 眼見耳聞處에 得滋味거나 擧足動步處에 得滋味거나 心思
意想處에 得滋味하면 都不濟事하리라 若要直下休歇일진대 應
是從前得滋味處하여 都莫管他하고 却去沒撈摸處와 沒滋味處
하여 試着意看하라 若着意不得하며 撈摸不得하여 轉覺得沒霸
柄可把捉하여 理路義路에 心意識이 都不行함이 如土木瓦石相
似時에 莫怕落空이어다 此是當人의 放身命處니 不可忽不可忽
이어다.

이별한 뒤에 일상에서 어떻게 공부하고 계신지요? 만약 일찍
이 이성理性에서 자미를 얻거나, 경교經敎에서 자미를 얻거나, 조
사들의 언구에서 자미를 얻거나, 눈으로 보고 귀로 듣는 데서 자
미를 얻거나, 발을 들어 걸음을 옮기는 데서 자미를 얻거나, 마
음으로 생각하고 뜻으로 헤아리는 데서 자미를 얻는다면 도무
지 공부를 성취하지 못할 것입니다. 만약 당장에 쉬어가는 본 소
식을 알고자 한다면 응당 종전에 자미를 얻던 곳을 도무지 관계
하지 말고 도리어 잡아갈 수 없는 그곳과 자미가 없는 곳에 다
시 가서 시험 삼아 뜻을 붙여 살펴보십시오. 만약 뜻을 붙이려
하나 붙이지도 못하고 잡아보려 해도 잡을 수 없어 칼자루를 잡
을 수 없음을 점점 깨달아서 이치의 길이나 의미의 길에 심의식이

전혀 나아가지 못하는 것이 마치 흙이나 나무나 기왓장이나 돌과 같이 된 때에 공에 떨어졌을까 염려하지 마십시오. 그곳이 바로 그대의 몸과 목숨을 놓아 버릴 곳이니 소홀히 여기지 말고 소홀히 여기지 마십시오.

강설

'만약 뜻을 붙이려 하나 붙이지도 못하고, 잡아 보려고 해도 잡을 수 없어 칼자루를 잡을 수 없음을 점점 깨달아서 이치의 길이나 의미의 길에 심의식이 전혀 진행하지 못하는 것이 마치 흙과 나무와 기왓장과 돌과 같이 된 때에 공에 떨어질까 염려하지 마십시오.'는 그 어느 때라도 마음이 움직이면 화두로 바꾸고 또 바꾸게 되면 생각이 갈 길을 잃고 심의식이 끊어지는 때가 온다는 것입니다. 이런 때 공에 떨어지는 것 아닌가? 하는 그런 걱정은 하지 말라는 말입니다. 이 자리가 바로 사량 망상이 끊어진 본심자리라는 것입니다. 이때도 힘을 붙이고 더 나아가라고 했습니다. 망상을 망상으로 물리칠 수 없습니다. 망상 위에서 망상을 벗어나야 합니다.

聰明靈利人은 多被聰明의 所障일새 以故로 道眼이 不開하여 觸途成滯하나니 衆生이 無始時來로 爲心意識의 所使하여

流浪生死하여 不得自在라 果欲出生死하여 作快活漢이면 須是
一刀兩段하여 絶却心意識路頭하야사 方有少分相應하리라 故
로 永嘉云損法財滅功德은 莫不由玆心意識이라시니 豈欺人哉
리오.

　총명 영리한 사람은 흔히 총명한 것의 장애를 입음으로 도의
눈이 열리지 못해서 가는 길이 막히게 됩니다. 중생들이 알 수 없
는 옛적부터 심의식의 부림을 당하여 생사에 유랑하고 자재함을
얻지 못합니다. 과연 생사를 벗어나서 쾌활한 사람이 되고자 한
다면 모름지기 일도양단해서 심의식이 가는 길을 끊어버려야 비
로소 상응함이 조금 있을 것입니다. 그러므로 영가永嘉대사가 '법
의 재산을 없애고 공덕을 소멸하는 것은 이 심의식을 말미암지
아니함이 없다.' 라고 하였으니 어찌 사람을 속였겠습니까?

　'심의식이 가는 길을 끊는 것' 이 무슨 뜻입니까? 생각을 못 일
어나게 하는 것이 아닙니다. 일어나는 생각에 꺼들리지 않는 것
을 말합니다. 생각이 일어나지 않으면 목석과 같습니다. 우리는
목석이 아닙니다. 일어나는 생각을 못 일어나게 할 수 있는 방법
이 있습니까?『법성게』에서 '진성심심극미묘眞性深深極微妙 불수
자성수연성不守自性隨然成' 이라 하였습니다. 마음작용은 극히 미

묘하여 인연에 따라서 자연히 일어나게 되어 있음을 갈파한 것입니다. 그러면 일어나는 마음 길을 끊어 내는 방법은 무엇입니까? 일어나는 그 마음을 각성하면 연을 따라가지 않는 것입니다. 이때 즉각적으로 '무無' 하고 화두를 드는 것입니다.

頃蒙惠敎하니 其中種種趣向이 皆某平昔의 所訶底病이라 知是般事하여는 颺在腦後하고 且向沒巴鼻處와 沒撈摸處와 沒滋味處하여 試做工夫看하되 如僧이 問趙州호대 狗子도 還有佛性也無잇가 州云無어다 尋常에 聰明人은 纔聞擧起하고 便以心意識으로 領會하며 博量引證하여 要說得有分付處하나니 殊不知不容引證하며 不容博量하며 不容以心意識으로 領會로다 縱引證得하며 博量得하며 領會得이라도 盡是髑髏前의 情識邊事라 生死岸頭에 定不得力하리니 而今普天之下에 喚作禪師長老者의 會得分曉底는 不出左右書中에 寫來底消息耳라 其餘種種邪解는 不在言也로다

전번에 보내온 글을 보니 그 가운데 가지가지 공부하는 방식[趣向]이 모두 내가 평소에 꾸짖은 바의 병통이었습니다. 이 일이 오직 큰일인 줄 알고 모든 망상을 뒷전으로 날려 버리고 실마리를 잡을 수 없는 곳과 잡으려야 잡을 수 없는 자리도 잊어버리

고 자미 없는 곳을 향해서 공부를 지어 가되, '어떤 승려가 조주 화상에게 묻기를, 개도 불성이 있습니까? 조주가 말하되, 없다.' 라고 한 것을 살펴보십시오. 평소에 총명한 사람은 화두를 막 들 추는 것을 듣자마자 곧 바로 심의식心意識으로 알아버리고는 널 리 헤아려 증거를 이끌어 와서 스승이 인증[分付處]함을 얻으려 하나니 달리 인증함을 용납하지 아니하고, 널리 헤아림을 용납 하지 아니하며, 심의식으로써 이해하는 것을 용납하지 아니함을 전혀 알지 못함이로다. 비록 인증할 수 있으며, 널리 헤아릴 수 있으며, 이해할 수 있을지라도 이것들이 모두가 제팔식[髑髏] 앞 에서 이뤄지는 정식情識의 언저리 일들입니다. (이렇게 해서는) 생 사의 언덕을 넘는 데는 절대로 힘을 얻지 못합니다. 요즘 온 천 하에서 선사라 하고 장로라 부르는 이들의 깨달아 알고 있다는 것들이 모두 그대가 써서 보낸 내용에서 벗어나지 못합니다. 그 나머지 갖가지 삿된 견해들은 다 말하지 않겠습니다.

강설

'인증함을 용납하지 아니하는 줄을 알지 못하며' 라는 뜻은 이 치로 따져서 증명하여 받는 것을 용납하지 않는 줄을 알지 못한 다는 것입니다. 본분자리는 일체가 용납되지 않는 자리인데 그 것을 모르고 무언가 있는 줄 알고 그것을 찾는다는 것입니다. 이 것저것 경구나 조사 어록의 낱말을 주워 와서 이치에 맞게 말하면 그렇다 하고 대답해주기를 바라지만 개구즉착開口即錯(입을 열면 즉시 어긋남)하는 그 자리는 망심으로 통할 수 있는 자리가 아닙니다.

'제팔식[髑髏]앞에서 이뤄지는 정식情識 언저리의 일들' 이란 8식 앞의 전5식에서 7식까지의 식으로서 사물을 보고 일어나는 감각적인 모든 의식이라는 뜻입니다. 정식이란 문자대로 말하면 해골 바가지 앞에 일어나는 일인데, 해골은 생각을 일으킬래야 일으킬 수 없지만 살아 있는 한 생각이 일어나지 않을 수 없습니다. 그러니 생각이 일어나지 않는 이전 자리에서는 모두 부질없는 것임을 비유한 것입니다.

密首座가 某與渠로 同在平普融會中하여 相聚하고 盡得普融要領하여 渠自以爲安樂이나 然이나 所造者가 亦不出左右書中消息이더니 今始知非하여 別得箇安樂處코사 方知某의 無秋毫相欺러라 今特令去相見하노니 無事時거든 試令渠로 吐露看하라 還契得左右意否아 八十翁翁이 入場屋은 眞誠이라 不是小兒戲니라 若生死到來에 不得力이면 縱說得分曉하며 和會得有下落하며 引證得無差別이라도 盡是鬼家活計라 都不干我一星事니라 禪門種種差別異解는 唯識法者懼라 大法不明者는 往往에 多以病爲藥하나니 不可不知니라.

충밀沖密수좌首座가 나와 함께 평보륭平普融선사 회상에서 만나 같이 공부하여 보륭선사의 긴요한 요지를 모두 얻어서 그는 스스로 그것을 안락으로 여겼습니다. 그러나 그가 짓는 공부가 또한 그대가 편지에서 들려준 내용을 벗어나지 못하더니 그가 요즘에야 비로소 잘못된 공부인 줄 알고 다른 안락처를 얻고는 비로소 저의 가르침이 추호만치도 서로 속이지 아니함을 알게 되었습니다. 그대가 지금 가서 서로 만나 보길 특별히 권하노니 일이 없을 때 한번 가서 시험 삼아 그에게 (불법을) 털어 내게 해서 그대의 뜻에 계합하는지 한번 보십시오. 팔십 세가 된 늙은이가 과거 시험장에 들어가는 것은 진실로 정성으로 하는 일이니 아이들의 장난이 아닙니다. 만약 생사가 다가올 때 힘을 얻지 못하면 비록 설명이 분명하고 이해함이 제대로 들어맞으며, 이끌어 증명하는 것이 틀리지 않을지라도 모두가 귀신들의 살림살이라 나의 본분자리에는 도무지 간섭할 것이 조금도 없습니다. 선문의 가지가지 차별적인 다른 견해들이 많지만 오직 법을 아는 자를 두려워함이라 큰 법을 밝히지 못하는 것은 왕왕 병으로써 약을 삼기 때문이니 필히 알지 못하면 안될 것입니다.

강설

'나의 본분자리에는 도무지 간섭할 것이 조금도 없습니다.'는 공부하는 사람이 자기 본분자리를 잘 지키면 되는 것이지, 이해해서 알고 따져서 알고 명료하게 해석하는 것들은 모두 마군의 소관이기에 귀신 굴에 빠지는 일이라는 것입니다. 즉 자기 본성 자리는 간섭할 아무것도 없다는 뜻입니다. 완전한 성불 자리이기 때문입니다.

'병으로서 약을 삼는다.' 는 것은 망상으로 망상 병을 고치려고 한다는 말입니다. 모든 것을 내려놓아서 본래자리에 들어가지 못하면 모두 병통입니다. 무슨 말이냐 하면 화두를 끊지 않고 들고 있으면 된다고 하니, 화두를 못 버리고 집착하여 화두만 붙잡고 있다는 말입니다. 화두는 자신의 본성을 찾는 도구이지 목적이 아닙니다. 화두에 자기 자신을 묶어 놓는 것이 목적이 아닙니다. 어떤 경계에 부딪혀 혼란이 생길 때 각성하여 얼른 화두의 배를 타고 '무無!' 하고 본심으로 돌아와 버리면 그만입니다. 이 '무無'가 무슨 뜻인고? 왜 '무자無字' 일념이 안되는고? 이런저런 생각으로 따지는 것이 병통이란 말입니다. 그런데 이 병을 알게 되면 병이 곧 약이 됩니다.

（答）

유시랑 계고에게 1

劉侍郎 季高 1

유시랑은 오흥(吳興) 사람이다.
이름은 유금(劉岑)이고 자는 계고
그리고 호를 해공(解空)거사라 했다.
스님 60세(소흥 18년 1148)에
형주 귀양지에서 보낸 편지다.

示諭하되 臘月三十日이 已到라 要之日用이라하니 當如是
觀察則世間塵勞之心이 自然銷殞矣라 塵勞之心이 旣銷殞則來
日이 依前孟春猶寒矣리라 古德이 云欲識佛性義면 當觀時節因
緣이라하시니 此箇時節은 乃是黃面老子의 出世成佛하시고 坐
金剛座하여 降伏魔軍하고 轉法輪度衆生하며 入涅槃底時節이
니 與解空의 所謂臘月三十日時節로 無異無別이니라 到遮裏하
여서는 只如是觀이니 以此觀者는 名爲正觀이요 異此觀者는
名爲邪觀이라 邪正을 未分이면 未免隨他時節遷變하리니 要得
不隨時節면 但一時放下着하여 放到不可放處하면 此語도 亦不
受라 依前只是解空居士요 更不是別人이니라.

편지에 말씀하시기를, 죽을 날이 이미 얼마 남지 않아서 (가
르쳐 주신) 요긴한 수행법으로 일상을 보낸다고 하니, 마땅히 이
와 같이 관찰하면 세간 진로의 마음이 자연히 녹아 없어질 것입
니다. 진로의 마음이 이미 녹아 없어지면, 삼동三冬이 지나고 막
삼춘三春이 되지만 추위는 오히려 옛날 그대로입니다. 고덕(백장
회해선사)께서 '부처님의 성품을 알고자 하면 마땅히 시절 인연
을 잘 관찰하라.' 라고 하였습니다. 여기서 말한 시절이란 황면
노자(부처님)가 세상에 태어나셔서 부처를 이루고, 금강좌에 앉
아서 마군을 항복 받으시며, 법륜을 굴리어 중생들을 제도하시
고 열반에 들어가신 일생을 말합니다. 그대 해공解空거사가 말한

납월 삼십일의 시절과 다름이 없습니다. 여기에 이르러서는 다만 이와 같이 관찰하십시오. 이렇게 관찰하는 것은 바른 관찰이라 이름하고 이와 다르게 관찰하는 것은 삿된 관찰이라 이름합니다. 삿되고 바른 것을 분별하지 못하면 옛 시절을 따라 천변함을 면하지 못할 것입니다. 시절을 따르지 않고자 한다면 다만 일시에 모두 내려놓으십시오. 내려놓는 것이 더 이상 내려놓을 수 없는 경지까지 이르면 제가 하는 이 말도 또한 받아들일 필요가 없을 것입니다. 옛날 그대로 다만 해공거사요 다시 다른 사람이 아닐 것입니다.

강설

'진로의 마음이 이미 녹아 없어지면 삼동三冬이 지나면 삼춘三春의 계절이 되지만 추위는 오히려 옛날 그대로입니다.' 이것이 중요한 말입니다. 동지가 지나면 바로 봄에 들어가지만 추위는 여전히 그대로입니다. 즉 깨닫고 나면 환히 밝아지지만 지난날의 습성은 그대로 남아 깨닫기 전과 같다는 말입니다. 깨쳤다고 바로 모든 습성이 제거되는 것이 아니라는 것입니다. 그래서 세세생생 수행해야 합니다. 단지 수행법은 돈수가 필요한 것입니다. 돈수란 순간순간 본성자리를 자각하여 번뇌의 근본을 송두리째 뽑아버리고 숙습을 제거해 가는 수행법을 말합니다.

본문에서 해공의 일생과 부처님의 일생이 다를 바가 없다고 했습니다. 부처님이 깨침을 얻었지만 바로 부처를 이루지 못하고 삼칠일 동안 금강좌에 앉아서 모든 마군의 항복을 받은 후에 성불을 이루신 것입니다. 부처님은 세세생생 닦아 오셨기 때문에 이생에서 그 짧은 기간 동안에 모든 마군을 항복받았지만 우리 범부중생은 깨쳐서 마음이 좀 밝아졌다고 하더라도 전생의 습성을 쉽게 제거하기가 어렵습니다. 그러니 부처님이 성불하시고 열반하실 때까지 삼매에 상주하신 것과 같이 우리 중생들도 깨달음을 얻고 청정본심을 의지하여 분별심이 일어날 때마다 본심에 돌아가서 삼매를 얻어 부처님께서 상주불심하신 것과 같이 하라는 말입니다.

'삿되고 바른 것을 분별하지 못하면 옛 시절을 따라 변천함을 면하지 못할 것입니다.'는 부처님과 같이 청정본심을 지키지 못하면 또다시 깨치기 전의 옛날처럼 습성에 따라 굴림을 당할 수밖에 없다는 것입니다. '견성 즉 성불'이라 주장하는 것은 역대 조사의 가풍이 아닙니다. 대혜스님도 하루에 칠전팔도(일곱 번 자빠지고 여덟 번 넘어진다는 뜻)한다고 하지 않습니까? 공부길 한번 잘못 들면 그 병을 고치기 어렵습니다.

유시랑 계고에게 2

劉侍郎 季高 2

吾佛大聖人이 能空一切相하여 成萬法智하시되 而不能卽滅
定業이온데 況縛地凡夫耶리오 居士는 旣是箇中人이라 想亦入
是三昧리라 昔에 有僧이 問一老宿하되 世界恁麼熱하니 未審
커라 向甚麼處回避닛고 老宿이 曰向鑊湯爐炭裏하여 回避니라
曰只如鑊湯爐炭裏에 作麼生回避닛고 曰衆苦不能到라하시니
願居士는 日用四威儀中에 只如此做工夫하여 老宿之言을 不可
忽이어다 此是妙喜의 得効底藥方이라 非與居士로 此道相契하
며 此心相知이면 亦不肯容易傳授하리니 只用一念相應草湯下
언정 更不用別湯使어다 若用別湯使면 令人發狂하리니 不可不
知也니라.

우리 부처님 대성인께서 능히 일체의 상을 비워서 일체 만법
을 통달하는 지혜를 성취하셨습니다. 그러나 능히 결정된 업은
소멸하지 못했습니다. 하물며 일체 번뇌에 얽혀 있는 범부이겠
습니까? 거사께서도 이미 이 중의 한 사람입니다. 또한 이 삼매
에 들 것이라 생각합니다. 옛날에 어떤 승려가 한 노숙에게 물
었습니다. '세계가 이렇게 뜨거운데 어떤 곳에 가야 피할 수 있
겠습니까?' 노숙이 대답하였습니다. '펄펄 끓는 가마솥과 뜨거
운 화로 속에 나아가서 피하라.' '펄펄 끓는 가마솥과 뜨거운
화로 속에서 어떻게 피합니까?' '(이곳은) 모든 고통이 이르지
못하느니라.' 라고 하였습니다. 원컨대 거사는 일상의 행주좌와

에서 다만 이와 같이 공부를 지어서 노숙의 말씀을 소홀히 여기지 마십시오. 이것은 묘희妙喜가 효험을 얻은 약방문입니다. 거사와는 달리 이러한 도가 서로 계합하지 못하고 이러한 마음을 서로 알지 못하는 사람에게는 (이러한 도를) 쉽게 전수하지 못할 것입니다. 다만 일념상응초탕一念相應草湯을 사용할지언정 다시 별다른 약을 사용하지 마십시오. 만약 별다른 약을 사용한다면 사람으로 하여금 미쳐 발광하도록 할 것입니다. 불가불 꼭 알아야합니다.

강설

화탕노탕은 바로 번뇌망상이 들끓는 고통의 자리 아닙니까? 고통이 크면 다른 고통이 들어오지 못하고 오롯이 한 고통만 존재합니다. 그러면 이 고통만 없애면 바로 극락이 될 것 같지요? 그러나 다시 이 고통보다 더 큰 고통이 오면 앞의 고통은 흔적도 없이 사라집니다. 이것은 고통이 본래로 없다는 것입니다. 고통받는 그 화탕노탕 자리가 바로 부처님 자리입니다. 왜냐하면 고통의 자리가 바로 고통이 끊어져 없어질 자리이기 때문입니다. 그곳이 고통을 해소할 자리인 본성자리입니다. 이 본성자리 말고는 고통을 근본적으로 해결할 자리는 없습니다. 일상에서 생기는 크고 작은 모든 생각을 회피하지 말고 그 본질이 비었다는 것을 깨닫는 것, 즉 망상을 바로 불심으로 바꾸는 공부 외에는

다른 길이 없다는 것을 알아야 할 것입니다. 일념상응초탕으로
팔만사천 망상병을 다스리면 이보다 더한 약이 또 있겠습니까?
생각이 일어나면 즉시 깨닫는 염기즉각念起卽覺 이것이 상응초탕
입니다.

一念相應草는 不用他求라 亦只在居士의 四威儀中에 明處
는 明如日하고 黑處는 黑似漆이니 若信手拈來하여 以本地風
光으로 一照하면 無有錯者하여 亦能殺人하며 亦能活人하리라
故로 佛祖가 常以此藥으로 向鑊湯爐炭裡하여 醫苦惱衆生의
生死大病일새 號大醫王이라하니 不識커라 居士는 還信得及否아
若言我는 自有父子不傳之妙方이라 不用向鑊湯爐炭裡하여 回
避底妙術이면 却望居士의 布施也하노라.

일념상응초는 다른 곳에서 구하지 못합니다. 또한 다만 거사
의 행주좌와 하는 가운데 밝은 곳은 밝기가 태양과 같고 검은 곳
은 검기가 칠흑과 같은 그곳에 있습니다. 만약 신심이 있는 손으
로 잡아내어 본지풍광本地風光으로써 한번 비추면 능히 사람을
죽이기도 하며 또한 능히 사람을 살리기도 하는 것에 착오가 없
을 것입니다. 그러므로 부처님과 조사가 항상 이 약으로써 펄펄
끓는 가마솥과 뜨거운 화로 속으로 나아서 고뇌에 빠진 중생들

의 생사의 큰병을 치료하시니 이름 붙여 큰 의왕[大醫王]이라 합니다. 알지 못하겠습니다. 거사께서는 또한 믿음이 가는지요? 만약 말하기를, '나는 스스로 아버지와 아들 사이에도 서로 전하지 못하는 묘한 방책[妙方]이 있기 때문에 펄펄 끓는 가마솥과 뜨거운 화로 속을 향하여 회피할 수 있는 묘술을 사용하지 않는다.' 라고 한다면 도리어 바라노니 거사는 나에게 그 묘책을 좀 알려 주십시오.

강설

'일념상응초'는 한 생각으로 만병을 치유하는 약으로써 마음 씀씀이를 나타냅니다. 이 마음은 명료할 때는 밝기가 태양과 같고 혼미할 때는 칠흑과 같이 어두우나 그 어느 때나 항상 본심을 여의지 못합니다. 즉 각성을 하여 깨달음의 상태에서는 모든 것이 명료하지만 망상을 부리면 한 치 앞도 보이지 않는 것이 마음의 작용임을 보인 것입니다. 그러나 각성 상태의 마음이나 망상에 덮힌 마음이나 본래 동일한 내 마음속의 일입니다. 이것을 믿는 마음이 확실한 경우에는 어떠한 생각이 일어나더라도 거울 보듯이 확실하게 본심으로 비추어서 그 능력이 명료하게 나타날 것입니다. 이렇게 '일념상응초' 를 쓰게 되면 능히 사람을 죽이기도 하며 또한 능히 사람을 살리기도 하는 것입니다. 즉 망상을 지을 때는 망상을 죽이고 각성이 안되어서 혼미할 때는 각성을 하게 될 것이라는 뜻입니다. 달리 표현하면 내 마음을 죽이고 살리는 것을 자재할 수 있다는 것입니다.

'아버지와 아들 사이에도 서로 전하지 못하는 묘한 방책[妙方]'이란 부처님의 이심전심으로 전법하신 비밀한 법이 따로 있을 것이라 믿는 사도들의 견해를 경책한 말입니다. 여기서는 그 고통이 화로 속과 같고 가마솥과 같은 중생의 번뇌망상을 벗어나는 길은 화로 속과 고통을 떠나 다른 곳에서 묘책을 찾는 것이 아닌 바로 그 화로 속에서 본지풍광을 회광반조해 보는 일념상응초 밖에는 다른 묘약이 없음을 강조하는 것입니다.

答

이낭중 사표에게

李郎中 似表

이낭중의 이름은 이미손(李彌遜) 이고 자는 사표이다.
거랑(居郞) 단장(端漳) 두 주(州)의 지사(知事) 등을 역임했다.

士大夫가 學此道하되 不患不聰明하고 患太聰明耳며 不患
無知見하고 患知見太多耳니라 故로 常行識前一步하고 昧却脚
跟下의 快活自在底消息하나니 邪見之上者는 和會見聞覺知하
여 爲自己하며 以現量境界로 爲心地法門하고 下者는 弄業識
하여 認門頭戶口하며 簸兩片皮하여 談玄說妙하며 甚者는 至
於發狂하여 不勒字數하고 胡言漢語로 指東畫西하며 下下者는
以黙照無言과 空空寂寂으로 在鬼窟裡着到하여 求究竟安樂하
며 其餘種種邪解가 不在言而可知也로다.

冲密等이 歸에 領所賜敎하여 讀之하니 喜慰는 不可言이로
다 更不復敍世諦相酬酢하고 只以左右向道勇猛之志로 便入葛
藤하노니 禪無德山臨濟之殊와 法眼曹洞之異건만 但學者가 無
廣大決定志而師家도 亦無廣大融通法門故로 所入이 差別이나
究竟歸宿處는 並無如許差別也니라.

사대부가 이 도를 배우는데 총명하지 못함을 근심하지 말고
너무 총명함을 걱정하며, 지견이 없음을 걱정하지 말고 지견이 너
무 많음을 걱정하여야 합니다. 그러므로 항상 식識이 일보 앞에
작용하여 직하[脚跟下]에 쾌활하고 자재하여야 할 소식을 어둡
게 해 버립니다. 삿된 견해가 높은 사람은 견문각지로 화회함(알
아버림)을 자기로 삼으며, 또한 앞에 드러난 경계로써 심지법문
을 삼습니다. 삿된 견해가 낮은 사람은 업식業識을 희롱하여 제

마음대로 대문을 만들고 입구를 삼고는 두 입술을 까불어서 현묘한 도리를 함부로 설합니다. 삿된 견해가 심한 사람은 발광하는 데까지 이르러 경전의 말씀도 눌러 버리고 오랑캐 말이나 한인의 말로 동東을 가리키며 서西를 그립니다. 삿된 견해가 가장 적은 사람은 묵묵히 비추어 말 없음과 공적하고 공적함을 쫓아 귀신굴에서 구경의 안락을 구합니다. 그 외의 갖가지 삿된 견해들은 말하지 않더라도 잘 아실 것입니다.

충밀冲密수좌 등이 돌아올 때 종무소에서 가져온 편지를 받아 읽어보고 기쁘고 위안이 됨을 가히 말로 다할 수 없습니다. 더이상 세상사 이야기를 펼쳐서 서로 수작함을 반복하지 말고 그대는 오직 도를 향한 용맹스런 뜻을 갖고 곧바로 갈등 속으로 들어가야 합니다. 선禪에는 덕산과 임제가 다름이 없고 법안과 조동의 다름이 없습니다. 다만 공부하는 사람들이 넓고 큰 결정적인 뜻이 없고 스승들도 또한 넓고 큰 융통한 법문이 없기 때문에 들어가는 곳은 차별이 있으나 구경으로 돌아가는 곳은 모두 차별이 없다는 것을 모릅니다.

> **강설**

'항상 식識이 일보 앞에 작용하여 직하[脚跟下]에 쾌활하고 자재하여야 할 소식을 어둡게 해 버립니다.' 는 총명이근의 알음알이가 선입견으로 작용하여 깨어 있어야 할 불성작용보다 먼저 작용을 일으키는 것을 말합니다. '견문각지로 화회和會함'은 보고 듣는 감각이 업식과 타협하여 결정짓는 마음이라 '옳다 그르다' 하는 분별심이니 도道와는 거리가 먼 것입니다.

'오랑캐 말이나 한인漢人의 말로 동을 가리키며 서를 그린다.'는 것은 바른 길을 가고자 하면서 실제로는 삿된 길을 가고 있다는 것입니다.

'세상사 이야기를 펼쳐서 서로 수작함을 반복하지 않고'에서 수작酬酌이란 술잔을 주고받고 하면서 담론하는 것을 말합니다. 그러니 세속의 잡다한 일에 정신이 팔리는 것을 더 이상 반복하지 않는다는 것입니다.

'곧바로 갈등 속으로 들어가야 합니다.'는 갈등이 일어나는 곳이 곧 본성자리이니 그곳에는 본래 갈등이 없는 자리임을 알아차려라는 것입니다.

'선에는 덕산과 임제가 다름이 없고 법안과 조동이 다름이 없습니다.'에서 덕산스님은 '몽둥이'로 선을 열고, 임제스님은 '할'로써 선을 이끌었지만 깨쳐서 들어간 자리는 같다는 말입니다. 그리고 법안종의 '이사무애 원흉' 종지나 조동종의 묵조 수행으로 깨우치게 하는 등의 여러 종파가 있지만 이 역시 마찬가지로 선종오가가 한 집안임을 말한 것입니다.

'넓고 큰 결정적인 뜻이 없다'는 것은 배우는 사람이 공부 방법에 대한 확고한 믿음이 없다는 것입니다. 즉 회광반조만 하면

서서히 공부가 익어가는 것을 믿지 못한다는 뜻입니다. 또한 많은 스승들도 광대 융통한 법문이 없기 때문에 도에 들어감에 있어 모든 수행이 각자 방법은 다르지만, 궁극적으로는 동일한 깨침으로 들어가는 것을 잘 모른다는 내용입니다.

示諭하되 欲妙喜因書하여 指示徑要處라하니 只遮求指示徑要底一念이 早是刺頭入膠盆了也라 不可更向雪上加霜이라 雖然이나 有問에 不可無答이니 請左右는 都將平昔에 或自經敎話頭거나 或因人擧覺指示 得滋味歡喜處하여 一時放下하고 依前百不知百不會하되 如三歲孩兒相似하여 有性識而未行이면 却向未起求徑要底一念子前頭하여 看하라 看來看去에 覺得轉沒巴鼻하여 方寸에 轉不寧怗時에 不得放緩이어다 遮裡가 是坐斷千聖의 頂寧處라 往往學道人이 多向遮裡하여 打退了하나니 左右가 若信得及이면 只向未起求徑要指示一念前하여 看하라 看來看去에 忽然睡夢覺하리니 不是差事라 此是妙喜平昔에 做底得力工夫니 知公의 有決定志故로 拖泥帶水하여 納遮一場敗闕하노니 此外에 別無可指示라 若有可指示면 則不徑要矣리라.

편지에서 말씀하시기를, 묘희에게 공부하는 요긴한 길을 글로써 지시해 주기를 부탁하였습니다. 다만 이와 같이 '공부하는 요긴한 길을 지시해 주기를 구하는 한 생각'이 이미 아교풀 단지에 머리가 들어가 버린 것입니다. 더 이상 백설 위에 서리를 더하지 마십시오. 비록 그러하나 질문이 있는데 대답이 없을 수 있겠습니까? 청하노니 그대는 평소에 혹 스스로 경전을 보거나 화두를 들거나, 혹 사람들이 화두 들기를 지시함에 따라서 재미를 얻고 환희를 얻은 것들을 모두 일시에 내려놓으십시오. 그래서 아무것도 알지 못하고 아무것도 회통하지 못한 것이 마치 세 살 먹은 아이와 같아서, 성품과 의식은 있으나 전혀 움직이지 않게 되거든 그때 도리어 공부에 요긴한 길을 구하려는 한 생각 이전을 잘 살펴보십시오. 살펴보고 살펴보아 점점 실마리를 잡을 수 없는 상황에 도달하여 마음이 더욱 답답하여 편치 못함을 깨닫는 때에 살펴봄을 느슨하게 하지 마십시오. 이러한 경지가 바로 앉은 자리에서 모든 성인들의 정상을 뛰어넘는 곳입니다. 왕왕 도를 배우는 사람들이 이러한 경지에서 물러서 버립니다. 그대가 만약 믿는다면 다만 '공부에 요긴한 길을 지시해 주기를 구하는 한 생각이 일어나기 이전'을 향해서 살펴보십시오. 살펴보고 살펴보면 홀연히 잠을 자다가 꿈을 깨듯 할 것입니다. 이것은 잘못된 일이 아닙니다. 묘희가 평소에 공부를 지어서 힘을 얻은 바입니다. 그대는 결정적인 의지를 갖고 있음을 알기 때문에 진흙을 묻히고 물을 뒤집어쓰면서 이 한바탕의 허물을 바칩니다. 이것

외에 달리 지시할 것이 없습니다. 만약 달리 지시할 것이 있다면 공부에 필요한 요긴한 길이 아닙니다.

강설

'공부함에 있어 첩경으로 들어갈 수 있는 요긴한 길을 가르쳐 달라'는 마음을 내는 순간 이미 공부에 방해가 되는 번뇌망상의 아교풀에 착 달라붙어 버립니다. 그러니 경전을 보고 화두를 들고 하는 이것저것 노력하던 모든 것을 깨끗이 놓아 버리고 텅텅 비워 버려라 이 말입니다. 이렇게 비워서 본심에 상응해나가면 마치 세살배기 아이가 의식은 갖고 있으나 행동은 나오지 않는 것과 같습니다. 기력이 없는 상태가 되어 앞뒤가 막히고 도무지 공부의 가닥이 서지 않아서 답답한 순간이 다가올 것입니다. 경계가 본심에 연결되면 사로四路 갈등이 끊어지고 시비분별이 사라지니까 그 나아갈 길이 끊어져 버리고 아무런 시비가 서지 않습니다.

중생은 무언가에 대하여 옳다든지 나쁘다든지 판단하는 습관이 붙어 있기 때문에 이 시비 판단이 안 서면 답답함을 느낍니다. 그러나 이것은 공부에 제대로 잘 들어가고 있다는 것을 알아야 합니다. 이것이 잘못되고 있구나! 이렇게 판단하고 여기서 머물거나 물러나면 더 이상 나아갈 수 없습니다. 이때가 바로 백척간두에 도달한 때입니다. 이때야말로 진일보하여 홀연히 깨침을 여는 자리라는 것입니다.

　이 편지의 요지는 한 생각이 일어남을 놓쳐버리면 온갖 경계에 휘둘린 나머지 불성 작용이 일어나기 이전에 중생심이 먼저 작용하는 것이 찰나지간인 것을 자세히 설명하였습니다. 그래서 한 생각 일어나기 이전 소식을 알아야 할 것입니다. 또한 일념이 일어나기 전에 머물지 못함을 탓하여도 안 됩니다. 부처님도 일념 이전의 자리에 마음을 묶어두신 것이 아닙니다. 한 생각도 놓치지 않은 각성한 상태이지 마음이 한 곳에 멈추어서 작용하지 않는 것이 아니라는 것을 알아야 합니다. 머문다, 주住한다, 또는 거居한다 하는 말이 불교 용어로 많이 사용되지만 부득이 마음을 그곳에 두고 생각의 무수한 작용을 보자는 것이지 생각을 멈추어서 움직이지 못하게 한 것이 아닙니다. 그저 ‘일념미생전’의 소식을 놓아 버리지만 마십시오.

이보문 무가에게

李寶文 茂嘉

이보문의 이름은 이초(李楚)이고 자는 무가이다.
보문학사를 역임했다.
이 글은 스님 60세(소흥 18년 1148년)에
형주 귀양지에서 보낸 편지이다.

向承示諭하니 根性이 昏鈍하여 而黽勉修持하니 終不得超悟
之方이라하니 某가 頃在雙徑하여 答富季申所問이 正與此問으
로 同이라 能知昏鈍者는 決定不昏鈍이니 更欲向甚處하여 求
超悟리요 士大夫가 學此道하되 却須借昏鈍而入이라 若執昏鈍
하여 自謂我無分하면 則爲昏鈍魔의 所攝矣이라 蓋平昔에 知
見이 多하여 以求證悟之心이 在前作障故로 自己正知見이 不
能現前이나 此障도 亦非外來며 亦非別事라 只是箇能知昏鈍底
主人公耳니라 故로 瑞巖和尙이 居常在丈室中하여 自喚云主人
公아 又自應云諾다 惺惺着하라 又自應云諾다 他時後日에 莫
受人謾하라 又自應云諾諾이라하니 古來에 幸有恁麼牓樣인댄
謾向遮裡하여 提撕看是箇甚麼오하라 只遮提撕底도 亦不是別
人이라 只是遮能知昏鈍者耳며 能知昏鈍者도 亦不是別人이라
便是李寶文의 本命元辰也니 此是妙喜의 應病與藥이라 不得已
略爲居士하여 指箇歸家穩坐底路頭而已로라.

　지난날 보내온 편지를 받아 보니 '근성이 어둡고 둔하여 힘쓰
고 힘써서 닦아 지니지만 마침내 뛰어나 깨닫는 방법을 얻지 못
했다.' 하니, 내가 과거에 쌍경사에 있을 때 부계신富季申[부추밀
계신]의 질문에 답한 적이 있는데 그대의 질문이 이와 꼭 같습니
다. 능히 어둡고 둔함을 아는 그것(본심)은 결정코 어둡고 둔한
것이 아니니 다시 어느 곳을 향해서 뛰어난 깨달음을 구하고자

하겠습니까? 사대부가 이 도를 배우는데 있어서 도리어 어둡고 둔함을 빌려서 도에 들어가야 합니다. 만약 어둡고 둔함에 집착하여 스스로 말하기를, '나는 도를 배울 (본)분이 없다.' 라고 한다면 어둡고 둔함의 마군에게 포섭된 바가 된 것입니다. 대개 평소에 지견이 많아서 깨달음을 구하는 마음이 앞서면 이것의 장애를 받기 때문에 자기의 바른 지견을 앞에 나타내지 못합니다. 이러한 장애도 밖에서 온 것이 아니며 또한 별다른 일도 아닙니다. 다만 능히 어둡고 둔함을 아는 주인공일 뿐입니다. 그러므로 서암瑞巖화상이 항상 방장실에 계시면서 스스로를 불러서, '주인공아!' 하고 스스로 응답하여, '예' 하고 '정신 차려라' 하였습니다. 또 스스로 말하고 응답하되 '예', '훗날에 다른 사람에게 속지 말라' '예 예' 라고 하였습니다. 예부터 다행히 이러한 본보기가 있으니 느긋하게 이곳을 향해서 '이것이 무엇인가?' 하고 이끌어다 살펴보십시오. 이 이끌어 오는 사람도 또한 별다른 사람이 아닙니다. 다만 능히 어둡고 우둔함을 아는 사람일 뿐입니다. 능히 어둡고 둔함을 아는 사람도 또한 별다른 사람이 아니고 곧 이보문李寶文 본래면목[本命元辰]입니다. 이것이 묘희가 병에 응하여 약을 주는 방편이며, 부득이하여 거사를 위하여 집에 돌아가서 편안히 앉는 길을 조금 가르쳐 드린 것입니다.

이보문 자신이 어둡고 우둔하다는 생각이 일어나는 그 근본
자리에 들어가면 어둡고 우둔함이 있을 수 없으며 깨닫고 말고
할 것도 없습니다. 그러니 괜한 망상부리지 말고 성성하게 깨어
있으라는 이야기입니다. 이것이 대혜스님이 망상병을 치유하는
처방입니다. 어둡고 둔함을 빌려서 도에 들어가야 한다고 했죠?
이 어둡고 우둔한 생각이 일어날 때 정신을 바짝 차리고 혼미하
고 둔함을 아는 그 주인공을 찾아가라는 것입니다. 그 외에 별
다른 방도가 없습니다.

若便認定死語하여 眞箇喚作本命元辰則是認識神하여 爲自
己라 轉沒交涉矣이라 故로 長沙和尙이 云學道之人不識眞은
只爲從前認識神이니 無量劫來生死本이어늘 癡人은 喚作本來
人이라하니 前所云借昏鈍而入이 是也라 但只看能知是昏鈍底
는 畢竟是箇甚麽오 只向遮裡하여 看이언정 不用求超悟니 看
來看去에 忽地大悟去矣라 此外에 無可言者니라.

만약 죽은말[死語]을 인정하여 참다운 본래의 생명이라고 부
른다면 이것은 인식을 오인하여 신령스런 신神으로 삼아서 자기

라 하는 것입니다. 갈수록 더욱 더 (가르침에) 교섭할 수 없게 만들 것입니다. 그러므로 장사長沙화상이 말씀하시길, '도를 배우는 사람이 진리(불성, 도)를 알지 못하는 이유는 다만 인식을 신으로 삼고 좇아가기 때문입니다. 이것(인식)이 한량없는 세월의 생사의 근본인 줄 모르고 어리석은 사람이 본래인本來人이라고 부르도다.' 라고 하였습니다. 앞에서 말씀드린 '어둡고 둔함을 빌려 들어가라.' 라고 한 것이 바로 이 말입니다. 다만 능히 어둡고 우둔함을 아는 그것은 필경에 무엇인가를 잘 살펴보십시오. 다만 이 속을 향해서 살펴볼지언정 이것을 벗어나 깨닫기를 구하는 마음을 구하지 마십시오. 살펴보고 살펴보면 홀연히 크게 깨닫게 될 것입니다. 이것 밖에 더 말할 것은 없습니다.

강설

'죽은말[死語]을 인정한다.' 는 것은 대혜스님께서는 선지식의 언구를 뜻으로 이해하고 이것에 집착하는 것을 말합니다. 선지식의 언구는 생각 이전의 소식인데 이것을 생각으로 헤아려서야 되겠습니까?

'인식을 오인하여 신령스런 신神으로 삼아서 자기라 하는 것입니다.' 란 보고 듣고 하는 견문각지를 자기 본래면목으로 삼는다는 뜻입니다. 여기서 인식이란 것은 대상 경계에서 일어나는 알음알이를 말하는 것입니다. 즉 분별식을 빌려 자기 본래 모습인 양 착각하는 것입니다.

'어둡고 둔함을 빌려 들어가라고 한 것이 바로 이 말입니다.' 는 인식, 즉 식정에 의하여 혼둔한 생각이 일어나므로 이 식정을 빌려서 혼둔함을 아는 자를 찾아 들어가야 한다는 뜻입니다.

'이 속을 향해서'는 갈등하는 자기를 알아차려 곧 바로 본래 면목을 찾으라는 것입니다.

향시랑 백공에게

向侍郎 伯恭

향시랑의 이름은 향태인(向泰仁)이고 자는 백공이다.

호를 향림거사(薌林居士)라 했다.

예부(禮部)시랑을 역임했다.

이 글은 스님 61세(소흥 19년 1149년)에

형주 귀양처에서 답한 편지이다.

示誨하되 悟與未悟와 夢與覺一하니 一段因緣이로다 黃面老子云汝以緣心으로 聽法함에 此法도 緣心이라하시고 謂至人은 無夢이라하시니 非有無之無라 謂夢與非夢이 一而已니 以是觀之則佛夢金鼓와 高宗의 夢得說과 孔子夢奠兩楹을 亦不可作夢與非夢解니라 却來觀世間하건대 猶如夢中事라하니 敎中에 自有明文이라 唯夢은 乃全妄想也거늘 而衆生이 顚倒하여 以日用目前境界로 爲實하고 殊不知全體是夢하고 而於其中에 復生虛妄分別하여 以想心繫念하여 神識紛飛로 爲實夢하고 殊不知正是夢中說夢이며 顚倒中에 又顚倒로다.

편지를 보니, '깨닫고 깨닫지 못함 그리고 꿈을 꿀 때와 깨어 있을 때가 하나입니까?' 라고 물었습니다. 그렇습니다. 같습니다. 황면노자께서 '그대가 반연하는 마음으로 법문을 들으면 이 법도 역시 반연이라.' 하셨습니다. 이르기를, '경지에 이른 사람[至人]은 꿈이 없다' 하였는데, 그 '없다' 는 것은 '있다 없다.' 라는 없음이 아닙니다. 꿈과 꿈 아닌 것이 하나이니, 이렇게 관찰하면 또한 '부처님이 금고金鼓를 꿈꾸었다는 것' 과 '고종이 꿈에 부열傳說이란 사람을 얻은 것' 과 '공자가 두 기둥 사이에서 제사를 올린 꿈' 을 가히 '꿈이다 꿈이 아니다.' 라고 알음알이를 지을 일이 아닙니다.

'세간을 살펴보건대 오히려 꿈속의 일과 같더라.' 라는 것을 살펴보십시오. 경전 가운데 밝힌 문구가 있습니다. 오로지 꿈은 온전히 망상입니다. 단지 중생들이 바르게 보지 못하여서 일상의 눈앞 경계를 진실로 삼고는 모두가 꿈인 줄을 알지 못할 뿐입니다. 그 가운데서 다시 허망한 분별을 내어서 상상하는 생각으로 마음을 얽어매어 신식神識이 어지럽게 휘날리는 것을 보고 꿈을 실다운 것으로 여깁니다. 그러면서 꿈속에서 꿈을 이야기하고 거꾸로 뒤집힌 가운데서 거듭 거꾸로 뒤집힌 것을 정확하게 알지 못합니다.

강설

'깨닫고 깨닫지 못함'과 '꿈꿀 때와 깨어있을 때'가 같다는 것은 무슨 의미입니까? 깨달은 바탕이나 깨닫지 못한 바탕이 동일하다는 것입니다. 즉 중생심이나 불심이나 그 바탕은 동일하다는 것입니다. 마찬가지로 꿈을 꾸는 바탕이나 깨어있는 바탕이 동일한 것입니다.

'반연하는 마음'은 인연에 따라 일어나는 마음으로 바로 중생심입니다.

'지인至人은 꿈이 없다'에서 지인이란 경지에 이른 사람 즉 깨친 사람입니다. 여기서 '없다'는 것은 '있다[有]' 없다[無]'의 '없다'가 아니라 했습니다. 그러니까 꿈을 꾸지 않는다는 것이 아니고 꿈이 본래 공空한 것을 안다는 것입니다. 즉 진공묘유로서 '있는 가운데 없는 것'을 말하며 '없는 가운데 있는 것'을 말합니다.

'부처님이 금고金鼓를 꿈꾸었다는 것'은 부처님이 열반에 드시기 전에 꿈에 금북이 하늘에 매달리는 꿈을 꾸셨다는 것을 이릅니다. 금북은 부처님이 설법하실 때 울리는 북인데 이것이 하늘에 매달렸다는 것은 더 이상 금북을 칠 수 없게 된다는 뜻으로서 부처님의 열반을 예견한 꿈이라 해석합니다.

'고종이 꿈에 부열傳說이란 사람을 얻은 것'은 은나라 고종 무정이 나라를 세우고 중신을 얻고자 하였으나 삼 년이 지나도 얻지 못했습니다. 그러던 어느 날 꿈에 참신한 사람을 만나서 꿈에 본 그대로 그림을 그려서 전국에 방을 붙이고 똑같이 생긴 사람을 얻으니 그 이름이 '열說'이었습니다. 이 사람이 고종을 도와서 훌륭한 나라를 세웠다고 합니다.

'공자가 두 기둥 사이에서 제사를 올린 꿈'은 공자가 돌아가시기 얼마 전에 자신이 양 기둥 사이의 빈소에 앉아 있는 꿈을 꾸었는데, 이 이야기를 들은 자로子路가 해석하기를 '이것은 공자께서 장차 병이 나려나 봅니다.' 라고 하니 공자께서 '은나라 사람은 죽으면 양 기둥 사이에 모시고 주나라 사람들은 서쪽 계단에 모시는데 나는 은나라 사람이니 내가 장차 죽을 꿈이로다.' 하였는데 마침 칠 일 동안 앓다가 돌아가셨다는 이야기입니다.

이 모두가 우리가 말하는 실제로 꾼 꿈입니다. 그러나 이 꿈이 모두 내 마음속의 일입니다. 부처님께서도 꿈을 꾸셨는데 꿈이 없다하면 이해가 안됩니다. 그 모든 심식작용이 본심자리에서는 한낱 망상이요, 꿈인 것입니다. 그런데 깨달은 사람은 꿈이 없다 했습니다. 이 말은 꿈을 꿈인 줄 알았을 때 꿈은 사라집니다. 꿈을 꿈인 줄 아는 사람에게 꿈이 있을 수 없습니다. 중생을 알면 중생이 아니듯이 또한 현실을 꿈인 줄 알면 현실에 집착하지 않습니다. 그러나 현실이 없는 것이 아닌 것이니 이 어찌해야 할까요? 부처님도 꿈을 꾸고 공자님도 꿈을 꾸셨다 하니 이 어찌 할까요.

할喝! 금년 동지 추위가 예전같지 않구나.

故로 佛이 大慈悲와 老婆心切하시어 悉能遍入一切法界諸安立海의 所有微塵하시어 於一一塵中에 以夢自在法門으로 開悟世界海微塵數衆生이 住邪定者하여 入正定聚케하시니 此亦普示顚倒衆生하여 以目前實有底境界로 爲安立海함에 令悟夢與非夢이 悉皆是幻則全夢是實이며 全實是夢이라 不可取不可捨니 至人無夢之義가 如是而已니라.

그러므로 부처님께서 대자비의 노파심이 간절하시어 일체 법계에 편안하게 머무는 미진수의 모든 존재에 능히 두루 들어가시어 낱낱의 미진 속에서 몽자재법문(꿈속에서 꿈을 자유자재할 수 있는 법문)으로써 수없는 세계 먼지 같이 많은 중생이 삿된 정定에 머문 것을 열어 깨닫게 하여 바른 정에 들게 하시니, 이것 또한 널리 전도된 중생이 눈앞의 현실 경계를 실제로 여기고 안주하므로, 중생으로 하여금 꿈과 꿈 아님이 실은 환영임을 알게 하여 '꿈 전체가 바로 현실이며 현실 전체가 바로 꿈' 임을 깨닫게 하여 보인 것입니다. 그러니 (꿈이란) 취할 수도 버릴 수도 없으니 '경지에 이른 사람은 꿈이 없다.' 라는 의미가 여기에 있습니다.

강설

중생들이 눈앞에 보이는 것을 실답게 생각하고 꿈을 해석하여 현실과 같으니 다르니 하면서 구분을 하지만 본래자리에서 보면 모두가 환영일 뿐이라는 것입니다. 이러한 이치에서 보면 꿈이 곧 현실이며 현실이 곧 꿈입니다. 따라서 경지에 이른 사람은 꿈이 없다고 합니다. 그래서 꿈이 곧 꿈이 아니요 현실이 곧 현실이 아니기 때문에 꿈도 없고 현실도 없게 됩니다.

來書見問이 乃是某의 三十六歲時에 所疑라 讀之하고 不覺抓着痒處로다 亦嘗以此로 問圓悟禪師하니 但以手로 指曰住住

하고 休妄想休妄想하라하시거늘 某가 復曰如某가 未睡着時에
는 佛所讚者는 依而行之하고 佛所訶者는 不敢違犯하며 從前
依師와 及自做工夫의 零碎所得者도 惺惺時에는 都得受用이지
만 及乎上牀하여 半惺半覺時에 已作主宰不得하여 夢見得金寶
則夢中에 歡喜無限하고 夢見被人이 以刀杖相逼커나 及諸惡境
界則夢中에 怕怖惶恐하나니 自念此身이 尙存하여도 只是睡着
에 已作主宰不得인대 況地水火風이 分散하고 衆苦熾然이면
如何得不被回換이리요 到遮裡하여 方始着忙하나이다 하니

　보내온 편지에서 질문한 것이 제가 36세 때에 의심했던 것과
같습니다. 읽고 나니 모르는 사이에 가려운 곳을 긁게 되었습니
다. 또한 일찍이 이것에 대하여 원오선사에게 물었더니 손으로
가리켜 이르시되 다만 '머물고 머물러라 망상을 쉬고 망상을 쉬
어라' 라고만 하였습니다. 제가 다시 말하였습니다. '예컨대 제
가 잠을 자기 전에는 부처님께서 찬탄하신 것에는 의지하여 실천
하였고 부처님이 꾸짖은 것은 감히 범하지 아니하였으며, 종전에
의지하던 스승과 스스로 지은 공부의 자질구레한 소득도 성성할
때에는 모두 수용하였습니다. 그러다가 침상에 올라가서 잠이
들락 말락 할 때에는 이미 주재主宰를 짓지 못했습니다. 꿈에 금
은 보화를 얻으면 꿈속에서도 환희가 무한하고 꿈에 다른 사람
에게 칼이나 몽둥이로 핍박을 당하거나 여러 가지 나쁜 경계를

보게 되면 꿈속에서도 두려워서 떨곤 하였습니다. 스스로 생각하니 이 몸이 오히려 존재하는데도 다만 잠에 빠지는 것만으로도 이미 주재를 짓지 못하는데, 하물며 지수화풍이 뿔뿔이 흩어지고 온갖 고통이 치성하는 죽음에 이르러서는 어떻게 마음 뒤바꿈(흔들림)을 당하지 않겠습니까? 여기에 이르러서 바야흐로 황망하나이다' 하니

강설

'머물고 머물러라, 망상을 쉬어라'에서 '머물러라'는 것은 망상을 따라가지 말고 본심자리를 지키라는 것입니다. 꿈이 현실과 같은지 다른지, 이와 같은 분별 망상에 따라가지 말고 괜히 다른 망상을 짓지 말라는 것입니다. 모두가 환영인데 이것을 가지고 꿈과 현실이 '같다' '아니다' 따지는 자체가 이미 망상에 끌려가고 있다는 것입니다. 꿈속에서 기뻐하고 쫓기면서 두려움을 벗어나지 못했다고 합니다. 누가 쫓고 누가 두려워했는지요? 모두가 꿈꾸는 사람의 말입니다.

先師가 又曰待汝說底許多妄想絶時에서야 汝自到寤寐恒一處也리라하거늘 初聞코 亦未之信하여 每日에 我自顧하되 寤與寐로 分明作兩段하거늘 如何敢開大口하여 說禪이리요 除非

佛說寤寐恒一이 是妄語則我此病을 不須除거니와 佛語果不欺
人일진댄 乃是我自未了라하더니 後因聞先師가 舉諸佛出身處
에 薰風이 自南來하고 忽然去却礙膺之物코사 方知黃面老子의
所說이 是眞語實語며 如語不誑語며 不妄語不欺人이신 眞大慈
悲라 粉身沒命하여도 不可報일러라.

　　원오선사가 또 이르시길 '그대가 말하는 허다한 망상들이 모
두 끊어진 때에 그대 스스로 오매寤寐가 항일恒一한 곳에 이르리
라.' 하였습니다. 처음에는 그 말씀을 듣고 믿지 못하고 매일 제
스스로를 돌아보았습니다. '깨어 있을 때나 잠을 깊이 잘 때가
분명히 둘로 나눠지는데 어찌 감히 큰 입을 열고 선을 말하겠습
니까? 오직 부처님이 말씀하신 자나깨나 한결같은 오매항일이
거짓말이라면 나의 이 병을 제거할 필요도 없겠지만, 그러나 부
처님의 말씀이 과연 사람을 속이지 않았다면 제가 깨닫지 못했
기 때문에 스스로 병을 제거하지 못한 탓이로다.' 라고 하였습니
다. 뒷날 원오선사가 '모든 부처님이 몸을 나투신 곳에 훈풍이
남쪽으로부터 불어온다.' 라고 하신 법문을 듣고 홀연히 가슴에
걸려있던 물건을 제거하였습니다. 그리고는 바야흐로 황면노자
(부처님)의 말씀이 참다운 말씀이며, 진실한 말씀이며, 사실과
같은 말씀이며, 속이지 않는 말씀이며, 거짓이 아닌 말씀이며, 사
람을 속이지 않는 참다운 대자비였습니다. 이 몸을 가루로 만들

어 목숨을 버린다하더라도 그 은혜를 갚을 수 없음을 알았습니다.

'그대가 말하는 허다한 망상들이 모두 끊어진 때에 그대 스스로 오매寤寐가 항일恒一한 곳에 이르리라.' 에서 망상이 끊어진 자리가 바로 본성자리입니다. 항상 본성자리를 지킬 수 있을 때에는 꿈이나 현실이나 동일하게 환영임을 알 수 있으니 오매일여가 된다는 것입니다. 오매항일이 되려고 노력한 자체가 벌써 분별 망상병에 걸린 것을 알아야합니다. 무엇을 구하려고 하고 노력하여 애쓰고 하는 이 모든 것이 망상에 망상을 더하고 있다는 말입니다. 그러니 쉬고 쉬어라 하지 않았습니까? 쉬어가기만 하면 저절로 오매항일이 될 것을, 하지도 않고 항일만 바라는 것입니다.

'모든 부처님이 몸을 나투신 곳에 훈풍이 남쪽으로부터 불어온다.'에서 모든 부처님이 몸을 나투시는 그곳이 어딥니까? 모든 분별 망상 경계가 일어나지만 이곳에서 본심을 자각하면 바로 그 자리가 부처의 자리다 이 말입니다. 망상이 일어나는 것을 각성하여 알고 본래자리로 돌아가면 그곳이 바로 부처가 출현하는 곳입니다. 마음이 항상 불심을 지키고 있으면 훈풍이 불어오듯이 항상 안락하고 여유롭다는 것이지요. 여기서 중요한 대목은 오매항일하기 위해 애쓴 자기를 돌아보는 내용입니다. 마음을 묶어서 움직이지 못하게만 노력하면 자칫 빗나가게 됩니다. 불구덩이 그 속이 진실로 타지 않는 곳임을 모릅니다. 이 소식을 알아차려 오매항일하게 늘 공부줄을 놓지 말아야합니다. 참으로 묘한 일입니다.

礙膺之物을 旣除하면 方知夢時便是寤時底며 寤時便是夢時底라 佛言寤寐恒一을 方始自知하리니 遮般道理는 拈出呈似人不得이며 說與人不得이라 如夢中境界하여 取不得捨不得이니라 承하니 問妙喜하되 於未悟已前과 已悟之後에 有異無異라할새 함에 不覺에 依實供通하노라 子細讀來教하니 字字至誠이라 不是問禪이며 亦非見詰故로 不免以昔時所疑處로 吐露하노니 願居士는 試將老龐語로 謾提撕但願空諸所有언정 切勿實諸所無하되 先以目前日用境界로 作夢會了然後에 却將夢中底하여 移來目前則佛金鼓와 高宗得說과 孔子奠兩楹이 決不是夢矣리라

가슴에 걸려있던 물건을 이미 제거하고 나면 바야흐로 꿈을 꿀 때가 곧 깨어 있을 때며, 깨어 있을 때가 곧 꿈을 꿀 때임을 알 것이며, 부처님이 말씀하신 '자나깨나 한결같다[寤寐恒一]' 함

을 비로소 스스로 알게 될 것입니다. 이러한 도리는 잡아내어 다른 사람에게 들어 바칠 수 없으며, 말로써 다른 사람에게 설명할수도 없습니다. 마치 꿈속의 경계와 같아서 취하지도 못하고 버리지도 못합니다. 편지를 보니 묘희에게 '깨닫기 이전과 깨달은 이후가 다른가 다르지 않는가?' 라고 물으니 저도 모르는 사이에 사실(대혜스님 자신이 겪은 일)에 의거하여 말씀드리게 되었습니다. 보내온 글을 자세히 읽어 보니 한 글자 한 글자가 지극정성인지라 선문답으로 질문한 것도 아니고 또한 힐난하는 것도보이지 않으므로, 옛날 제가 의심하던 것을 가지고 토로함을 면할 수 없었습니다. 바라건대 거사께서는 시험 삼아 방龐거사의 '다만 모든 있는 것을 없게 할지언정 절대로 모든 없는 것들을 있게 하지 말라[但願空諸所有 切勿實諸所無]' 라는 말씀을 가지고 지그시 이끌어 보십시오. 먼저 눈앞 일상의 경계가 바로 꿈이란 것을 회통하여 요달한 후에 다시 꿈속의 것을 가져다가 눈앞에다 옮겨 놓아보면 부처님의 금고와 고종의 부열을 얻음과 공자가 두 기둥 사이에 제사를 지낸 것이 결코 꿈이 아닐 것입니다.

강설

오매일여가 되게 하라 하니 깨어있을 때나 잠을 잘 때나 한결같이 다른 생각 없이 일념지속을 하려는 마음을 내면 되는 줄 알지만, 깨어있는 각성의 일념이 아닌 다만 한 곳에 마음을 묶어 마음작용을 막아두는 일념이 되면 안 된다는 것입니다. 그렇게 되면 망상을 하나 더 붙이는 꼴이 됩니다. 꿈속에서도 생각을 놓지 않고 붙들고 있어야 하는 것이 오매일여가 아님을 잘 알아야 합니다. 현실 자체가 꿈임을 바로 보는 그 때가 망상이 사라진 곳입니다. 바로 그곳을 놓아버리지 않는 것이 '오매일여'의 자리입니다.

'먼저 눈앞 일상의 경계가 바로 꿈이란 것을 회통하여 요달한 후에 다시 꿈속의 것을 가져다가 눈앞에다 옮겨 놓아보면'은 눈앞에 일어나는 모든 현상들이 모두 꿈이라는 것을 이미 알아차리면, 꿈에서 일어난 사실들도 또한 현실과 다르지 않음을 알 것이다라는 뜻입니다.

答

진교수 부경에게

陳敎授 阜卿

진교수는 무석(無錫) 사람으로 장구성의 친구이다.
이름은 진지무(陳之茂)고 자는 부경이다.
휴령위(休寧尉), 경학사(經學史), 사부시랑(史部侍郞) 등을
역임하고 시화에 능했다.
이 글은 스님 57세(소흥 15년 1145)에
형주 귀양지에서 보낸 편지다.

此道寂寥함이 無出今日이라 邪師說法이 如惡叉聚하여 各各
自謂得無上道라하고 咸唱邪說하여 幻惑凡愚故로 某每每切齒
於此하야 不惜身命하고 欲扶持之하여 使光明種子로 知有吾家
本分事하여 不墮邪見網中하니 萬一得衆生界中에 佛種不斷이
면 亦不虛受黃面老子의 覆蔭이리니 所謂將此深心奉塵刹이 是
則名爲報佛恩이니라 然이나 亦是不知時不量力之一事也로다.
左右는 旣是箇中人이라 不得不說箇中事일새 因筆하여 不覺及
此耳로다.

이 도道가 적막하고 쓸쓸함(번성하지 못함)이 오늘날보다 더
한 때가 없습니다. 삿된 스승들의 설법이 마치 악차취(惡叉聚,
금강주 나무)같이 무성하여 각각 스스로 최상의 도를 얻었다고
하며, 모두 다 삿된 주장을 부르짖어서 어리석은 이들을 현혹하
고 있습니다. 그러므로 제가 항상 이를 갈고 신명을 아끼지 아니
하여 이 문제를 집중적으로 거론하고 있습니다. 그렇게 하여서
각자 가지고 있는 불성[본분종자]으로써 우리 불가佛家에 본분
사가 있음을 깨달아 알게 하여 그들이 삿된 소견의 그물에 떨어
지지 않도록 하고자 합니다. 만 명 중에 한 사람이라도 (깨달아
서) 중생계 가운데서 부처님의 종자가 끊어지지 않게 한다면 이
것이 바로 황면노자로부터 받은 음덕이 헛되지 않게 하는 일일
것입니다. 소위 '깊고 깊은 마음을 지녀서 먼지처럼 많은 세계의

부처님을 받드는 이것이 바로 부처님의 은혜를 갚는 것이다.' 라고 말할 수 있을 것입니다. 그러나 이것 또한 때를 알지 못하고 역량이 부족한 것 중의 하나입니다. 그대는 이미 그 가운데 있는 (은혜를 갚고 있는) 사람이라 그 가운데 일을 설명하지 않을 수 없습니다. 글을 쓰다 보니 모르는 사이에 여기에까지 이르게 되었습니다.

강설

악차취는 우리말로 금강주 나무라 하여 그 세력이 아주 무성하게 번성하는 나무입니다. 여기서는 매우 많다는 뜻으로 비유된 것입니다.

'깊고 깊은 마음을 가져서 먼지처럼 많은 세계의 부처님을 받드는 이것'에서 깊고 깊은 마음을 지니는 것은 바로 불성을 지켜서 분별 망상에 떨어지지 않는 것을 말합니다. 자기가 항상 불성 자리에 있으면 진진찰찰 먼지같이 많은 번뇌망상이 불성으로 바뀌어 불찰세계가 되므로 진찰[티끌같이 많은 불세계]을 받든다는 것입니다. 부처님이 이와 같은 성취를 가르쳐주신 음덕을 내렸으니 이를 성취하는 것이 바로 은혜를 갚는 것입니다.

答

임판원 소첨에게

林判院 少瞻

임판원의 이름은 임지기(林之奇) 자는 소첨 호는 졸제(拙齊)다.
소흥 때 진사가 되어 교서랑(校書郎)이 되었다.
판원은 한림원의 주판(主判)직이다.
당시 저명한 학자로 『논어주』, 『맹자주해』,
『양자강의』 등을 저술했다.
이 글은 스님 57세(소흥 15년 1145)에
형주에서 보낸 편지다.

示諭하되 求一語하여 與信道人으로 做工夫라하니 旣看圓覺
經일진대 經中에 豈止一語而已哉리오 諸大菩薩이 各隨自所疑
處하여 發問하거늘 世尊이 據所疑하사 一一分明剖析하신 大
段이 分曉하니 前所給話頭도 亦在其中矣라 經에 云居一切時
하여 不起妄念하며 於諸妄想에 亦不息滅하며 住妄想境하여
不加了知하며 (此語最親切) 於無了知에 不辨眞實이라하시니
老漢이 昔居雲門庵時에 嘗頌之曰 荷葉은 團團團似鏡이요 菱
角은 尖尖尖似錐라 風吹柳絮毛毬走하고 雨打梨花蛺蝶飛라하
니 但將此語하여 放在上面하고 却將經文하여 移來下面하면
頌却是經이요 經却是頌이라 試如此做工夫看이언정 莫管悟不
悟어다 心頭休熱忙하며 亦不可放緩이니 如調絃之法하여 緊緩
을 得其所則曲調自成矣리라 歸去하여 但與冲輩로 相親하여
遞相琢磨하면 道業을 無有不辦者리니 祝祝하노라.

편지를 받아보니 '한 말씀을 구해서 부인[信道人]과 함께 공
부를 해 나가고 있다.'라고 하였습니다. 이미 『원각경』을 읽었
다면 경經 중에서 어찌 한 가지 말씀에만 그치겠습니까? (경의 내
용은) 여러 대 보살들이 각각 자신이 의심하던 것을 질문을 하였
으며, 세존께서 질문의 의심에 의거해서 낱낱이 분석하시되 그 뜻
을 분명하고 또렷하게 드러낸 것입니다. 제가 전에 드린 화두도
또한 그 가운데 일입니다. 경에 말씀하시길, '일체 시간 중에서

망념을 일으키지 말며, 또한 모든 망상을 쉬어서 소멸하려 하지도 말며, 망상의 경계에 머물러서 깨닫겠다는 마음을 보태지도 말며, 깨달아 알 것이 없는 곳에서 진실을 판별하지도 말라.' 라고 하였습니다. 이 늙은이가 옛날 운문암에 살 때 일찍이 게송을 지어서 '연잎이 둥글둥글한 것이 마치 거울같이 둥글고, 마름 잎 모서리가 뾰쪽뾰쪽한 것이 마치 송곳과 같네. 바람이 버드나무 솜(씨앗)을 흩날리니 털공이 굴러가고, 비가 배꽃에 흩뿌리니 나비가 날더라.' 라고 하였습니다. 다만 이 말을 가져서 경전 위에다 놓아 두고, 다시 경문을 가져서 게송 밑에다 옮겨 두면 게송이 경전이고 경전이 게송입니다. 시험 삼아 이와 같이 공부를 지어 보되 깨닫고 깨닫지 못하는 것에는 관계하지 마십시오. 마음에 열을 올려서 빠듯하게 하지도 말고 또한 놓아서 느슨하게도 하지 마십시오. 마치 거문고 줄을 고르듯이 하여 조이고 늦춤을 알맞게 한다면 곡조가 저절로 이루어질 것입니다. 돌아 가서 다만 충밀수좌의 무리들과 서로 친해서 서로서로 탁마하면 도업道業을 이루지 못할 까닭이 없을 것입니다. 빌고 빕니다.

강설

'제가 전에 드린 화두도 또한 그 가운데 일' 이란 제가 드린 화두 또한 『원각경』의 내용을 벗어난 것이 아니고 일치한다는 것입니다.

'일체 시간 중[일상]에서 망념을 일으키지 말며, 또한 (일어난) 모든 망상을 쉬어서 소멸하려 하지도 말며, 망상의 경계에 머물러서 더 이상 깨닫겠다는 마음을 보태지도 말며, 깨달아 알 것 없는 곳에서 진실을 판별하지도 말라.' 이것은 수행에 있어서 핵심적인 말입니다. 일상생활에서 망상이 일어나는 것은 피할 수 없는 일입니다. 그러나 망상이 일어나면 즉각적으로 일어나는 것을 알아서 불성으로 바꾸어 버리면 됩니다. 이것이 망상에 끌려가지 않는 것이며 망상을 일으키지 않는 것입니다. 그러나 망상이 일어났다고 하여 억지로 없애려고 노력하여서는 안 된다고 합니다. 그냥 자연스럽게 알아차리기만 하고 자각하여 불성으로 돌아가기만 하라는 것입니다. 망상을 불성으로 돌리되 깨치겠다는 마음을 내어서도 안 된다고 하였습니다. 왜냐하면 깨치겠다는 이 마음도 망상이기 때문입니다. 말씀의 마지막에 '깨달아 알 것 없는 곳에서 진실을 판별하지도 말라.' 고 하신 말씀에서 '깨달아 알 것 없는 곳'은 바로 불성자리입니다. 불성자리는 판별할 아무것도 서지 못하는 곳입니다. 그러니 판별의 시비가 일어나면 올바른 불성자리에 들어가는 수행을 못하고 있다는 것을 자각해야 합니다.

대혜스님의 게송 '연잎이 둥글둥글한 것이 마치 거울같이 둥글고, 마름 잎 모서리가 뾰쪽뾰쪽한 것이 마치 송곳과 같네. 바람이 버드나무 솜을 흩날리니 털공이 굴러가고, 비가 배꽃에 흩뿌리니 나비가 날더라.' 는 불성자리에서 현실세계를 소소영영하게 보는 것을 나타낸 것입니다. 대혜스님이 소첨에게 『원각경』을 접고 자기 게송을 먼저 보라고 합니다. 소첨이 『원각경』을 읽고 감동하여 경속의 한 구절을 가져와서 모법으로 삼고 부부가 밤낮으로 수행을 한다고 했으나 대혜스님이 볼 때는 경의 핵심을 잡지 못하고 있다고 본 것입니다. 그러니 자기의 게송이 『원각경』의 핵심을 구체적으로 보이고 있으니 오히려 이 게송에 의지하여 공부하는 것이 더 빠르고 정확할 것이라고 하신 내용입니다.

答

황지현 자여에게

黃知縣 子餘

황지현에 대한 전기는 미상이다.
지현은 지방의 현을 책임진 군수격의
현감에 해당하는 벼슬이다.
이 글은 스님 61세에 형주에서 보낸 편지다.

收書하고 知爲此一大事因緣하여 甚力하니 大丈夫漢의 所作
所爲가 當如是耳라 無常이 迅速하고 生死事大하니 過了一日
하면 則銷了一日好事니 可畏可畏로다 左右가 春秋鼎盛이라
正是作業하되 不識好惡時에 能回此心하여 學無上菩提하니 此
是世界上의 第一等難容靈利漢이라 五濁界中에 有甚麼奇特事
가 過如此段因緣이리요 趁色力强健早回頭하면 以臨老回頭로
其力量이 勝百千萬億倍라 老漢이 私爲左右喜하노라 前此寫去
法語를 曾時時覷看否아 第一記取하되 不得起心動念하여 肚裡
熱忙으로 急要悟로다 纔作此念하면 則被此念의 塞斷路頭하여
永不能得悟矣리라

　　편지를 받고 이 일대사인연을 위해서 심히 노력하는 것을 알
았습니다. 대장부라면 마땅히 이와 같이 하여야 할 것입니다. 무
상은 빠르고 빠르며 생사의 일은 너무도 큰데, 하루를 지나쳐 버
리고 또 좋은 하루를 소요해 버립니다. 두렵고 두려운 일입니다.
그대는 왕성한 연령에 있습니다. 그래서 어떤 일이 옳고 나쁨을
잘 분별하지 못할 때인데 능히 이러한 마음을 돌이켜서 무상보
리를 배우니, 그대는 요즘 세상에서 형용하기 어려운 제일 영리한
사람입니다. 오탁五濁세계에서 그 어떤 기특한 일이 이러한 인연
을 능가하겠습니까? 젊고 건강할 때에 일찍이 머리를 돌이켜서
늙음에까지 이르면 늙어서 배우는 것보다 그 역량이 백천만 배나

수승할 것입니다. 이 늙은이가 사사로이 그대를 위해서 기뻐합니다. 전에 드린 법어를 때때로 잘 살펴봅니까? 제일 중요한 것은 마음을 일으키고 생각을 움직여서 뱃속이 뜨겁고 바쁘게 하여 급히 깨닫고자 하여서는 안된다는 것을 기억해야 합니다. 조금이라도 이러한 생각을 일으키면 이러한 생각이 길을 막고 끊음을 당하여 영원히 깨달음을 얻지 못할 것입니다.

강설

'생사의 일은 너무도 크다' 는 것은 일생에서 태어나고 죽는 것은 한 번뿐이라는 것입니다. 세상일이 무상하여 시시각각 생기고 없어지는데, 죽는 것도 언제 죽을지 모르니 죽기 전에 마쳐야 할 일이 일 중에서 제일 큰일이라는 것입니다. 일대사인연이란 바로 이 생사를 끊는 일입니다. 생사를 끊기 위해서는 깨달아야 하고 깨달음이란 자기 본성을 알아차리는 것입니다. 스스로 보고 자각하여 본성에 머물러 일체 바깥 경계에 물들지 않는 것이 가장 큰 일입니다.

祖師 云執之失度하면 必入邪路하고 放之自然하면 體無去住라하니 此乃祖師의 吐心吐膽爲人處也라 但日用費力處에 莫要做니 此箇門中은 不容費力이니라 老漢이 常爲人說此話하되

得力處가 乃是省力處며 省力處가 乃是得力處라하노니 若起一
念希望心하여 求悟入處하면 大似人在自家堂屋裡坐하여 却問
他人覓住處無異라 但把生死兩字하여 怗在鼻尖兒上하여 不要
忘了하고 時時提撕話頭어다 提來提去하면 生處란 自熟하고
熟處란 自生矣하리니 此語는 已寫在空相道人書中이라 請同此
書로 互換一看하면 便了得也하리라.

삼조三祖 승찬僧璨대사가 말씀하시길, '(도 깨치겠다고) 집착
하면 법도를 잃어버려서 반드시 삿된 길로 들어가고, 놓아버리면
저절로 가고 머무름이 없는 본성[體]에 들어가리라' 라고 하였습
니다. 이것은 조사가 사람을 위하여 마음을 토하고 간담을 토
하신 것입니다. 다만 일상에서 힘을 소비하는 곳에서 공부하고
자 하지 마십시오. 이 문중에서는 힘 소비하는 것을 용납하지 않
습니다. 이 늙은이가 항상 사람들을 위하여 이런 점을 이야기하
기를, '힘을 얻은 곳이 힘 덜리는 곳이며 힘 덜리는 곳이 힘을 얻
은 곳이라.' 고 하였습니다. 만약 한 생각이라도 바라는 마음을
일으켜서 깨달을 곳을 구한다면, 마치 자기집 방안에 앉아서 도
리어 다른 사람에게 자기 사는 집을 물어서 찾는 것과 조금도 다
르지 않습니다. 다만 생生과 사死라는 두 글자를 가져다 코끝에
붙여서 잊어버리지 말고 때때로 화두를 잡들어야겠습니다. 잡들
고 잡들다 보면 선 것은 익어지고 익은 것은 설어질 것입니다. 이

말은 이미 공상도인空相道人에게 보낸 편지에 써서 주었습니다. 부탁하노니 이 편지와 함께 서로 바꿔서 한번 읽어보면 문득 알 게 될 것입니다.

강설

'힘을 얻는 곳이 힘 덜리는 곳이며 힘 덜리는 곳이 힘을 얻는 곳이라.'라는 것은 공부하는 힘을 얻는 곳은 힘이 들어가지 않는 곳이며 힘들지 않는 공부를 할 때 공부하는 힘을 얻는다는 것입니다. 공부할 때 번뇌망상이 일어나지 않게 하려고 온갖 힘을 써 보아도 모두 헛일입니다. 인연 경계에 따라서 마음이 일어나기 마련입니다. 그러나 이러한 마음이 일어날 때 문득 깨달아 화두를 들고 본심으로만 돌아오라 이 말입니다. 이것이 가볍게 힘 안 들이고 공부하는 것입니다.

'자기집 방안에 앉아서 도리어 다른 사람에게 자신이 있는 곳을 물어서 찾는 것과 조금도 다르지 않습니다.' 라 함은 자기 마음을 자기가 가지고 있으면서 내 마음을 어디서 찾을고? 이렇게 묻는다는 것입니다. 본래성불이라 하여 자기 자신이 이미 불성을 가지고 있는데 이것을 활용하지 못하고, 번뇌망상에 휘둘리는 줄 모르고, 자꾸 다른 데서 찾고만 있는 것을 비유한 것입니다.

'선 것은 익어지고 익은 것은 설어질 것입니다.' 에서 선 것은 불심이고 익은 것은 중생심입니다. 중생의 다섯 가지 욕심은 무시이래無時以來로 내려오면서 잘 익어있지 않습니까? 그러나 공부를 잘해 나가면 불심은 점점 증가되고 중생심은 점점 줄어드는 것입니다. '공상도인'은 자여의 부인입니다.

答

엄교수 자경에게

嚴敎授 子卿

엄교수의 이름은 엄우(嚴羽)이고 자는 자경이며
자호는 창랑포객(滄浪逋客)이다.
문장이 뛰어났으며 창낭시집과 창낭시화를 저술했다.
이 글은 스님 57세에 형주에서 보낸 편지이다.

眞實到不疑之地者는 如渾鋼打就하며 生鐵鑄成하야 直饒千
聖이 出頭來하야 現無量殊勝境界라도 見之亦如不見이어든 況
於此에 作奇特殊勝道理耶아 昔에 藥山이 坐禪次에 石頭問 子
在遮裡하야 作甚麽오 藥山云 一物도 不爲니다 石頭云 恁麽則
閑坐也로다 藥山云 閑坐則爲也니다 石頭가 然之하시니 看他
古人컨댄 一箇閑坐도 也奈何他不得이어늘 今時學道之士는
多在閑坐處打住하나니 近日叢林無鼻孔輩의 謂之黙照者가 是
也라 又有一種은 脚跟이 元不曾點地하고 認得箇門頭戶口光
影하야 一向狂發하야 與說平常話하나니 不得盡作禪會了로다
似遮般底는 喚業識하야 作本命元辰이라 更是不可與語本分事
也니라.

　진실로 의심할 것이 없는 경지에 이른 사람은 강철을 두드려
서 만든 것과 같고 생철을 부어서 만든 것과 같아서, 설사 일 천
성인이 나와서 한량없이 수승한 경계를 나타내더라도 그것을 보
고도 또한 보지 않은 것과 같습니다. 하물며 이(공부)에 어찌 기
특하고 수승한 도리를 짓겠습니까?
　옛날 좌선하고 있는 약산선사에게 석두선사가 물었습니다.
　"그대가 가만히 앉아서 무엇을 짓고 있는가?"
　약산선사가 대답했습니다.
　"아무것도 하는 것이 없습니다."

석두선사가 말하였습니다.

'그렇다면 일없이 가만히 앉아 있는 것이로다.'

약산선사가 대답하길

'한가하게 앉아 있는 자체가 하는 것입니다.' 라 하니

석두선사가 약산선사를 인정하였습니다.

저 고인들을 자세히 살펴보니 한낱 한가하게 앉아 있는 것만
으로도 다른 이가 어찌하지 못하거늘, 요즘 도를 배우는 선비들
은 흔히 한가하게 앉아 머무는 타성에 젖어있습니다. 이것은 근
래 총림에서 콧구멍 없는 무리들의 소행으로서, 이를 일러 묵조默
照라고 하는 바로 이것입니다.

또 한 종류가 있는데 발꿈치가 처음부터 땅에 붙지 못한 채 문
두호구[識心]의 그림자를 오인해서 한결같이 미쳐 날뛰면서 평범
한 이야기처럼 지껄이고 선에 대한 이해는 전혀 짓지 못하고 있습
니다. 이러한 사람들은 '업식'을 두고 본래면목[本命元辰]이라고
여깁니다. 더 이상 이들과 더불어 본분사本分事를 말할 수가 없습
니다.

강설

약산선사가 말씀하신 '한가하게 앉아 있는 자체가 하는 것입
니다.' 라는 것은 본심을 관觀하며 조용하게 앉아 있다는 것입니
다. 정말 조용하고 한가한 곳은 본심을 관하는 그 자리입니다.

즉 가만히 앉아 있으면서도 소소영영 하여서 할 것은 다 하고 있
다는 것입니다. 그러니 석두선사가 인정을 한 것이지요. 그런데
요즘 공부하는 사람들은 가만히 앉아있으라 하니까, 이것을 잘
못 알고 아무 생각 없이 무기 상태로 앉아 있는 것인 줄 안다는
말입니다. 이것은 공부의 핵심을 모르는 사람들(콧구멍 없는 무
리)이 하는 짓으로서 소위 '묵조선' 하는 것을 말합니다. 또 어떤
무리를 일러 '발꿈치가 땅에 붙지 못한 무리' 라고 합니다. 이는
기본이 전혀 갖추어지지 못했다는 것입니다. 즉 업식을 가지고
판단한 알음알이를 깨달음인 양 잘못 안다는 것입니다. 일상에
서 인연을 만나는 순간에 일어나는 마음작용이 무상의 허깨비인
줄 알고 자성청정심의 움직이지 않는 본성자리에 머물러 있을 줄
알아야 합니다.

不見가 雲門大師有言하사대 光不透脫이 有兩般病하니 一切
處에 不明하야 現前有物이 是一이요 又透得一切法空이나 隱
隱地에 似有箇物相似호미 亦是光不透脫이니라 又法身에도 亦
有兩般病하니 得到法身하야도 爲法執不忘하야 己見이 猶存하
야 坐在法身邊이 是一이요 直饒透得法身去라도 放過하면 卽
不可라 子細檢點來하야 有甚麽氣息이면 是病이라하니라 而今
에 學實法者는 以透過法身으로 爲極致하고 而雲門은 返以爲

病하니 不知透過法身了하야는 合作麼生고 到遮裡하야는 如人이 飮水에 冷煖自知라 不着問別人이니 問別人則禍事也니라 所以로 云眞實到不疑之地者는 如渾鋼打就하며 生鐵鑄成이 是也라 如人이 喫飯飽時에 不可更問人我飽未飽니라.

보지 못하였습니까? 운문대사께서 말씀하시길, '빛을 투과하지 못하는(깨치지 못하는) 이유 중에는 두 가지 병이 있으니, 첫째로 일체처에 밝지 못해서 (현실을 사실이라 여기고) 눈앞에 사물을 두는 것이고, 둘째는 일체법이 비었음을 깨달았으나 은근하게[隱隱地] 사물이 다 제거되지 못한 것이니라. 또 법신에도 역시 두 가지 병이 있으니, 법신을 얻음에 이르렀다(본성자리를 아는 경지) 하더라도 오히려 법에 대한 집착을 잊지 못하고 자기의 소견이 남아 있어서 법신 주변에 머물러 있는 것이 그 하나이고, 또 다른 하나는 설사 법신을 충분히 깨달았다하더라도 그대로 방치하는 것이니 이것 또한 곧 옳지 못함이라, 자세히 점검해보아서 무슨 숨기운이라도 남아 있으면 이것 또한 병이니라.' 라고 하였습니다.

요즘에 실법을 배우는 사람들이 법신을 깨닫는 것으로써 극치를 삼으나 운문대사는 도리어 병으로 여깁니다. 알지 못하겠습니다. 법신을 깨닫고 나서는 어찌해야 할까요?

이러한 경지에 이르러서는 마치 어떤 사람이 물을 마시고 차고 더운 것을 스스로 아는 것과 같습니다. 다른 사람에게 묻지 않습니다. 다른 사람에게 물어본 즉, 화만 자초할 것입니다. 그러므로 '진실로 의심할 것이 없는 경지에 이른 사람은 순전한 강철을 두드려서 만든 것과 같고 생철을 부어서 만든 것과 같다.'라고 한 뜻이 바로 이것입니다. 마치 어떤 사람이 밥을 넉넉하게 먹고 배가 부를 때에는 다른 사람에게 '나의 배가 부른가, 부르지 않은가?'를 묻지 않는 것과 같습니다.

강설

'눈앞에 사물을 두는 것'은 눈앞의 사물에 대한 집착을 버리지 못한다는 것을 말합니다. 다시 말하면 사물에 뺏긴 마음을 그대로 인정해 버린 것이니 사물이 환영임을 자각하지 못한 상태입니다.

'방치하면 곧 옳지 못함이라'란 모든 일에 상관할 바가 없다고 생각하고 방치해 버리는 것도 옳지 않다는 것입니다. 그리고 깨달았다고 수행할 것이 없는 것인 줄 알고 수행을 멈추는 것을 경계하는 것입니다. 또한 이 말은 일체사에 소소영영하게 또렷이 참여하되 걸리지 말라는 것이지 관심을 끊어 버리라는 것이 아니란 것입니다. 다시 말하면 깨달아서 부처가 무엇인 줄은 알았으나 '부처행'을 할 줄 모르는 것을 말합니다. 깨달았으면 깨달음을 수행해야 하는데 그 방법을 모르고 깨달음에 기뻐하고 취해서 한 걸음도 앞으로 나아가지 못함을 꾸짖는 것입니다.

'무슨 숨기운이라도 있으면 이것 또한 병이니라.' 라고 했습니다. 도가 이렇게 깊고 깊습니다. 처음에 도를 깨달아서 깨달았다는 생각을 버리지 못하는 것이 법집法執이라 하고 자기 견해를 완전히 벗어나지 못해서 이를 법신주변이라 했습니다. 법신을 투득한 넉넉한 도인에게 무슨 망상이 있겠습니까만 다 된 것처럼 생각하고 수행을 방과하면 안된다는 것입니다.

'법신을 깨닫고 나서는 마땅히 어떻게 하여야 하겠습니까?' 라는 말은 '법신까지 투과했는데 무슨 찌꺼기가 있겠습니까? 도를 깨치면 그만인데' 이렇게 생각하고는 수행하는 것을 놓아버리고 방종하는 것을 말합니다. 이러한 경지는 도달하지 못한 사람은 알 수 없는 소식입니다.

昔에 黃檗이 問百丈호대 從上古人이 以何法으로 示人이니고 百丈이 只據坐어늘 黃檗이 云後代兒孫은 將何傳授닛고 百丈이 拂衣便起云 我將謂汝是箇人일러니라하시니 遮箇便是爲人底樣子也라 但向自信處看하라 還得自信底消息이 絕也未아 若自信底消息이 絕則自然不取他人口頭辦矣리라 臨濟云 汝若歇得念念馳求心하면 與釋迦老子로 不別이라하시니 不是欺人이니라 第七地菩薩이 求佛智心이 未滿足故로 謂之煩惱라하니

直是無爾安排處에 着一星兒外料不得이니라.

옛날에 황벽선사가 백장선사에게 물었습니다.

"옛날의 고인들은 무슨 법으로써 사람들에게 보였습니까?" 하니 백장선사가 다만 기대어 앉았습니다.

다시 황벽선사가 물었습니다.

"후대의 아손들에게는 무엇을 가지고 (법을) 전수하겠습니까?" 하니 백장선사가 옷을 떨치고 곧바로 일어서면서 말하였습니다.

"내가 이제 너에게 이르기를 '내가 너를 개중인箇中人 (훌륭하다는 뜻)이라 할 뻔 했네!' 라고 하였습니다. 이것이 곧 사람을 위해주는 본보기입니다.

다만 스스로가 믿는 곳(자기 본성자리)을 향해서만 살펴보십시오. 자기 스스로 믿어서 소식이 끊어짐을 얻었느냐 마느냐? 만약 스스로 믿어서 소식이 끊어졌다면 자연히 다른 사람이 입으로 판단하는 것을 취하지 않을 것입니다.

임제선사가 말씀하였습니다.

"그대가 만약 생각 생각에 치달아 구하는 마음을 쉬어버리면 석가부처와 다르지 않을 것이다." 라고 하였습니다. 이것은 사람을 속이는 말이 아닙니다.

제7지 보살이라도 부처의 지혜를 구하는 마음이 아직 만족하지 못하기 때문에 그것을 일러 번뇌라고 하였습니다. 하물며 안배할 수 있는 곳에도 바로 들어가지 못하는 사람이 어찌 조그만 별만큼이라도 바깥을 향하는 생각(집착하는 마음을 벗어날 생각)을 낼 수 있겠습니까?

강설

'자기 스스로 믿어서 소식이 끊어졌는가, 그렇지 못한가?'는 스스로 믿는 곳, 즉 본성자리에 회광반조해서 일체 경계의 소식을 끊을 수 있느냐, 그렇지 못하냐? 를 묻는 것입니다. 본성자리는 모든 것이 끊어진 자리 아닙니까? 이곳이 바로 바깥소식, 안 소식 모두를 끊을 수 있는 곳입니다. 그런데 '이 안과 밖을 끊을 수 있는 묘법을 찾았느냐 찾지 못했느냐?' 를 묻는 것입니다.

'안배처', 즉 안배할 곳이란 마음을 가지런히 하여 편안하게 쉴 수 있는 곳입니다. 다시 말해 본심자리에 들어가는 것을 말합니다. 칠지七地 보살에 든 보살도 미세한 허물을 지니고 있는데 겨우 깨침을 얻었다고 하나 본심으로 바로 직행할 수 있는 능력도 아직 갖추지 못한 사람이 어찌 밤하늘에 수없이 많은 별 중에 그 작은 별 하나만큼이라도 바깥으로 벗어날 여유가 있겠느냐? 하고 묻는 것입니다. 즉 집착하는 마음에서 조금이라도 벗어날 여유가 있느냐? 이 뜻입니다. 본성자리를 보았다고 깨침의 끝이라고 생각하지 말고 수행의 시작임을 명심하라는 뜻입니다. 깨달음을 얻었다고 업식이 끊어지는 것이 아닙니다. 일상 중에 늘 반조하는 힘으로 십지 등각에 도달하였다 하더라도 아직 허물이 남아있는 법인데, 애초에 회광반조의 묘력을 알지도 못하고 믿지도 않는 이가 어떻게 벗어날 길이 있겠느냐? 는 말입니다. 벗어날 확률이 거의 없다는 것이지요.

중생심이 발동할 때 곧 알아차려서 일체의 망상 업식이 발동하지 못하게 불성에 반조하여 본성을 밝히는 것이 깨달음입니다. 그리고 이 힘으로 업식을 녹여가는 것이 수행입니다. 깨달았다는 것은 깨달음을 수행할 수 있는 지혜의 문이 열린 것일 뿐입니다.

數年前에 有箇許居士가 認得箇門頭戶口하고 將書來呈見解云 日用中에 空豁豁地하야 無一物作對待코사 方知三界萬法이 一切元無하야 直是安樂快活이라 放得下라하야늘 因示之以偈曰 莫戀淨潔處하라 淨處使人傷이니라 莫戀快活處하라 快活이 使人狂이니라 如水之任器하야 隨方圓短長이니 放下不放下를 更請細思量하라 三界與萬法이 匪歸何有鄕이니 若只便恁麼하면 此事大乖張이라 爲報許居士하노니 家親作禍殃이라 豁開千聖眼이언정 不須頻禱禳하라하니라 偶晨起稍凉커늘 驀然記得 子卿道友가 初得箇入頭時에 尙疑恐是光影일까하야 遂將從來所疑公案挓照하야사 方見趙州老漢의 敗闕處라하고 不覺에 信筆하야 葛藤如許하노라.

수 년 전에 허거사許居士(허사리 수원)가 문두호구(識心, 알음알이)로 얻은 글을 써 와서는 자신의 견해를 바쳐 보이기를, '일상 가운데 텅텅 비어서 한 물건도 상대하여 지음이 없고 나서는 바야흐로 삼계와 더불어 만법의 일체가 원래 없음을 알고 곧바로 안락하고 쾌활하여 다 내려놓을 수 있었다.' 라고 하였습니다.

그러므로 그에게 다음과 같은 게송을 지어 가르쳐 보였습니다.

'정결한 곳을 그리워하지 말라. 정결한 곳이 사람을 피곤하게 하느니라. 쾌활한 곳을 좋아하지 말라. 쾌활한 것이 사람을 광란하게 하느니라. 마치 물이 그릇에 따라서 방원장단(모나고 둥글고 길고 짧음)을 따르는 것과 같으니, 놓아 버리고 놓아 버리지 못하는가를 다시 자세히 사량해 보기를 청하노라. 삼계와 더불어 만법이 아무것도 없는 곳[何有鄕]으로 돌아가는 것이 아님(아무것도 아님이 아님)이니, 만약 다만 이렇게만 하면(아무것도 없다고 하면) 이 일은 크게 어긋남이니라. 허거사를 위하여 알려주노니 가친(근본자리)이 재앙을 만들었으니 일천 성인의 눈(본성자리의 문)을 활짝 열지언정 더 이상 자주 기도하거나 제사지내지(다른 데 의지하지) 말지니라.' 라고 하였습니다.

새벽에 일어나니 날씨가 조금 서늘한 가운데 문득, 자경도우[엄교수]가 처음 입문하였을 때 '(도를 보고) 오히려 이 식심의 그림자가 아닌가 하고 의심하였는데, 드디어 종래에 의심하였던 공안을 비추어 보고서야 바야흐로 조주스님의 허물을 볼 수 있었다.'고 한 것을 기억하고 모르는 사이에 붓이 가는대로 이렇게 갈등을 만들었습니다.

강설

'놓아 버리고 놓아 버리지 못하는가를 다시 자세히 사량해보기를 청하노라.'란 스스로 어떤 대상 경계를 만나서 걸려드는가, 걸리지 않는가? 이것을 자세히 살펴보라는 이 말입니다.

'삼계와 더불어 만법이 아무것도 없는 곳[何有鄕]으로 돌아가는 것이 아님이니, 만약 다만 이렇게 하면(아무것도 없다고 하면) 이 일은 크게 어긋남이니라.'에서 하유향(何有鄕)은 돌아갈 고향이 없다는 뜻으로서 본문에서는 아무것도 없는 상태를 나타냅니다. 즉 허사리가 '삼계와 더불어 만법의 일체가 원래 없음을 알고 곧바로 안락하고 쾌활하여 다 내려놓을 수 있었다.'라고 했으나 원래 없는 것이 아니고 그 자리는 진공묘유로서, '없는 것처럼 있는 자리'란 것을 알아야 한다고 한 것입니다. 그러니 아무것도 없는 자리라고 하면 잘못된 것입니다.

'가친(근본자리)이 재앙을 만들었으니'에서 가친은 한 가정의 아버지로서 주인공인데 주인공이 재앙을 만나면 어떻게 되겠습니까? 즉 주인공을 잃어버려서야 되겠습니까? 주인을 잃어버리면 곧 재앙을 만나는 것이 됩니다. 경계에 휘둘려 본성을 잃어버린 상태를 말하는 것입니다.

答

장시랑 자소에게

張侍郞 子韶

장시랑은 전당(錢唐)사람으로
이름은 구성(九成)이고 자는 자소다.
스스로 횡포거사 혹은 무구거사로 불렀다.
예부시랑의 벼슬을 하였다.
대혜선사와 각별한 사이로서 간화선 선양에
큰 역할을 한 사람으로 알려져 있다.
성격이 강직하고 주전파로 모함을 받아 본인뿐만 아니라
대혜선사 귀양의 원인을 제공한 것으로 알려져 있다.
이 글은 스님 61세에 형주에서 보낸 편지다.

左右가 以自所得瞥脱處로 爲極則하야 纔見涉理路하야 入
泥入水로 爲人底코는 便欲掃除하야 使滅蹤跡하며 見某所集한
正法眼藏하고 便云臨濟下에 有數箇庵主는 好機鋒이어늘 何不
收入고하며 如忠國師는 說義理禪하야 敎壞人家男女라 決定可
刪이라하니 左右가 見道如此諦當하야 而不喜忠國師의 說老婆
禪하고 在淨淨潔潔處하야 只愛擊石火閃電光의 一着子하고 此
外에 不容一星兒別道理하니 眞可惜耳로다 故로 某는 盡力主
張하노라 若法性이 不寬하고 波瀾이 不濶하며 佛法知見이 不
亡하고 生死命根을 不斷則不敢如此四楞着地하여 入泥入水爲
人하리라.

그대가 스스로 몰록 깨달음 얻는 것[별탈처]을 극칙으로 삼
고 또한 이제 겨우 이치적인 눈을 조금 뜬 견해를 가지고, 저 진
흙에 들어가고 물속에 들어가서 사람들을 인도하는 것을 못보
고 쓸어 없애고자 하며 종적을 소멸해 버리고자 하여, 이를테면
내가 편집한 『정법안장正法眼藏』을 보고 말하기를, '임제선사 밑
에 기봉機鋒이 뛰어난 암주들이 몇 명이나 있는데 이들은 왜 수록
하지 아니했는가?' 하고, 또 '혜충국사 같은 이는 의리선을 설하
여 마을 남녀들을 망쳐 놓았으므로 결정코 삭제해야 한다.' 라
고 하니 그대가 도를 보는 것이 이와 같이 확실해서 혜충국사가
노파선을 설한 것을 좋아하지 아니하고, 또 지극히 깨끗하고 고

요한 곳에 앉아 있으면서 오직 돌이 부딪쳐서 나는 불빛이나 번
갯불과 같은 그 한가지 일[一着子]에만 애착하고, 그 밖의 다른
도리는 조금도 용납하지 아니하는 것이 참으로 애석할 뿐이로
다.

　그러므로 내[某]가 힘을 다하여 말하노라. 만약 혜충국사가
법성이 너그럽지 못하고, 법문(물결)이 광활하지 못하며, 불법의
지견이 없어서 망령스럽고, 생사의 명을 근본적으로 끊지 못하
였다면, 감히 이와 같이 발바닥을 땅에 붙이고 진흙에 들어가고
물속에 들어가서 사람들을 구할 수 없었을 것이리라.

강설

　자소라는 사람은 몰록 깨달음을 얻는 것[별탈처瞥脫處, 번쩍
뛰어남]을 수행의 극칙으로 삼는 것에 집착해 있기 때문에, 진흙
에 빠진 사람은 진흙에 들어가서 구하고 물에 빠진 사람은 물에
들어가서 구하는 선지식들의 방편 법문하는 것을 보면, 그것이
잘못되었다고 하여 그런 행동을 종적조차 없이 쓸어 없애려 한단
말입니다. 그리고 대혜선사께서 편찬하신『정법안장』속에 뛰어
난 임제의 제자들은 수록하지 않고, 의리선(이치를 따져서 수행
하는 선)을 하는 혜충국사는 사람들을 다 망치기 때문에 수록에
서 삭제하여야 한다고 지적을 하고 있습니다. '일착자一着子'란
선기禪氣가 번쩍번쩍하여 일할(一喝, 악하는 소리)하는 한 순간

에 깨쳐서 마치는 그런 것을 말합니다.

'만약 법성이 너그럽지 못하고' 이하의 말은 만약 혜충국사가 너그러운 법성을 갖추지 못하고, 광활한 법문을 할 수 있는 부처의 견해를 갖추지 못하고 또한 생사심을 끊지 못했더라면 어떻게 진흙에 빠진 사람을 구하고 물에 빠진 사람을 물에 들어가서 구할 수 있었겠는가? 이런 말입니다. 마치 혜충국사가 의리선하는 사람인 양 착각을 한 것을 지적하신 것입니다.

蓋衆生의 根器不同故로 從上諸祖가 各立門戶施設하야 備衆生機하며 隨機攝化하나니 故로 長沙岑大蟲이 有言호되 我若一向에 擧揚宗教일진대 法堂前에 須草深一長하리니 倩人看院하야사 始得다하니 旣落在遮行戶裡하야 被人喚作宗師일진대 須備衆生機하야 說法이니 如擊石火閃電光 一着子는 是遮般根器라사 方承當得이니 根器不是處에 用之則揠苗矣니라 某가 豈不曉瞥脫一椎에 便七穿八穴이 是性燥리오 所以集正法眼藏은 不分門類하며 不問雲門臨濟曹洞潙仰法眼宗하고 但有正知正見하야 可以令人悟入者를 皆收之하며 見忠國師大珠二老宿호니 禪備衆體故로 收하야 以救此一類根器者호라.

무릇 중생들의 근기가 같지 않기 때문에 과거의 모든 조사가 제각각 다른 교화의 문을 세워서 중생의 근기에 맞추어 근기를 따라 교화합니다. 장사長沙 금대충岑大蟲선사도 말씀하시길, '내가 만약 근본 종지 하나만을 들어서 교화한다면 법당 앞에 풀이 한 길이나 자라나서 고용인을 사서 절을 보살피게 해야 할 것이다.' 라고 하였습니다. 이미 교화를 펼치는 길에 들어서 사람들에게 종사라는 소리를 들을진대 모름지기 중생의 근기에 맞춰서 법을 설하여야 하는 것입니다. 돌이 부딪쳐서 나는 불빛이나 번갯빛과도 같은 그 한 가지 일[一著子]은 그러한 근기에 있는 사람이라야 바야흐로 타당할 것입니다. 근기가 맞지 않는 곳에 사용하면 오히려 어린 싹을 뽑는 격이 될 것입니다. 제가 어찌 순식간에 벗어나는 한 개의 추를 사용하여 일곱 번 뚫어서 곧바로 구멍 여덟을 내게 하려는 성급한 사람의 일을 알지 못하겠습니까?

그러나 내가 지은 『정법안장』은 문파를 분별하여 편집한 것이 아닙니다. 운문종 임제종 조동종 위앙종 법안종도 묻지 아니하였습니다. 다만 바른 지견과 바른 견해가 있어서 사람들을 깨달아 들어가게만 할 수 있으면 모두 다 거두어 들였습니다. 혜충국사와 대주화상 두 분의 선지식을 살펴보니 선의 모든 바탕을 갖추고 있기 때문에 거두어 들여서 여기에 맞는 한 종류의 근기들을 구제하려 한 것입니다.

'내가 만약 근본 종지 하나만을 들어서 교화한다면 법당 앞에 풀이 한 길이나 자라나서 고용인을 사서 절을 보살피게 해야 할 것이다.' 라고 한 것은 근본 종지만 보이는 번쩍번쩍하는 선기禪氣만 내세운다면 아무도 알아듣지 못하고 찾아오는 사람도 없을 것이란 뜻입니다. 그래서 법당 앞에 한 길이나 되는 풀이 자라면 사람을 고용해서 제거해야 할 것이란 뜻입니다. 상근기만을 위해 법문을 한다면 되겠느냐는 뜻이지요.

'제가 어찌 순식간에 벗어나는 한 개의 추를 사용하여 일곱 번 뚫어서 곧바로 구멍 여덟을 내게 하려는 성급한 사람의 일을 알지 못하겠습니까?' 란 빠르게 깨칠 수 있도록 지도하라는 심정을 알지 못하는 것은 아니란 뜻입니다. 그리고 그대가 말하는 혜충국사가 지해 종사라서 교리에만 밝은 분인 줄 알겠지만 실은 선禪에 능통한 대선지식인 줄을 좀 알기나 하고 말하라는 것입니다. 자소 그대가 혜충국사를 알아보지 못하고 대선지식을 비방하는 업을 지어서야 되겠는가? 하고 그의 무지함을 꾸짖는 말입니다. 여기서 말씀하신 요지는 깨달아 본성을 자각한 사람이 '깨달음은 이것이다' 라고 만용을 부리며 그 뒤의 일을 알지 못하는 것을 꾸짖은 것입니다. 도를 깨달으면 일을 다 마치는 것으로 아는 즉, 장님이 눈을 뜨면 자기만 세상을 보는 것으로 착각하는 형태와 같습니다.

左右書來云호대 決定可刪이라하니 觀公之意컨대 正法眼藏
에 盡去除諸家門戶하고 只收似公見解者라사 方是로다 若爾則
公이 自集一書하야 化大根器者가 有何不可리요 不必須敎妙喜
로 隨公意去之니라 若謂忠國師가 說抴泥帶水老婆禪이라하야
便絕後則如巖頭와 睦州와 烏臼와 汾陽無業과 鎭州普化와 定上
座와 雲峰悅과 法昌遇 諸大老는 合兒孫이 滿地어늘 今亦寂然
無王化者하니 諸公이 豈是抴泥帶水로 說老婆禪乎아 然이나 妙
喜는 主張國師하고 無垢는 破除라도 初不相妨也리라.

그대가 보내온 편지에 '결정코 삭제해야 한다.' 라고 하였습
니다. 그대의 뜻을 살펴보니『정법안장』에 모든 가문의 어른들을
다 제거하고 다만 그대의 견해와 같은 내용만 수록해야 비로소
옳을 것입니다. 만약 그렇다면 그대가 스스로 책 한 권을 편집하
여 대근기들만 교화하는 것이 어찌 옳지 않겠습니까? 묘희로 하
여금 반드시 그대의 뜻을 따르게 할 일은 아닐 것입니다.

만약 이르기를 혜충국사가 진흙에 들어가고 물속에 들어가는
노파선을 설해서 곧 후손이 끊어졌다고 한다면 (반대로 전광석
화와 같았던) 암두嚴頭와 목주睦州와 오구烏臼와 분양무업汾陽無
業과 진주보화鎭州普化와 정상좌定上座와 운봉열雲峰悅과 법창우法
昌遇 같은 여러 선지식들은 마땅히 그들 후손들이 세상에 가득해
야할 것입니다. 그러나 (그들 문중이) 지금 적막할 뿐만 아니라

(그들 문중에서) 큰 가르침을 펴는 이가 별로 없습니다. 그 여러 선지식들이 어찌 진흙에 들어가고 물속에 들어가는 노파선을 설하여서 이같이 되었습니까?

아무튼 묘희(대혜선사)는 혜충국사를 주장하고 무구(장자소)거사는 제거해야 한다고 하더라도 아예 서로 방해되지 않을 것입니다.

강설

대혜스님의 선사다운 통렬한 모습이 확연히 나타나는 부분입니다. 장자소 그대가 들추는 이들을 제외하고 혜충국사를 넣으면 넣었지 그대의 황당한 논리에 내가 끄떡이나 하겠느냐? 하고 철추를 내렸습니다. 옛부터 이런 엉뚱한 사람이 많아 정법을 가리는 자가 도마죽이(논의 벼와 같고 대나무 같고 삼대같이 많다는 것)라. 대혜스님으로부터 천 년에 가까운 세월이 지난 현재에 사는 사람들은 이루 더 말할 필요가 있겠습니까? 뼛속까지 사무치게 체달하여 부처님의 은덕을 알고 찰나의 시간도 아끼며 보살행을 해도 진겁의 세월이 오히려 부족하거늘, 어느 한구석 반짝 지해知解로 불법을 통달한 대선지식을 비방하는 것을 용납할 수 있겠습니까? 참회하고 또 참회해야 마땅할 것입니다.

答

서현모 치산에게

徐顯模 稚山

서현모는 오현(吳縣) 사람으로
이름은 서림(徐林)이고 자는 치산이다.
상서언사(上書言事)와 용도각학사(龍圖閣學士) 등을 역임.
현모는 현모각학사(顯謨閣學士)를 말한다.
이 글은 스님 58세 형주에서 보낸 편지다.

左右가 頻寄聲할새 妙喜가 想只是要調伏水牯牛하고 但殺遮猢猻子耳로라 此事는 不在久歷叢林하야 飽叅知識이요 只貴於一言一句下에 直截承當하야 不打之遶爾니 據實而論컨댄 間不容髮이니라 不得己하야 說箇直截이라도 已是紆曲了也며 說箇承當이라도 已是蹉過了也온 況復牽枝引蔓하야 擧經擧敎하며 說理說事하야 欲究竟耶아.

古德이 云但有纖毫라도 卽是塵이라하니 水牯牛를 未調伏하며 猢猻子未死인댄 縱說得恒沙道理라도 並不干我一星兒事니라.

그대가 자주 편지를 보내오는데 묘희가 생각하니 아마도 다만 물소[제8식]를 조복 받으며, 원숭이[제7식]를 죽이려고 하는 것 같습니다. 이 일은 오랫동안 총림에 있으면서 선지식을 많이 참례하는 데 있지 않습니다. 다만 한마디 말이나 한 구절에서 곧바로 끊어서 깨닫고 먼 길을 둘러가지 않는 것을 존귀하게 여길 뿐입니다. 진실에 의거하여 논하건대, 터럭끝만한 사이도 용납하지 않습니다. 부득이해서 곧바로 끊는 것을 말하더라도 이미 구부러진 것이며, 깨달음을 말하더라도 이미 미끄러져 지나가버린 것입니다. 하물며 다시 나뭇가지나 넝쿨을 이끌어 와서 경전을 들먹이고 교리를 들먹이며, 이치를 말하고 사상을 말해서 구경에 이르고자 하는 것이겠습니까?

고덕이 말하였습니다. '다만 작은 터럭끝만큼만 있더라도 곧 번뇌다.' 라고 하였습니다. 물소를 조복 받지 못하고, 원숭이를 죽이지 못하였다면 비록 항하강의 모래같이 많은 도리를 설하더라도 나에게는 조그마한 것도 전혀 관계되지 않습니다.

강설

본문에 나오는 수고우水牯牛란 물소를 말합니다. 물소는 힘이 센데다가 길들이기가 어려워서 유식사상의 팔식八識에 비유합니다. 팔식은 아뢰야식으로서 인간의 근본식입니다. 인간의 모든 행위로 발생된 감정이 종자의 형태로 이 팔식에 저장되어 자기의 의지와는 관계없이 인연에 따라 발현하기 때문에 의지意志적으로 조정할 수 없는 의식입니다. 그래서 길들이기가 매우 어려운 것입니다. 소위 본능이라 하지 않습니까? 본능은 의지와 관계없이 불쑥 튀어나오지 않습니까?

소승불교에서는 이 아뢰야식을 소멸시키는 것을 목표로 삼으며 그러한 경지에 도달한 도인을 아라한阿羅漢이라 합니다. 아뢰야식을 소멸한다는 것은 의식을 단절시키는 것이 아니고 아뢰야식까지도 자유자재로 조절할 수 있는 단계를 말하는 것입니다. 본문에서도 '수고우를 조복 받는다.' 라고 하지 않았습니까? 아무튼 근본 무명식인 팔식을 완전히 조복하는 것은 수행의 완성을 의미한다고 볼 수 있습니다.

그러면 이 팔식인 본능을 어떻게 조복 받을 수 있겠습니까?

대혜스님은 본능이 발동하는 것을 순간순간 알아차리고 그 본능이 작용하는 이전의 자리로 돌아가라고 하지 않습니까? 그 곳은 어떤 자리입니까? 도를 깨우친 선사가 '무無' 하고 대답한 그 자리입니다. 그 자리에는 어떠한 악이나 선이 존재할 수 없 는 자리입니다. 그래서 지극히 평등하고 평화롭고 안락한 자리 라고 하는 것입니다.

또 호산자라는 것은 원숭이를 이르는 말인데 유식에서 칠식에 비유하고 있습니다. 칠식인 말나식은 팔식을 자아로 생각하고 팔식에 저장된 식識을 꺼내어서 현상적 실제 감각의식을 갖는 육 식六識과 연결하는 교량 역할을 하는 것입니다. 사량분별의 주체 가 되는 식입니다. 우리 마음이 경계를 따라 변화무쌍 하듯이 분 주하게 사량하고 분별한다고 하여 원숭이에 비유한 것입니다. '나'라는 아상이 칠식을 바탕으로 이루어지기 때문에 상相을 무 너뜨리기 위해서 말나식을 죽여야 한다고 하는 것입니다.

칠식은 무시이래(시작을 알 수 없는 아득한 옛날부터) 존재해 오는 무명식無明識으로 불립니다. 따라서 칠식과 팔식의 무명식 을 밝혀서 길들이는 것이 수행의 지향점이라 할 수 있습니다.

然이나 說得說不得도 亦非外邊事니라 不見가 江西老宿이
有言호대 說得이라도 亦是汝心이요 說不得이라도 亦是汝心이
라하시니 決欲直截擔荷댄 見佛見祖를 如生冤家하야사 方有少
分相應하리라 如此做工夫하야 日久月深하면 不着起心求悟하
야도 水牯牛가 自調伏하며 獼猴子自死矣리니 記取記取어다
但向平昔에 心意識이 湊泊不得處와 取不得處와 捨不得處하야
看箇話頭호대 僧이 問雲門호대 如何是佛이닛고 門이 云乾屎
橛이어다 看時에 不用將平昔의 聰明靈利하야 思量卜度이니
擬心思量하면 十萬八千이 未是遠이리라 莫是不思量不計較不
擬心이 便是麼아 呸 更是箇甚麼오 且置是事하노라

그러나 말을 하거나 말을 하지 않거나 또한 바깥 일이 아닙
니다. 보지 못하였습니까? 강서노숙(江西老宿, 마조선사)이 말
씀하시길, '설명한다 하더라도 또한 그대의 마음이요, 설명하지
못한다 하더라도 또한 그대의 마음이다.' 라고 하였습니다. 결
정코 바로 끊어서 짊어지고자 한다면 부처와 조사祖師 보기를 살
아있는 원수를 보듯이 해야 비로소 조금 상응할 수 있을 것입니
다. 이와 같이 공부를 지어서 날이 오래고 달이 깊어지면 굳이 마
음을 일으켜서 깨달음을 구하지 아니하더라도 물소는 저절로 조
복하게 될 것이며 원숭이는 저절로 죽게 될 것입니다. 기억하고
기억하십시오.

다만 평소에 심의식이 가서 닿을 수 없는 곳과 취할 수 없는 곳
과 버릴 수 없는 곳을 향해서 승려가 운문선사에게 묻기를, '무엇
이 부처입니까?' 운문선사가 말하되, '똥막대기[乾屎橛]이니라'
라는 화두를 살펴보십시오. 살펴볼 때에 평소의 총명하고 영리
함을 사용하여 사량하고 헤아리지 마십시오. 마음으로 헤아려
서 사량하면 십만팔천 리가 오히려 먼 것이 아닐 것입니다. 그렇
다면 사량하지 아니하고 계교하지 아니하고 마음을 헤아리지 않
는 것이 곧 옳은 것인가? '돌(咄)' 또 이것이 무엇입니까? 다시 이
일을 남겨두겠습니다.

강설

평소에 사량하는 마음이 가서 쉴 수 없는 곳 다시 말하면, 마
음이 돌아가야 할 이곳은 취할 수도 버릴 수도 없는 곳입니다. 그
곳에서 '간시궐' 화두를 들라고 했습니다. 이것이 화두 공부를 바
르게 하는 것입니다. 이곳은 총명이나 영리함으로 알 수 없는 것
이기 때문에 헤아리지 말라고 했습니다. 헤아리지 말라고 했으
니 목석木石이 되어야 하는가? 감각작용을 멈추어야 하는가?

'할!'

잘 생각해 보십시오.

（答）

양교수 언후에게

楊教授 彦候

양교수의 전기는 미상이다.
이 글은 스님 68세(소흥 26년 1156)에
장사 장구성의 집에서 답한 편지다.

左右가 强項中에 却有不可思議底柔和하야 致一言之下에 千了百當하니 此事殊勝이로다 若不間於强項中에 打發得幾人이면 佛法이 豈有今日이리요 非有般若根性이면 則不能如是리니 盛事盛事로다 示論호대 欲來年春夏間에 棹無底般하고 吹無孔笛하며 施無盡供하고 說無生話하야 要了無窮無始하며 不有不無巴鼻라하니 但請來與遮無面目漢으로 商量하면 定不錯了遮話하리라 又承호니 需道號라할새 政欲相塗糊면 可稱快然居士라하라 故로 眞淨老人이 云快然大道가 只在目前하야 縱橫十字에 擬而留連이라하니 便是此義也라 某只在長沙하야 作久住計로니 左右가 他日에 果從此來則林下가 不寂寞也리라.

그대가 관직의 일로 강직해야하는 가운데서도 도리어 생각할 수 없는 유화함이 있어서 한마디 말에 천 가지나 깨닫고 백 가지나 깨달으니 이 일이야말로 수승함이로다. 만약 강직해야하는 가운데서 간혹 깨달음을 얻어 도를 성취한 몇몇 사람이 아니었더라면 불법이 어찌 오늘에까지 이를 수 있었겠는가. 그대가 반야의 근본 자성이 있지 아니하였다면 능히 이와 같지 못했을 것이리라. 참으로 장하고 장한 일입니다.

편지를 보니, '내년 봄과 여름 사이에 와서, 밑 없는 배의 노를 젓고, 구멍 없는 피리를 불며, 다함이 없는 공양을 베풀며, 태어남이 없는 설법을 설하고, 끝도 없고 시작도 없으며 있지도 않고 없지도 않는 근원[巴鼻]을 깨닫고자 한다.'라고 하였으니 부디 오셔서 이 면목 없는 사람과 더불어 헤아려 본다면 결정적으로 이 말에 착오하지 않을 것입니다.

편지에 또 말하기를, '도호道號를 받겠다.'라고 하였습니다. 정녕 서로 질퍽거려 덧칠하고자 한다[塗糊]면, '쾌연거사快然居士'라고 부르십시오. 이 이름은 진정노인이 말씀하시길, '쾌연한 대도大道가 눈앞에 있음이라. 종횡십자에 헤아려 소요[留連]하도다.'라고 하였으니 바로 이 뜻입니다. 내가 다만 장사長沙에 오래 머물 생각을 하고 있으니, 그대가 한번 이곳에 다녀간다면 이 임하[林下:나무 밑]가 적막하지 아니할 것입니다.

강설

'쾌연한 대도가 눈앞에 있음이라. 종횡십자에 헤아려서 소요 [留連]하도다.'는 '유쾌하고 여법한 도道는 바로 눈에 보이는 곳에 있으니 행주좌와 일상생활을 잘 헤아려서 본심을 벗어나지 말고 유유하게 보내라.'는 뜻입니다. 종횡십자는 가로와 세로가 만나는 지점이기도 합니다. 십자가 만나는 지점이 바로 원점으로서 본분자리입니다. 하루의 일상생활이 동서남북으로 분주하지만 항상 본래면목 자리를 벗어나지 말고 원점으로 돌아와 머무는 생활을 하라는 것입니다.

答

누추밀 중휘에게 1

樓樞密 仲暉 1

누추밀은 무주(婺州) 영강(永康) 사람으로
이름이 누소(樓炤) 자는 중휘이다.
진사를 거쳐 추밀원사, 참정, 선주와 광주 지사 등을 역임.
대혜스님과 동갑이다.
이 글은 스님 69세(소흥 27 1157)에
명주의 아육왕사(阿育王寺)에서 보낸 편지다.

不識커라 別後 日用應緣處에 不被外境所奪否아 視堆案之文
하야 能撥置否아 與物相遇時에 能動轉否아 住寂靜處하야 不
妄想否아 體究箇事에 無雜念否아 故로 黃面老子有言호대 心
不妄取過去法하고 亦不貪着未來事하며 不於現在有所住하고
了達三世悉空寂이라하시니라 過去事에 或善或惡을 不須思量
이니 思量則障道矣리라 未來事를 不須計較니 計較則狂亂矣리
라 現在事到面前커든 或逆或順에 亦不須着意니 着意則擾方寸
矣리라.

잘 모르겠습니다, 이별한 뒤에 일상의 인연을 만나는 곳에서
바깥 경계에 빼앗기는 바가 되지는 않습니까? 책상에 쌓인 서류
를 볼 때도 능히 (마음을) 잘 다스려서 처리할 수 있습니까? 사
물과 더불어 서로 만날 때는 능히 주체적으로 생각을 굴립니까?
고요한 곳에 있을 때 망상하지 않습니까? (이 일을) 체구함에 있
어서 잡념은 없습니까?

그러므로 황면노자가 말씀하시길, '마음으로 망녕되게 과거
의 법을 취하지 말며, 또한 미래의 일을 탐착하지도 말며, 현재에
도 머묾이 없이, 삼세가 모두 공적함을 깨달으라.' 라고 하시었
습니다. 과거의 혹 선한 일이나 악한 일을 반드시 생각하지 마십
시오. 생각하면 도에 장애가 될 것입니다. 미래의 일도 반드시 계
교하지 마십시오. 계교하면 광란하게 될 것입니다. 현재의 일이

눈앞에 닥쳐도, 역경계든 순경계든 또한 반드시 집착하지 마십시오. 집착하면 마음이 어지러울 것입니다.

但一切臨時하야 隨緣酬酌하면 自然合着遮箇道理하리라 逆境界는 易打어니와 順境界는 難打니 逆我意者는 只消一箇忍字하야 定省少時하면 便過了어니와 順境界는 直是無爾回避處니 如磁石이 與鐵相偶하야 彼此不覺에 合作一處하나니 無情之物도 尙爾은 況現行無明의 全身이 在裏許하야 作活計者리오 當此境界하야 若無智慧면 不覺不知에 被他引入羅網하리니 却向裏許하야 要求出路함이 不亦難乎아 所以로 先聖이 云入得世間하야 出世無餘라함이 便是遮箇道理也라

다만 일체사에 임할 때 인연을 따라 응대하면 자연히 이 도리에 부합할 것입니다. 역경계는 쉽게 물리칠 수 있지만 순경계는 물리치기 어렵습니다. 나의 뜻을 거스르는 것은 다만 참을 인忍자 하나로써 녹여서 잠깐 동안만 안정하고 살피면 곧 지나가 버리지만 순경계를 회피할 곳은 없습니다. 마치 자석이 쇠와 서로 만나면 피차 모르는 사이에 하나로 합쳐지는 것과 같습니다. 무정물도 오히려 그와 같거늘, 하물며 온 몸이 현행하는 무명속에서 살림살이를 짓는 것은 오죽하겠습니까? 이러한 경계를 당하

여 만약 지혜가 없으면 깨닫지 못하고 알지 못하는 사이에 그물 속으로 이끌려 들어가게 될 것입니다. 들어간 뒤에 그 속을 향해서 벗어나는 길을 구하는 것이 어렵지 않겠습니까? 그러므로 옛 성인이 말씀하시길, '세간에 들어가서 세간을 남김없이 벗어난다.' 라고 한 것이 바로 이 도리일 것입니다.

거슬리는 일은 좀 억울하고 화도 나지만 마음을 좀 가다듬어서 참으면 언젠가는 잊어지고 해결이 됩니다만, 좋아해서 발생된 마음은 털어 내려는 생각도 하지 않으니, 마치 철이 자석에 달라붙듯이 떨어지지 않는다는 것입니다. 순경계는 거슬리지는 않지만, 거슬리는 마음을 다스리는 것보다 더 어렵다는 것을 지적하신 말씀입니다. 그래서 '세간에 들어가서 세간을 남김없이 벗어난다.' 는 말은 세간에서 생기는 감정은 좋은 것이든 나쁜 것이든 그 속에서 그를 의지해 남김없이 다 벗어난다는 것입니다. 즉 마음에 불편함도 털어 내고 마음에 즐거움도 알아차려서 희로애락에 젖어들지 않는 본심을 자각하는 수행을 해야 함을 일깨워 주신 말씀입니다.

특히 순경계에 들었을 때 자각하는 힘을 길러 세간을 벗어나라는 것입니다. 순경계, 역경계 모두 세간사인데 이곳에 들어야 이곳을 벗어나는 것입니다. 순역경계를 만나지 않았는데 어찌 순역의 경계를 벗어날 곳이 있겠습니까?

近世에 有一種이 修行에 失方便者가 往往에 認現行無明하
야 爲入世間하고 便將出世間法하야 强差排作出世無餘之事하
니 可不悲乎아 除宿有誓願이라야 卽時識得破하며 作得主하야
不被他牽引이라 故로 淨名이 有言호대 佛爲增上慢人하야 說
離淫怒痴라사 爲解脫耳어니와 若無增上慢者댄 佛說淫怒痴性
이 卽是解脫이라하나니 若免得此過댄 於逆順境界中에 無起滅
相하야사 始離得增上慢名字니 恁麼라사 方可作入得世間하야
謂之有力量漢이니라 已上所說은 都是妙喜의 平昔經歷過底니
卽今日用에 亦如此修行하노라 願公은 趁色力强健하야 亦入是
三昧하라 此外에 時時以趙州無字로 提撕하야 久久純熟하면
自然無心하야 打破漆桶하리니 便是徹頭處也니라.

근세에 방편을 잃고 수행하는 한 무리의 사람들이 있어서, 왕
왕 현재 행하는 무명의 일은 세간에 들어가는 것이라 인식하고
세간에서 벗어나는 법을 가져서 강력하게 차별하여 세간에서 남
김없이 벗어나는 일만 억지로 지어 갈려고 하니 이 어찌 슬픈 일
이라 아니할 수 있겠습니까? 일찍이 숙세에 서원이 있는 사람이
라야 즉시에 알아서 깨뜨릴 수 있으며 주인 자리를 지켜서 그들

에게 끌려가지 않을 것입니다. 그러므로 정명[유마]거사가 말씀
하시길, '부처님이 아만이 높은 사람들을 위하여 '음욕과 분노와
어리석음을 떠나야 해탈한다.' 라고 하셨지만 만약 아만이 없는
사람에게는 '음욕과 분노와 어리석음의 본 성품이 곧 해탈이다.'
라고 하셨느니라.' 라고 하였습니다. 만약 이러한 허물을 면하
고자 한다면 거스르고 순종하는 경계 가운데 일어나고 소멸하
는 모습이 없어야 비로소 교만이 높다는 이름을 떠날 수 있습니
다. 이렇게 되어야 비로소 세간에 들어갈 역량이 있는 자라 할 수
있을 것입니다.

　이상의 이야기는 모두 묘희가 평소에 경험해 온 것입니다. 지
금도 일상에 또한 이와 같이 수행하고 있습니다. 원컨대 그대는
육신의 힘이 건강할 때에 또한 이러한 삼매[일행삼매]에 들어가
십시오. 이 외에 때때로 조주선사의 무자화두를 제시해서 오래
오래하여 순하게 익숙해 가면 자연히 무심해서 칠통을 타파하게
되어 문득 철저하게 사무친 곳이 될 것입니다.

강설

　'현재 행하는 무명의 일' 은 탐진치貪瞋痴 등과 같은 일을 말합
니다. 살면서 자기도 모르게 많은 살생을 하고 부당한 이익을 챙
기고 또 음란한 마음을 가지는 것과 같이 중생의 일상생활을 이
야기합니다. 그런데 여기서 공부 잘못하는 사람들이 이것은 세

간법이니 이런 세간의 법을 싹 벗어나서 무명이 없는 출세간법을 따로 세워 억지로 출세간법을 지키려고 차별심을 갖는다는 것입니다. 이른바 '계戒를 세워 놓고 그것에 구속되어 한 발자국도 나아가지 못하니 슬픈 일이 아니냐?' 이 부분이 아주 요긴한 법문입니다. 세간의 탐진치貪瞋痴가 무명의 근본임을 알고 탐진치貪瞋痴를 없애고 출세간의 맑은 것만 취하려 하니 수행이 안 됩니다. 탐심이 일어날 때 그 일어남을 깨달아야 탐심이 다스려집니다. 그것을 모르고 탐심이 일어나는 것을 막으려고만 하면 겁劫이 다 하도록 수행을 해도 해탈은커녕 점점 수렁으로 들어갈 뿐입니다. 삼독심三毒心이 삼취정계三聚淨戒의 근본이 됨을 깨달아야 바른 수행을 할 수 있습니다. 대혜스님이 이것을 말씀하시고 계십니다. 부처님께서 '아만이 높은 자에게 음욕과 분노와 어리석음을 떠나야한다' 하시고 '아만 없는 자에게는 음욕과 분노와 어리석음의 본 성품이 곧 해탈이라' 하셨는데, 경계를 만나 그 경계에 의지해서 벗어날 줄 알아야 세간에 들 역량이 되는 것입니다. 여기서 또 중요한 대목이 나옵니다. 대혜스님이 자기도 그렇게 경험하고 지금도 그렇게 수행한다고 하십니다. 대혜스님이 견성도인이 아닐까요? 견성하신 대선지식께서 오도悟道 후에 이렇게 수행하고 계시는 모습을 역력하게 확인할 수 있는 구절입니다. 이로서 '견성즉성불'이라는 말로써 수행이 끝난 것으로 아는 것은 있을 수 없는 일입니다. '무無자 화두를 들되 늘 역순경계를 대할 때 그것을 싫어하여 떠나려 하지 말고 경계에 따라 일어나는 마음을 자각하여 뿌리로 되돌아가는 수행을 지속해야 역순경계를 벗어날 수있습니다.

'이 외에 때때로 조주선사의 무無자 화두를 제서提撕해서' 는 살도음殺盜淫 등의 마음이 일어날 때는 얼른 본 성품으로 돌아가 순간순간 벗어나고, 그 외 늘 방종하지 말고 화두 드는 것을 잊지 말라는 것입니다.

答

누추밀 중휘에게 2

樓樞密 仲暉 2

日用工夫를 前書에 已葛藤不少호니 但只依舊不變不動하야 物來則與之酬酌하면 自然物我一如矣리라 古德이 云放曠任其 去住하야 靜鑑覺其源流니 語證則不可示人이어니와 說理則非 證不了라하니 自證自得處는 拈出呈似人하야도 不得이라 唯親 證親得者라사 略露目前些子하야 彼此에 便黙黙相契矣리라.

일상에서 공부하는 것에 대해서는 지난 편지에 이미 이런저런 말을 많이 하였습니다. 다만 옛것에 의지해서 변함도 없고 움직임도 없이하여 경계가 닥쳐오더라도 그와 더불어 잘 대응[酬酌] 하면 자연히 대상과 내가 하나가 될 것입니다. 고덕이 말씀하시길, '텅텅 놓아 비워서 가고 머무름에 맡겨서 거울처럼 고요히 그 원류를 살필지니, 증득한 바를 설명으로써 다른 사람에게 보일 수 없을 것이거니와 이치를 설명하는데 있어서도 깨닫지 못하면 불가능하다.' 라고 하였습니다. 스스로 깨닫고 스스로 얻은 곳 은 끄집어내어 다른 사람에게 들어 바치지 못합니다. 오직 친히 깨닫고 친히 얻은 사람이라야 눈앞에 간단하게 약간만 드러내어 도 서로 간에 문득 묵묵히 바로 계합할 수 있을 것입니다.

강설

'옛것에 의지해서'에서 '옛것'이란 바로 본래면목, 즉 성품 자리 를 말합니다. 이 성품 자리에 있으면 변화하는 것도 움직이는 것도 없는 것입니다.

'그 원류를 살필지니' 에서 원류는 생각이 일어나는 그 근원을 말합니다. 바로 본래면목의 작용을 보라는 것입니다. 중요한 것은 텅 비워 경계에 따라 작용하되 본성을 망각하지 않아야 되는 것입니다.

示諭호니 自此로 不被人謾이라하니 不錯用工夫矣로다 大槪를 已正하고 刀柄을 已得인댄 如善牧牛者하야 索頭를 常在手中이면 爭得犯人苗稼리요 驀地放却索頭하야 鼻孔에 無撈摸處하면 平田淺草에 一任縱橫하리라 慈明老人의 所謂四方放去休欄遏하고 八面無拘任意遊라 要收只在索頭撥이라하니 未能如是인댄 當緊把索頭하야 且與順摩將淹浸이니 工夫旣熟이면 自然不着用意堤防矣리라 工夫는 不可急이니 急則躁動이니라 又不可緩이니 緩則昏怛矣니라 忘懷着意俱蹉過니 譬如揮劍擲空에 莫論及之不及이니라.

편지를 보니 '이제부터는 다른 사람들의 속임을 입지 않는다.' 라고 하였습니다. 참으로 잘못 공부한 것이 아니었습니다. 공부의 큰 줄거리가 이미 바르고 칼자루를 이미 잡은 것이 마치 훌륭한 목동과 같아서 소의 고삐가 항상 수중에 있거늘 소가 어찌 벼논에 함부로 들어가겠습니까? 문득 고삐를 놓아버리고 콧구멍 얽어맬 곳이 없어지고 나면 평탄한 평원의 부드러운 풀에 마음대로 돌아다니게 놓아둘 것입니다. 자명노인이 말씀하신 바, '사방으로 놓아버려 막는 것을 쉬고 팔면[팔방]으로 구속 없이 마음대로 놀게 하라. 거두고자 하면 다만 고삐를 다스리는 데 있다.'라고 하였습니다. 능히 이와 같지 못하다면 마땅히 고삐를 바짝 잡아끌어서 또한 순하게 쓰다듬어서 잘 따르게 순종시켜야 할 것입니다. 공부가 순하게 익어지면 자연히 마음 써서 제방(둑)을 쌓지 않아도 될 것입니다. 공부는 급하게 할 것이 아닙니다. 급하게 하면 조급해지고 동요할 것입니다. 또한 느슨하게도 할 것이 아닙니다. 느슨하게 하면 흐릿하여 방종하게 될 것입니다. 생각을 일어나게 못하는 것과 깨닫겠다는 생각을 하는 것 두 가지가 모두 어긋납니다. 비유하면 칼을 던져서 허공을 휘두를 때 미치고 미치지 못함을 논하지 말아야 하는 것과 같습니다.

'문득 고삐를 놓아 버리고 콧구멍 얽어맬 곳이 없어지고 나면'에서 콧구멍은 우리의 본성자리를 말합니다. 다시 말해 경계에 부딪힐 때마다 본성을 보면 어느새 도리켜야 할 마음이라 할 것도 없다는 것입니다. 이때가 되면 마음을 다스리겠다는 생각을 하지 않아도 자유자재로 되어 마치 소를 들판에 풀어 마음대로 풀을 뜯게 하여도 농작물은 해치지 않는다는 것입니다.

'허공을 휘두를 때 미치고 미치지 못함을 논하지 말아야 하는 것'은 칼로 허공을 치면 허공을 친 흔적이 없습니다. 그렇다고 치지 않은 것도 아닙니다. 그렇다면 허공을 친 것이냐 안 친 것이냐 따질 필요가 없다는 것입니다.

昔에 嚴陽尊者가 問趙州호대 一物도 不將來時如何닛고 州云放下着하라 嚴陽云一物도 旣不將來어니 放下箇甚麼닛고 州云放不下인댄 擔取去하라 嚴陽이 於言下에 大悟하니 又 有僧이 問古德호대 學人이 奈何不得時如何닛고 古德이 云老僧도 亦奈何不得이로다 僧이 云學人은 在學地故로 是奈何不得이어니와 和尙은 是大善知識이라 爲甚麼하야 亦奈何不得이닛고 古德이 云我若奈何得則便拈却爾의 遮不奈何리라 僧이 於言下에 大悟하니 二僧悟處가 卽是樓樞密의 迷處며 樓樞密의 疑處가 卽是二僧問處니라.

옛날 엄양존자가 조주선사에게 묻기를, "한 물건도 가져오지 않았을 때 어떻게 합니까?" 하니

조주선사가 "내려놓아라." 했습니다.

엄양 존자가 말하기를 "한 물건도 이미 가져오지 않았는데 무

엇을 내려놓으라는 것입니까?"

조주선사가 "내려놓지 못하겠거든 짊어지고 가거라." 하는 말에 엄양존자가 크게 깨달았습니다.

또 어떤 승려가 고덕에게 물었습니다. "학인이 어찌 하려고 해도 어찌하지 못할 때 어떻게 해야 합니까"

고덕이 말씀하였습니다. "노승도 또한 어찌하지 못한다네."

승려가 다시 이르기를 "학인은 배우는 단계에 있기 때문에 어찌하지 못하지만 화상께서는 대선지식이거늘 무엇 때문에 어찌하지 못합니까?"

고덕이 말씀하였습니다. "내가 만약 어찌할 수 있다면 곧 그대의 어찌하지 못함을 잡아낼 수 있을 것이니라."

그 승려가 이 말씀에 크게 깨달았습니다.

두 승려가 깨달은 곳이 곧 누추밀의 미혹한 곳이며 누추밀이 의심하는 곳이 곧 두 승려가 질문한 곳입니다.

강설

엄양존자가 '한 물건도 안 가져 왔다' 고 하지만 한 물건도 안 가져 왔다는 생각을 가지고 있다는 것이지요. '그것도 내려놓아라' 이 말입니다. 이 말에 자기가 짊어지고 있는 것을 본 것이지요.

또 '어찌하려고 해도 어찌하지 못하는 것은 무엇입니까?' 망상을 아무리 피우지 아니하려고 해도 아니할 수 없다는 것입니다. 즉 생각을 하지 않으려 해도 아니할 수 없다는 것입니다. 고덕대선사께서도 이렇다고 합니다. '내가 만약 어찌할 수 있다면 그대의 어찌할 수 없는 마음을 꺼내 줄 것이다' 는 '도가 이런 것이다 하고 보여줄 수 있다면 너에게 바로 보여 줄 것이다'라는 말입니다. 갖다 바칠 수도 없고 내 보일 수도 없는 이치를 간결하게 일러주는 순간 깨달음을 얻었다는 것입니다.

'두 승려가 깨달은 곳이 곧 누추밀이 깨닫지 못한 곳' 이란 미혹한 자리와 깨달은 자리가 따로 있지 않다는 것입니다. 한 생각 미혹한 마음이 일어나는 자리나 이 미혹함을 아는 자리가 동일하다는 말입니다.

法從分別生하야 還從分別滅이니 滅諸分別法하면 是法無生滅이니라 細觀來書호니 病已去盡하고 別證候도 亦不生矣라 大段이 相近하니 亦漸省力矣라 請只就省力處하야 放敎蕩蕩地하면 忽然㘞地破爆地斷便了하리니 千萬勉之다.

'법은 분별을 따라 생기고 도리어 다시 분별을 따라 소멸하나니 모든 분별법이 소멸하면 이것이 생멸없는 법이니라.' 라고 하였습니다. 보내온 편지를 자세히 살펴보니 병은 이미 사라지고 특별한 징후도 또한 생기지 아니하였습니다. 크게 깨칠 날이 가까워졌으니 또한 힘이 점점 덜어질 것입니다. 청하노니, 다만 힘이 덜리는 곳에 나아가서 텅텅 내려놓아서 호호탕탕하게 하면 졸지에 깨지고 폭지에 끊어져 문득 요달할 것입니다. 천 번 만 번 힘쓸지어다.

강설

'법은 분별을 따라 생기고 도리어 다시 분별을 따라 소멸한다.'는 분별이 분별임을 알 때 그 분별을 멸할 수 있다는 것입니다. 왜냐하면 경계가 없으면 마음이 일어날 수 없고 마음이 작용하지 않으면 경계를 알 수 없기 때문입니다. 즉 마음이 일어나는 것[법, 法]을 바로 보면 그것이 일어나는 자리를 바로 보게 되고 그 본성자리는 텅 비어 뭐라 이름 할 것도 없다는 것을 알게 됩니다. 이것을 '법을 소멸시킨다' 함입니다. 그래서 분별된 법에서 분별할 것이 없음을 보는 것을 일러서 일어나고 사라짐이 없는 '무생멸無生滅의 법' 이라 하는 것입니다. 망상이 일어날 때 이때가 바로 불심이 작용하는 때임을 아는 것입니다. 망상을 망상인 줄 아는 것은 바로 부처입니다. 즉 망상 자리가 바로 부처자리임을 알면 부처자리에 들어가는 것입니다. 그래서 앞 구절에서 '미혹한 자리가 바로 깨침의 자리라고 하고, 의문의 자리가 바로 깨침의 자리' 라고 하였습니다. 이 말은 『금강삼매경』 여래장품 제칠第

七에 나오는 게송입니다. 망상妄想을 망상인줄 알면 바로 망상이 사라집니다. 이와 같이 모든 망상이 사라지면 '제법이 소멸한다'는 것입니다. 법(생각)이 일어날 때마다 알아차려버리면 그 법이 생멸할 근본이 없어지는 것입니다. 그래서 모든 법이 사라진다는 것입니다.

'힘이 덜리는 곳에 나아가 내려놓아서 탕탕하게 하면'에서 힘 덜리는 곳이 어딥니까? 바로 거기가 본성을 찾아 화두를 드는 곳입니다. 이 자리에 무슨 분별이 있습니까? 이 자리에 망상이니 분별이니 하는 모든 법을 갖다 놓기만 하면 저절로 사라지는 것입니다. 이것이 생멸生滅을 없애고 모든 인연의 고리를 끊는 방법입니다.

答

조태위 공현에게

曹太尉 功顯

조태위는 양탁(陽濯) 사람으로
이름은 조훈(曹勛) 자는 공현이다.
태위는 군무감의 벼슬이다.
이 글은 스님 69세에 명주 아육왕사에서 보낸 편지다.

某가 雖年運而往矣나 不敢不勉强하여 力以此事로 與衲子輩
激揚하노니 一日粥後에 發牌子하여 輪一百人入室호니 間有負
命者는 上鉤來하고 亦有咬人獅子러라 以此法喜禪悅로 爲樂일
새 殊不覺倦하니 亦造物이 見憐耳이로다.

내가 비록 나이가 많이 들었으나 감히 힘쓰지 아니할 수 없어
서, 납자들과 더불어 살면서 이 일에 힘을 씀에 격양되지 않을 수
없습니다. 일백 여 사람에게 번호 패를 주어서 오전 죽(아침 공
양)을 먹은 뒤에 순서대로 내 방[조실]에 들어오게 하여 돌아가
면서 면담을 합니다. 간혹 목숨을 짊어진 자는 갈고랑이에 걸려
올라오기도 하고 또 사람을 무는 사자도 있었습니다. 이 법희선
열로 즐거움을 삼습니다. 그러면서 게으름을 피울 여가가 없습
니다. 이 또한 조물주가 보면 가련하다 할 것입니다.

강설

'이 일에 힘을 씀에 격양激揚되지 않을 수 없습니다.' 에서 이 일
이란 납자들을 지도하는 일입니다. 늙고 힘도 없지만 전력을 다
해서 납자들을 깨우치고 있는 모습입니다.

'목숨을 짊어진 자' 는 생사를 해결하지 못한 자로서 깨닫지
못한 사람을 말합니다. '갈고랑이에 걸린다' 는 말은 말꼬리에
끌려 다닌다는 것이지요. 예를 들면, 선사가 '아침에 뭐했나?' 이

렇게 물으면 '예불하고 마당 쓸고…' 뭐 이렇게 대답한다는 것입니다. 이에 비해 '사람을 무는 사자'는 공부를 제대로 하는 사람을 말합니다. 이 사람에게 아침에 뭐했나?고 물으면 뭐라 대답하겠습니까? 깨친 소식이 탁 터져 나올 것 아닙니까? 마음작용을 본성에 반조해서 자기를 잃어버리지 않습니다. '돌을 던지면 개는 돌을 쫓아가고 사자는 돌을 던진 사람을 문다.'고 하지 않습니까? 공부를 제대로 하는 사람은 스님이 한마디 하면 번쩍 알아차리고 제 할 일 알아서 잘 한다는 것입니다. 말길에 떨어지지 않고 말하는 스님의 용처를 즉시 타파할 줄 알아야합니다.

左右는 福慧兩全하여 日在至尊之側이로대 而留意此段大事因緣하니 眞不可思議事로다 釋迦老子日 有勢不臨難이요 豪貴學道難이라하엿거늘 非百劫千生에 曾承事善知識하여 種得般若種子深이면 焉能如是信得及이리요 只遮信得及處가 便是成佛作祖底基本也니라 願公은 只向信得及處하여 覰捕久久하면 自透脫矣리라 然이나 第一에 不得着意安排하여 覓透脫處어다 若着意則蹉過也리라.

그대는 복덕과 지혜가 함께 온전하여 매일 지존(임금)의 옆에 있으면서도 뜻을 이 큰일에 인연을 두었으니 참으로 불가사의한 일입니다. 석가노자가 '권세가 있으면서 그것을 활용하지 않기 어렵고, 부유하고 존귀하면서 도를 배우기가 어렵다.' 라고 하였습니다. 일찍이 백겁 천생에 선지식을 받들어 섬겨서 반야종자를 깊이 심지 아니하였다면 어찌 능히 이와 같은 믿음에 이르겠습니까? 다만 이 믿음에 이른 곳이 곧 부처가 되고 조사가 되는 기본입니다. 원하노니 그대는 다만 믿어서 미치는 그곳을 사로잡아서 오래오래하면 저절로 투탈하게 될 것입니다. 그러나 제일 유의하여야 할 것은 뜻을 붙여서 안배하여 투탈할 곳을 찾지 마십시오. 만약 마음을 붙이면 어긋날 것입니다.

강설

'세력이 있으면서 그것을 활용하지 않기 어렵고, 부유하고 존귀하면 도를 배우기가 어렵다.' 는 『사십이장경四十二章經』에 열거된 스무[二十]가지 어려움 가운데 두 구절입니다. 스무 가지 어려움이란, 가난한 사람이 보시하기 어렵고, 귀하고 돈 많은 사람이 도道 배우기 어렵고, 명命을 버리고 죽기가 어렵고, 부처님 경전 구해 보기가 어렵고, 살아서 부처님 만나기가 어렵고, 색色을 보고 욕망을 참기 어렵고, 좋은 것 보고 구하지 않기 어렵고, 욕을 듣고 성 안 내기가 어렵고, 세력이 있으면서 부리지 않기 어렵고, 쥐어박는데 무심하기 어렵고, 널리 배우고 많이 기억하기 어렵고, 인상人相을 없애고 아상我相을 멸하기 어렵고, 배우지 못한 것을 가벼이 여기지 않기 어렵고, 평등심을 가져서 차별하지 않기가 어렵고, 시비하지 않기 어렵고, 선지식 만나기 어렵고, 도를 배워 견성하기 어렵고, 경계를 보고 움직이지 않기 어렵고, 좋은 방편 쓰기 어렵고, 인연 따라 교화하기 어렵다.

'믿어서 미치는 그곳을 엿보아 사로잡아서 오래 오래하면 저절로 투탈透脫하게 될 것입니다.' 에서 '믿어서 미치는 그곳' 이란 본래면목 자리, 즉 회광반조하여 화두 드는 자리입니다. 이 자리를 '엿보아 사로잡는다.' 는 것은 보고 듣는 것에 빠지지 않고 살펴서 잘 안다는 것입니다. 이 자리에 드는 것을 오랫동안 계속하면 어느 순간 그 자리와 둘이 아니게 된다는 것입니다.

釋迦老子又曰 佛道不思議라 誰能思議佛이리요하시며 又佛이 問文殊師利曰 汝入不思議三昧耶아 文殊曰 弗也니다 世尊하 我卽不思議라 不見是心이 能思議者어늘 云何而言入不思議三昧리닛고 我初發心하여 欲入是定이나 如今思惟호니 實無心想而入三昧니다 如人學射에 久習則巧하여 後雖無心이나 以久習故로 箭發皆中인달하여 我亦如是하여 初學不思議三昧일새 繫心一緣이어니와 若久習成就하면 更無心想이라 常與定俱라하시니 佛與祖師의 所受用處가 無二無別이로다.

석가노자께서 '불도는 불가사의라 누가 능히 부처를 사의하겠는가?' 라고 하시었습니다. 또 부처님께서 문수사리에게 묻기를 '그대가 부사의 삼매에 드는가?' 하시니 문수가 '아닙니다. 세존이시여, 제가 곧 부사의不思議입니다. 이 마음이 능히 사의함을 볼 수 없거늘 어찌 부사의 삼매에 든다고 말할 수 있겠습니까? 제가 처음 발심해서 이러한 선정에 들어가고자 하였으나 지금 사유해 보니, 실로 생각없이 무심으로 삼매에 들어가는 것이 마치 사람이 활쏘기를 배우는데 오래 익히면 정교하여 뒤에는 비록 무심하게 쏘아도 쏘는 화살이 모두 적중하는 것과 같습니다. 저도 또한 이와 같아서 처음에는 부사의 삼매를 배울 때 마음을 한 곳에 묶어 두었지만 오랫동안 익혀서 성취한 후에는 더 이상 마음으로 생각하지 않아도 항상 선정과 더불어 함께하게 되었습니다.' 하시니, 부처님과 조사의 수용처(마음 씀)는 둘도 아니며 다른 것도 없습니다.

강설

문수가 '제가 곧 부사의不思議입니다.' 라고 한 말은 제 마음이 설명할 수 없는 부사의의 존재란 말입니다.

'무심상無心想'이란 조작함이 없는 마음을 말합니다. 의도적으로 무엇을 이루겠다는 생각이 없는 마음인데, 화살을 쏘는 것에 비유를 했지요? 활쏘기에 통달하면 과녁에 맞추겠다고 의도하지 않아도 보고 쏘면 적중하게 되듯이 즉, 무심無心으로 하는 무위행無爲行을 말합니다. 문수도 이와 같이 처음에는 무심이 되려고 노력해도 잘 되지 않아 마음을 한 곳에 두고 연습한 후에 익숙하게 되었다는 것입니다. 인연에 부딪힐 때마다 자각하여 본성으로 돌아가는 연습을 오랫동안 하면 결국에 무심으로 항상 선정禪定 속에 무위행無爲行을 이룰 수 있다는 것입니다.

近年叢林에 有一種邪禪이 以閉目藏睛한 觜盧都地로 作妄想하여 謂之不思議事라하며 亦謂之威音那畔空劫已前事라하여 纔開口에 便喚作落今時라하며 亦謂之根本上事라하며 亦謂之淨極光通達이라하여 以悟로 爲落在第二頭라하며 以悟로 爲枝葉邊事라하나니 盖渠가 初發步時에 便錯了하되 亦不知是錯하고 以悟로 爲建立이라하여 旣自無悟門이라 亦不信有悟者하나니 遮般底는 謂之謗大般若하여 斷佛慧命이라 千佛出世라도 不通懺悔라.

근년에 총림에서는 일종의 삿된 참선을 하는 사람들이 있어서 눈을 감고 말없이 입술을 내밀고 거북처럼 앉아 망상을 지어 '이 일은 불가사의한 일이다.' 라고 말합니다. 또한 '위음왕 부처님 이전, 즉 공겁 이전의 일이다.' 라고 합니다. 그들은 막 입을 열기만 하면 '곧 금시[말길]에 떨어졌다.' 라고 소리 지릅니다. 또한 '근본상의 일이다.' 라고도 합니다. 또한 이르기를 '청정함이 지극하면 광명에 통한다.' 라고도 합니다. '깨달음을 이미 제 이第二의 경지에 떨어진 것이다.' 고 하며, '깨달았다는 것도 지엽적으로 치우친 일일 뿐이다.' 라고도 합니다. 대개 그들은 첫걸음 때부터 문득 잘못되었으나 또한 잘못된 줄도 알지 못하고 깨달음으로써 건립[完成]을 삼습니다. 이미 스스로 깨달아 들어가는 문이 없으므로 또한 깨달은 사람이 있는 것도 믿지 않습니다. 이러한 이들은 대반야를 비방해서 부처님의 혜명을 끊은 사람입니다. 천불이 출세하더라도 참회도 통하지 않습니다.

강설

'위음왕 부처님 이전 [공겁이전空劫以前]의 일이다.' 에서 위음왕은 비로자나불로서 겁劫 이전에 이미 존재한 부처님입니다. 따라서 이 말은 '겁 이전의 일이다.' 라는 것입니다. 다시 말하면 세계가 벌어지기 이전이라는 것입니다.

'근본상의 일이다.' 라는 것은 근본에 입각한 일이다. 즉 이치에 부합한다는 것입니다. '깨달음으로써 건립을 삼습니다.' 란 깨달으면 그 즉시 부처가 된다는 것입니다. 이것은 수행자가 가장 착오를 일으키는 대목입니다. 완벽한 깨달음을 얻어 부처가 되었을 때만 깨달았다고 말할 수 있다는 뜻입니다. 대혜스님은 먼저 깨닫고 나서 경계를 대할 때마다 순간순간 자각해서 수행하는 돈수법頓修法을 말하고 있는데 이들은 완벽한 부처가 된 경우만 깨달았다고 할 수 있다는 것입니다.

대혜스님께서는 '스스로 깨달아 들어가는 문이 없으므로'란 깨달음을 위한 수행을 하지 않고 고요히 앉아서 아무 생각을 일으키지 않으면 마침내 빛이 투과하는 것처럼 깨침이 이루어진다고 믿으니 이것은 진정한 수행의 문이 아니라는 것입니다. 즉 묵조선의 병폐를 지적하신 것입니다. 문수文殊 보현普賢 관음觀音 지장地藏 등의 십지十地보살이 부처님과 비등比等한 경지에 도달했지만 아직 묘각妙覺의 문에 들지 못해 중생지衆生地에 머물고 있는데 이러한 등각지(等覺地 또는 十地)보살도 깨닫지를 못했다는 망발을 늘어놓고 있는 것입니다. 십지十地보살이 깨닫지 못했다면 역대 조사가 깨닫지 못했고 역대조사가 깨닫지 못했다면 어디에 근거해 깨달음을 증명할 것인가를 이러한 무리들에게 되물어봐야 할 것입니다.

左右는 具驗人眼이 久矣라 似此等輩는 披却獅子皮하고 作野干鳴이라 不可不知니라 某가 與左右로 雖未承顔接論이나 此心은 已黙黙相契함이 多年矣라 前此答字를 極不如禮일새 今專遣法空禪人하여 代往致敬故로 不暇入善思惟三昧하고 只

恁麼信手信意하여 不覺에 葛藤如許하여 聊謝不敏而已로다.

그대는 사람 보는 눈을 갖춘 지가 오래입니다. 이와 같은 무리들은 사자의 가죽을 둘러 쓰고 야생 여우의 울음소리를 내는 것과 같습니다. 반드시 알아야 합니다. 내가 비록 그대와 더불어 얼굴을 마주하여 이야기를 나누지는 못했으나 이 마음은 이미 묵묵히 서로 계합한 지가 여러 해가 되었습니다. 앞에서 답장한 글이 예를 매우 갖추지 못하였음이라. 지금 법공선인法空禪人이 가는 편에 공경을 표하는 편지를 대신 하게 되어서 오롯하게 잘 생각할 여유[善思惟三昧]가 없이 다만 불각에 이렇게 손 가는대로 마음 가는대로 쓰니 정련한 글이 되지 못하고 오로지 민첩하지 못함을 사과할 뿐입니다.

영시랑 무실에게 1

榮侍郎 茂實 1

영시랑의 이름은 영응(榮凝) 자는 무실이다.
예부시랑을 지냈다.
이 글은 스님 69세에 명주 아육왕사에서 보낸 편지다.

承호니 留心欲究此一段大事因緣이라하니 旣辦此心인댄 第
一에 不要急이니 急則轉遲矣리라 又不得緩이니 緩則怠惰矣
리라 如調琴之法하야 緊緩을 要得中하야사 方成曲調니라 但
向日用應緣處하야 時時覷捕호대 我遮能與人으로 決斷是非曲
直底는 承誰恩力이며 畢竟에 從甚麼處하야 流出고 覷捕來覷
捕去하면 平昔에 生處路頭는 自熟하리니 生處旣熟則熟處自生
矣리라 那箇是熟處오 五陰六入과 十二處十八界와 二十五有가
無明業識으로 思量計較인 心識이 晝夜熠熠호대 如野馬하야
無暫停息底가 是라 遮一絡索이 使得人으로 流浪生死하며 使
得人으로 做不好事니 遮一絡索이 旣生則菩提涅槃과 眞如佛性
이 便現前矣리라 當現前時하야 亦無現前之量이니라.

편지를 받으니 마음을 이 일대사 인연을 참구하는 데 두고자
한다 하였으니 이미 이러한 마음이 섰다면 제일 중요한 것은 급
하게 하려고 하지 마십시오. 급하게 하면 더욱 더 늦어질 것입니
다. 또한 느슨하게도 하지 마십시오. 느슨하게 하면 게으르게
됩니다. 마치 거문고의 줄을 다스리는 법과 같이 해서 조이거나
느슨하게 하는 것을 알맞게 해야 바야흐로 좋은 곡조를 얻을 수
있는 것과 같습니다. 다만 일상에서 인연을 만나는 곳을 향해서
때때로 엿보아 잡되 '내가 능히 다른 사람과 더불어 시비곡직을
판단하는 당체는 이 누구 은력을 받았으며 필경 어느 곳으로부

터 흘러 나왔는가?'를 엿보아 오고 엿보아 가면 평소에 선 곳은 저절로 익어질 것입니다. 선 곳이 이미 익어지면 익은 곳은 저절로 설게 될 것입니다. 무엇이 익은 곳입니까? 오음五陰과 육입六入과 십이처十二處와 십팔계十八界와 이십오유二十五有를 무명 업식과 함께 사량하고 계교하는 심식이 주야로 번쩍이며 작용하는 것이 마치 아지랑이가 잠시도 쉬지 않는 것과 같은 것이 익은 곳입니다. 이러한 한 꾸러미가 사람으로 하여금 생사에 유랑하게 하며 사람으로 하여금 좋지 못한 일을 짓게도 합니다. 이 한 꾸러미(망상덩이)가 설어지면 보리열반과 진여불성이 곧 앞에 나타날 것이며 또한 앞에 나타날 때는 나타난다는 생각도 지어서는 안 됩니다.

강설

'시비곡직을 판단하는 당체는 이 누구의 은력을 받았으며'란 맞다 맞지 않다, 바르다 바르지 않다고 판단하는 것은 누구인가? 이런 뜻입니다. 망상妄想 업식業識이 그칠 날이 없고 보리 본성을 깨닫는 것은 아득하여 있으니 망상 업식의 작용은 익을 대로 익어 있고, 보리 본성을 각성하는 것은 설대로 설어 풋내만 나는 중생계를 설파하신 것입니다.

故로 古德이 契證得了에 便解道호대 應眼時에는 若千日하야 萬象이 不能逃影質하고 應耳時에는 若幽谷하야 大小音聲이 無不足이라하니 如此等事는 不假他求며 不借他力이라 自然向應緣處하야 活鱍鱍地니라 未得如此인댄 且將遮思量世間塵勞底心하야 回在思量不及處하야 試思量看호대 那箇是思量不及處오 僧이 問趙州호대 狗子도 還有佛性也無잇가 州云無라하니 只遮一字에 儘爾有甚麼伎倆이리요 請安排看하며 請計較看하라 思量計較安排는 無處可以頓放이니 只覺得肚裡悶하며 心頭煩惱時가 正是好底時節이니 第八識이 相次不行矣라 覺得如此時에 莫要放却하고 只就遮無字上하야 提撕어다 提撕來提撕去하면 生處는 自熟하고 熟處는 自生矣리라.

그러므로 고덕이 증득하여 계합한 후에 곧 풀어서 말씀하시기를, '눈에 응하였을 때는 천 개의 태양이 뜨면 모든 물건이 능히 그림자를 숨길 수 없는 것과 같으며, 귀에 응하였을 때는 깊은 골짜기에 크고 작은 음성이 갖춰지지 못함이 없는 것과 같으니라.' 하였습니다. 이와 같은 등의 일은 다른 데서 구하고 빌리지 아니하며 남의 힘을 빌리지 아니합니다. 자연히 인연을 만나는 곳을 향하여 살아서 활발하게 작용할 것입니다.

아직 이와 같지 못하면 또한 이 세간의 잡일[번뇌망상]을 사량하는 마음을 가지고 사량이 미치지 못하는 곳에 돌아가서 시험 삼아 사량해보십시오. 무엇이 사량이 미치지 못하는 곳입니까? 승려가 조주선사에게 묻기를 '개도 불성이 있습니까?' 라고 하니 조주선사가 '없다.' 라고 하였습니다. 다만 이 한 글자 위에 그 무슨 기량이 붙을 수 있겠습니까. 청컨대 안배하여 보고 계교하여 보십시오. 사량하고 계교하고 안배하는 것을 순간 놓아버릴 곳이 없어서 오직 창자 속이 답답하며 마음에 번뇌함을 느낄 때가 바로 좋은 시절입니다. 제팔식이 점차 상속하여 행하지 못할 것입니다. 이와 같음을 깨달을 때에 절대로 놓아버리지 마시고 다만 이 무자無字 위에 나아가서 제서하십시오. 제서하고 제서하면 선 곳은 저절로 익어지고 익은 곳은 저절로 설어질 것입니다.

강설

'이와 같은 등의 일' 이란 보는 것 듣는 것 등은 스스로 일어나는 것이지 남의 힘을 빌려서 이루어지는 것이 아니라는 것입니다. 보고 듣고 하는 작용은 인연에 따라 활발하게 저절로 일어난다는 것입니다. 다시 말하면 보고 듣는 그 놈을 밝히고 보니 보고 보는 줄 알게 되고 듣고 듣는 줄을 훤히 알게 된다는 것입니다.

'아직 이와 같지 못하면' 은 인연에 따라 보고 듣고 느끼고 하는 그 마음을 보지 못했다면(잡지 못했다면) 이 말입니다. 즉 인연에 따라 일어나는 마음에 같이 있는 불성을 알아차리지 못했다면 이런 뜻입니다. 세간의 번뇌망상 속에 있는 불심을 보지 못한다면 그 번뇌망상을 '사량이 미치지 못하는 곳'에 한번 갖다 놓아 보라고 합니다. 그리고 '사량이 미치지 못하는 곳'이 어디인가? 조주선사가 '무無'라고 한 이 자리가 바로 그곳입니다. 이곳이 바로 불성자리이고 한 생각 일어나기 이전 자리입니다. 이 자리에 무슨 사량계교가 일어날 수 있겠습니까? 조주스님에게 개에도 불성이 있습니까? 물으니 '무無' 하고 일체 분별이 끊어진 불성자리에 쑥 들어가 버립니다. 질문자와 거량이 뚝 끊어집니다.

'안배하여 보고'에서 안배란 편안하게 잘 배열한다. 즉 '정연하게 한다'는 뜻으로서 '정신을 잘 차려서 가다듬어 본다' 이런 뜻입니다.

'사량하고 계교하고 안배하는 것을 놓아 내릴 곳이 없어서 오직 창자 속이 답답하고 머리가 어지러운 번뇌를 깨달을 때가 바로 좋은 시절입니다.'에서 사량, 계고, 안배 등은 모두 중생심이 발동하는 것입니다. 이 때, 이 중생심을 내려놓지 못하지만 그 속에 불심이 있다는 것을 깨달을 수 있으니 이 답답한 시절이 공부하기 좋은 시절이다 이 말입니다. 즉 중생심이 강하게 발동함을 느낄 때 불심도 강하게 작용함을 깨달아야 하는 것입니다. 번뇌심이 일어나지 않으면 불심도 일어나지 못하는 것입니다. 이러할 때 번뇌심을 불심으로 딱 바꾸어 놓으면 번뇌가 더 이상 흐르지 못합니다. 그래서 '제팔식第八識이 점차 상속하여 행하지 아니 합니다.' 라고 하는 것입니다.

'이와 같음을 깨달을 때에 절대로 놓아버리지 마시고 오직 이 무자無字위에 나아가서 제서 하십시오.' 라고 한 것은 번뇌심이 일어날 때 내려놓을 곳이 없어서 갑갑한 마음이 일어나면 그 마음을 잡아채서 무無자에 올려놓고 또 올려놓고 하는 것을 그만 두지 말라는 것입니다.

近年以來로 叢林中에 有一種이 唱邪說하야 爲宗師者가 謂學者曰 但只管守靜하라하나니 不知守者는 是何人이며 靜者는 是何物고 却言靜底는 是基本이라하고 却不信有悟底하야 謂悟底는 是枝葉이라하며 更引僧이 問仰山曰 今時人이 還假悟也 無잇가 仰山曰 悟則不無나 爭奈落在二頭아하나니 痴人面前에 不得說夢이라 便作實法會하야 謂悟是落第二頭라하고 殊不知 僞山의 自有警覺學者之言이 直是痛切이로다 曰研窮至理는 以 悟爲則이라하시니 此語는 又向甚處着고 不可僞山이 疑誤後人 하야 要敎落在第二頭也리라.

근래에 총림 가운데 한 종류의 삿된 주장을 하면서 종사노릇을 하는 사람들이 있습니다. 수행자들에게 말하기를 '다만 고요한 것만 지키라.' 고 하니, '지킨다는 것은 이 무슨 물건이며 또 고요함이란 무엇인가?' 를 알지 못하겠습니다. 도리어 말하기를, '고요함이 근본이다.' 라 하고 도리어 깨달음이 있는 줄은 믿지 않으면서 말하기를, '깨달음은 지엽이다.' 라고 합니다. 다시 또 승려가 앙산선사에게 묻기를 '요즘 사람들도 깨달음에 이른 자가 있습니까 없습니까?' 라고 하니 앙산선사가 말하기를 '깨달음이 없지 않으나 제이두[第二頭]에 떨어짐을 어찌하겠는가?' 라고 한 말을 인용합니다. 어리석은 사람 앞에서는 꿈 이야기를 하지 말아야 합니다. 곧 실다운 법이라는 이해를 지어서 말하기를, '깨달음은 두 번째에 해당한다.' 라고 합니다. 특히 위산선사가 스스로 공부인을 경각시키기 위하여 바르고 간절하게 하신 말뜻을 모릅니다. 위산선사께서 '지극한 이치를 연구하고 궁리하는 것은 깨달음에 목적이 있다.' 라고 하신 이 말씀은 또한 어떻게 해석할꼬? 위산선사가 뒷사람들을 잘못되게 가르쳐서 제이두에 떨어지게 했다 할 수 없으리라.

강설

  승려가 앙산선사에게 묻기를 '요즘 사람들도 깨달음에 이른 자가 있습니까 없습니까?' 라고 하니 앙산선사가 말하기를 '깨달음이 없지 아니하나 제 이두에 떨어짐을 어찌하겠는가?' 라고 한 말을 인용하는 이유는 깨달음이 지엽에 해당한다고 말하는 무리들의 말이 잘못됨을 지적하기 위하여 앙산스님의 말을 이끌어 온 것입니다. 그러나 앙산스님의 진의는 깨달은 자가 없다는 것이 아니고, 깨달음은 자가 잘못하면 제이두第二頭에 떨어진다고 하는 말을 잘못알고 이것이 실제라고 떠벌리는 무리들이 있다는 것입니다. 그래서 아예 깨달음 자체를 부정하는 오류를 범하는 것을 막아주기 위하여 대혜스님이 하시는 말입니다. 그래서 어리석은 사람에게 꿈 이야기를 하면 마치 실제라고 오해하는 것과 마찬가지라는 것입니다.

위산선사는 앙산선사의 스승입니다. 두 분의 도가 얼마나 높았으면 위앙종이 생겨났겠습니까? 위산스님이 '공부는 깨달음을 위한 것'이라고 하였고 그 제자인 앙산선사도 '깨달음이 없지 않다' 고 했는데 묵조배들이 깨달음은 두 번째라 하니, 그러면 위산 스님이 후학들을 잘못 가르쳤다는 말입니까? 즉 깨달음이 무엇인지 모르고 깨달아 들어가는 방법도 알지 못하고 생각 없이 조용히 앉아 있으면 된다고 하는 삿된 가르침을 꾸짖는 내용입니다.

曹閣使가 亦留心此事호대 恐其被邪師輩의 所誤일새 比에 亦如此書하야 切切怛怛寫與호니 亦公의 聰明識見이 皆有大過人處라 決不到錯認方便語하야 作實法會언만은 但某가 未得

與之目擊일새 私憂過計耳니라 聞老居士가 亦與之是道友라할
새 因筆하야 不覺葛藤하노니 無事相見時어든 試問渠하야 取
書一看하면 方知妙喜相期함이 不在眼底라 彼此氣義相投하며
又非勢利之交라 寫了一紙코 紙盡커늘 又添一紙하야 不暇更
事形跡호라.

조합사[조태위]도 또한 이 일(도를 공부하는 일)에 마음을 두
고 있으나 삿된 스승들에게 잘못된 가르침을 받을까 염려하는
바가 많았습니다. 그래서 지난날에 역시 이와 같이 여러 말을 걱
정스럽게[切切怛怛] 써서 주었습니다. 그[조태위]의 총명한 식
견은 모두 보통 사람을 크게 능가합니다. 따라서 결코 잘못된
방편의 말에 휘둘리지 않아서 실법이라는 이해를 짓지는 않을 것
입니다. 다만 제가 아직 직접 만나 보지 못했기 때문에 사사로이
우려함이 지나쳐서 생각을 좀 많이 했을 뿐입니다. 들으니 노거
사께서는 또한 그 분과 더불어 도를 논하는 도반이라고 하므로
붓을 들어서 불각에 갈등하였습니다. 일 없을 때 서로 보게 되거
든 시험 삼아 그 분에게 물어서 편지를 한번 보십시오. 바야흐로
묘희와 서로 기약함이 눈으로만 본 것에 있지 아니하고 피차에
의기가 서로 투합한 것이며, 또한 세력이나 이익으로 사귄 것이
아님을 알 것입니다. 종이 한 장을 다 써서 끝내고 또 한 장을 더
첨가하였으나 형식과 필적으로 예를 갖출 겨를이 없었습니다.

此書도 亦如是前書하야 託是箇中人일새 故로 曰切不可道老老大大를 着甚來由오하라 若如此則好事가 在面前이어늘 定放過矣리라 寫時에 雖似率易나 然이나 亦機感相投라 亦不覺書在紙上이로니 荷公信得妙喜及일새 便把做事하노라 日用應緣處에 便恢張此箇法門하야 以報聖主의 求賢安天下之意하면 眞不負其所知也리라 願種種堪忍하야 始終에 只如今日做將去하면 佛法世法을 打作一片하리라 且戰且耕하야 久久純熟하면 一擧而兩得之하리니 豈非腰纏十萬貫하고 騎鶴上楊州乎아.

이 편지도 또한 앞서 보낸 편지와 같이 그 가운데 있는 사람(불법 공부하는 사람)에게 당부하는 것입니다. 그러므로 '이 늙은 노장이 무슨 연유로 이렇게 어지러히 말씀하시는고?' 하는 생각은 일체 하지 마십시오. 만약 이와 같이 하면 좋은 일이 면전에 있어도 결정코 놓쳐버릴 것입니다. 편지를 쓸 때에 비록 소홀한 것 같으나 또한 기감機感이 서로 투합하여 불각에 종이를 더하여 쓰게 되었습니다. 이는 그대가 묘희를 믿고 있으므로 문득 붓을 잡아 답장을 쓰게 되었습니다.

일상에 인연을 만나는 곳에 곧 이 법문을 응용하여 크게 펼쳐서 성주聖主가 현자를 구하여 천하를 편안하게 하고자 하는 뜻에 보답한다면 참으로 그 섬기는 바를 저버리지 않을 것입니다. 원컨대 여러가지를 참고 견디어서 시종 금일과 같이 지어 간다면 불법과 세상법을 쳐서 한 조각을 만들 것입니다. 전쟁도 하고 농사도 지어가며 오래오래하여 순숙해지면 일거에 양득할 것입니다. 그렇다면 어찌 허리에 10만 관을 차고 학을 타고 양주에 오르는 것이 아니겠습니까?

강설

'노노대대가 무슨 내유來由를 붙였는고?' 는 점잖은 분이 무슨 일로 이렇게 어지럽게 말씀하시는고? 이런 뜻입니다. 노파심으로 자세히 가르치신 말씀을 잘못 생각하지 말고 수행의 지침으로 삼으라는 그런 뜻입니다.

노노대대를 줄여서 노대라 하는데, 노대는 점잖은 척 또는 속이 텅빈 자가 겉으로는 점잖은 척하는 모습을 담은 말입니다. 그래서 대혜스님 자신을 낮추어 노대에 비유해서 노대가 번거롭게 구구절절 긴 말을 늘어놓는데 그 이유가 무엇인가? 다 그대를 위함인 줄 알아야 된다는 뜻입니다.

答

영시랑 무실에게 2

榮侍郞 茂實 2

示諭호대 鐘鳴漏盡之譏는 爲君上盡誠而下安百姓이라 自有
聞絃賞音者리라 願公은 凡事를 堅忍호대 當逆順境하야 政好
着力이어다 所謂將此深心奉塵刹이 是則名爲報國恩이라 平昔
에 學道는 只要逆順界中에 受用이니 逆順現前에 而生苦惱면
大似平昔에 不曾向箇中用心이니라 祖師가 曰境緣이 無好醜어
늘 好醜가 起於心하나니 心若不强名하면 妄情이 從何起요 妄
情이 旣不起면 眞心이 任遍知라하니 請於逆順境中에 常作是
觀則久久하면 自不生苦惱요 苦惱가 旣不生則可以驅魔王하야
作護法善神矣라.

편지에 보이되 '종이 울고 물 빠짐이 다하였다.' 라는 말은 임
금을 위하여 충성을 다하고 아래로는 백성을 편안하게 하려고
열심히 일을 한다는 말입니다. 그렇게 하면 저절로 거문고의 소
리를 듣고 그 음악을 감상할 줄 아는 사람이 있을 것입니다. 원
컨대 그대는 모든 일을 굳게 참아서 역·순경계를 만나더라도 바
로 힘을 붙이십시오. 소위 '이 깊은 마음으로 진찰塵刹의 중생을
받드는 것, 바로 이것이 곧 나라의 은혜를 갚는 것이라.' 고 한 것
입니다. 평소에 도를 배우는 것은 다만 역·순경계 가운데서 수용
하려고 하는 것입니다. 만약 역순의 경계가 앞에 나타남을 당하
여 고뇌가 생긴다면 평소에 일찍이 역·순경계를 향해서 마음을
쓰지 않은 것과 크게 다를 바가 없습니다.

조사가 말씀하시길 '인연으로 생기는 경계는 좋고 나쁜 것이 없는데 좋고 나쁜 것은 마음에서 일어나는 것이니, 만약 마음이 굳이 '순이다 역이다'라고 이름 붙이지 아니하면 망령된 감정이 어디로부터 일어나겠는가? 망령된 감정이 이미 일어나지 아니하면 참 마음이 두루 알아서 임하느니라.' 라고 하였습니다. 청하노니 역·순경계 가운데서 항상 이러한 관찰을 지어서 오래오래 하면 저절로 고뇌가 생기지 아니합니다. 고뇌가 이미 생기지 아니하면 마왕을 채찍질하여 호법선신을 만들 수 있을 것입니다.

강설

'종이 울고 물 빠짐이 다하였다.' 는 종이 운다는 것은 새벽이 다 되었다는 것입니다. 그리고 물 빠짐이 다하였다는 것은 물시계의 물이 다 소진되었다는 것이므로 역시 물을 갈아주는 새벽이 되었다는 것입니다. 즉 밤을 지샜다는 것이죠. 그렇게 열심히 정무를 본다는 것입니다. '거문고의 소리를 듣고 그 음악을 감상할 줄 아는 사람이 있을 것입니다.' 는 그대의 노고를 알아주는 사람이 있을 것이란 뜻입니다.

'인연으로 생기는 경계는 좋고 나쁜 것이 없는데, 좋고 나쁜 것은 마음에서 일어나는 것' 의 뜻은 어떤 일이 발생하여 싫어하는 마음이 생길 경우 그 일 자체는 싫다 좋다는 의미를 갖고 있지 않지만 받아들이는 사람이 취사선택을 한다는 것입니다. '아 그것은 하고 싶지 않은 일이야.' 라고 이름 붙이면 싫은 일이 된다는 것입니다.

前此老老大大가 着甚來由之說이 言猶在耳하니 豈忘之耶아 欲識佛性義인댄 當觀時節因緣이라하니 以居士가 前十餘載間에 自有閑底時節이어니와 今日은 仕權이 在手라 便有忙底時節이니 當念閑時는 是誰閑이며 忙時는 是誰忙고하야 須信忙時에 却有閑時道理하며 閑時에 却有忙時道理니 政在忙中하야 當體主上起公之意하야 頃刻에 不可暫忘하고 自警自察하야 何以報之오하라 若常作是念則鑊湯爐炭刀山劍樹上에도 亦須着向前이온 況目前些小逆順境界耶리오 與公으로 以此道相契일새 故不留情하고 盡淨吐路하노라.

이 앞의 편지에 '노대가 무슨 내유來由를 이렇게 하는가?' 라는 말이 오히려 귀속에 남아 있습니다. 어찌 잊을 수 있겠습니까? '불성의 뜻을 알고자 한다면 마땅히 시절인연을 관찰하라.' 라고 하였습니다. 거사는 지난 십여 년 동안은 한가할 때는 스스로 한가한 시절이 있었지만 요즘은 벼슬이 손에 있어서 곧 바쁜 시절이 되었습니다. 마땅히 한가함을 생각할 때는 이 누구며, 바쁠 때는 누가 바쁜가를 생각하십시오. 모름지기 바쁠 때에 도리어 한가할 때의 도리가 있고, 한가할 때에 도리어 바쁠 때의 도리가 있음을 믿어서 바로 바쁜 가운데에 있을 때에 마땅히 임금이 그대를 기용한 뜻을 알아서 경각에도 잊지 말고 스스로 경계하고 스스로 살펴서 어떻게 하면 그 은혜를 갚을까를 생각하십시오. 만약 항상 이런 생각을 한다면 화탕지옥이나 도탄지옥이나 도산지옥이나 검수지옥에서도 또한 모름지기 앞에 지었던 생각을 할 것인데 하물며 눈앞의 사소한 역·순경계이겠습니까? 그대로 더불어 이 도리가 서로 계합하는 까닭으로 인정을 따지지 않고 깨끗이 다 토로하였습니다.

강설

'앞에 지었던 생각을 할 것인데'에서 앞의 일이란 바쁜 중에도 한가로이 일을 하고 한가할 때도 바쁠 때의 마음을 잊지 않는 일입니다. 영시랑 무실이 벼슬에 나가기 전에는 한가한 시절을 보냈을 것이나, 나이 들어 늙었는데 임금이 불러 격무에 바쁘고 힘들 터인데 이런 때 어떻게 보내야 할 것인지 그 마음 쓰는 법을 일러준 글입니다. 즉 불러 주지 않아서 한가로울 때는 불러서 기용해주었으면 하는 생각이 있었을 텐데, 마침 기용이 되었으니 바쁘고 힘들 때가 좋은 시절이 아닌가? 라고 생각하라는 것입니다. 현재 힘든 일이 자기가 바랐던 일이니 그때 생각을 하면 마음이 한층 가벼워질 것이란 것입니다. 임금이 불러 준 은혜를 생각하면 힘든 일쯤이야 능히 감내하리라는 생각이 마음작용 대처 법입니다. 이렇게 수행을 하다 보면 화탕지옥鑊湯地獄 노탄지옥 爐炭地獄 등이 눈앞에 나타나도 대처할 수 있는데 하물며 눈앞의 사소한 경계가 무슨 문제이겠는가? 라고 가르친 것입니다.

황문사 절부에게

黃門司 節夫

收書와 並許多葛藤하고 不意便解如此拈弄호라 直是弄得來
活鱍鱍地며 眞是自證自得者라 可喜可喜로다. 但只如此면 從
教人道하되 遮官人이 不依本分하고 亂說亂道어다 他家에 自
有通人愛리라 除是曾證曾悟者라야 方知니다 若是聽響之流라
면 一任他의 鑽龜打瓦리라 更批判得如來禪祖師禪이라면 好儘
喫得妙喜拄杖也리니 且道하라 是賞伊아 罰伊아 一任諸方에
便疑三十年하노라.

편지를 받아보니 다소 혼란스러움이 있었으나 뜻하지 않게
(그대가) 이와 같이 잡아서 희롱할 수 있음을 문득 알게 되었습
니다. 즉시에 희롱할 줄 앎이 활발발한 경지에 이르렀으며 이는
참으로 스스로 증득하고 스스로 얻은 것이라 가히 기쁘고 기쁩
니다. 다만 이와 같이 할 경우 다른 사람들이 말하기를, '저 벼슬
하는 사람이 본분은 지키지 않고 어지럽게 말하고 어지럽게 지껄
인다.' 라고 할 것이나 그 말하는 대로 맡겨두십시오. 스스로 통
하는 다른 눈 밝은 사람들 중에는 (그대를) 아낄 사람이 있을 것
입니다. 오직 일찍이 증득하고 일찍이 깨달은 사람이라야 바야
흐로 알 것입니다. 만약 메아리를 듣는 무리라면 그 사람들이 거
북의 껍질을 뚫고 기와를 던져서 깨뜨리는 짓(점치는 일들)을 하
더라도 그대로 맡겨 두십시오. 다시 (제 가르침을) '여래선이다'
'조사선이다' 하면서 비판한다면 모두 다 이 묘희의 주장자를 한

방 얻어맞게 될 것입니다. 한번 일러보십시오. 이것이 상입니까? 벌입니까? 제방에서 다시 삼십 년을 의심할 것을 일임합니다.

'(그대가) 이와 같이 잡아서 희롱할 수 있다.' 는 것은 어떤 상황이든 자유롭게 마음에 걸리지 않고 마음을 잘 운용한다는 것입니다. 어떤 경계에 이끌려 가지 않고 자유자재하게 평등심을 잘 지킨다는 것입니다. 절부가 이러한 능력을 스스로 얻어서 스스로 증득하였으니 가히 기쁘다고 말합니다. 절부가 활발발하다 라고 합니다. '활발발' 이란 물고기가 물에서 헤엄치는 모습과 같이 아주 생생하고 역력하게 깨어 있는 상태로 자유자재로 한다는 뜻입니다. 다시 말해서 마음이 일어나 자유롭게 작용하되 작용함에 물들지 않는다는 것이지, 마음을 막아서 움직이지 못하게 하는 것이 아니기 때문에 활발발活潑潑하다는 표현을 쓴 것입니다.

'난설난도亂說亂道' 란 어지럽게 이렇게 말하고 저렇게 말한다는 것입니다. 즉 도인의 경지를 모르는 사람은 왜 저런 엉뚱한 판단을 내리고 알 수 없는 말들을 하는지 그 뜻을 모르고 숙덕거리게 되어 있다는 것입니다.

'메아리만 듣는 무리' 란 말은 듣지만 그 뜻을 모르는 사람입니다. 그래서 이 사람들은 하잘것없는 거북 등이나 기와를 가지고 점이나 친다는 것입니다. 그 어리석은 사람들이 하는 소리는 귀담아 듣지 말라는 말이지요.

'이것이 상입니까? 벌입니까?' 란 대혜스님이 이 말을 해놓고 이 상황에서 절부에게 한번 시험하는 것입니다. 상이라 해도 벌이라 해도 맞지 않는 물음을 던진 것인데 답은 '일구흡진一口吸盡 서강수西江水' 입니다. 하! 하! 맞습니까?

'여러 곳에서 삼십 년三十年은 의심할 것에 맡겨 둘 것입니다.' 라는 뜻은 제방을 다니면서 평생을 수행해도 풀 수 없는 그곳에다 맡겨 둔다는 뜻입니다. 그 말은 바로 풀 수 없는 그곳이 바로 불성자리이기 때문입니다.

答

손지현에게

孫知縣

손지현은 전기 미상이다.
다만『금강경』을 항상 독송했다고 한다.
이 글은 스님 70세, 임안(臨安) 경산사(徑山寺) 주지로
재취임한 해에 보낸 편지다.

蒙호니 以所修金剛經으로 相示일새 幸得隨喜一徧호라 近世
士大夫가 肯如左右하야 留心內典者가 實爲希有로다 不得意趣
則不能如是信得及하며 不具看經眼則不能窺測經中深妙之義하
리니 眞火中蓮也로다 詳味久之호니 不能無疑耳로라 左右가
詆諸聖師의 翻譯失眞而汨亂本眞하고 文句增減하야 違背佛意
라하며 又云自始持誦으로 卽悟其非하고 欲求定本하야 是正舛
差언마은 而習僞已久라 雷同一律이러니 暨得京師藏本하야 始
有據依라하며 復考繹天親無着論頌호니 其義脗合하야 遂泮然
無疑라하며 又以長水孤山二師는 皆依句而違義라하니 不識커
라 左右가 敢如此批判則定詳見 六朝所譯梵本하야 盡得諸師翻
譯錯謬하야사 方始泮然無疑리라.

『금강경』 공부한 바를 보여준 덕분에 기쁜 마음을 한번 내었
습니다. 근세에 사대부들 중에서 그대처럼 내전[불경]에 마음을
두는 사람은 참으로 희유합니다. 바른 뜻을 얻지 못하면 능히
이와 같은 믿음에 이르지 못할 것입니다. 그리고 경을 보는 눈을
갖추지 못하면 경전 속에 있는 깊고 오묘한 뜻을 헤아릴 수 없을
것입니다. 참으로 불속에 핀 연꽃입니다. 그런데 (편지를) 자세
히 음미해 보니 능히 의심이 없지 않습니다.

그대가 '여러 성인과 법사[聖師]들이 번역한 것에 대하여 진
실을 잃어버리고 본질과 진실을 어지럽혔다.'고 꾸짖었으며, '문

구를 더하기도 하고 감하기도 하여 부처님의 뜻을 위배하였다.'
고 하였습니다. 또 말하기를 '책을 구하여 읽은 처음부터 곧 그
잘못을 깨닫고 정본定本을 구하여 그 그릇되고 틀린 것을 바로
잡고자 하였습니다. 그러나 잘못된 것을 익힌 것이 이미 오래되
어 별로 바로잡은 것이 없이 보내다가 경사京師의 소장본을 얻고
서야 비로소 의거함이 있게 되었다.' 라고 하였습니다. 또 '천친
天親과 무착無着의 논論과 송頌을 자세히 비교하여 참고하니 그
뜻이 꼭 맞아서 드디어 얼음이 녹듯이 의심이 없었다.' 라고 하였
습니다.

　또 '장수長水와 고산孤山 두 스님은 다 글귀만을 의지하여 뜻을
어기었다.' 라고 하였습니다. 어떻습니까? 그대가 감히 이와 같
이 비판한다면 결정코 여섯 왕조[六朝]에서 번역한 범어본梵語本
을 모두 자세히 살펴보고 이 모든 역경사譯經師들이 번역한 책들
의 오류들을 다 뜯어보아야 비로소 얼음이 녹듯이 의심이 없을
것입니다.

강설

　손지현은 나름『금강경』에 능통한 사람입니다. 이 사람이 뭘
몰라도 너무 모른다는 것입니다. 삼장법사 번역도 믿지 못하겠
다 하고 경사京師에 어느 소장본 하나를 표준 삼아서 여섯 왕조
를 거치며 검정해 놓은 많은 경본에 오류가 있다고 하니, 자기 견

해만 옳고 다른 것은 부정하는 셈입니다.

旣無梵本하고 便以臆見으로 刊削聖意則 且未論招因帶果하
야 毁謗聖敎로 墮無間獄하고 恐有識者見之면 却如左右가 檢
點諸師之過하야 還着於本人矣일까하노라 古人이 有言호대 交
淺而言深者는 招尤之道也라하니 某與左右로 素昧平生이라 左
右가 以此經으로 求認證하야 欲流布萬世하야 於衆生界中에
種佛種子하니 此是第一等好事而又以某로 爲箇中人이라하야
以箇中消息으로 相期於形器之外일새 故로 不敢不上禀하노라.

이미 범어본도 없으면서 곧 억지스런 소견으로 성인들의 뜻을
삭제한다면 이는 또한 인과법에 걸려서 성인의 가르침을 훼방하
는 것으로서 무간지옥에 떨어지는 것은 아직 논하지 않겠습니
다. 다만 혹여 법을 아는 사람이 보면 그대가 여러 스님들의 허
물을 점검하는 것과 같이 도리어 그대에게 그 허물이 돌아올까
염려됩니다. 옛 사람이 말씀하시길, '많이 사귀지도 않고 깊은 말
을 하는 것은 허물을 부르는 길이다.' 라고 하였습니다. 제가 그
대와는 평소에 잘 모르는 사이입니다. 그대가 이『금강경』으로
인증을 구하여 만세에 유포해서 중생계 가운데서 불종자佛種子를
심고자 하니 이것은 훌륭하기가 으뜸가는 일입니다. 또한 나를

그 일을 함께 할 사람[箇中人]으로 삼고 형식을 떠나서 오직 본 분으로써 서로 관계할 것을 기약하고자 하였습니다. 그러므로 감히 사뢰어 올리지 않을 수 없습니다.

昔에 淸凉國師가 造華嚴疏할새 欲正譯師舛訛호대 而不得梵本하야 但書之于經尾而已니 如佛不思議法品中에 所謂一切佛이 有無邊際身하사 色相이 淸淨하야 普入諸趣호대 而無染着이라하야늘 淸凉이 但云佛不思議法品의 上卷第三葉第十行에 一切諸佛이어늘 舊脫 '諸'字라하고 其餘經本脫落에도 皆注之于經尾하시니 淸凉도 亦聖師也라 非不能添入及減削이언만은 止敢書之于經尾者는 識法者懼也니라 又經中에 有大琉璃寶어늘 淸凉이 曰恐是吠琉璃를 舊本에 錯寫라호대 亦不敢改하고 亦只如此히 注之經尾耳시며

옛날에 청량국사가 『화엄경』의 소疏를 지으면서 번역한 스님의 잘못을 바로잡고자 하였으나 범본梵本을 얻지 못해서 다만 경전 끝에다 정정 표시를 하였을 뿐입니다. 예컨대 불부사의법품佛不思議法品 중에 이른바 '일체불一切佛이 가없는 몸이 있어서 색상이 청정하여 모든 갈래에 두루 들어가되 물든 바가 없다.'라는 구절에서, 청량국사가 다만 이르기를, '불부사의법품의 상권 셋

째 장 제10항에 일체제불―切諸佛이라고 해야 하는데 구본에 제諸자가 탈락했다.' 라고만 기술하였습니다. 그 나머지의 경본에서 탈락한 것도 모두 경 끝에 주석을 달았습니다. 청량국사도 또한 성사聖師입니다. 첨가하고 삭제할 식견이 없지 않았지만 다만 경의 끝에 주석만 단 것은 법을 아는 사람이 두렵기 때문입니다.

또한 경전 가운데 '대유리보大琉璃寶' 라고 되어 있는데, 청량국사가 말씀하기를, 혹시 구본에서 '폐유리吠琉璃' 를 잘못 쓴 것이 아닌가? 라고 하면서도 또한 감히 고치지 아니하고 역시 다만 이와 같이 경 끝에다가 주석을 달았을 뿐입니다.

강설

'폐유리吠琉璃'는 지명으로 바이칼 호수 남단의 유리가 많이 생산되는 곳입니다. 지명의 표시가 잘못된 것을 고치는 것은 아무 문제가 될 수 없는 일이지만 청량국사는 이것도 조심스러워 고치지 않았다는 것입니다.

六朝翻譯諸師도 非皆淺識之士라 翻譯場에 有譯語者하며 有譯義者하며 有潤文者하며 有證梵語者하며 有正義者하며 有唐梵相校者어늘 而左右가 尚以爲錯譯聖意라하니 左右가 旣不得梵本하고 便妄加刊削하야 却要後世人으로 諦信이 不亦難乎아

如論長水하야 依句而違義라하니 無梵本證커늘 如何便決定
하야 以其爲非리요 此公은 雖是講人이나 與他講人으로 不同
하니 嘗叅瑯琊廣照禪師하야 因請益瑯琊호대 首楞嚴中에 富
樓那問佛호대 淸淨本然커니 云何忽生山河大地之義한대 瑯琊
가 遂抗聲云淸淨本然커늘 云何忽生山河大地오하니 長水於言
下에 大悟하고 後方披襟하야 自稱座主하니 盖座主는 多是尋
行數墨일새 左右가 所謂依句而不依義라하니 長水는 非無見識
이며 亦非尋行數墨者니라.

　육조에 걸쳐서 번역 일을 하신 많은 삼장법사들은 모두 얕은
지식의 선비가 아닙니다. 번역하는 바에 따라서 말을 번역하는
사람도 있고, 뜻을 번역하는 사람도 있고, 윤문하는 사람도 있
고, 범어를 증명하는 사람도 있고, 뜻을 바르게 하는 사람도 있
고, 당나라 말과 범어를 서로 대조하는 사람도 있습니다. 그런
데 그대가 오히려 성인의 뜻을 잘못 번역했다고 하니 그대가 이
미 범본을 얻어 보지도 못하고 곧 함부로 삭제하기도 한다면 오
히려 후세 사람들로 하여금 진실로 믿게 하는 것이 또한 어렵지
않겠습니까?
　예컨대 장수스님을 논박하기를, '글귀만 의지하고 뜻을 위배
했다.' 하니 범본의 증거도 없으면서 어떻게 곧 이렇게 결정을 내
리고 잘못을 지적할 수 있겠습니까? 장수스님은 비록 강사지만

일반 강사와는 다릅니다. 일찍이 낭야 광조선사를 참례하고 낭야 선사에게 청법을 하기를, 『능엄경』에서 부루나가 부처님께 '청정본연하거니 어찌하여 홀연히 산하대지가 생겼는가?' 하는 뜻을 물었는데 낭야선사가 도리어 소리를 질러서 말하기를, '청정본연한데 어찌하여 홀연히 산하대지가 생기는가?' 라고 하시니 장수스님이 그 말에 크게 깨달은 분입니다. 그 뒤에 바야흐로 옷깃을 헤치고 스스로 좌주[講主]라고 하였습니다. 대개 좌주란 흔히 글줄을 찾고 글자를 헤아리는 것을 나타냅니다. 그래서 그대가 소위 '글귀를 의지하고 그 뜻을 의지하지 않았다.' 라고 하지만, 장수스님은 식견이 없는 분도 아니고 또한 한낱 글줄을 찾고 글자를 헤아리는 사람도 아닙니다.

不以具足相故로 得阿耨菩提아하신 經文大段이 分明하야 此文이 至淺至近이어늘 自是左右가 求奇太過하야 要立異解하야 求人從己耳니라 左右가 引無着論云 以法身으로 應見如來요 非以相具足故라하니 若爾인댄 如來를 雖不應以相具足으로 見이나 應相具足으로 爲因하야 得阿耨菩提라할새 爲離此着故로 經에 言須菩提아 於意云何오 如來를 可以相成就로 得阿耨菩提아 須菩提아 莫作是念等者 此義은 明相具足은 體非菩提며 又不以相具足으로 爲因也니 以相은 是色의 自性故라 此論大

段이 分明커늘 自是左右가 錯見錯解爾라.

  '구족상이 아니라야 아뇩보리를 얻느냐?' 라고 하신 경(『금강경』)문의 뜻이 매우 간단하고 분명합니다. 그리고 이 문장은 지극히 알기 쉽고 친근합니다. 그런데 그대는 스스로 기특함을 구하는 것이 너무 지나쳐서 특별히 남다른 이해를 세우고자 하며 또 다른 사람이 그대 자신을 따르기를 요구하고 있습니다. 그대가 무착론을 인용하여 말하기를, '법신으로 응당히 여래를 보는 것이지 구족한 상호로 여래를 보는 것이 아니다.' 라고 했습니다. 만약 그렇다면 '비록 응당히 상호가 구족함으로서 여래를 볼 수 없으나 응당히 상호가 구족함으로 인하여 아뇩보리를 얻었다.' 라고 할 것입니다. 경에서는 이러한 집착을 벗어나도록 할 까닭으로 말씀하였습니다. 그러므로 '수보리야, 어떻게 생각하느냐? 가히 상호 성취함을 가지고 여래가 아뇩보리를 얻었다고 하겠느냐? 수보리야, 이러한 생각을 하지 말라.' 라는 등등 말씀의 뜻은 '상(호)구족 그 자체가 보리가 아니며 또한 상호 구족함을 원인 삼지 않음' 을 밝힌 것입니다. 그 이유는 상相이 색(모습)의 자성이기 때문입니다. 이와 같은 (무착의) 이론이 매우 분명하거늘 그대 스스로가 잘못 보고 잘못 알고 있을 따름입니다.

이 글은 이해하기가 어려운 부분입니다. 그러나 전체적인 뜻은 손지현이 무착론을 인용하면서 '법신으로 응당히 여래를 보는 것이지 구족한 상호로 여래를 보는 것이 아니다.' 라고 하니, '상호로는 여래를 볼 수 없다.' 는 이와 같은 단견이 잘못 되었다고 지적한 것입니다. 즉 여래 상호 자체가 여래는 아니지만 여래의 상호가 아니고서는 어떻게 여래임을 알 수 있겠느냐는 뜻입니다. 그래서 '상호 자체는 여래가 아니다.' 라든가 '상호가 바로 여래를 나타내는 것이다.' 라는 등등은 모두 단견으로서, 이러한 집착에서 벗어나야 하는 것을 강조한 것입니다.

'상相이 색(모습)의 자성自性이다.' 라는 뜻을 잘 이해해야 합니다. 여기서 색이란 객관적인 실체입니다. 부처님 실체로서 색신色身입니다. 우리는 어떤 실체나 대상을 보고 아, 이것은 무엇이구나? 하고 관념적으로 정의를 내리지 않습니까? 대상을 관념화[想]한 결과가 바로 상相입니다. 그러므로 상相이 색의 본래 모습 즉 자성을 표현한 것입니다. 예를 들어서 산이 있으면 그 산을 보고 '아름답다' 라고 하지 않습니까? 이때 산은 색이고 '아름답다' 는 보는 사람의 관념적인 상입니다. 그러나 '아름답다'라는 상이 산 자체를 온전히 다 표현하지는 못합니다. 왜냐하면 보는 사람에 따라서 보는 각도에 따라서 천차만별이기 때문이지요.

이와 같이 상은 차별성을 벗어날 수 없습니다.

마찬가지로 여래의 구족한 색신을 보고 관념적으로 판단한 상相 없이 어찌 여래를 볼 수 있겠느냐? 라고 하는 것입니다. 즉 여래의 색신이 부처님의 자성을 분명히 드러내어서 표현하고 있다는 것입니다. 그렇다고 여래를 짓기 위하여 상을 갖추는 것은 아니기 때문에 상이 여래를 짓는 원인이 되는 것은 아니라고 한 것입니다.

따라서 손지현이 '오로지 법신으로만 여래를 볼 수 있다.' 라고 한 것은 단견으로서, 무착이 주장한 본래의 뜻을 잘못 이해하고 있다는 것입니다.

色은 是相의 緣起요 相은 是法界의 緣起니 梁昭明太子가 謂莫作是念호대 如來不以具足相故로 得阿耨菩提를 三十二分 中에 以此分으로 爲無斷無滅分은 恐須菩提가 不以具足相則緣起滅矣니 蓋須菩提가 初在母胎에 卽知空寂하야 多不住緣起相일새니라.

색으로 인하여 이와 같은 상이 일어나고 상으로 인하여 이 법계가 일어납니다. 양나라 소명태자가 『금강경』 32분 중에서 '여래가 상을 구족하지 아니한 까닭에 아뇩보리를 얻었다는 생각을 하지 말라.' 라는 것을 '무단무멸' 분으로 삼았습니다. 이것은 혹여 수보리가 '구족상으로 여래를 볼 수 없다.' 라고 하면 연기법을 멸할까 두려워 하시니, 이것을 염려한 때문입니다. 대개 말하건대 수보리가 어머니 뱃속에 있을 때부터 곧바로 공적(공한도리)을 알고 있지만 다분히 연기의 상에는 머무는 경우가 없기 때문입니다.

강설

법계란 마음작용으로 일어나는 모든 영역을 총체적으로 나타내는 것입니다. 유심론에서는 법계를 이理, 사事, 이사무애理事無礙, 사사무애事事無礙와 같이 네 가지로 나누어 설명합니다. 여기서 이理는 이치나 실체와 같이 형상화되지 않은 것 또는 진眞을 나타냅니다. 반면에 사事는 형상화한 것 또는 형상으로서 현상 또는 가假를 말합니다. 이사무애란 이치와 현실에 걸림이 없어 둘이 없고, 사사무애는 일체 만법이 두루하여 원융법계를 이루는 것입니다.

앞에서 언급된 부처님의 법신은 이理에 해당되고 색신은 사事에 해당합니다. 부처님의 자성인 법신이 온전히 색신으로 나타날 때는 조금도 부족함이 없이 나타나므로 구족具足이라 표현합니다. 이 구족함을 온전히 볼 수 있을 때 구족상이 되는 것입니다. 이것이 바로 이사理事무애입니다. 중도中道이지요.

'다분히 연기의 상에 머물지 않기 때문입니다.' 는 수보리가 어머니 뱃속부터 철저히 공空 도리만 생각하고 연기緣起 즉 현상계의 조화에 대해서는 소홀히 하는 것을 염려했다는 것입니다. 즉 이理무애는 이루었으나 이사理事무애나 사사事事무애는 등한시 한다는 것이지요.

後引功德施菩薩論호대 末後에 若相成就가 是眞實有인댄 此相이 滅時에 卽名爲斷이니 何以故요 以生故로 有斷이니라 又怕人不會하야 又云 何以故오 一切法이 是無生性일새 所以로 遠離斷常二邊이니 遠離二邊은 是法界相이라 不說性而言相은 謂法界는 是性之緣起故也요 相是法界緣起故로 不說性而言相이라 梁昭明의 所謂無斷無滅이 是也라 此段이 更分明커늘 又是左右가 求奇太過하야 强生節目爾이니라 若金剛經를 可以刊削則一大藏敎를 凡有看者가 各隨臆解하야 都可刊削也니라.

뒤에 공덕시보살론 끝 부분에, '만약 상을 성취함이 진실로 있는 것이라면 이 상이 소멸할 때 그 이름을 단斷[멸滅]이라 한다. 왜냐하면 생김이 있음으로 해서 단멸이 있다 하시며 또한 사람들이 알지 못할까 염려해서 다시 말씀하시기를, 무슨 까닭인가? 일체법의 성품에는 (생겨)남이 없느니라. 그러므로 단견斷見과 상견常見의 두 가지 치우친 견해를 멀리 떠나나니 두 가지 치우친 견해를 멀리 떠난 것을 보고 이것을 법계상法界相이라 한다.' 함을 인용하니, 성性이라 설하지 않고 상相이라 말한 것은 성품은 법계로 인하여 일어나고 법계는 상으로 인하여 일어나기 때문에 성품이라 설하지 않고 상이라 말씀하신 것입니다. 양나라 소명태자의 이른바 '끊어짐[斷]도 없고 소멸[滅]도 없다.' 함이 이것이라, 이 단락이 매우 분명한데 또한 그대가 기특한 도리를 구하는 것이 너무 지나쳐서 억지로 절목을 내었을 뿐입니다. 만약 『금강경』을 깎아 내고 삭제한다면 무릇 일대장교[팔만대장경]를 읽는 사람들마다 각각 억지 견해를 따라서 모두 깎아 내고 삭제할 것입니다.

강설

'일체법의 성품에는 남[生]이 없느니라. 그러므로 단견斷見과 상견常見의 두 가지 치우친 견해를 멀리 떠나나니'의 뜻은 일체법의 성품 자리는 생겨남도 사라짐도 없는 자리이므로, 이 자리에서 볼 때는 끊어짐도 없고 항상恒常함도 없다는 것입니다. 이 자리에서는 일체 분별이나 견해가 서지 못하는 곳입니다.

如韓退之가 指論語中 ‘畫’ 字하야 爲 ‘晝’ 字하고 謂舊本差錯
이라하니 以退之之見識으로 便可改了어늘 而只如此이 論在書
中은 何也오 亦是識法者가 懼爾니라

圭峰密禪師가 造圓覺疏鈔할새 密이 於圓覺에 有證悟處코
사 方敢下筆하니 以圓覺經中에 一切衆生이 皆證圓覺이라하야
늘 圭峰이 改 ‘證’ 爲 ‘具’ 하고 謂譯者之訛라호대 而不見梵本일
새 亦只如此이 論在疏中하고 不敢便改正經也러니 後來에 泐
潭眞淨和尙이 撰皆證論호대 論內에 痛罵圭峰하여 謂之破凡夫
臊臭漢이라 若一切衆生이 皆具圓覺而不證者인댄 畜生은 永作
畜生하고 餓鬼는 永作餓鬼하야 盡十方世界가 都盧是箇無孔鐵
鎚라 更無一人도 發眞歸元이며 凡夫도 亦不須求解脫이니 何
以故요 一切衆生이 皆已具圓覺이라 亦不須求證故라하니라

예컨대 한퇴지가 『논어』 가운데 ‘그림 화畫자’ 를 가리켜 ‘낮
주晝’ 자가 맞다고 이르기를, ‘구본의 착오다.’ 라고 하였으니 한
퇴지의 식견으로 곧 고쳐 버릴 수 있지만 다만 이와 같이 책 속에
다 논의만 하였습니다. 왜 그랬겠습니까? 이 또한 법을 아는 사
람이 두려웠기 때문입니다.

규봉 종밀선사가 『원각경』의 소초疏鈔를 지을 때 종밀선사가
『원각경』에서 깨달은 것이 있은 뒤에야 바야흐로 붓을 대었습니
다. 따라서 『원각경』 원문에 ‘일체중생이 모두 원각을 증득했다.’

라고 한 것을 규봉선사가 증證자를 갖출 구具자로 여겨서 '번역한 사람의 잘못이다.' 라고 하였습니다. 그러나 범어본을 보지 못하였으므로 또한 다만 이와 같이 소疏 안에다 논의만 하여 두고 감히 경전을 고쳐서 바로잡지는 않았었습니다. 뒷날 늑담 진정화상이 개증론皆證論을 찬술하면서 그 논문 안에다 규봉선사를 심하게 꾸짖으면서 말하기를, '깨어진 범부요 비린내 나는 놈이다. 만약 일체중생이 모두 원각을 갖추기만 하고 증득하지는 못했다고 한다면 축생은 영원히 축생이 될 것이고 아귀는 영원히 아귀가 되어서 온 시방세계가 전부 무공철추無孔鐵鎚여서 다시는 한 사람도 참 마음을 발하여 근원에 돌아가는 이가 없을 것이며, 범부도 또한 해탈을 구하지 못할 것이다. 왜냐하면 일체중생이 다 이미 원각을 갖추었으므로 또한 모름지기 증득을 구하지 아니할 것이기 때문이다.' 라고 하였습니다.

강설

공자가 제자인 재아宰我라는 사람이 잠을 자는 것을 보고 나무라는 구절이 있습니다. 여기서 한퇴지는 낮 '주晝' 자가 그림 '화畵' 자로 잘못 되었다는 것입니다. 화침이라면 그림이 있는 호화스런 방에서 잠을 자는 것이고 주침이라면 낮잠을 일러 하는 말이니 전자는 호화스러움을 나무라고 후자는 게으름을 나무라는 것이니 과연 어떤 뜻이 맞을까요? '썩은 나무는 각을 할 수

없고....' 등으로 이어지는 뒷글을 보면 게으름을 나무라는 주침
이 맞습니다. 한퇴지도 이런 것을 알고도 고치지 않았습니다.

　소초疏鈔는 경에 대한 설명에 대하여 다시 견해를 밝힌 글입
니다.

　『원각경』 원문에는 '일체 중생이 모두 원각을 증득하였다.' 라
고 하였는데 규봉 종밀선사는 '일체 중생이 모두 원각을 갖추었
다.' 라고 하여야 한다고 하였습니다. 그러나 뒤에 늑담 진정화
상이 『개중론皆證論』에 '모든 사람이 원각을 증득을 하였다.' 는
논지의 글을 내면서 규봉선사를 심하게 꾸짖습니다. 깨어진 범
부, 비린내 나는 놈이라고 했으니 심한 것이지요.

　'무공철주' 즉 구멍 없는 쇠구슬은 변통이 없다는 뜻입니다. 늑
담스님께서 규봉스님을 구멍 없는 쇠구슬 같이 콱 막힌 놈이라
합니다.

　左右가 以京師藏經本으로 爲是하야 遂以京本으로 爲據어니
와 若京師藏本은 從外州府納入이며 如徑山兩藏經도 皆是朝廷
全盛時에 着到요 亦是外州府의 經生所寫어늘 萬一有錯이면
又却如何改正이리요 左右가 若無人我하야 定以妙喜之言으로
爲至誠이면 不必泥在古今一大錯上이어니와 若執己見爲是하
야 決欲改削하야 要一切人의 唾罵인댄 一任刊削印行하노라

妙喜도 也只得隨喜讃歎而已리라 公이 旣得得遣人하야 以經으로 求印可일새 雖不相識이나 以法爲親故로 不覺에 切切怛怛하야 相觸忤로니 見公至誠이라 所以로 更不留情하노라.

그대가 경사(서울에 있는) 장경본(京師藏經本)이 옳다고 여겨서 드디어 경사 장경본을 근거로 삼고 있습니다. 그러나 만약 경사 장경본이 외주부外州府에서 들어온 것이라면 어떻게 생각하시겠습니까? 또한 경산사의 두 가지 장경도 모두 조정이 한창 번성할 때에 그곳에서 들어온 것이며 그것 또한 외주부의 경전을 쓰는 사람들[經生]이 필사한 것입니다. 만에 하나라도 잘못이 있다한들 지금 또한 어떻게 바로잡겠습니까? 그대가 만약 인·아상이 없다면 이 묘희의 말을 결단코 지극 정성으로 삼아서 구태여 고금의 일대 잘잘못의 착상에 빠져 있을 필요가 없습니다. 하지만 만약 그대의 소견에 집착하여 옳다고 여겨서 꼭 바로잡고 삭제해서 일체 사람들로부터 침을 뱉고 꾸짖음 받기를 바란다면 삭제해서 인쇄하여 간행하는 것을 말리지 않겠습니다. 묘희도 또한 다만 기쁘게 따를 따름입니다. 그대가 이미 굳이 사람을 보내서 경(수정한 경)의 인가를 구하므로 비록 서로 알지는 못하지만 법으로 인하여 친하게 된 까닭으로 저도 모르는 사이에 여러 가지 어지러운 말을 하였습니다. 그대의 지극한 성의를 보았기 때문에 정情에 머물지 않고 쓴소리를 하였습니다.

左右가 決欲窮敎乘하야 造奧義인댄 當尋一名行講師하야 一心一意로 與之叅詳하야 敎徹頭徹尾하야 一等是留心敎網也 며 若以無常이 迅速하고 生死事大호대 己事不明이라하면 當 一心一意로 尋一本分作家가 能破人의 生死窠窟者하야 與伊 로 着死工夫厮崖하야 忽然打破漆桶하면 便是徹頭處也리라 若只是要資談柄道호대 我는 博極群書하야 無不通達하며 禪 我也會하고 敎我也會하며 又能檢點得前輩諸譯主講師不到處 하야 逞我能我解則三敎聖人을 都可檢點이라 亦不必更求人의 印可然後에 放行也러니 如何如何오

그대가 결단코 교학을 궁구하여 깊은 뜻에 나아가고자 한다면 마땅히 이름이 있는 한 강사를 찾아가서 한마음 한뜻으로 그와 더불어 자세히 참구해서 철두철미하게 해야 교(학)에서 제일가는 지위에 이를 것입니다. 만약 무상이 신속하고 생사의 일이 큼에도 불구하고 자신의 일을 아직 밝히지 못하였다면, 마땅히 한마음 한뜻으로 본분작가로서 능히 다른 사람의 생사의 소굴을 깨뜨릴 수 있는 어떤 사람을 찾아가서, 그와 더불어 목숨을 건 공부를 밀어붙여서 홀연히 칠통을 타파하면 곧 머리를 사무치는 곳이 될 것입니다. 만약 다만 말길만 따라다니면서 말하기를 '나는 널리 온갖 서적을 읽어서 통달하지 않은 것이 없어서 참선도 내가 알고 교학도 내가 안다.' 라고 하고 또 능히 점검을 하

되, '앞의 사람들의 번역가나 강사들이 이르지 못한 것을 내가 능히 다 이해하고 내가 능히 다 안다.' 라고 드러낸다면 이는 삼교 [三敎, 儒佛道]의 성인을 모두 다 점검하는 격입니다. 또다시 다른 사람의 인가를 구한 후에 간행할 필요가 뭐 있겠습니까? 어떠하고 어떠한지요?

강설

대혜스님께서 너무도 단호하고 강력한 어조로 비판을 하셨는데 그 잘못됨도 부처님 가르침을 따르고자 하는 성의를 보아서 조목조목 잘못됨을 일깨워 주신 자비가 드러난 편지입니다.

언뜻 보면 쉬울 듯한 부처님의 가르침은 심오하여 그 깊이를 측량하기가 쉽지 않음을 알려줌으로써 후학들에게도 크나큰 귀감이 되는 글입니다.

장사인 장원에게

張舍人 狀元

장사인은 역양(歷陽) 사람으로
이름은 장효상(張孝祥) 자는 장원이다.
사인은 군에서 천자를 가까이 모시는 벼슬이다.
이 글은 스님 71세에 임안 경산사에서 보낸 편지다.

左右가 決欲究竟此事인댄 但常令方寸으로 虛豁豁地하야 物
來卽應하면 如人學射에 久久中的矣리라 不見가 達磨謂二祖日
汝但外息諸緣하고 內心無喘하야 心如墻壁이라사 可以入道라
하야늘 如今人은 纔聞此說하고 便差排하야 向頑然無知處하야
硬自遏捺하야 要得心如墻壁去하나니 祖師의 所謂錯認何曾解
方便者也라.

嚴頭가 云纔恁麼면 便不恁麼니 是句도 亦剗이며 非句도 亦
剗이라하니 遮箇便是外息諸緣하고 內心無喘底樣子也라 縱未
得崒地折爆地破라도 亦不被語言所轉矣리라 見月休觀指하고
歸家罷問程이니라.

그대가 결정코 이 일을 끝내 성취하고자 한다면, 오직 사물을
대할 때 항상 가슴속(마음)을 텅텅 비우고 곧 대응하되, 마치 활
쏘기를 배우는 사람이 오래오래하면 표적을 적중하게 되는 것과
같이 하여야 합니다. 보지 못했습니까? 달마대사가 이조[慧可]
스님에게 말씀하시기를 '그대가 다만 밖으로는 모든 인연을 쉬
고 안으로는 마음에 헐떡임이 없어서 마음이 마치 장벽과 같이
되어야 가히 도에 든다고 할 수 있다.' 라고 하였습니다. 요즘 사
람들은 이 말씀을 듣고 문득 잘못 알아서 완연히 무지한 방향으
로 삐뚤어져서는 스스로 강하게 (생각이 못 일어나게) 막고 억눌
러서 마음이 마치 장벽과 같게 되려고 합니다. 따라서 조사께서

말씀하시기를 '착각하고 오해하였으니 어찌 일찍이 방편임을 알겠는가?' 라고 한 것입니다.

암두화상께서 '막 이러하다고 하면 곧 이렇지 못함이니, 옳은 글귀도 또한 깎아(지워)버리고 그른 글귀도 또한 지워버린다.' 라고 하였습니다. 이것이 곧 '밖으로 모든 인연을 쉬고 안으로 마음에 헐떡거림이 없는' 본보기입니다. 비록 단박에 꺾어버리고 단박에 터뜨림을 얻지 못하더라도 또한 언어에 굴림을 당하지 않을 것입니다. 달을 볼 때 손가락을 바라보지 아니할 것이며 집에 돌아가면서 길을 묻지 아니할 것입니다.

강설

달마스님의 '외식제연外息諸緣하고 내심무천內心無喘'에서 밖으로부터 인연해 오는 마음을 쉰다는 것은 인연에 의해 생기는 마음에 물들지 않는다. 즉, 걸리지 않는다는 뜻입니다. 이 뜻을 잘못 알고 마음이 일어나지 않게 꽉 막고 억눌러 없애려고 해서는 안 된다는 것입니다. 마음이 혼란스럽고 급한 것이 바로 마음의 헐떡임입니다. 마음에서 시비를 분별할 때 혼란스러움이 일어납니다. 그러나 일어나는 모든 마음이 본래 공적空寂한 것임을 알아 버리면 쉬고 끊을 것도 없는 것입니다.

'막 이러하다고 하면 곧 이렇지 못함'은 대상에 물들지 않겠다는 마음을 내면 또 그 물들지 않는다는 마음에 물든다는 뜻입니다. 그러니 마음이 일어나면 일어나는 마음만 바로 볼 뿐이지 또 다른 마음을 내지 말라는 뜻입니다.

'비록 꺾을 때 단박에 꺾어버리고 터뜨릴 때 단박에 터뜨림을 얻지 못하더라도 또한 언어에 굴림을 당하지 않을 것입니다.'는 비록 활연대오하여 모든 인연에 자재自在하지는 못할지라도 말이나 글에 휘둘리지 않는다는 것입니다. 다른 말로 하자면 대상에 의해 마음작용이 일어남을 즉시 즉각 다스리지는 못했다 해도 곧바로 본심을 찾을 수 있다는 것입니다.

'달을 볼 때 손가락을 바라보지 아니할 것이며 집에 돌아가면서 길을 묻지 아니할 것입니다.'는 달을 보아야 할 때 달을 가리키는 손가락을 본다든지 잘 알고 있는 집에 가는 길을 묻는 어리석음을 범하지 않을 것이라는 뜻입니다. 즉, 도道 닦는 방법을 알고 스스로 잘 알아서 하는 사람이 남에게 물을 필요도 없으며 도를 깨치겠다고 마음을 먹을 필요도 없다는 것입니다. 단지 '외식제연外息諸緣하고 내심무천內心無喘'은 옳은 것도 내려놓고 그른 것도 내려놓고 어디 걸리는 바가 없이 태연자재하라 말입니다. 도道 깨친 사람도 이렇게 하고 깨치지 못한 사람도 이렇게 해야 합니다. 바깥 대상에 의해 일어나는 마음을 자각하여 쉬게 하고 안으로는 스스로 생각이 일어남을 자각하여 다스려야 외식제연이 되며 내심무천이 되는 것입니다.

情識을 不破則心火熠熠地리니 正當恁麼時하야 但只以所疑底話頭로 提撕호대 如僧이 問趙州호대 狗子도 還有佛性也無잇가 州云無라하니 只管提撕擧覺이언정 左來也不是며 右來也不是라 又不得將心等悟하며 又不得向擧起處承當하며 又不得作玄妙領略하며 又不得作有無商量하며 又不得作眞無之無로 卜度하며 又不得坐在無事匣裡하며 又不得向擊石火閃電光處하야 會어다. 直得無所用心하야 心無所之時에 莫怕落空이니 遮裡便是好處라. 驀然老鼠牛角에 便見倒斷也리라.

정식情識을 깨뜨리지 못하면 마음에 불이 훨훨 일어날 것입니다. 바로 이러한 때를 당해서 다만 의심한 바의 화두, 예컨대 어떤 승려가 조주선사에게 묻기를, '도리어 개에게도 또한 불성이 있습니까, 없습니까?' 하니 조주선사가 대답하시길 '없다' 라고 한 것을 제서提撕하십시오. 단지 오로지 화두를 제서하여 거각할 뿐 왼편도 옳지 않고 오른편도 옳지 않습니다. 또한 마음을 내어서 깨닫기를 기다리지도 말 것이며, 또한 들어 일으키는 곳을 향해서 잡아 당하려고도 하지 말며, 또한 현묘한 생각을 짓지도 말며, 또한 있고 없음에 대한 알음알이를 짓지도 말며, 또한 참으로 없다는 그러한 없음을 만들어 사량하지 말며, 또한 아무런 일이 없는 틀 속에 들어가 앉아 있지도 말며, 또한 돌과 돌이 부딪쳐서 불이 일어나는 듯하고 번갯불이 번쩍이 듯 알려고도 하지 마십시오. 곧바로 마음을 쓸 수도 없고 마음 갈 곳이 없을 때에 이르면 이러한 때에 '공에 떨어질까 염려하지도 마십시오' 하고 염려하지도 마십시오. 이러한 곳이 곧 좋은 곳입니다. 문득 늙은 쥐가 소의 뿔 속에 들어가서 문득 끊어져 거꾸러짐을 볼 것입니다.

대혜선사의 화두 참구법이 구체적으로 드러나 있습니다. '왼편 오른편과, 깨달아야겠다는 것과, 화두를 던지는 순간의 상황과, 화두 속에 뭐가 있을까 하는 생각과, 있는 것일까 없는 것일까 하는 생각과, 확실히 없기 때문일까 하는 생각과, 에라! 모든 일 내려놓고 화두 말고는 일체 생각을 말아야지 하는 생각과, 선지식이 거량할 때라든가 선연善緣이 도래할 때 번개같이 깨달을 일이 생길까 하는 생각과, 이것저것 아무것도 생각하지 못하게 되면 공에 떨어지는 것 아닌가? 하는 이 모든 생각이 통틀어 망상인 줄 모른다는 것입니다. '화두를 제서提撕한다.' 는 것은 '화두를 끌어내어서 일깨운다.' 는 뜻입니다. 즉 잡아서 다스린다는 뜻입니다. 그리고 '제서하여 거각한다.' 는 화두를 들고 각성함을 잘 지킨다는 것입니다. 대상에 응하여 마음이 혼란하게 되면 본심이 어디에 갔는지 모르게 됩니다. 이때 화두를 들고 일깨워서 잘 호지하라는 것입니다.

'들어 일으키는 곳을 향해서 잡아 당하다.' 는 뜻은 선사의 말이나 행동을 듣거나 보고 그 뜻을 알아채려고 하는 것을 말합니다.

'곧바로 마음이 작용하는 바가 없고 마음 갈 곳이 없을 때' 란 마음에 분별심이 일어나지 않고, 마음이 차별 경계에 따라가지 않으니 마음이 작용을 쉬게 됩니다. 그리하여 고요해지면 마음이 작용하려 해도 즉각 알아차려 버리니 마음이 갈 길을 잃어버린 상태를 말합니다. 이러한 때 혹시 내가 공에 떨어지지 않았는가? 하는 걱정은 안 해도 된다는 것입니다. 그러나 이러한 때가 바로 공부가 완성되고 있는 단계이니 좋은 때라고 한 것입니다.

此事는 非難非易니 除是夙曾種得般若種智之深하며 曾於無始曠大劫來에 承事眞善知識하야 熏習得正知正見하야 在靈識中하니는 觸境遇緣하야 於現行處에 築着磕着호대 如在萬人叢裡하야 認得自家父母相似하나니 當恁麼時하야 不着問人하야도 自然求覓底心이 不馳散矣리라 雲門이 云不可說時에 即有라가 不說時에 便無也하며 不可商量時에 便有라가 不商量時에 便無也라하고 又自提起云 且道하라 不商量時는 是箇甚麼오 又怕人不會하야 又自云 更是甚麼오하시니라.

이 일은 어렵지도 않고 쉽지도 않습니다. 오직 숙세에 일찍이 반야의 지혜를 깊이 심었거나, 일찍이 무시 이래의 광대한 겁 동안 참다운 선지식을 받들어 섬겨서 바른 지식과 바른 견해를 훈습해서 영식靈識 속에 둔 사람은 경계를 만나고 인연을 만나 현행하는 곳에서 맷돌이 맞 듯 성돌이 맞 듯 할 것입니다. 마치 만인 속에 있더라도 자기의 부모를 알아보는 것과 같을 것입니다. 이러한 때를 당해서는 다른 사람에게 물어보지 않더라도 자연히 마음을 찾고자 하는 것이 어지럽지 아니할 것입니다.

운문선사가 이르시되, '말을 할 때에는 곧 있다가 말을 하지 아니할 때에는 곧 없게 하지 말며, 사량할 때에는 곧 있다가 사량하지 아니할 때에는 곧 없게 하지 말라.' 라고 하였습니다. 또 스스로 이르시길, '일러라. 사량하지 아니할 때에는 이 무엇인고?' 라고 하였으며, 다른 사람들이 알지 못할까 두려워서 또 스스로 이르시길, '다시 이 무엇인고?' 하시었습니다.

강설

'사량할 때에는 곧 있다가 사량하지 아니할 때에는 곧 없게 하지 말라.' 는 생각할 때나 생각하지 않을 때도 자기를 놓치지 말고 잘 지키라는 것입니다. 운문스님의 공부하는 방법이 잘 소개된 내용입니다. 경계를 만나서 일어나는 마음은 쉽게 관찰하여 축착 합착이 되지만 마음이 일어나지 않을 때는 어디서 마음을 찾을 것인가? 이 부분에 대한 상세한 방편을 나타낸 것입니다. 적재적소에 자기 마음이 작용하는 것을 잘 살피는 것을 보인 것입니다.

近年以來로 禪有多途라 或以一問一答이라가 末後에 多一句로 爲禪者하며 或以古人入道因緣으로 聚頭商榷云 遮裡는 是虛요 那裡는 是實이며 遮語는 玄하고 那語는 妙라하야 或代或別로 爲禪者하며 或以眼見耳聞으로 和會하야 在三界唯心萬法唯識上하야 爲禪者하며 或以無言無說로 坐在黑山下鬼窟裡하야 閉眉合眼으로 謂之威音王那畔 父母未生時消息이라하며 亦謂之黙而常照라하야 爲禪者니라 如此等輩는 不求妙悟하고 以悟로 爲落在第二頭라하며 以悟로 爲誑諕人이라하며 以悟로 爲建立이라하나니 自旣不曾悟하고 亦不信有悟底로다.

최근 참선에 많은 길이 있어서 혹 한번 묻고 한번 답하다가 마지막에 한마디 더 할 수 있는 것을 선禪으로 삼는 사람이 있습니다. 혹은 옛 사람들이 도에 들어간 인연을 들어서 머리를 함께 모아 사량하면서 말하기를, '이것은 헛된 것이고 저것은 실다운 것이다. 그리고 이 말은 오묘하고 저 말은 미묘하다.' 라고 하여 혹 대신 답하기도 하고, 혹 다르게 답하기도 하는 것을 들어 선

禪을 삼는 사람도 있습니다. 혹은 눈으로 보고 귀로 듣는 것으로 '삼계가 오직 마음이며 만법이 오직 식' 이라 하며 선을 삼는 사람도 있습니다. 혹은 아무런 말이 없이 검은 산 밑의 귀신굴 속에 앉아서 눈을 딱 감고 말하기를, '위음왕 부처님 이전이며 부모가 낳기 이전의 소식이다.' 라고 합니다. 또 이르기를 '묵묵히 항상 비추는 것이다.' 라고 하여 선을 삼는 사람도 있습니다. 이와 같은 무리들은 미묘한 깨달음을 구하지 아니하고, 깨달음이라 하면 이미 두 번째로 떨어진 것으로서 별것 아니라고 여기는 이도 있으며 깨달음이란 사람을 속이고 희롱하는 것이라고 여깁니다. 또한 깨달음을 건립(다 된 것)으로 삼는 사람도 있습니다. 자기 스스로 이미 깨닫지 못했을 뿐만 아니라(깨닫지 못했으니) 깨달음이 있음도 믿지 아니합니다.

강설

'혹대혹별或代或別' 이란 혹은 대신하여 말하고 혹은 다르게 말하는 것을 말합니다. 예를 들어, 어떤 스님이 지위선사에게 여쭙기를, '어떤 것이 자기의 참 성품이 일어난 인연[眞性緣起]입니까?' 하였는데 선사가 아무 말도 않고 앉아 있으니 옆에 있던 시자가 대신 답하기를, '스님이 한번 생각을 일으켜서 진성연기가 무엇이냐고 묻는 그것이 바로 진성연기요.' 라고 합니다. 또 한 퇴지라는 사람이 태전선사에게 '제가 공무로 바쁘니까 요긴한 한

마디만 들려주십시오.' 라고 요청하니까 선사가 아무 말도 않고 있으니 옆에 있던 삼평이 책상을 탁탁 칩니다. 그러니 태전선사가 '뭐하는 것인가?' 하니 삼평이 말하기를, '먼저 고요함으로 움직이고 뒤에 지혜로써 빼주었습니다.' 라고 합니다. 즉 태전선사가 말을 않고 고요히 앉아 있으면서 '내가 바쁜데 왜 저러고 앉아 있기만 할까?' 라는 한퇴지의 마음을 일으킨 것입니다. 이 마음을 일으킨 것을 책상을 쳐서 소리를 내어 제자리를 찾게 했기에 지혜로써 빼주었다는 것입니다. 즉 마음이 작용하는 것을 살펴서 본 자리로 돌아가게 하는 것을 보였다는 것입니다. 이 뜻을 알고 한퇴지가 깨쳤다고 합니다.

그리고 '혹은 다르게 이야기 한다.' 는 뜻을 예로 든다면 운문선사에게 어떤 스님이 묻기를 '어떤 것이 모든 부처가 난 곳입니까?' 하니 '동산수상행(동산이 물 위로 간다)이니라' 했습니다. 이에 대하여 원오 극근스님은 나는 그렇게 말하지 않고 '훈풍이 남쪽에서 불어오니 전각에 찬 기운이 생기는구나' 라고 하겠다. 이처럼 같은 물음에 대하여 전혀 별개의 대답을 하는 것을 말합니다.

妙喜가 常謂衲子輩하야 說호대 世間工巧技藝도 若無悟處면 尙不得其妙온 況欲脫生死而只以口頭說靜하야 便要收殺리요

大似埋頭向東走하면서 欲取西邊物이라 轉求轉遠하며 轉急轉
遲하나니 此輩는 名爲可憐愍者라 敎中에 謂之謗大般若하야
斷佛慧命人이라 千佛이 出世라도 不通懺悔하나니 雖是善因이
나 返招惡果니라 寧以此身으로 碎如微塵이언정 終不以佛法으
로 當人情호라 決要敵生死인댄 須是打破遮漆桶하야사 始得다
切忌被邪師의 順摩將하야 將冬瓜印子印定하야 便道我가 千了
百當이어다.

묘희가 항상 납자들에게 이야기하기를, '세간의 기술이나 예
술도 만약 깨달음이 없으면 오히려 그 미묘한 것을 얻지 못하
거늘 하물며 생사를 벗어나고자 하면서 오직 입으로만 고요함
을 이야기하여 곧 거두어 들이고자 하는가? 마치 머리를 푹 숙
이고 동쪽을 향해 달려가서 서쪽에 있는 물건을 취하려고 하는
것과 같다.' 라고 할 것이니, 구할수록 더욱 멀어지고 급할수록
더욱 더디어집니다. 이러한 무리들은 가히 불쌍한 사람들입니
다. 경經에서 그를 일러 '대반야를 비방하는 사람이며, 부처님
지혜의 명을 끊는 사람이라. 천불 출세라도 참회 불통이라' 하시
니, 비록 착한 인연을 지으나 도리어 악한 결과를 불러올 것입니
다. 차라리 이 몸을 부수어 작은 먼지가 될지언정 끝내 불법을
인정으로 대하지 않을 것입니다. 결정코 생사를 대적하고자 한
다면 모름지기 이 무명의 칠통을 타파해야만 됩니다. 삿된 스승

들이 순하게 어루만지며 호박[冬瓜] 도장을 찍고 문득 말하기를, '나는 천 가지를 알고 백가지를 안다.' 라고 합니다.

如此之輩가 如稻麻竹葦로대 左右는 聰明有識見이라 必不受 遮般惡毒이나 然이나 亦恐用心之切로 要求速效하야 不覺不知 에 遭他染汚故로 信筆葛藤如許하노니 被明眼人의 覷見하면 一場敗闕이니라 千萬相聽하라 只以趙州의 一箇無字로 日用應 緣處에 提撕하야 不要間斷이어다 古德이 有言하사대 研窮至 理는 以悟爲則이라하니 若說得天花亂墜라도 不悟면 總是癡狂 外邊走耳니 勉之不可忽이어다.

이와 같은 무리들은 벼나 삼이나 대나무나 갈대와 같이 많습 니다. 그러나 그대는 총명하고 지견이 있는지라 반드시 이러한 악한 독은 받아들이지 아니할 것입니다. 그러나 혹여 간절하게 마음을 써서 빠른 효과를 구하고자할까 염려됩니다. 또한 느끼 지 못하고 알지 못하는 사이에 그들에게 오염될까 염려되어 이렇 게 붓을 들어서 긴소리를 많이 하였습니다. 눈 밝은 사람이 얼핏 보면 한바탕 허물이 되리라. 부디 명심하십시오. 오직 매일 일상 생활에서 인연을 만나 마음을 쓰는 순간에 조주선사의 이 무자 無字 하나만을 제서하여 끊어지지 않게 하십시오. 고덕이 말씀하시길 '지극한 이치를 궁구하는 이유는 깨달음을 위한 것이다.' 라고 하였습니다. 만약 하늘에서 꽃이 만발하게 떨어지는 설법을 할지라도 깨닫지 못하면 모두가 어리석고 미쳐서 바깥으로만 내달릴 뿐입니다. 힘써서 소홀히 하지 마십시오.

강설

'매일의 일상생활에서 인연을 만나 마음을 쓰는 순간에 조주선사의 이 무자無字 하나만을 제서하여 끊어지지 않게 하십시오.' 에서 대혜선사의 화두법이 구체적으로 소개되었습니다. 일상에서 여러 가지 일로 마음이 일어날 때 그 일어나는 마음을 따라가지 말고 '무' 를 들어라 이 말입니다. 가령 식사를 할 때 이런 마음 저런 마음이 생기죠? 밥이 질다, 되다, 반찬이 맛있다, 없다 등등의 마음이 일어나면 이미 상황에 끌려가는 것입니다. 이 때 '무' 하고 대상에 끌려가는 마음을 알아차려 본심으로 돌아가는 것입니다. 이것이 상황에 끌려가는 생사의 마음을 끊는 길입니다. 이렇게 공부하는 것을 끊어짐이 없이 하라고 했습니다. 그러면, 마음이 끌려가는 것을 알 때는 각성을 하여 알 수 있는데 상황이 일어나지 않을 때는 어떻게 해야 합니까? 이때도 '무' 하면서 일어나지 않는 마음의 상태를 자각하는 것입니다. 그러니 끊임없이 각성하는 것입니다. 그래서 선사들이 물 흐르듯이 끊임없이 화두를 들어야 한다고 했습니다. 이렇게 말하면 별로 실감이 안 납니다. 대혜선사는 마음이 일어날 때나 나지 않을 때 어떤 경우에도 '무' 자 화두를 방편 삼아 참선하는 방법을 구체적으로 제시하고 있습니다. 여기서 중요한 것은 '무'자를 들고 마음이 일어나지 못하게 하면 '무' 자에 빠져버리는 것입니다. 마음을 일어나지 못하게 단절시키는 것이 아닙니다. 일어나는 마음 그 위에 '무자無字' 화두를 얹어서 본성을 자각하라는 것입니다. 이것이 마음을 쓰면서 마음에 구속되지 않는 것이며 생사심을 해결하는 것입니다.

'하늘에서 꽃비가 만발하게 설법을 한다.' 는 것은 양나라 무제가 어전회의를 할 때 가사를 입고 경전 강의를 하는 등, 불심이 지극하게 하니 하늘에서 감동하여 꽃비를 내렸다는 고사에서 나온 것입니다. 이렇게 신심이 지극하여도 깨닫지를 못하면 아무 소용이 없다는 것을 비유한 것입니다.

答

탕승상 진지에게

湯承相 進之

탕승상은 처주(處州) 사람으로
이름은 탕사퇴(湯思退) 자는 진지다.
고종 소흥 때 우복야(右僕射)를 지냈고
시랑 승상 등을 역임했다.
이 글은 스님 71세에 임안 경산사에서 보낸 편지다.

丞相이 既存心此段大事因緣하니 缺滅界中에 虛妄不實하야 或逆或順이 一一皆是發機時節이니 但常令方寸으로 虛豁豁地하야 日用合做底事라도 隨分撥遣하고 觸境逢緣에 時時以話頭로 提撕언정 莫求速效어다 研窮至理는 以悟爲則이라 然이나 第一에 不得存心等悟어다 若存心等悟則被所等之心의 障却道眼하야 轉急轉遲矣리라 但只提撕話頭라가 驀然向提撕處하야 生死心이 絶則是歸家穩坐之處라 得到恁麼處了하면 自然透得古人의 種種方便하야 種種異解가 自不生矣리라.

승상께서 이미 마음을 큰 곳에 두었으니 결감계(사바세계, 부족하고 흠집이 많은 세상)는 허망하고 실답지 못하여 혹 거스르고 혹 순조롭기도 할 것입니다. 그러나 이 모두 낱낱이 다 자기 모습을 발휘하는 시절이니, 다만 항상 마음을 텅텅 비우고 활발발한 곳에 두어서 일상에 일을 지어감에 마땅히 해야 할 일이라도 분수[사정]에 따라 떨쳐 보내 버리십시오.

경계를 만나고 인연을 만나는 곳에서 때때로 화두를 제서할지언정 속효를 구하지 마십시오. 지극한 이치를 궁구하는 것은 깨달음을 위한 것입니다. 그러나 제일 중요한 점은 마음을 두어 깨닫기를 기다리지 않는 것입니다. 만약 마음을 두어 깨닫기를 기다리면 그 기다리는 마음이 도의 눈을 장애해서 급하게 할수록 더욱 더디어질 것입니다.

다만 화두를 잡아들다가 문득 잡아드는 곳에서 생사의 마음이 끊어지는 그곳이 바로 집에 돌아가서 편히 앉은 자리입니다. 이러한 곳에 이르고 나면 자연히 옛 사람들의 가지가지 방편을 꿰뚫어서 가지가지의 다른 견해가 스스로 일어나지 아니할 것입니다.

강설

'기틀을 발휘하는 시절'이란 자기의 마음작용이 일어나는 때란 뜻입니다. 이때 마음이 일어나더라도 본심을 지키는 공부를 해야 된다고 앞에서 말하지 않았습니까?

'화두를 들다가 문득 잡아드는 곳에서 생사의 마음이 끊어지는 즉'은 마음이 일어나는 그때 즉시 화두를 들어 본심을 보면 일어나는 마음이 즉시에 끊어지게 되고 그곳에서 생사심도 끊어진다는 말입니다. 이 본심의 자리가 바로 안락처이고 이것이 괴로움과 번뇌망상을 끊는 방법입니다.

敎中에 所謂絶心生死하야 伐心稠林하며 浣心垢濁하고 解心執着이라하니 於執着處에 使心動轉호대 當動轉時하야 亦無動轉底道理하면 自然頭頭上明하고 物物上顯하야 日用應緣處에 或淨或穢와 或喜或瞋과 或順或逆에 如珠走盤하야 不撥而自轉矣리라 得到遮箇時節하야는 拈出呈似人不得이니 如人이 飮水

에 冷煖을 自知니라 南陽忠國師有言호대 說法有所得하면 是
爲野干鳴이라하니 此事는 如靑天白日하야 一見便見이니 眞實
自見得底는 邪師가 走作不得이라 前日에 亦嘗面言호대 此事
는 無傳授라 纔說有奇特玄妙면 六耳不同謀之說이라 卽是相欺
이니 便好拽住하야 劈面便唾니라.

경經 가운데 이르신 바 '생사의 마음을 끊고 빽빽한 마음을 솎
아내고 마음의 때를 씻어서 집착된 마음을 풀어내는 것이다.' 라
고 하시니, 집착하는 곳에서 마음을 내어서 움직이게 하되 그 움
직이는 때를 당하여 또한 굴려 움직일 것이 없는 도리를 알게 되
면 자연히 낱낱의 사물 위에 환하게 나타날 것입니다. 이와 같이
환하게 비추어서 그 사물마다에 (자기 본심을) 드러낼 것입니다.
이와 같이 일상의 인연을 만나는 곳에서 청정하든, 더럽든, 기쁘
든, 화가 나든, 순일하든, 거스르든 간에 마치 소반 위에서 구슬
구르듯이 하여 굴리지 아니해도 저절로 굴러가는 것과 같을 것입
니다. 이러한 시절에 이르면 잡아내어 다른 사람에게 들어 바칠
수 없습니다. 마치 어떤 사람이 물을 마셨을 때 차고 더운 것을
스스로 아는 것과 같습니다. 남양 혜충국사가 말씀하시길 '법이
얻을 바가 있다고 말하면 이것은 들여우의 울음소리다' 라고 하
였습니다. 이 일은 마치 환히 밝은 대낮과 같아서 한번 보면 곧
다 보는 것입니다. 진실로 스스로 보아서 얻은 것은 삿된 스승이

흔들지 못합니다. 지난날에 또한 일찍이 대면하여 말씀드린 바와 같이 이 일은 전수할 것이 없습니다. 조금이라도 기특하고 현묘한 이치가 있어 여섯 개의 귀가 함께 할 수 없다[六耳不同模] 하면 그것은 곧 서로를 속이는 것입니다. 바로 끌고 와서 얼굴에 침을 뱉어줄 일입니다.

강설

'집착하는 곳에서 마음을 내어서 움직이게 하되 그 움직이는 때를 당하여 또한 움직여서 굴릴 것도 없는 도리'는 마음이 움직이는 것을 보고 아! 하고 자각하여 돌아가는 것이 마음을 움직여서 굴릴 것도 없는 도리입니다. 그러나 이 움직여서 굴릴 것이 없다는 도리를 아는 생각도 없어야 함을 말합니다.

'육이부동모지설六耳不同謀之說'에서 육이는 귀가 여섯 개, 즉 세 사람을 나타냅니다. 이는 늑담 법회선사가 마조선사에게 '스님 진실한 일구를 일러 주십시오.'하니 '너하고 나하고 이야기해도 듣는 이가 있으니 내일 와라.' 하거든요. 그래서 늑담이 어쩔 수 없이 다음날 가서 스님 '이제 일러 주십시오.' 하니 마조선사가 '내가 조금 있다가 법당에 올라갈 테니까 그 때 와라.' 합니다. 이 말에 늑담이 확연히 깨친 데서 나온 말입니다.

'육이부동모六耳不同謀'는 '듣는 이가 있으니 아무도 없을 때 일러주마.'의 뜻으로서 결국 전해줄 말이 있다는 것입니다. 그러나 부처님 법은 전해 줄 무엇이 있는 것이 아닌데 전해 줄 것이 있는 듯 말했으니 늑담화상이 속고 있다, 이 말입니다. 뒷날 다시 물으니 법당에 가서 일러 주마 하거든요. 어제는 누가 들으니 조용히 말해 주겠다고 해 놓고 오늘은 대중이 많은 법당에서 일러준다니 기가 찰 노릇 아닙니까?

할喝! 여러분들도 이에 답을 찾아보세요,

書生이 做到宰相하니 是는 世間法中에 最尊最貴者라 若不向此事上하야 了却하면 即是虛來南閻浮提하야 打一遭라가 收因結果時에 帶得一身惡業去하리니 教中에 說作癡福이 是第三生冤이라하니 何謂第三生冤고 第一生에 作癡福하고 不見性이요 第二生에 受癡福이나 無慚愧하야 不做好事하고 一向作業이요 第三生에 受癡福盡일새 不做好事라 脫却殼漏子時에 入地獄如箭射니라 人身難得이요 佛法難逢이니 此身을 不向今生度하면 更向何生度此身리요.

서생이 재상의 자리에까지 이르는 이것은 세상법 가운데서 가장 존귀한 것입니다. 그러나 만약 (불도를 이루는) 이 일을 깨달아 마치지 못하면 곧 남염부제(인간 세계)에 허망하게 와서 한 바퀴 휙 둘렀다가 인과를 거두어 열매를 맺게 될 때(죽을 때) 일신에 업만 짓고 돌아가게 될 것입니다. 교학에서 말씀하시기를, '어리석게 복만 짓는 것은 삼생의 원수가 된다.'라고 하였습니다. 무엇이 삼생의 원수이겠습니까? 첫 번째 생에는 어리석게 복만 짓느라고 성품을 보지 못함이요, 두 번째 생에는 어리석게 복은 받으나 부끄러움과 참회함을 몰라서 좋은 일을 짓지 아니하고 오로지 업만 짓는 것이요, 세 번째 생에는 어리석게 받은 복을 다 쓰고 좋은 일을 짓지 못하는 것이니, 이 몸[각루자]을 벗어던질 때에 지옥에 들어가기를 마치 화살과 같이 할 것입니다. 사람의 몸을 받기 어렵고 불법을 만나기도 어려우니 이 몸을 금생에 제도하지 못하면 다시 어느 생애에 제도하겠습니까?

學此道인댄 須有決定志이니 若無決定志則如聽聲卜者가 見人說東하면 便隨人向東走하고 說西하면 便隨人向西走이니와 若有決定志則把得住하며 作得主宰라 懶融의 所謂設有一法이 過於涅槃이라도 吾說亦如夢幻이온 況世間虛幻不實之法에 更有甚麼心情이 與之打交涉也리요.

이 도를 배움에 모름지기 결정적인 의지가 있어야 합니다. 만약 결정적 의지가 없다면 마치 소리를 듣고 점을 치는 사람이 누가 동쪽을 가리키면 곧 그 사람을 따라 동쪽을 향해서 달리고,

서쪽을 가리키면 곧 그 사람을 따라 서쪽을 향해서 달리는 것과 같을 것입니다. 만약 결정적 의지가 있다면 머무름을 얻어 잡아서 자기 주재를 지을 것입니다. 따라서 나옹선사께서 말씀하시길, '설사 한번 설하여 열반을 증득케 할 수 있는 설법이 있더라도 나는 역시 몽환과 같다고 할 것이다.' 라 하였습니다. 하물며 세간의 허망하고 실답지 못한 법에 무슨 정을 붙여서 그것과 더불어 타협하고 교섭하겠습니까?

강설

'만약 결정적 의지가 있다면 머무름을 얻어 잡아서 자기 주재主宰를 지을 것입니다.' 는 자기 심지가 굳건한 사람은 자기 본심에 머물 수 있는 강한 힘을 갖고 다른 사람의 말에 끌려 다니지 않고 자기 주관대로 잘 한다는 말입니다. 그래서 나옹선사는 누가 한번 설說하여 열반에 이를 수 있는 기특한 설법을 해 줄지라도 여기에 동하지 않는다고 했습니다.

육조스님께서 '바람이 몰아쳐 태산을 흔들고 천지가 개벽을 한다 해도 나의 본성은 미동도 없다.' 하신 말씀 또한 이러한 뜻입니다. 수행자는 결정지가 있어 무쇠로 만든 철산같은 의지가 있어야 합니다.

願公은 堅此志하야 以得入手로 爲決定義則縱使大地有情으로 盡作魔王하야 欲來惱亂이라도 無有得其便處리니 般若上에는 無虛棄底工夫니라 若存心在上面이면 縱今生에 未了라도 亦種得種子深하야 臨命終時에 亦不被業識所牽하야 墮諸惡趣하고 換却殼漏子하면 轉頭來에 亦昧我底不得하리니 察之어다

원컨대 그대가 이와 같이 굳은 뜻을 가지고 공부에 입문하여 결정적 의지로 임한다면 비록 온 대지의 유정有情들이 모두 마왕으로 변하여 괴롭히고 어지럽히더라도 그들이 바라는 바를 얻을 곳이 없을 것입니다. 반야 위에는 헛되이 버리는 공부가 없습니다. 만약 마음을 반야 위에다 두면 비록 금생에 깨닫지 못한다하더라도 또한 그 종자를 깊이 심게 되어서 이 목숨을 마칠 때에는 업식에 이끌리거나 또한 어떠한 악한 곳에도 떨어지는 일이 없습니다. 도리어 이 몸 껍데기를 바꾸어서 다른 몸을 받을 때에 자신이 매昧하려 해도 매해지지 않게 될 것입니다. 잘 살필 지어다.

강설

'반야 위에는 헛되이 버리는 공부가 없습니다.'에서 '반야 위'란 반야수행을 말합니다. 즉 마음이 본심에서 어긋날 때 즉각 알아차리고 본심으로 돌리는 것을 말합니다. 이 공부는 한 것만큼

효과가 있기 때문에 하나도 헛되이 버릴 것이 없다는 것입니다. 그래서 금생에 수행한 것은 수행한 만큼 다음 생에서도 그대로 받아간다는 것입니다.

평소에 경계에 따라가는 마음을 본심에 돌려놓는 연습을 하여 어떠한 일이 닥쳐도 놀라지 않고 바로바로 청정본심으로 돌아가는 것이 반야수행입니다. 이렇게 하면 화가 나도 바로 풀어버릴 수 있고 기쁜 일이 있어도 마음을 빼앗기지 않을 수 있으며 어떤 일이 있어도 태연하여 유유자적하게 됩니다. 이렇게 공부가 익어지면 염라대왕이 잡으러 와도 꿈적하지 않게 됩니다. 움직일 마음이 없는데 염라대왕이 이 사람을 어찌하겠습니까?

화두를 들고 참선을 하는 사람도 화두를 도구 삼아 본심에 돌아가는 반야수행을 해야지 화두만 잡고 얽매여 있으면 화두의 노예가 됩니다. '무' 하면서 본성을 찾아서 빗나간 마음을 본 자리에 갖다 놓아야 이것이 반야수행이 됩니다. 이 '무' 자에 매달려 있는 것이 수행이 아니고, 생각 생각을 화두를 방편삼아 본심으로 바꾸는 것이 반야수행의 핵심입니다. 즉 화두를 지키기 위한 화두 일념이 아니라 생사 망념을 타파하기 위한 화두 일념이 되어야 합니다. 물론 화두를 들지 않더라도 본심을 잘 지킬 수 있으면 굳이 화두를 들 필요가 없습니다.

答

번제형 무실에게

樊提刑 茂實

번제형은 전당(錢塘) 사람으로
이름은 번광원, 자는 무실이다.
어렸을 때 장구성에게 수학했다.
감찰어사 제형과 엄주지사 등을 역임했다.
제형은 형옥을 관장하는 벼슬이다.
이 글은 스님 71세에 임안 경산사에서 보낸 편지다.

示諭하되 能行佛事나 而不解禪語라하니 能與不解와 無別無同이라 但知能行者가 卽是禪語니 會禪語而不行佛事라면 如人在水底坐하여 叫渴이며 飯籮裡坐하여 叫飢로 何異리오 當知하라 禪語卽佛事며 佛事卽禪語라 能行能解는 在人이요 不在法이니 若更向箇裡하여 覓同覓別則是는 空拳指上에 生實解며 根境法中에 虛捏怪라 如却行而求前이니 轉急轉遲하며 轉速轉遠矣리라.

편지를 보니, '불사는 능히 행하는데 선어禪語를 모른다.' 라고 하였으니, 능히 행하는 것과 알지 못하는 것은 다름도 없고 같음도 없습니다. 다만 능히 불사를 행할 줄 아는 사람이 곧 선어입니다. 선어는 아는데 불사를 행하지 못한다고 한다면 마치 어떤 사람이 '물속에 앉아서 목이 마르다고 부르짖음'과 같으며 또한 '쑥밥 광주리 속에 앉아서 배가 주리다고 부르짖는 것'과 무엇이 다르겠습니까? 마땅히 아십시오. 선어가 곧 불사며 불사가 곧 선어입니다. 능히 행할 줄 알고 능히 아는 것은 사람에게 있는 것이지 법에 있지 아니합니다. 만약 다시 이 속에서 같음을 찾고 다름을 찾는다면 그것은 빈주먹 안에 무엇이 있다고 하는 것이며 또한 근경법根境法에서 공연히 희괴함을 잡는 것입니다. 마치 뒤로 물러나면서 앞으로 가려는 것과 같습니다. 급할수록 더욱 더디어지며 서두를수록 더욱 멀어지는 것입니다.

'근경법에서 헛되이 괴이함을 잡는다'는 것은 경계를 따라 일어
나는 마음을 두고 그 속에서 무엇을 찾으려는 생각을 한다는 것
입니다. '능히 행하는 것과 알지 못하는 것은 다름도 없고 같음도
없다.'고 한 말은 불사佛事를 잘 행하고 있다고 생각하는 마음과
선어禪語를 잘 이해하지 못한다는 마음이 서로 다르지도 같지도
않다는 것입니다. 마음의 근본을 볼 때는 다르지 않지요? 그러나
현상의 쓰임으로 볼 때는 다르기 때문입니다. 그래서 같기도 하고
다르기도 하다는 것입니다. 불사를 하는 사람과 선禪을 알려는
사람이 다른 사람이 아닙니다. 바로 자기 자신이기 때문입니다.

'이 속에서 같음을 찾고 다름을 찾는다는 것'은 불사와 선어를
둘로 보고 분별을 지은 즉, 헛된 세월만 보낼 것이라는 뜻입니
다. 선어는 화두요 불사는 현행하는 생멸심이니 생멸심을 알아
차리고 본성을 본다면 선어가 곧 현상이고 생사심이 바로 불심
[선어, 화두]이 되는 것입니다.

要得徑截하여 心地豁如인덴 但將能與不能과 解與不解와 同
與不同과 別與不別과 能如是思量如是卜度者하여 掃向他方世
界하고 却向不可掃處하여 看是有是無아 是同是別가하면 驀地
心思意想絕하리니 當恁麽時하여는 自不着問人矣리라.

바로 꺾어서 지름길로 들어서서 마음 바탕이 확 열리기를 원한다면, 다만 할 수 있는 것과 할 수 없는 것, 아는 것과 알지 못하는 것, 같은 것과 같지 않은 것, 다른 것과 다르지 않은 것, 능히 이렇게 사량하고 이렇게 헤아리는 것 등을 가져서 타방세계를 향해서 쓸어버리고 다시 도무지 쓸어버릴 수 없는 곳을 향하여 이것이 있는 것인가 없는 것인가, 이것이 같은 것인가 다른 것인가? 를 보아서 문득 마음으로 생각하고 뜻으로 상상하는 것이 끊어지게 되면 마땅히 이러한 때를 당하여서는 저절로 다른 사람에게 묻지 아니할 것입니다.

강설

'옳다 그르다, 있다 없다 등의 일체분별을 가져 타방세계를 향해서 쓸어버리고 다시 쓸어버릴 수 없는 곳을 향해서'에서 쓸어버려야 할 것은 일어나는 모든 사량분별입니다. 이런 사량분별은 모두 쓸어버릴 수 있지만 그 사량분별의 근본 바탕인 본심은 쓸어버릴 수가 없는 자리입니다. 이 본성자리에다 마음을 두고 한번 사량해 보라는 것입니다. 이것이 있는 것인가, 없는 것인가? 하고 말입니다. 이 자리에는 일체 모든 것이 서지 못하는 자리입니다. 그러니 그곳이 모든 것을 끊어 내는 자리이며 녹여 버리는 곳입니다. 화두를 이곳에 두고 거각하는 것입니다.

（答）

성천규화상에게

聖泉珪和尙

성천규화상은 복주(福州) 성천사(聖泉寺) 소정(紹珽)선사다.

성은 진(陳)씨 휘는 종규(宗珪) 호는 성천이다.

복주 고전(古田)현 임영(臨永) 사람으로 대혜스님의 문인이다.

옥천 위방(謂芳)선사의 제자로 『법화경』에 능통하였다고 한다.

이 글은 스님 71세에 임안 경산사에서 보낸 편지다.

旣得外護者하여 存心相照인덴 自可撥置人事하고 頻與衲
子輩로 作佛事어다 久久하면 自殊勝하리라 更望室中에 與之
子細언정 不得容人情하며 不得共伊로 落草하고 直似之以本
分草料하여 敎伊로 自悟自得하여야 方始尊宿의 爲人體裁也
라 若是見伊의 遲疑不薦하고 便與之下注脚하면 非但瞎却他
眼이라 亦乃失却自家本分手端하리니 不得人이라도 卽是吾輩
의 緣法이 只如此요 若得一箇半箇라도 本分底면 亦不負平昔
志願也리라.

이미 사람들의 호의를 받아 납자들을 받을 마음을 두었다면
사사로운 일[人事]은 밀쳐두고 스스로 자주 납자들과 더불어 불
사佛事를 짓도록 할 지어다. 그렇게 오래오래하면 저절로 수승해
질 것이리라. 다시 바라건대 납자들을 세심하게 대하고 인정을
용납하지 말라. 또 그들과 더불어 잡초[망상]에 떨어지지 말고
곧바로 본분초료를 들어 받쳐서 그들이 스스로 깨닫고 스스로
얻도록 해야 비로소 존숙尊宿이 사람을 위하는 체재[격식, 모범]
가 될 것이니라.

만약 상대가 의심하여 딱 들어맞지 못함을 보고 곧 주각을
달아 준다면 비단 다른 사람의 눈을 멀게 할 뿐만 아니라 또한
자신의 본분 수단까지 실각하게 될 것이리라. 설사 사람을 얻지
못한다하더라도 곧 우리 문중의 인연법은 다만 이와 같을 뿐이

요 만약 한 개나 반 개를 얻더라도 본분 남자의 도리를 지키면 또한 평생의 뜻과 원력을 저버리는 일이 되지 아니할 것이니라.

강설

'외호자'란 다른 사람의 호의를 받아서 대중을 다스린다는 뜻입니다. 따라서 법을 지도하는 자리에 선 사람입니다.

'사사로운 일[人事]은 밀쳐두고 스스로 자주 납자들과 더불어 불사佛事를 짓도록 하라.'에서 인사人事는 우리가 살아가는 일상적인 일들입니다. 이에 반해서 불사佛事는 부처의 도를 이루는 일입니다. 즉 일상적인 일에 파묻히지 말고 공부하는 일을 우선하라는 것입니다.

'주각'은 보충하여 설명하는 것을 말합니다. 종사가 되는 것은 무거운 자리라 잘못하면 남도 그르치고 자기도 잘못됨을 가르치신 준엄한 법문입니다.

(答)

고산체장로에게

鼓山逮長老

고산장노는 복주 고산종체(宗逮)선사다.
휘는 종체고 호는 고산이다.
동선몽암사악(東禪蒙庵思岳)의 제자이며 대혜스님의 손상자다.
이 글은 스님 66세(소흥 24년 1154)에
형주 귀양처에서 보낸 편지다.

專使來에 收書와 並信香等하고 知開法出世하야 唱道於石門하며 不忘所從來하야 爲嶽長老拈香하야 續楊岐宗派호라 旣已承當箇事인대 須卓卓地하여 做 敎徹頭徹尾니 以平昔 實證實悟底一着子로 端居丈室호대 如擔百二十斤擔子하고 從獨木橋上過니 脚蹉手跌時에 和自家性命도 不可保온 況復與人으로 抽釘拔楔하야 救濟他人耶아.

古德이 云此事는 如八十翁翁이 入場屋이라 豈是兒戲리요라하며 又古德이 云我若一向에 擧揚宗敎이댄 法堂前에 草深一丈하리니 須倩人看院하야사 始得다하며 巖頭每云 向未屙已前一覰하야 便眼卓朔地라하며 晏國師의 不跨石門句와 睦州의 現成公案으로 放爾三十棒과 汾陽無業의 莫妄想과 魯祖의 凡見僧入門하고 便轉身面壁而坐를 爲人時에 當不昧這般體裁하야사 方不失從上宗旨耳리라.

전사를 통하여 보내준 편지와 신향 등을 잘 받았노라. 그리고 그대가 법문을 열어 세상에 나아가 석문[절집]에서 도를 주창하며 전승하여 쫓아온 바를 잊지 않고 악장로嶽長老와 염향(스승과 제자의 연을 이음)하여 양기종파楊岐宗派의 맥을 이었음을 알았노라. 이미 그 일을 받아들여 계승하려면 모름지기 높은 경지에 머물면서(본분종지를 지키고) 철두철미하게 일을 지어가야 할 것이다. 평소의 실지로 증득하고 실지로 깨달은 그 하나를 가지고 단정하게 방장실에 있으되 일백이십 근 짐을 짊어지고 외나무 다리 위를 건너는 것과 같이해야 할 것이니 다리가 미끄러지고 손을 놓치면 자기의 생명까지도 보전하지 못할 것인데 하물며 다시 다른 사람들의 못을 빼 주고 말뚝을 뽑아 주어 사람을 구제할 수 있겠는가?

고덕(경금 선사)이 말씀하시길 '이 일은 마치 팔십 세를 먹은 늙은이가 과거시험장에 들어가는 것과 같으니 어찌 어린아이의 장난이겠는가?' 라고 하였다.

또 고덕이 말하길 '내가 만약 한결같이 으뜸자리 가르침[宗敎]만 거량한다면 법당 앞에 풀이 한 길이나 자랄 것이니 모름지기 사람을 사서 절을 돌봐야 될 것이다.' 라고 하였다.

암두선사가 항상 이르시길 '뒷간에 가기 전에 한번 엿보아야 곧 멀고 높은 곳을 살필 수 있다.' 라고 하였다.

홍선사 신안국사의 '석문을 넘어가지 말라.' 는 글귀와 목주睦州의 '현성공안現成公案이라 하더라도 너에게 삼십 방을 내리겠다.' 라는 것과 분양 무업선사의 '망상하지 말라.' 라는 것과 노조魯祖선사가 무릇 승려가 문에 들어오는 것을 보면 '곧 몸을 돌려 면벽하고 앉는 것' 등과 같이 사람을 위할 때에 마땅히 이러한 체재[법식]에 어둡지 않아야 바야흐로 옛 종지를 잃어버리지 아니하리라.

강설

‘쫓아온 바’란 과거 조사스님들이 걸어온 바 법과 도리를 말합니다. 그리고 ‘염향’이란 스승과 제자의 연을 맺은 것을 말합니다. 위 내용은 대혜스님의 손자뻘 되는 종체스님이 위로 조사의 뜻을 이어받아서 절집의 도를 세상에 잘 펼치고 있다는 것을 알게 되었다는 것입니다.

‘뒷간에 가기 전을 향해서 한번 엿보아야’란 눈을 뜨고 일어나서 화장실 가기 전에 자기를 챙기고 가라는 것입니다. 화장실에 간다는 것도 눈앞에 일어나는 경계를 말합니다. 이러한 생각이 일어날 때 그 이전을 한번 살펴보라, 즉 마음이 일어나는 그 이전을 보아야 된다는 것입니다.

‘석문을 넘어가지 말라.’에서 석문이란 일주문을 말합니다. 즉 문밖으로 나가지 말라는 것은 본심에서 벗어나지 마라는 것입니다.

‘현성공안’이란 말이 떨어지자 말자 바로 그 공안을 깨친다는 것입니다.

‘현성공안現成公案이라 하더라도 너에게 삼십 방을 내리겠다.’라고 한 것은 본분 소식을 깨달았다고 하여 공부가 끝난 것이 아니라는 것입니다. 현성공안이란 깨달은 본분 소식인데 그런 소식을 내 앞에 보인다고 해도 한방 내리겠다는 뜻입니다.

이 마지막 한방을 맞고 출구를 찾을 수 있어야 비로소 이 문에
들었다 할 것입니다.

昔에 潙山이 謂仰山曰 建法體立宗旨於一方인댄 五種緣備
하야사 始得成就라하니 五種緣은 謂外護緣과 檀越緣과 衲子
緣과 土地緣과 道緣이라 聞霜臺趙公은 是汝請主요 致政司業
鄭公은 送汝入院하니 二公은 天下士라 以此觀之컨대 汝於五
種緣이 稍備로다 每有衲子自閩中來者가 無不稱歎法席之盛호
대 檀越이 歸向하고 士大夫外護하며 住持無魔障하고 衲子雲
集이라하니 可以趁色力强健時하야 頻與衲子로 激揚箇事호대
垂手之際에 須着精彩하야 不得莽鹵어다 盖近年以來에 有一
種禪販之輩하야 到處에 學得一堆一擔相似禪하야 往往宗師가
造次放過어든 遂至承虛接響하야 遞相印授하며 誤賺後人하야
致使正宗으로 淡泊하니 單傳直指之風이 幾掃地矣라 不可不
子細니라.

옛날에 위산이 앙산에게 말하기를 '어느 한 곳에 법당을 세우
고 종지를 세우겠다면 다섯 가지 인연을 갖추어야 비로소 성취
할 수 있다.'라고 하였다. 오종五種의 인연이란 외호外護의 인연
과 단월檀越의 인연과 납자衲子의 인연과 토지土地의 인연과 도道

의 인연이다. 들으니 상대霜臺 벼슬의 조공趙公은 그대에게 법을
청한 주인이고 치정사업致政司業 정공鄭公은 그대를 보내어 사원
에 들어가게 하였으니, 이 두 사람은 천하에서 알아주는 선비니
라. 이것으로써 살펴보니 그대에게는 오종의 인연이 거의 갖추어
졌도다. 매양 민중(복건성)에서 오는 납자들에 의하면 법석이 성
황하고 있음을 모두 찬탄하기를 '단월들이 귀의하며, 사대부들
이 외호하며, 주지하는데 마장이 없고, 납자들이 운집한다.' 고
하니 가히 육신이 건강할 때에 자주 납자들과 그 일[본분사]을
격발하고 드날려서, 손을 드리우는(지도할) 때에 모름지기 정신
을 바짝 차려서 너무 거칠거나 후하게[망노莽鹵]하지 말도록 하
라. 최근에 무릇 불법을 팔아먹는 일종의 무리가 있어서 가는 곳
마다 한 무더기의 무리를 짓고서는 엇비슷한(그럴 듯한) 참선을
배워서 왕왕 종사가 잠깐 순간에 간과[방심]하면, 마침내 입만
벙긋하는 소리를 듣고 헛되이 계승하는데 이르러서, 차례로 인가
해주어 뒷사람들을 그르치고 속여서 바른 종지가 흔적도 없이
사라지게 하도다. 그래서 단전單傳으로 바로 가리킨 선풍이 거의
땅을 쓸 듯이 사라질 지경이로다. 가히 자세하게 하지 아니할 수
없도다.

강설

'단월檀越의 인연'이란 시주를 받는 인연이며, '납자衲子' 란 수
행자를 말하며 '치정사업致政司業' 이란 정치를 했던 사람이요 '손
을 드리우는 때'는 가르침을 펼 때를 말합니다.

'단전單傳'이란 홑으로 전한 소식으로서 '염화미소拈花微笑' 를
말합니다. 즉 부처님이 대중에게 설법으로 알려주신 교설敎說이
아닌, 이심전심以心傳心으로 가섭에게 전해 주신 조사스님의 법맥
을 말한 것입니다.

망노莽鹵란 너무 거칠어 말도 못 부치게 하거나 너무 후하게
군소리를 늘어 놓는다는 말입니다. 즉 소금밭에서는 풀이 자랄
수 없는데 그와 달리 기름진 땅에는 너무 무성하게 자라니 모자
라서도 넘쳐서도 안된다는 것입니다.

五祖師翁이 住白雲時에 嘗答靈源和尙書云호대 今夏諸莊에
顆粒不收는 不以爲憂어니와 其可憂者는 一堂數百衲子一夏에
無一人도 透得箇狗子無佛性話라 恐佛法이 將滅耳이라하니 汝
看主法底宗師 用心하라 又何會以産錢多少와 山門大小로 爲重
輕하며 米鹽細務로 爲急切來리오 汝旣出頭하야 承當箇善知識
名字인댄 當一味以本分事로 接待方來하고 所有庫司財穀은 分

付知因識果知事하야 分司列局하야 令掌之하고 時時提擧大綱하며 安僧은 不必多라 日用齊粥에 常敎後手로有餘하면 自然不費力하리라.

　오조 노스님이 백운사에 머무실 때에 일찍이 영원화상에게 답한 편지에 말씀하시기를, '금년 여름 모든 농장에서 과일과 곡식을 거둬들이지 못한 것은 염려가 되지 않지만, 실로 염려가 되는 것은 한 사찰의 수백 납자가 한 여름 동안 한 사람도 '개에게 불성이 없다' 는 화두를 뚫은 이가 없어서 불법이 장차 소멸할까 두려울 뿐이다.' 라고 하였다. 그대는 이와 같이 법을 주관하는 종사의 마음 씀을 살펴보라. 또한 어찌 일찍이 재산의 많고 적음과 산문이 크고 작음으로 법의 무겁고 가벼움을 삼으며, 쌀과 소금 등 세세한 일들로 급하고 절박함을 삼았겠는가?
　그대가 이미 머리를 내어 선지식이라는 이름을 이어받는다면 마땅히 한 맛의 본분사로 그대에게 오는 사람들을 접대하라. 창고의 재산과 곡식에 대해서는 인과를 아는 자에게 맡겨 소임을 나누어 맡아 보게 하고 때때로 큰 줄거리만 관리하도록 하라. 또 안거하는 승려들의 숫자는 반드시 많을 필요는 없느니라. 매일 매일 공양이나 아침 죽은 항상 뒷사람이 먹고 약간의 여유가 있으면 자연히 힘을 소비하지 않을 것이니라.

衲子到室中커든 下刀要緊이언정 不得挖泥帶水니라 如雪峰空禪師 頃在雲居雲門커늘 相聚호니 老漢이 知渠不自欺라 是佛法中人故로 一味以本分鉗鎚로 似之러니 後來自在別處打發하야 大法을 旣明에 向所受過底鉗鎚로 一時得受用하고 方知妙喜不以佛法으로 當人情하고 去年에 送得一册語錄來하니 造次顚沛에 不失臨濟宗旨러라 今送在衆寮中하야 與衲子輩로 看하고 老漢이 因掇筆書其後하야 特爲發揚하야 使本分衲子로 爲將來說法之式하노라.

납자가 조실 방에 이르거든, 칼날을 내릴 때는 반드시 요긴하고 긴밀하게 사용하여 진흙을 묻히고 물에 젖도록 하지 말라. 지난번에 운거산 운문암에서 설봉혜공雪峰惠空선사를 만났는데, 그가 스스로를 속이지 아니하고 불법 가운데 있는 사람이라는 것을 이 늙은이가 알았기에, 본분 쇠망치로 한맛 들어 바쳤더니 뒷날 다른 곳에 있으면서 스스로 탁 트임을 얻었노라. 큰 법을 밝히고 나서는 지난날 (나에게서) 받은 본분의 쇠망치를 즉시 수용하고 바야흐로 묘희[대혜선사]의 불법은 인정人情에 따르지 아니함을 알고는 지난해에 (그의) 어록 한 권을 보내왔는데 보니 임제의 종지를 조금도 잃지 않았음이라. 지금 대중들 방에 보내어 납자들에게 보게 하였노라. 이 늙은이가 붓을 잡고 뒤에다 후기를 쓰고 특별히 드날려서 본분납자들로 하여금 장래에 설법하는

데 본보기로 삼게 하였느니라.

강설

　'납자가 조실 방에 이르거든, 칼날을 내릴 때는 반드시 요긴하고 긴밀하게 사용하여 진흙을 묻히고 물에 젖도록 하지 말라.' 이 말은 조실이 되어서 어떤 납자가 물으러 올 때는 긴요하게 대답을 하되 본분을 잊지 말라는 것입니다. 본분을 지키지 못하면 진흙에 묻거나 물에 빠져서 젖은 것처럼 다 망쳐버린다는 것입니다. 구구한 설명으로 선법을 논하게 되면 간결함을 잃게 되어 납자가 혼란해짐을 경계한 것입니다.

　'스스로를 속이지 아니하고 불법 가운데 있는 사람'이란 바깥 경계에 휘둘리지 않고 자기 본분을 잘 지키는 사람이란 뜻입니다. 자기를 잘 지키는 사람이니까 불법 가운데 있으면서 공부를 잘 하는 사람이 되는 것입니다.

　'본분 쇠망치로 한맛 들어 바쳤더니' 란 반야 본분 소식으로 자기본성을 돌아보게 하는 할喝과 방枋으로 사량분별을 끊어 주었다는 것입니다.

　'본분 납자' 란 반야본성을 잃지 않고 본분을 지켜가는 수행승을 말합니다. 화두를 놓아버리지 않고 늘 여여하게 수행하는 선승을 말합니다.

726 書狀

若使老漢으로 初爲渠하야 抲泥帶水說老婆禪이런들 眼開後에 定罵我無疑라 所以로 古人이 云我不重先師道德하고 只重先師의 不爲我說破로니 若爲我說破런들 豈有今日이리요하니 便是遮箇道理也니라 趙州云若敎老僧으로 隨伊根機接人인댄 自有三乘十二分敎接他了也니 老僧遮裡는 只以本分事로 接人이요 若接不得이라도 自有學者의 根性이 遲鈍이라 不干老僧事라하니 思之思之어다.

만약 이 늙은이가 처음 그를 위하여 진흙을 묻히고 물에 젖어 노파선老婆禪을 설하였다면 눈을 뜬 뒤에 틀림없이 나를 꾸짖었을 것이다. 그러므로 옛사람이 말하기를, '나는 선사先師의 도와 덕을 소중하게 여기지 아니하고 다만 선사가 나를 위하여 설파하지 아니한 것을 소중하게 여긴다. 만약 나를 위하여 설파를 했다면 어찌 오늘이 있었겠는가?' 라고 하니, 문득 이것이 이러한 도리니라. 조주선사가 이르시기를 '만약 노승이 저들의 근기를 따라서 그 사람들을 제접하고자 하였다면 삼승 십이분교에 맞추어 그들을 제접하였을 것이다. 노승이 있는 이 회상에는 단지 본분사로써 사람들을 제접하노니, 만약 제접함을 얻지 못하더라도 그것은 스스로 배우는 사람의 근기와 성품이 우둔할 뿐이니 노승이 간섭할 일이 아니로다.' 라고 하였으니 생각하고 또 생각할 지어다.

강설

'노파선老婆禪'이란 장황하고 상세한 설명과 논리로써 깨우쳐 주려 하는 선을 말합니다. 그러나 조사의 가풍은 번개같이 찰나 이전의 소식을 전하는 것입니다. 이 소식은 전할래야 전할 수 없고 보일래야 보일 수 없는데, 다만 눈 밝은 이는 볼 수도 있고 받을 수 있는 것입니다. 설사 맞닥뜨렸을 때 알지 못할지언정 뒷날 그를 위해 약이 될 수 있는 소식을 일러주어야 하는 것이 종사가 해야 할 도리이기 때문입니다.

진실한 소식은 인정으로 전할 것이 못됩니다. 삼승 십이분교와 십팔불공법과 삼십칠조도품으로 상세히 가르친다고 부처님 도를 전하겠는가? 그러나 설하여 밝히고자 하는 노력, 이것 또한 필요치 않는 것이겠는가? 여기서 논하신 대혜스님의 간절한 노파심은 종사 자리에 있는 대선지식에게 전하신 글이니, 업식에 찌든 범부가 맑은 샘물 옆에서 목마름을 한탄하고 밥 광주리 속에서 배고픔을 말하는 그런 차원이 아님을 알아야 할 것입니다.

[후기]

글로써 뜻을 온전히 전달하기가 어렵고, 읽고도 그 뜻을 알아차리기 더욱 어렵다고 합니다. 그러나 일진 스님의 강설을 접한다면 누군가는 무릎을 치며 천년 전의 대혜 종고스님을 만날 분이 있으리라 확신했습니다. 특히 그동안 간화선 수행을 의단독로만 되기를 바라고 접근한 데 있어서 겪고 있는 어려움을 넘어서 대혜스님의 정통正通 간화선의 새로운 창을 열어 보아야 한다는 강한 염원이 있었습니다. 이에 짧은 글로써나마 스님의 강설을 원고로 만들었습니다.

2012년 가을에 경상대학교 교수불자회와 교직원 명상회에서 부분적인 강설이 있었고 다시 2017년 봄부터 2018년 가을까지 진주 죽향문화원에서 전체적인 강설이 진행되었습니다. 녹화물이 원고로 정리된 후에 또 일년 동안 스님과 여러분들의 교정과 윤문을 거쳐서 이 책이 완성되었습니다. 그래도 부족한 부분은 독자의 냉철한 지적을 받들어 다시 메우겠습니다.

초판 출간에 필요한 모든 경비를 지원하여 주신 김복순(관음화 보살)님의 돈독한 불심에 깊은 감사를 올립니다.

2021년 봄
남해 보광선우회 최주홍 합장

편집인

관음화(김복순)
사천시 법상철물 대표, 진주삼현여자고등학교 졸업

공덕행(김미영)
부산문화여자고등학교 졸업

다보행(백영순)
통영여자고등학교 졸업

명경도(김혜인)
진주과학기술대학교 농학석사

묘법선(이남수)
(전) 초등학교 교사, 진주교육대학교 졸업

묘안 스님
대만 묘통사, 동국대학교 불교학과 졸업

손병욱
경상대학교 윤리교육학과 명예교수, 고려대학교 철학박사

윤영순
(전) 마산제일여고 교사, 부산대학교 가정대학 졸업

임규홍
경상대학교 국어국문학과 교수, 경상대학교 문학박사

정장화
(전) 진주여자고등학교 국어과 교사, 경상대학교 국어교육과 졸

최주홍
경상대학교 화학공학과 명예교수, 서울대학교 공학박사

書狀
서 장

1판 1쇄   2021년 5월 10일
1판 발행   2021년 5월 15일

강 설   일진(남해 관음선원 주지)
엮은곳   남해 보광선우회
펴낸이   주지오
펴낸곳   도서출판 무량수
         부산광역시 부산진구 중앙대로 777
         이비스앰배서더 부산시티센터 2층 (부전동)
전 화   051-255-5675
팩 스   051-255-5676
e-mail boan21@korea.com
출판신고번호 제9-110호

값 35,000원

ISBN 978-89-91341-62-3

잘못된 책은 바꾸어 드립니다.